严格依据教育部、国家语言文字工作委员会
印发的《普通话水平测试大纲》编写

普通话水平测试专用教材

普通话水平测试研究组
普通话培训研究中心　编

北京理工大学出版社
BEIJING INSTITUTE OF TECHNOLOGY PRESS

版权专有　侵权必究

图书在版编目（CIP）数据

普通话水平测试专用教材 / 普通话水平测试研究组，普通话培训研究中心编. —北京：北京理工大学出版社，2013.1（2020.8重印）

ISBN 978-7-5640-7317-6

Ⅰ．①普… Ⅱ．①普…②普… Ⅲ．①普通话－水平考试－教材 Ⅳ．①H102

中国版本图书馆 CIP 数据核字（2013）第 012759 号

普通话水平测试专用教材

出版发行 / 北京理工大学出版社有限责任公司
社　　址 / 北京市海淀区中关村南大街 5 号
邮　　编 / 100081
电　　话 / （010）68914775（总编室）
　　　　　　82562903（教材售后服务热线）
　　　　　　68948351（其他图书服务热线）
网　　址 / http：//www.bitpress.com.cn
经　　销 / 全国各地新华书店
印　　刷 / 三河市富华印刷包装有限公司
开　　本 / 787 毫米×1092 毫米　1/16　　　　　　　　　　　　责任编辑/梁铜华
印　　张 / 19　　　　　　　　　　　　　　　　　　　　　　　文案编辑/梁铜华
字　　数 / 485 千字
版　　次 / 2013 年 1 月第 1 版　2020 年 8 月第 11 次印刷　　　责任校对/杜　枝
定　　价 / 48.00 元　　　　　　　　　　　　　　　　　　　　责任印制/边心超

图书出现印装质量问题，请拨打售后服务热线，本社负责调换

前　　言

　　语言是人类最重要的沟通工具和信息载体之一。在中国特色社会主义现代化建设的历史进程中,大力推广、积极普及全国通用普通话,有利于消除语言隔阂,促进社会交往,对社会主义政治、经济、文化建设和社会发展具有重要意义。

　　普通话水平测试是普通话推广工作的重要组成部分,是一项国家级考试。播音员、教师、师范类院校学生、国家机关工作人员,旅游、商业、交通、银行、电信等窗口行业服务人员,等等,都应该参加测试并达到相应等级。

　　现代汉语方言,可以分为7大方言区,即:北方方言区、吴方言区、湘方言区、赣方言区、闽方言区、粤方言区、客家方言区。方言之间的差异主要表现在语音上,词汇、语法方面差异则比较小。方言在读音上与普通话有着一定差别,掌握普通话具有一定难度,参加普通话水平测试更需要专业指导并勤加练习。为了帮助大家快速提高普通话水平,掌握测试内容,我们特别编写了《普通话水平测试专用教材》。

　　本书严格依据教育部、国家语言文字工作委员会印发的《普通话水平测试大纲》(2004年10月1日起实施的新大纲)和《普通话水平测试实施纲要》编录而成。书中的"声母表""韵母表""轻声词语表""儿化词语表""普通话常见量词、名词搭配表""普通话异读词审音表"、60篇朗读作品和30个命题说话,均选自《普通话水平测试实施纲要》。

　　在内容编排上,本书具有很强的实用性。从普通话学习及测试实际出发,讲解了普通话推广的相关政策、法规,测试大纲、测试流程,评分等级标准;图文并茂地演示了计算机辅助普通话水平智能测试系统操作流程;讲解了普通话语音知识,包括:汉语拼音方案,声母、声母的分类、声母发音分析及声母的辨正对比练习,韵母、韵母的分类、韵母发音分析及韵母的辨正对比练习;分析讲解了声调、音变、音节、语调;分析讲解了"朗读"测试的要求、测试前的准备、测试中的应试技巧及测试要求的60篇朗读作品并加注拼音;分析讲解了"命题说话"测试的基本要求、应试技巧、话题分类总结。同时,书中还收录了6套普通话水平测试全真试卷和考生实测时录制的测试音频。另外,为了方便读者的学习使用,书中的所有音频内容都可以通过扫描二维码的方式获取。音频内容涵盖了从拼音例字到短文朗读的各个章节,并由专业播音导师朗读,指导性强。因此可以说,此书在手,测试无忧。相信本书的出版,一定能给广大参加普通话水平测试的人员和各行各业参加普通话学习的人员提供很好的帮助。愿本书能够成为大家的良师益友!

　　本书在编写和修订过程中得到了各大中专院校、各普通话水平测试站老师们的大力协助,在此一并表示衷心的感谢。同时,由于我们水平有限,对于疏失谬误之处,欢迎广大读者给予批评指正!

编　者

目　　录

第一部分　关于普通话水平测试

普通话水平测试简介 ………………………………………………………… 1
普通话水平测试大纲 ………………………………………………………… 1
普通话水平测试样卷 ………………………………………………………… 5
普通话水平测试等级标准(试行) …………………………………………… 6
有关行业人员普通话合格标准 ……………………………………………… 7
普通话水平测试规程 ………………………………………………………… 7
普通话水平测试管理规定 …………………………………………………… 9
计算机辅助普通话水平测试操作流程 ……………………………………… 11
　　一、测前准备 …………………………………………………………… 11
　　二、登录系统，核对信息 ……………………………………………… 11
　　三、测前试音 …………………………………………………………… 12
　　四、进行测试 …………………………………………………………… 13
　　五、完成测试 …………………………………………………………… 15
　　六、测试中应注意的事项 ……………………………………………… 15

第二部分　普通话语音知识

第一单元　声母
　　一、什么是声母 ………………………………………………………… 18
　　二、声母的分类 ………………………………………………………… 18
　　三、声母发音分析 ……………………………………………………… 21
　　四、声母发音辨正 ……………………………………………………… 27

第二单元　韵母
　　一、什么是韵母 ………………………………………………………… 38
　　二、韵母的分类 ………………………………………………………… 39
　　三、韵母发音分析 ……………………………………………………… 40
　　四、韵母发音辨正 ……………………………………………………… 53

第三单元　声调
　　一、什么是声调 ………………………………………………………… 66
　　二、调值、调类与调号 ………………………………………………… 66
　　三、声调发音分析 ……………………………………………………… 67

四、声调发音练习 ··· 69
第四单元　音变
　　一、变调 ··· 72
　　二、轻声 ··· 74
　　三、儿化 ··· 79
　　四、"啊"的音变 ··· 84
第五单元　音节
　　一、普通话音节表 ··· 86
　　二、普通话音节的结构 ··· 89
　　三、普通话声韵拼合规律 ··· 90
　　四、普通话音节的拼读 ··· 91
第六单元　语调
　　一、语句总体音高的变化 ··· 91
　　二、声调(字调)对语调产生影响 ··· 92
　　三、词语的轻重音格式 ··· 92
　　四、普通话的正常语速 ··· 92

第三部分　朗读短文

第一单元　朗读要略
　　一、朗读测试要求 ··· 93
　　二、朗读准备 ··· 93
　　三、朗读技巧 ··· 94

第二单元　朗读作品
　　一、朗读说明 ··· 96
　　二、朗读作品及注音 ··· 97

第四部分　命题说话

第一单元　说话要略
　　一、单向说话的基本要求 ··· 174
　　二、说话测试中常出现的问题 ··· 175
　　三、解决说话测试中常见问题的方法和建议 ··· 176
　　四、说话测试的应试步骤 ··· 178

第二单元　分析话题类型　厘清表达思路
　　一、话题的类型 ··· 179
　　二、记叙描述类话题的思路 ··· 180
　　三、说明介绍类话题的思路 ··· 180
　　四、议论评说类话题的思路 ··· 180
　　五、命题说话的审题与思路拓展 ··· 181

第五部分　国家普通话水平测试试卷

　　一号卷及考官点评 ……………………………………………………………… 189
　　二号卷及考官点评 ……………………………………………………………… 190
　　三号卷及考官点评 ……………………………………………………………… 191
　　四号卷及考官点评 ……………………………………………………………… 192
　　五号卷及考官点评 ……………………………………………………………… 193
　　六号卷及考官点评 ……………………………………………………………… 194

附录一　普通话水平测试用普通话常见量词、名词搭配表 ……………………… 196
附录二　普通话异读词审音表 ………………………………………………………… 200
附录三　普通话水平测试用普通话词语表 …………………………………………… 212
　　表一 ……………………………………………………………………………… 212
　　表二 ……………………………………………………………………………… 243
附录四　国家法律、法规关于推广普通话和普通话水平测试的规定 ……………… 292
附录五　国家语委、国家教委、广播电影电视部《关于开展普通话水平
　　　　　　测试工作的决定》 ………………………………………………………… 294

参考文献 ………………………………………………………………………………… 296

第一部分

关于普通话水平测试

普通话水平测试简介

国家推广全国通用的普通话。普通话是以汉语文授课的各级各类学校的教学语言,是以汉语传送的各级广播电台、电视台的规范语言,是汉语电影、电视剧、话剧必须使用的规范语言,是我国党政机关、团体、企事业单位干部在公务活动中必须使用的工作语言,是不同方言区以及国内不同民族之间人们的通用语言。

掌握和使用一定水平的普通话,是进行现代化建设的各行各业人员,特别是教师、播音员、节目主持人、演员、国家公务员等专业人员必备的职业素质。因此,有必要在一定范围内对某些岗位的人员进行普通话水平测试,并逐步实行持等级证书上岗制度。

普通话水平测试是推广普通话工作的重要组成部分,是使推广普通话工作逐步走向科学化、规范化、制度化的重要举措。推广普通话、促进语言规范化,是汉语发展的总趋势。普通话水平测试工作的健康开展必将对社会的语言生活产生深远的影响。

普通话水平测试不是普通话系统知识的考试,不是文化水平的考核,也不是口才的评估,而是应试人运用普通话所达到的标准流利程度的检测和评定。

为了便于操作和突出口头检测的特点,测试一律采用口试。

普通话水平测试工作按照国家语言文字工作委员会组织审定的《普通话水平测试大纲》统一测试内容和要求。

等级测试须有三名测试员协同工作(分别打分,综合评议)方为有效。评定意见不一致时,以多数人的意见为准。人员不足时,可用加强上级复审的办法过渡。

未进入规定等级或要求晋升等级的人员,需在前次测试3个月之后方能再次提出受试申请。

普通话水平测试大纲

(教育部 国家语委发教语用〔2003〕2号文件)

根据教育部、国家语言文字工作委员会发布的《普通话水平测试管理规定》《普通话水平测试等级标准》,制定本大纲。

(一)测试的名称、性质、方式

本测试定名为"普通话水平测试"(PUTONGHUA SHUIPING CESHI,缩写为PSC)。

普通话水平测试测查应试人的普通话规范程度、熟练程度,认定其普通话水平等级,属于标准参照性考试。本大纲规定测试的内容、范围、题型及评分系统。

普通话水平测试以口试方式进行。

(二)测试内容和范围

普通话水平测试的内容包括普通话语音、词汇和语法。

普通话水平测试的范围是国家测试机构编制的《普通话水平测试用普通话词语表》《普通话水平测试用普通话与方言词语对照表》《普通话水平测试用普通话与方言常见语法差异对照表》《普通话水平测试用朗读作品》《普通话水平测试用话题》。

(三)试卷构成和评分

试卷包括4个组成部分,满分为100分。

1. 读单音节字词(100个音节,不含轻声、儿化音节),限时3.5分钟,共10分。

(1)目的:测查应试人声母、韵母、声调读音的标准程度。

(2)要求:

①100个音节中,70%选自《普通话水平测试用普通话词语表》"表一",30%选自"表二"。

②100个音节中,每个声母出现次数一般不少于3次,每个韵母出现次数一般不少于2次,4个声调出现次数大致均衡。

③音节的排列要避免同一测试要素连续出现。

(3)评分(见样卷):

麻	缺	杨	致	捷	谬	尊	凑	刚	炖
临	窘	滑	力	琼	拨	蜷	撞	否	酿
貂	聂	塔	撤	伤	嘴	牢	北	枫	垦
镰	御	稿	四	钩	鼓	掠	甩	呈	准
菊	摊	刑	舀	群	拴	此	让	才	棒
随	鼎	尼	险	抛	残	究	盘	孟	皮
俯	跟	膜	肾	宾	点	烘	阔	挖	火
虫	内	揉	暖	迟	耳	冤	晓	特	芯
舌	恩	并	矮	瓮	瞎	快	柱	桌	悔
松	灶	村	哑	换	冬	辱	扑	仄	前

①语音错误,每个音节扣0.1分。读错字音_____个,共扣_____分。

②语音缺陷,每个音节扣0.05分。读音有缺陷的字_____个,共扣_____分。

③超时1分钟以内,扣0.5分;超时1分钟以上(含1分钟),扣1分。扣_____分。

读单音节字词项共扣_____分。

2. 读多音节词语(100个音节),限时2.5分钟,共20分。

(1)目的:测查应试人声母、韵母、声调和变调、轻声、儿化读音的标准程度。

(2)要求:

①词语的70%选自《普通话水平测试用普通话词语表》"表一",30%选自"表二"。

②声母、韵母、声调出现的次数与读单音节字词的要求相同。

③上声与上声相连的词语不少于3个,上声与非上声相连的词语不少于4个,轻声不少于3个,儿化不少于4个(应为不同的儿化韵母)。

④词语的排列要避免同一测试要素连续出现。

(3)评分(见样卷):

旋律	行当	文明	半道儿	作品	共同	从中
土匪	而且	虐待	日益	单纯	饭盒儿	牛仔裤
民政	雄伟	运用	轻蔑	打杂儿	家眷	赞美
奥妙	海关	另外	男女	热闹	开创	转变
夸张	人影儿	其次	搜刮	悄声	迅速	方法
首饰	坚决	破坏	天鹅	佛像	所有	珍贵
恰好	拖拉机	框子	测量	投票	川流不息	

①语音错误,每个音节扣 0.2 分。读错字音_____个,共扣_____分。
②语音缺陷,每个音节扣 0.1 分。读音有缺陷的字_____个,共扣_____分。
③超时 1 分钟以内,扣 0.5 分;超时 1 分钟以上(含 1 分钟),扣 1 分。扣_____分。
读多音节词语项共扣_____分。

3. 朗读短文(1 篇,400 个音节),限时 4 分钟,共 30 分。

(1)目的:测查应试人使用普通话朗读书面作品的水平。在测查声母、韵母、声调读音标准程度的同时,重点测查连读音变、停连、语调以及流畅程度。

(2)要求:
①短文从《普通话水平测试用朗读作品》中选取。
②评分以朗读作品的前 400 个音节(不含标点符号和括注的音节)为限。

(3)评分(见样卷):

不管我的梦想能否成为事实,说出来总是好玩儿的:

春天,我将要住在杭州。二十年前,旧历的二月初,在西湖我看见了嫩柳与菜花,碧浪与翠竹。由我看到的那点儿春光,已经可以断定,杭州的春天必定会教人整天生活在诗与图画之中。所以,春天我的家应当是在杭州。

夏天,我想青城山应当算作理想的地方。在那里,我虽然只住过十天,可是它的幽静已拴住了我的心灵。在我所看见过的山水中,只有这里没有使我失望。到处都是绿,目之所及,那片淡而光润的绿色都在轻轻地颤动,仿佛要流入空中与心中似的。这个绿色会像音乐,涤清了心中的万虑。

秋天一定要住北平。天堂是什么样子,我不知道,但是从我的生活经验去判断,北平之秋便是天堂。论天气,不冷不热。论吃的,苹果、梨、柿子、枣儿、葡萄,每样都有若干种。论花草,菊花种类之多,花式之奇,可以甲天下。西山有红叶可见,北海可以划船——虽然荷花已残,荷叶可还有一片清香。衣食住行,在北平的秋天,是没有一项不使人满意的。

冬天,我还没有打好主意,成都或者相当得合适,虽然并不怎样和暖,可是为了水仙,素心腊梅,各色的茶花,仿佛就受一点儿寒//冷,也颇值得去了。昆明的花也多,而且天气比成都好,可是旧书铺与精美而便宜的小吃远不及成都那么多。好吧,就暂这么规定:冬天不住成都便住昆明吧。

在抗战中,我没能发国难财。我想,抗战胜利以后,我必能阔起来。那时候,假若飞机减价,一二百元就能买一架的话,我就自备一架,择黄道吉日慢慢地飞行。

①每错 1 个音节,扣 0.1 分;漏读或增读 1 个音节,扣 0.1 分。共扣_____分。
②声母或韵母的系统性语音缺陷,视程度扣 0.5 分、1 分。扣_____分。
③语调偏误,视程度扣 0.5 分、1 分、2 分。扣_____分。

④停连不当,视程度扣 0.5 分、1 分、2 分。扣_____分。
⑤朗读不流畅(包括回读),视程度扣 0.5 分、1 分、2 分。扣_____分。
⑥超时扣 1 分。扣_____分。
朗读短文项共扣_____分。

4. 命题说话,限时 3 分钟,共 40 分。
(1)目的:测查应试人在无文字凭借的情况下说普通话的水平,重点测查语音标准程度、词汇语法规范程度和自然流畅程度。
(2)要求:
①说话话题从《普通话水平测试用话题》中选取,由应试人从给定的两个话题中选定一个话题,连续说一段话。
②应试人单向说话。如发现应试人有明显背稿、离题、说话难以继续等表现时,主试人应及时提示或引导。
(3)评分(见样卷):
①谈谈科学发展与社会生活
②我知道的风俗

● 语音标准程度,共 25 分。分六档:
一档:语音标准,或极少有失误。扣 0 分、1 分、2 分。
二档:语音错误在 10 次以下,有方音但不明显。扣 3 分、4 分。
三档:语音错误在 10 次以下,但方音比较明显;或语音错误在 10~15 次之间,有方音但不明显。扣 5 分、6 分。
四档:语音错误在 10~15 次之间,方音比较明显。扣 7 分、8 分。
五档:语音错误超过 15 次,方音明显。扣 9 分、10 分、11 分。
六档:语音错误多,方音重。扣 12 分、13 分、14 分。

● 词汇语法规范程度,共 10 分。分三档:
一档:词汇、语法规范。扣 0 分。
二档:词汇、语法偶有不规范的情况。扣 1 分、2 分。
三档:词汇、语法屡有不规范的情况。扣 3 分、4 分。

● 自然流畅程度,共 5 分。分三档:
一档:语言自然流畅。扣 0 分。
二档:语言基本流畅,口语化较差,有背稿子的表现。扣 0.5 分、1 分。
三档:语言不连贯,语调生硬。扣 2 分、3 分。

说话不足 3 分钟,酌情扣分:缺时 1 分钟以内(含 1 分钟),扣 1 分、2 分、3 分;缺时 1 分钟以上,扣 4 分、5 分、6 分;说话不满 30 秒(含 30 秒),本测试项成绩计为 0 分。

命题说话项共扣_____分。

(四)应试人普通话水平等级的确定
国家语言文字工作部门发布的《普通话水平测试等级标准》是确定应试人普通话水平等级的依据。测试机构根据应试人的测试成绩确定其普通话水平等级,由省、自治区、直辖市以上语言文字工作部门颁发相应的普通话水平测试等级证书。

普通话水平划分为三个级别,每个级别内划分两个等次。其中:
97 分及其以上,为一级甲等;
92 分及其以上但不足 97 分,为一级乙等;
87 分及其以上但不足 92 分,为二级甲等;
80 分及其以上但不足 87 分,为二级乙等;
70 分及其以上但不足 80 分,为三级甲等;
60 分及其以上但不足 70 分,为三级乙等。

普通话水平测试样卷

(一)读 100 个单音节字词

昼	*八	迷	*先	毡	*皮	幕	*美	彻	*飞
鸣	*破	捶	*风	豆	*蹲	霞	*掉	桃	*定
宫	*铁	翁	*念	劳	*天	旬	*沟	狼	*口
靴	*娘	嫩	*机	蕊	*家	跪	*绝	趣	*全
瓜	*穷	屡	*知	狂	*正	裹	*中	恒	*社
槐	*事	轰	*竹	掠	*茶	肩	*常	概	*虫
皇	*水	君	*人	伙	*自	滑	*早	绢	*足
炒	*次	渴	*酸	勤	*鱼	筛	*院	腔	*爱
鳖	袖	滨	竖	搏	刷	瞟	帆	彩	愤
司	滕	寸	峦	岸	勒	歪	尔	熊	妥

(标 * 的是本书第 212 页"表一"里按频率排在第 1~4 000 条的字词。正式试卷不必标出。)

覆盖声母情况:
b:4,p:3,m:4,f:4,d:4,t:5,n:3,l:6,g:5,k:3,h:6,j:6,q:6,x:6,zh:6,ch:6,sh:6,r:2,z:3,c:3,s:2,零声母:7。
总计:100 次。未出现声母:0。

覆盖韵母情况:
a:2,e:4,-i(前):3,-i(后):2,ai:4,ei:2,ao:4,ou:4,an:3,en:3,ang:3,eng:4,i:3,ia:2,ie:2,iao:2,iou:2,ian:4,in:2,iang:2,ing:2,u:4,ua:3,uo/o:4,uai:2,uei:4,uan:2,uen:2,uang:2,ong:4,ueng:1,ü:3,üe:3,üan:2,ün:2,iong:2,er:1。
总计:100 次。未出现韵母:0。

覆盖声调情况:
阴平:28;阳平:31;上声:14;去声:27。
总计:100 次。

(二)读多音节词语(100个音节,其中含双音节词语45个,三音节词语2个,四音节词语1个)

*取得	阳台	*儿童	夹缝儿	混淆	衰落	*分析	防御
沙丘	*管理	*此外	便宜	光环	*塑料	扭转	加油
*队伍	挖潜	女士	*科学	*手指	策略	抢劫	*森林
侨眷	模特儿	港口	没准儿	*干净	日用	*紧张	炽热
*群众	名牌儿	沉醉	*快乐	窗户	*财富	*应当	生字
奔跑	*晚上	卑劣	包装	洒脱	*现代化	*委员会	轻描淡写

覆盖声母情况:

b:3,p:3,m:4,f:4,d:5,t:4,n:2,l:7,g:4,k:3,h:5,j:6,q:7,x:5,zh:6,ch:3,sh:6,r:2,z:2,c:3,s:3,零声母:13。

总计:100 次。未出现声母:0。

覆盖韵母情况:

a:2,e:6,-i(前):2,-i(后):4,ai:4,ei:2,ao:2,ou:2,an:2,en:4,ang:5,eng:2,i:3,ia:2,ie:3,iao:4,iou:3,ian:3,in:2,iang:2,ing:4,u:4,ua:2,uo/o:3,uai:3,uei:4,uan:4,uen:2,uang:3,ong:2,ü:3,üe:2,üan:2,ün:1,iong:1,er:1。

总计:100 次。未出现韵母:ueng。

其中儿化韵母4个:-engr(夹缝儿),-uenr(没准儿),-er(模特儿),-air(名牌儿)。

覆盖声调情况:

阴平:23;阳平:24;上声:19;去声:30;轻声:4。

其中上声和上声相连的词语4条:管理,扭转,手指,港口。

总计:100 次。

(三)朗读短文:请朗读作品12号。

(四)命题说话:请按照话题"我的业余生活"或"我熟悉的地方"说一段话(3分钟)。

普通话水平测试等级标准(试行)

(国家语言文字工作委员会1997年12月5日颁布,国语〔1997〕64号)

一级

甲等 朗读和自由交谈时,语音标准,词汇、语法正确无误,语调自然,表达流畅。测试总失分率在3%以内。

乙等 朗读和自由交谈时,语音标准,词汇、语法正确无误,语调自然,表达流畅。偶然有字音、字调失误。测试总失分率在8%以内。

二级

甲等 朗读和自由交谈时,声韵调发音基本标准,语调自然,表达流畅。少数难点音(平翘舌音、前后鼻尾音、边鼻音等)有时出现失误。词汇、语法极少有误。测试总失分率在13%以内。

乙等 朗读和自由交谈时,个别调值不准,声韵母发音有不到位现象。难点音(平翘舌音、前后鼻尾音、边鼻音、fu-hu、z-zh-j、送气不送气、i-ü不分、保留浊塞音和浊塞擦音、丢介音、复韵母单音化等)失误较多。方言语调不明显。有使用方言词、方言语法的情况。测试总失分率在20%以内。

三 级

甲等 朗读和自由交谈时,声韵调发音失误较多,难点音超出常见范围,声调调值多不准。方言语调较明显。词汇、语法有失误。测试总失分率在30%以内。

乙等 朗读和自由交谈时,声韵调发音失误多,方音特征突出。方言语调明显。词汇、语法失误较多。外地人听其谈话有听不懂情况。测试总失分率在40%以内。

有关行业人员普通话合格标准

根据各行业的规定,有关从业人员的普通话水平达标要求如下:

中小学及幼儿园、校外教育单位的教师,普通话水平不低于二级,其中语文教师不低于二级甲等,普通话语音教师不低于一级。

高等学校的教师,普通话水平不低于三级甲等,其中现代汉语教师不低于二级甲等,普通话语音教师不低于一级。

对外汉语教学教师,普通话水平不低于二级甲等。

报考中小学、幼儿园教师资格的人员,普通话水平不低于二级。

师范类专业以及各级职业学校的与口语表达密切相关专业的学生,普通话水平不低于二级。

国家公务员,普通话水平不低于三级甲等。

国家级、省级广播电台和电视台的播音员或节目主持人,普通话水平应达到一级甲等;其他广播电台、电视台的播音员或节目主持人的普通话达标要求按国家广播电视总局的规定执行。

话剧、电影、电视剧、广播剧等表演或配音演员,播音、主持专业和影视表演专业的教师或学生,普通话水平不低于一级。

公共服务行业的特定岗位人员(如广播员、解说员、话务员等),普通话水平不低于二级甲等。

普通话水平应达标人员的年龄上限以有关行业的文件为准。

普通话水平测试规程

[报 名]

(1)申请接受普通话水平测试(以下简称测试)的人员,持有效身份证件在指定测试机构报名(亦可由所在单位集体报名)。

(2)接受报名的测试机构负责安排测试的时间和地点。

[考　场]

(3)测试机构负责安排考场。每个考场应有专人负责。考场应具备测试室、备测室、候测室以及必要的工作条件,整洁肃静、标志明显,在醒目处应张贴应试须知事项。

(4)每间测试室只能安排1个测试组进行测试,每个测试组配备测试员2～3人,每组日测试量以不超过30人次为宜。

[试　卷]

(5)试卷由国家语言文字工作部门指定的测试题库提供。

(6)试卷由专人负责,各环节经手人均应签字。

(7)试卷为一次性使用,按照考场预定人数封装。严格保管多余试卷。

(8)当日测试结束后,测试员应回收和清点试卷,统一封存或销毁。

[测　试]

(9)测试员和考场工作人员佩带印有姓名、编号和本人照片的胸卡,认真履行职责。

(10)应试人持准考证和有效身份证件按时到达指定考场,经查验无误后,按顺序抽取考题备测。应试人备测时间应不少于10分钟。

(11)执行测试时,测试室内只允许1名应试人在场。

(12)测试员对应试人身份核对无误后,引导应试人进入测试程序。

(13)测试全程录音。完整的测试录音包括:姓名、考号、单位,以及全部测试内容。录音应声音清晰、音量适中,以利复查。

(14)测试录音标签应写明考场、测试组别、应试人姓名、测试日期、录音人签名等项内容;录音内容应与标签相符。

(15)测试员评分记录使用钢笔或签字笔,符号清晰、明了,填写应试人成绩及等级应准确(测试最后成绩均保留一位小数)。

(16)测试结束时,测试员应及时收回应试人使用的试卷。

(17)同组测试员对同一应试人的评定成绩出现等差时由该测试组复议,出现级差时由考场负责人主持再议。

(18)测试评分记录表和应试人成绩单均签署测试员全名和测试日期。

(19)测试结束,考场负责人填写测试情况记录。

[质量检查]

(20)省级测试机构应对下级测试机构测试过程进行巡视。

(21)检查测试质量主要采取抽查复听测试录音的方式。抽查比例由省级测试机构确定。

(22)测试的一级甲等成绩由国家测试机构复审,一级乙等成绩由省级测试机构复审。

(23)复审应填写复审意见。复审意见应表述清楚、具体、规范,有复审者签名。

(24)复审应在收到送审材料后的30个工作日内完成,并将书面复审意见反馈送审机构。

[等级证书]

(25)省级语言文字工作部门向测试成绩达到测试等级要求的应试人发放测试等级证书,证书加盖省级语言文字工作部门印章。

(26)经复审合格的一级甲等、一级乙等成绩应在等级证书上加盖复审机构印章。

[应试人档案]

(27)应试人档案包括:测试申请表、试题、测试录音、测试员评分记录、复审记录、成绩单等。

(28)应试人档案保存期不少于2年。

普通话水平测试管理规定

第一条 为加强普通话水平测试管理,促其规范、健康发展,根据《中华人民共和国国家通用语言文字法》,制定本规定。

第二条 普通话水平测试(以下简称"测试")是对应试人运用普通话的规范程度的口语考试。开展测试是促进普通话普及和应用水平提高的基本措施之一。

第三条 国家语言文字工作部门颁布测试等级标准、测试大纲、测试规程和测试工作评估办法。

第四条 国家语言文字工作部门对测试工作进行宏观管理,制定测试的政策、规划,对测试工作进行组织协调、指导监督和检查评估。

第五条 国家测试机构在国家语言文字工作部门的领导下组织实施测试,对测试业务工作进行指导,对测试质量进行监督和检查,开展测试科学研究和业务培训。

第六条 省、自治区、直辖市语言文字工作部门(以下简称"省级语言文字工作部门")对本辖区测试工作进行宏观管理,制定测试工作规划、计划,对测试工作进行组织协调、指导监督和检查评估。

第七条 省级语言文字工作部门可根据需要设立地方测试机构。

省、自治区、直辖市测试机构(以下简称"省级测试机构")接受省级语言文字工作部门及其办事机构的行政管理和国家测试机构的业务指导,对本地区测试业务工作进行指导,组织实施测试,对测试质量进行监督和检查,开展测试科学研究和业务培训。

省级以下测试机构的职责由省级语言文字工作部门确定。

各级测试机构的设立须经同级编制部门批准。

第八条 测试工作原则上实行属地管理。国家部委直属单位的测试工作,原则上由所在地区省级语言文字工作部门组织实施。

第九条 在测试机构的组织下,测试由测试员依照测试规程执行。测试员应遵守测试工作各项规定和纪律,保证测试质量,并接受国家和省级测试机构的业务培训。

第十条 测试员分省级测试员和国家级测试员。测试员须取得相应的测试员证书。

申请省级测试员证书者,应具有大专以上学历,熟悉推广普通话工作方针政策和普通语言学理论,熟悉方言与普通话的一般对应规律,熟练掌握《汉语拼音方案》和常用国际音标,有较强的听辨音能力,普通话水平达到一级。

申请国家级测试员证书者,一般应具有中级以上专业技术职务和两年以上省级测试员资历,具有一定的测试科研能力和较强的普通话教学能力。

第十一条 申请省级测试员证书者,通过省级测试机构的培训考核后,由省级语言文字工作部门颁发省级测试员证书;经省级语言文字工作部门推荐的申请国家级测试员证书者,通过国家测试机构的培训考核后,由国家语言文字工作部门颁发国家级测试员证书。

第十二条 测试机构根据工作需要聘任测试员并颁发有一定期限的聘书。

第十三条 在同级语言文字工作办事机构指导下,各级测试机构定期考查测试员的业务能力和工作表现,并给予奖惩。

第十四条　省级语言文字工作部门根据工作需要聘任测试视导员并颁发有一定期限的聘书。

测试视导员一般应具有语言学或相关专业的高级专业技术职务,熟悉普通语言学理论,有相关的学术研究成果,有较丰富的普通话教学经验和测试经验。

测试视导员在省级语言文字工作部门领导下,检查、监督测试质量,参与并指导测试管理和测试业务工作。

第十五条　应接受测试的人员为:

(1)教师和申请教师资格的人员;

(2)广播电台、电视台的播音员和节目主持人;

(3)影视话剧演员;

(4)国家机关工作人员;

(5)师范类专业、播音与主持艺术专业、影视话剧表演专业以及其他与口语表达专业密切相关的学生;

(6)行业主管部门规定的其他应该接受测试的人员。

第十六条　应接受测试的人员的普通话达标等级,由国家行业主管部门规定。

第十七条　社会其他人员可自愿申请接受测试。

第十八条　在高等学校注册的我国港澳台学生和外国留学生可随所在校学生接受测试。测试机构对其他港澳台人士和外籍人士开展测试工作,须经国家语言文字工作部门授权。

第十九条　测试成绩由执行测试的测试机构认定。

第二十条　测试等级证书由国家语言文字工作部门统一印制,由省级语言文字工作办事机构编号并加盖印章后颁发。

第二十一条　普通话水平测试等级证书全国通用。等级证书遗失,可向原发证单位申请补发。伪造或变造的普通话水平测试等级证书无效。

第二十二条　应试人再次申请接受测试同前次接受测试的间隔应不少于三个月。

第二十三条　应试人对测试程序和测试结果有异议,可向执行测试的测试机构或上级测试机构提出申诉。

第二十四条　测试工作人员违反测试规定的,视情节予以批评教育、暂停测试工作、解除聘任或宣布测试员证书作废等处理,情节严重的提请其所在单位给予行政处分。

第二十五条　应试人违反测试规定的,取消其测试成绩,情节严重的提请其所在单位给予行政处分。

第二十六条　测试收费标准须经当地价格部门核准。

第二十七条　各级测试机构须严格执行收费标准,遵守国家财务制度,并接受当地有关部门的监督和审计。

第二十八条　本规定自2003年6月15日起施行。

计算机辅助普通话水平测试操作流程

计算机辅助普通话水平测试系统指考生采用上机模式参加测试。第一题"读单音节字词"、第二题"读多音节词语"和第三题"朗读短文"由计算机辅助普通话水平测试系统自动评分,第四题"命题说话"由省普通话培训测试中心调配优秀测试员通过网络在线评分。

参加测试前,请仔细阅读以下内容。

一、测前准备

考生携带证件进入测试室按机号就座后,戴上耳机,将麦克风调整到距嘴边左下角2~3厘米处,不会受到呼吸影响的位置,如下图所示。

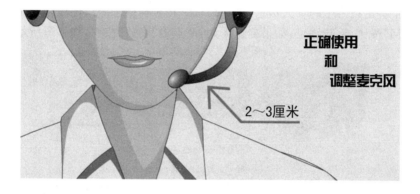

二、登录系统,核对信息

考生戴好耳机,然后点击"下一步"按钮,进入考生登录页面,如下图所示。

在登录页面时,考生需要手动填写本人准考证号的后四位,然后点击"进入"按钮,如下图所示。

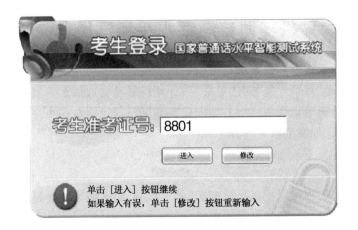

这时电脑上会出现考生的个人信息，考生要认真核对确认。如果出现的不是本人的个人信息，请点击"返回"按钮，重新登录；如果确认无误，请点击"确认"按钮，如下图所示。

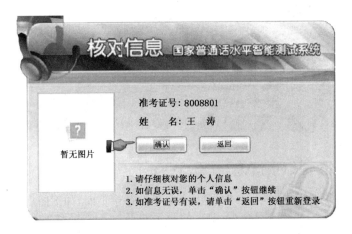

三、测前试音

点击"确认"按钮后，页面会弹出提示框，"等待考试指令…"，如下图所示。

然后进入试音页面。当进入试音页面后考生会听到系统的提示语："现在开始试音，请在听

到'嘟'的一声后,朗读下面的句子(文本框中的个人信息)。"提示音结束后,考生开始朗读并开始试音,如下图所示。

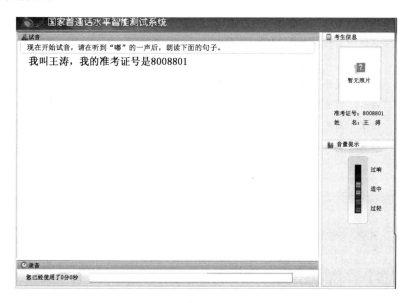

试音结束后,系统会提示考生试音成功与否。

若试音失败,页面会弹出提示框,请点击"确认"按钮,重新试音;若试音成功,页面会弹出提示框:"请等待考场指令,准备考试。"

四、进行测试

当系统进入第一题时,考生会听到系统的提示语:"第一题:读单音节字词,限时3.5分钟,请横向朗读。"在听到'嘟'的一声后,考生就可以朗读试卷的内容了。

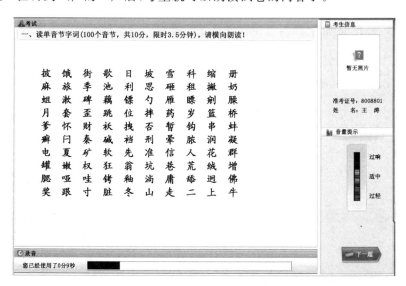

第一题,限时3.5分钟。页面的下方有时间条,朗读时注意时间控制。如果提前读完,不要等待,立即点击屏幕右下方"下一题"按钮,进入第二题考试。

第二题、第三题的操作流程与第一题相同。

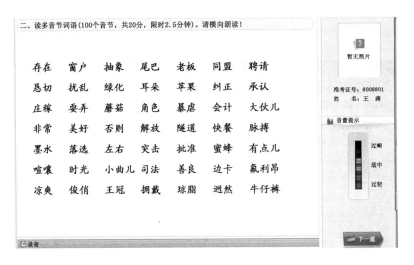

第四题说话,必须说满 3 分钟,考生在说话之前需说明自己选择的说话题目。

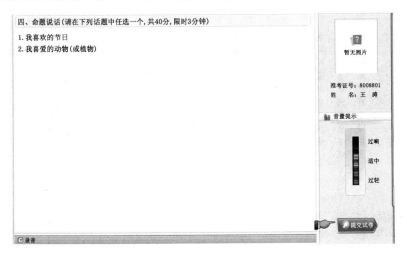

3 分钟后,请及时点击屏幕右下角"提交试卷"按钮,结束考试。如果考生不点击该按钮,系统可能会自动提交。

五、完成测试

提交完试卷,结束考试,接下来页面会弹出提示框,点击"确认"按钮后就可以离开考场了。

六、测试中应注意的事项

(1)正确佩戴耳机,避免麦克风与嘴唇离得太远或太近,影响录音效果。

(2)测试时发音要准确、清晰、饱满,音量控制得当。

(3)每一题测试前系统都会有一段提示音,请在提示音结束并听到"嘟"的一声后,再开始朗读。测试的前三题不必读题,直接朗读测试的内容。

(4)测试的前两项"读单音节字词""读多音节词语",必须横向朗读。注意避免出现漏行、错行;避免出现字词的错、漏、增、改及回读等现象。

(5)每题读完后,不必停下来等待,应立即点击右下角"下一题"按钮,进入下一题测试。

(6)第四题"命题说话":进入页面后,不必等待,应立即选择话题开始说话。此项测试有缺时会扣分,考生超过6秒未开口说话,机测系统即开始缺时计算。

(7)测试结束后,提交试卷,摘下耳机,离开考场。

第二部分

普通话语音知识

　　普通话是现代汉民族的共同语,是现代汉语的标准语,也是当代我国各民族之间进行交流的工具。普通话是全国通用的语言,也是中华人民共和国的国家官方语言。

　　1955年召开的全国文字改革会议和现代汉语规范问题学术会议,对普通话的含义作出了明确界定:以北京语音为标准音,以北方方言为基础方言,以典范的现代白话文著作为语法规范的现代标准汉语。

以北京语音为标准音

　　普通话以北京语音作为标准音,是历史发展的结果。自金、元、明、清以来,北京一直作为我国政治、经济和文化的中心。但是以北京语音作为标准音并不是以某一个北京人或某一些北京人的口语发音作为标准音,而是以北京音系的语音系统作为标准音。北京语音系统中有22个声母、39个韵母和4个声调,除此以外,北京语音中还有变调、轻声、儿化等现象,这些都属于北京语音系统的范围。

以北方方言为基础方言

　　普通话在词汇方面以北方方言作为基础方言,充分考虑了北方方言词汇使用人口众多和分布广泛的情况。在我国七大方言中,说北方方言的人占汉族人数的70%,其覆盖区域也很广,占汉语地区的3/4,北方方言内部比较一致。另外普通话还从其他非基础方言里吸收了许多有特殊表现力的方言词来丰富自己的词库,继承了古代汉语中许多仍然有生命力的古词语,借用了一些交际必需的外来词,这都使得普通话的词汇更加丰富。

以典范的现代白话文著作为语法规范

　　普通话的语法是以经过提炼加工的书面语,即典范的现代白话文著作为语法规范。"典范的"是指典型的可以作为范本的,"现代"划定了时间范围,"白话文"是针对文言文而言的。普通话要遵循白话文的语法规范,这符合推广、普及普通话的要求。

　　总之,普通话作为现代汉语标准语,是一种服务于全国的通用语,是现阶段汉民族语言统一的基础。普通话是语音、词汇和语法的统一体,我们在学习普通话时,要把它作为一个整体来把握,任何一个方面都不可缺少。

汉语拼音方案

(1957年11月1日国务院全体会议第60次会议通过)

(1958年2月11日第一届全国人民代表大会第五次会议批准)

一、字母表

字母名称	Aa	Bb	Cc	Dd	Ee	Ff	Gg
	ㄚ	ㄅㄝ	ㄘㄝ	ㄉㄝ	ㄜ	ㄝㄈ	ㄍㄝ
	Hh	Ii	Jj	Kk	Ll	Mm	Nn
	ㄏㄚ	ㄧ	ㄐㄧㄝ	ㄎㄝ	ㄝㄌ	ㄝㄇ	ㄋㄝ
	Oo	Pp	Qq	Rr	Ss	Tt	
	ㄛ	ㄆㄝ	ㄑㄧㄡ	ㄚㄦ	ㄝㄙ	ㄊㄝ	
	Uu	Vv	Ww	Xx	Yy	Zz	
	ㄨ	ㄪㄝ	ㄨㄚ	ㄒㄧ	ㄧㄚ	ㄗㄝ	

注:v只用来拼写外来语、少数民族语言和方言。字母的手写体依照拉丁字母的一般书写习惯。

二、声母表

b	p	m	f	d	t	n	l
ㄅ玻	ㄆ坡	ㄇ摸	ㄈ佛	ㄉ得	ㄊ特	ㄋ讷	ㄌ勒
g	k	h		j	q	x	
ㄍ哥	ㄎ科	ㄏ喝		ㄐ基	ㄑ欺	ㄒ希	
zh	ch	sh	r	z	c	s	
ㄓ知	ㄔ蚩	ㄕ诗	ㄖ日	ㄗ资	ㄘ雌	ㄙ思	

在给汉字注音的时候,为了使拼式简短,zh ch sh可以省作 ẑ ĉ ŝ。

三、韵母表

		i 丨 衣	u ㄨ 乌	ü ㄩ 迂
a	ㄚ 啊	ia 丨ㄚ 呀	ua ㄨㄚ 蛙	
o	ㄛ 喔		uo ㄨㄛ 窝	
e	ㄜ 鹅	ie 丨ㄝ 耶		üe ㄩㄝ 约
ai	ㄞ 哀		uai ㄨㄞ 歪	
ei	ㄟ 欸		uei ㄨㄟ 威	
ao	ㄠ 熬	iao 丨ㄠ 腰		
ou	ㄡ 欧	iou 丨ㄡ 忧		
an	ㄢ 安	ian 丨ㄢ 烟	uan ㄨㄢ 弯	üan ㄩㄢ 冤
en	ㄣ 恩	in 丨ㄣ 因	uen ㄨㄣ 温	ün ㄩㄣ 晕
ang	ㄤ 昂	iang 丨ㄤ 央	uang ㄨㄤ 汪	
eng	ㄥ 亨的韵母	ing 丨ㄥ 英	ueng ㄨㄥ 翁	
ong	(ㄨㄥ) 轰的韵母	iong ㄩㄥ 雍		

(1)"知、蚩、诗、日、资、雌、思"等七个音节的韵母用i,即:"知、蚩、诗、日、资、雌、思"等字拼作 zhi,chi,shi,ri,zi,ci,si。

(2)韵母ㄦ写成 er,用作韵尾的时候写成 r。例如:"儿童"拼作 ertong,"花儿"拼作 huar。

(3)韵母ㄝ单用的时候写成 ê。

(4)i 行的韵母,前面没有声母的时候,写成 yi(衣),ya(呀),ye(耶),yao(腰),you(忧),yan(烟),yin(因),yang(央),ying(英),yong(雍)。

u 行的韵母,前面没有声母的时候,写成 wu(乌),wa(蛙),wo(窝),wai(歪),wei(威),wan(弯),wen(温),wang(汪),weng(翁)。

ü 行的韵母,前面没有声母的时候,写成 yu(迂),yue(约),yuan(冤),yun(晕);ü 上两点省略。

ü 行的韵母跟声母 j,q,x 拼的时候,写成 ju(居),qu(区),xu(虚),ü 上两点也省略;但是跟声母 n,l 拼的时候,仍然写成 nü(女),lü(吕)。

(5)iou,uei,uen 前面加声母的时候,写成 iu,ui,un,例如:niu(牛),gui(归),lun(论)。

(6)在给汉字注音的时候,为了使拼式简短,ng 可以省作 ŋ。

四、声调符号

阴平	阳平	上声	去声
ˉ	ˊ	ˇ	ˋ

声调符号标在音节的主要母音上。轻声不标。例如:

妈 mā　麻 má　马 mǎ　骂 mà　吗 ma
(阴平)　(阳平)　(上声)　(去声)　(轻声)

五、隔音符号

a,o,e 开头的音节连接在其他音节后面的时候,如果音节的界限发生混淆,用隔音符号(')隔开,例如:pi'ao(皮袄)。

第一单元 声母

一、什么是声母

声母是音节开头的部分,普通话有22个声母,其中21个辅音声母、1个零声母。辅音发音时,气流通过口腔或鼻腔时要受到阻碍,通过克服阻碍而发出声音。其特点是时程短、音势弱,容易受到干扰,易产生吃字现象,从而影响语音的清晰度。声母的发音部位是否准确,是语流中字音是否清晰并具有一定亮度的关键。

普通话声母表

b	巴 步 别	p	怕 盘 扑	m	门 谋 木	f	飞 付 浮		
d	低 大 夺	t	太 同 突	n	南 牛 怒			l	来 吕 路
g	哥 甘 共	k	枯 开 狂			h	海 寒 很		
j	即 结 净	q	齐 求 轻			x	西 袖 形		
zh	知 照 铡	ch	茶 产 唇			sh	诗 手 生	r	日 锐 荣
z	资 走 坐	c	慈 蚕 存			s	丝 散 颂		

零声母 安 言 忘 云

二、声母的分类

(一)按发音部位分类

普通话的辅音声母可以按发音部位分为三大类,细分为七个部位:

1. 唇音

以下唇为主动器官,普通话又细分为两个发音部位:

双唇音:上唇和下唇闭合构成阻碍。普通话有3个:b、p、m。

唇齿音(也叫"齿唇音"):下唇和上齿靠拢构成阻碍。普通话只有1个:f。

2. 舌尖音

以舌尖为主动器官,普通话又细分为三个发音部位:

舌尖前音(也叫平舌音):舌尖向上门齿背接触或接近构成阻碍。普通话有3个:z、c、s。

舌尖中音:舌尖和上齿龈(即上牙床)接触构成阻碍。普通话有4个:d、t、n、l。

舌尖后音(也叫翘舌音):舌尖向硬腭的最前端接触或接近构成阻碍。普通话有4个:zh、ch、sh、r。

---

① 若使用ios版设备,请用QQ软件扫码,或使用微信扫码后"在Safari中打开"。

3. 舌面音

以舌面为主动器官,普通话又细分为两个发音部位:

舌面前音:舌面前部向硬腭前部接触或接近构成阻碍。普通话有3个:j、q、x。

舌面后音(也叫"舌根音"):舌面后部向硬腭和软腭的交界处接触或接近构成阻碍。普通话有3个:g、k、h。

声母由辅音构成。辅音是气流呼出时,在口腔某个部位遇到程度不同的阻碍构成的。我们把起始阶段叫"成阻",持续阶段叫"持阻",阻碍解除的阶段叫"除阻"。

(二)按发音方法分类

普通话辅音声母的发音方法有以下五种:

1. 塞音

成阻时发音部位完全形成闭塞;持阻时气流积蓄在阻碍的部位之后;除阻时受阻部位突然解除阻塞,使积蓄的气流透出,爆发破裂成声。普通话有6个塞音:b、p、d、t、g、k。

2. 鼻音

成阻时发音部位完全闭塞,封闭口腔通路;持阻时,软腭下垂,打开鼻腔通路,声带振动,气流到达口腔和鼻腔,气流在口腔受到阻碍,由鼻腔透出成声;除阻时口腔阻碍解除。鼻音是鼻腔和口腔的双重共鸣形成的。鼻腔是不可调节的发音器官。不同音质的鼻音是由于发音时在口腔的不同部位阻塞,造成不同的口腔共鸣状态而形成的。普通话有2个鼻音声母:m、n。

3. 擦音

成阻时发音部位之间接近,形成适度的间隙;持阻时,气流从窄缝中间摩擦成声;除阻时发音结束。普通话有6个擦音:f、h、x、sh、s、r。

4. 边音

普通话只有一个舌尖中的边音:l。舌尖和上齿龈(上牙床)稍后的部位接触,使口腔中间的通道阻塞;持阻时声带振动,气流从舌头两边与两颊内侧形成的空隙通过,透出成声;除阻时发音结束。

5. 塞擦音

以"塞音"开始,以"擦音"结束。由于塞擦音的"塞"和"擦"是同部位的,"塞音"的除阻阶段和"擦音"的成阻阶段融为一体,两者结合得很紧密。普通话有6个塞擦音:j、q、zh、ch、z、c。

(三)塞音和塞擦音按气流的强弱可分为送气音和不送气音

1. 送气音

发音时气流送出比较快和明显,由于除阻后声门大开,流速较快,在声门以及声门以上的某个狭窄部位造成摩擦,形成送气音。普通话有6个送气音:p、t、k、q、ch、c。

2. 不送气音

发音时呼出的气流较弱,没有送气音特征,又同送气音形成对立的音。普通话有6个不送气音:b、d、g、j、zh、z。

（四）按声带是否振动分为清音和浊音

清音:b、p、f、d、t、g、k、h、j、q、x、zh、ch、sh、z、c、s。

浊音:m、n、l、r。

普通话声母发音总表

发音方法		发音部位	唇 音		舌尖前音	舌尖中音	舌尖后音	舌面前音	舌根音
			双唇音	唇齿音					
			上唇下唇	上唇下唇	舌尖上齿背	舌尖上齿龈	舌尖硬腭前	舌面前硬腭前	舌面后软腭
塞音	清音	不送气音	b			d			g
		送气音	p			t			k
擦音		清音		f	s		sh	x	h
		浊音					r		
塞擦音	清音	不送气音			z		zh	j	
		送气音			c		ch	q	
鼻音	浊音		m			n			
边音	浊音					l			

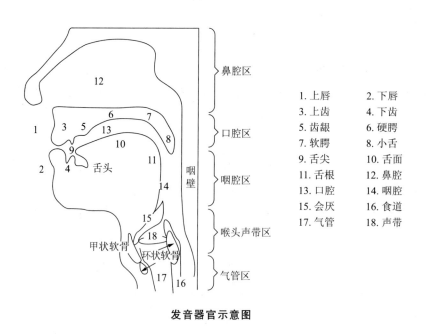

发音器官示意图

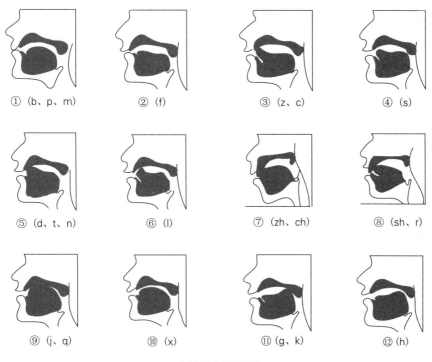

①（b、p、m）　　②（f）　　③（z、c）　　④（s）
⑤（d、t、n）　　⑥（l）　　⑦（zh、ch）　　⑧（sh、r）
⑨（j、q）　　⑩（x）　　⑪（g、k）　　⑫（h）

声母发音示意图

三、声母发音分析

（一）双唇音

由上唇和下唇接触构成阻碍，要注意双唇用力，力量集中在双唇中央。

b [p]　双唇　不送气　清　塞音

发音时，双唇紧闭，软腭上升，鼻腔通路闭塞，阻塞气流，声带不颤动，气流从口腔冲破阻碍，爆发成声。主要是双唇中部着力，集中蓄气，用力发音。

发音例词：

冰棒 bīngbàng　　　　辨别 biànbié　　　　板报 bǎnbào

p [pʻ]　双唇　送气　清　塞音

发音的状况与 b 相近，只是发 p 时有一股较强的气流冲开双唇，两者的差别在于 b 为不送气音，p 为送气音。

发音例词：

批评 pīpíng　　　　偏僻 piānpì　　　　匹配 pǐpèi

m [m]　双唇　浊　鼻音

发音时，双唇闭合，软腭下降，打开鼻腔通路，气流振动声带从鼻腔通过。

发音例词：

美妙 měimiào　　　　眉目 méimù　　　　牧民 mùmín

◆绕口令◆

【八百标兵】

八百标兵奔北坡,炮兵并排北边跑。炮兵怕把标兵碰,标兵怕碰炮兵炮。

【白庙和白猫】

白庙外蹲一只白猫,白庙里有一顶白帽。白庙外的白猫看见了白帽,叼着白庙里的白帽跑出了白庙。

【一座棚】

一座棚傍峭壁旁,峰边喷泻瀑布长,不怕暴雨瓢泼冰雹落,不怕寒风扑面雪飘扬,并排分班翻山爬坡把宝找,聚宝盆里松柏飘香百宝藏,背宝奔跑报矿炮劈火,篇篇捷报飞伴金凤凰。

(二)唇齿音

由下唇和上齿接触构成阻碍。

f [f] 唇齿 清 擦音

发音时,下唇接近上齿,形成窄缝,软腭上升,堵塞鼻腔通路,气流从唇齿间摩擦出来,声带不振动。

发音例词：

芬芳 fēnfāng　　　　　方法 fāngfǎ　　　　　发奋 fāfèn

◆绕口令◆

【画凤凰】

粉红墙上画凤凰,凤凰画在粉红墙。红凤凰,粉凤凰,红粉凤凰,花凤凰。红凤凰,黄凤凰,红粉凤凰,粉红凤凰,花粉花凤凰。

【粉红女发奋缝飞凤】

粉红女发奋缝飞凤,女粉红反缝方法繁。飞凤仿佛发放芬芳,方法非凡反复防范。反缝方法仿佛飞凤,反复翻缝飞凤奋飞。

(三)舌面前音

j [tɕ] 舌面前 不送气 清 塞擦音

发音时,舌面前部抵住硬腭前部,软腭上升,堵塞鼻腔通路,声带不振动,较弱的气流把阻碍冲开,形成窄缝,气流从窄缝中挤出,摩擦成声。

发音例词：

经济 jīngjì　　　　　解决 jiějué　　　　　拒绝 jùjué

q [tɕʻ] 舌面前 送气 清 塞擦音

发音状况与j相近,只是气流比j较强。

发音例词：

亲切 qīnqiè　　　　　请求 qǐngqiú　　　　　确切 quèqiè

x [ɕ] 舌面前 清 擦音

发音时,舌面前部接近硬腭前部,形成窄缝,软腭上升,堵塞鼻腔通路,声带不振动,气流从窄缝中挤出,摩擦成声。

发音例词：

学习 xuéxí　　　　　详细 xiángxì　　　　　相信 xiāngxìn

◆绕口令◆

【京剧与警句】
京剧叫京剧,警句叫警句。京剧不能叫警句,警句不能叫京剧。

【田建贤回家】
田建贤前天从前线回到家乡田家店,只见家乡变化万千,繁荣景象呈现在眼前。连绵不断的青山,一望无际的棉田,新房连成一片,高压电线通向天边。

【漆匠和锡匠】
七巷一个漆匠,西巷一个锡匠,七巷漆匠偷了西巷锡匠的锡,西巷锡匠拿了七巷漆匠的漆,七巷漆匠气西巷锡匠偷了漆,西巷锡匠讥七巷漆匠拿了锡。请问锡匠和漆匠,谁拿谁的锡?谁偷谁的漆?

(四)舌根音

g [k] 舌根 不送气 清 塞音
发音时,舌根抵住硬腭和软腭的交界处,形成阻塞,软腭上升,堵塞鼻腔通路,声带不振动,较弱的气流冲破舌根的阻碍,爆发成声。

发音例词:
公共 gōnggòng　　　改革 gǎigé　　　骨骼 gǔgé

k [kʻ] 舌根 送气 清 塞音
发音的状况与 g 相近,只是呼出的气流比 g 较强。

发音例词:
可靠 kěkào　　　宽阔 kuānkuò　　　困苦 kùnkǔ

h [x] 舌根 清 擦音
发音时,舌根接近硬腭和软腭的交界处,形成间隙,软腭上升,堵塞鼻腔通路,声带不振动,气流从窄缝中摩擦出来。

发音例词:
呼唤 hūhuàn　　　缓和 huǎnhé　　　辉煌 huīhuáng

◆绕口令◆

【哥哥抓鸽】
哥哥过河捉个鸽,回家割鸽来请客。客人吃鸽称鸽肉,哥哥请客乐呵呵。

【哥挎瓜筐过宽沟】
哥挎瓜筐过宽沟,过沟筐漏瓜滚沟。隔沟够瓜瓜筐扣,瓜滚筐空哥怪沟。

【花换瓜】
小花和小华,一同种庄稼。小华种棉花,小花种西瓜。小华的棉花开了花,小花的西瓜结了瓜。小花找小华,商量瓜换花。小花用瓜换了花,小华用花换了瓜。

【老华工葛盖谷】
老华工葛盖谷,刚刚过了海关归国观光,来到了港口公社,观看故国港口风光。昔日港口空空旷旷,如今盖满楼阁,街道宽广。过去高官克扣港口渔工,鳏寡孤独尸骨抛山岗。如今只见桅杆高持帆,渔歌高亢唱海港。归国观光的葛盖谷无限感慨,感慨故国港口无限风光。

(五)舌尖前音

z [ts] 舌尖前 不送气 清 塞擦音

发音时,舌尖抵住上齿背或下齿背产生阻塞,形成窄缝,软腭上升,堵塞鼻腔通路,声带不振动,气流从窄缝中挤出,摩擦成声。

发音例词:

在座 zàizuò　　　　自尊 zìzūn　　　　走卒 zǒuzú

c [ts'] 舌尖前 送气 清 塞擦音

发音的状况与 z 基本相近,不同的是气流比 z 较强。

发音例词:

从此 cóngcǐ　　　　层次 céngcì　　　　粗糙 cūcāo

s [s] 舌尖前 清 擦音

发音时,舌尖接近上齿背,形成一道窄缝,同时软腭上升,堵塞鼻腔通路,声带不振动,气流从窄缝中挤出,摩擦成声。

发音例词:

思索 sīsuǒ　　　　色素 sèsù　　　　洒扫 sǎsao

◆绕口令◆

【做早操】

早晨早早起,早起做早操。人人做早操,做操身体好。

【司机买雌鸡】

司机买雌鸡,仔细看雌鸡,四只小雌鸡,叽叽好欢喜,司机笑嘻嘻。

【子词丝】

四十四个字和词,组成了一首子词丝的绕口词。桃子李子梨子栗子橘子柿子槟子榛子,栽满院子村子和寨子;刀子斧子锯子凿子锤子刨子尺子,做出桌子椅子和箱子;名词动词数词量词代词副词助词连词,造成语词诗词和唱词。蚕丝生丝热丝缫丝染丝晒丝纺丝织丝自制粗细丝人造丝。

(六)舌尖中音

舌尖抵住上齿龈构成阻碍。要注意部位准确,舌尖着力。

d [t] 舌尖中 不送气 清 塞音

发音时,舌尖抵住上齿龈,形成阻塞,软腭上升,堵塞鼻腔通路,较弱的气流冲破舌尖的阻碍,迸裂而出,爆发成声。

发音例词:

单调 dāndiào　　　　到达 dàodá　　　　地点 dìdiǎn

t [t'] 舌尖中 送气 清 塞音

发音的状况与 d 相近,只是发 t 时气流较强。

发音例词:

妥帖 tuǒtiē　　　　谈吐 tántǔ　　　　团体 tuántǐ

n〔n〕 舌尖中　浊　鼻音

发音时,舌尖抵住上齿龈,形成阻塞,软腭下降,打开鼻腔通路,气流振动声带,从鼻腔透出成声。

发音例词：

南宁 nánníng　　　　　能耐 néngnài　　　　　泥泞 nínìng

l〔l〕 舌尖中　浊　边音

发音时,舌尖抵住上齿龈,形成阻塞,软腭上升,堵塞鼻腔通路,声带振动,气流到达口腔从舌头两边通过。

发音例词：

来历 láilì　　　　　联络 liánluò　　　　　理论 lǐlùn

◆绕口令◆

【打特盗】

调到敌岛打特盗,特盗太刁投短刀,挡推顶打短刀掉,踏盗得刀盗打倒。

【谭老汉买蛋和炭】

谭家谭老汉,挑担到蛋摊。买了半担蛋,挑担到炭摊。买了半担炭,满担是蛋炭。老汉忙回赶,回家炒蛋饭。进门跨门槛,脚下绊一绊。跌了谭老汉,破了半担蛋;翻了半担炭,脏了木门槛。老汉看一看,急得满头汗;连说怎么办,老汉怎吃蛋炒饭。

【五老六】

柳林镇有个六号楼,刘老六住在六号楼。有一天,来了牛老六,牵了六个猴;来了侯老六,拉了六头牛;来了仇老六,提了六篓油;来了尤老六,背了六匹绸。牛老六、侯老六、仇老六、尤老六,住上刘老六的六号楼。半夜里,牛抵猴,猴斗牛,撞到了仇老六的油,油坏了尤老六的绸。牛老六帮仇老六收起油,侯老六帮尤老六洗掉绸上油;拴好牛,看好猴,一同上楼去喝酒。

(七)舌尖后音

zh〔tʂ〕 舌尖后　不送气　清　塞擦音

扫码听范读

发音时,舌尖前部上翘,抵住硬腭前部,软腭上升,堵塞鼻腔通路,声带不振动。较弱的气流把阻碍冲开,形成一道窄缝,从窄缝中挤出,摩擦成声。

发音例词：

主张 zhǔzhāng　　　　政治 zhèngzhì　　　　挣扎 zhēngzhá

ch〔tʂʻ〕 舌尖后　送气　清　塞擦音

发音的状况与 zh 相近,只是气流比 zh 较强。

发音例词：

橱窗 chúchuāng　　　出差 chūchāi　　　　拆穿 chāichuān

sh〔ʂ〕 舌尖后　清　擦音

发音时,舌尖上翘接近硬腭前部,形成窄缝,软腭上升,关闭鼻腔通路,于是气流从窄缝中挤出,摩擦成声。

发音例词：

事实 shìshí　　　　　闪烁 shǎnshuò　　　　少数 shǎoshù

r [ʐ]　舌尖后　浊　擦音

发音的状况与 sh 相近,不同的是发 r 时声带要振动,轻微摩擦。

发音例词:

柔软 róuruǎn　　　　　仍然 réngrán　　　　　软弱 ruǎnruò

◆绕口令◆

【大车拉小车】

大车拉小车,小车拉小石头,石头掉下来,砸了小脚指头。

【朱叔锄竹笋】

朱家一株竹,竹笋初长出,朱叔处处锄,锄出笋来煮,锄完不再出,朱叔没笋煮,竹株又干枯。

【施氏食狮史】

石室诗士施史,嗜狮,誓食十狮,氏时时适市,氏视十狮,恃矢势,使是十狮逝世,氏拾是十狮尸,适石室,石室湿,氏使侍拭石室,石室拭,氏始试食十狮尸,食时,始识十狮尸实是十石狮尸,试释是事实。

【天上有个日头】

天上有个日头,地下有块石头,嘴里有个舌头,手上有五个手指头。不管是天上的热日头、地下的硬石头、嘴里的软舌头、手上的手指头,还是热日头、硬石头、软舌头、手指头,反正都是练舌头。

(八)零声母

安　言　忘　云

普通话零声母可以分成两类:一类是开口呼零声母;一类是非开口呼零声母。

开口呼零声母音节,书面上不用汉语拼音字母表示,但当该音节处于其他音节后面时,在其左上方使用隔音符号"'"。

发音例词:

傲岸 ào'àn　　　　　偶尔 ǒu'ěr　　　　　恩爱 ēn'ài

非开口呼零声母,即除开口呼以外的齐齿呼、合口呼、撮口呼三种零声母自成音节的起始方式。

齐齿呼零声母音节汉语拼音用隔音字母 y 开头,由于起始部分没有辅音声母,实际发音带有轻微摩擦,是半元音 [j],半元音仍属于辅音类。

发音例词:

洋溢 yángyì　　　　　谣言 yáoyán　　　　　游泳 yóuyǒng

合口呼零声母音节汉语拼音用隔音字母 w 开头,实际发音带有轻微摩擦,是半元音 [w] 或齿唇通音 [v]。

发音例词:

慰问 wèiwèn　　　　　外文 wàiwén　　　　　忘我 wàngwǒ

撮口呼零声母音节汉语拼音用隔音字母 y(yu)开头,实际发音带有轻微摩擦,是半元音 [ɥ]。

发音例词:

孕育 yùnyù　　　　　渊源 yuānyuán　　　　　元月 yuányuè

四、声母发音辨正

(一)f 与 h

1. 发音辨正

(1)发唇齿音 f 时,上齿与下唇内缘接近,摩擦成声。
(2)发舌根音 h 时,舌头后缩,舌根抬起接近软腭,摩擦成声。

2. 发音辨正练习

字词辨正练习

发 fā	花 huā	翻 fān	欢 huān	方 fāng	慌 huāng
飞 fēi	灰 huī	冯 féng	横 héng	赴 fù	护 hù
斧 fǔ	虎 hǔ	房 fáng	黄 huáng	愤 fèn	恨 hèn
饭 fàn	汉 hàn	俯 fǔ	唬 hǔ	风 fēng	烘 hōng

词语辨正练习

理发 lǐfà	理化 lǐhuà	发现 fāxiàn	花线 huāxiàn
舅父 jiùfù	救护 jiùhù	废话 fèihuà	会话 huìhuà
防虫 fángchóng	蝗虫 huángchóng	乏力 fálì	华丽 huálì
肥鸡 féijī	回击 huíjī	犯病 fànbìng	患病 huànbìng

◆绕口令◆

【理化和理发】
我们要学理化,他们要学理发,理化理发要分清,学会理化却不会理发,学会理发也不懂理化。

【买混纺】
武汉商场卖混纺,红混纺,黄混纺,粉混纺,粉红混纺,黄粉混纺,黄红混纺,红粉混纺,最销畅。

【粉红活佛龛】
会糊我的粉红活佛龛,来糊我的粉红活佛龛,不会糊我的粉红活佛龛,不要胡糊、乱糊,糊坏了我的粉红活佛龛。

【黄幌子和方幌子】
老方扛着个黄幌子,老黄扛着个方幌子。老方要拿老黄的方幌子,老黄要拿老方的黄幌子,老黄老方不相让,方幌子碰破了黄幌子,黄幌子碰破了方幌子。

f 与 h 声旁代表字类推表

f 声母代表字

发—fā 发 fà 发(头发) fèi 废
乏—fá 乏 fàn 泛
伐—fá 伐 阀 筏
法—fǎ 法 砝
番—fān 翻 番 藩 幡 蕃(bō 播)
凡—fán 帆 矾 凡 矾
反—fǎn 反 返 fàn 饭 贩

犯—fàn 犯 范
方—fāng 方 芳 坊(牌坊) fáng 防 妨 房 肪
　　 fǎng 仿 访 纺 fàng 放
非—fēi 非 菲(芳菲) 啡 扉 绯 蜚 霏
　　 fěi 诽 菲(菲薄) 匪 悱 斐 翡 fèi 痱
分—fēn 分(分配) 芬 吩 纷 酚 氛 fén 汾
　　 fèn 分(分外) 份 忿

蜂—fēng 峰烽锋蜂 féng 逢缝(缝补)
　　fèng 缝(缝隙)
风—fēng 风枫疯 fěng 讽
奉—fèng 奉俸
夫—fū 夫肤 fú 芙扶
孚—fū 孵 fú 孚俘浮
甫—fū 敷 fǔ 甫辅脯 fù 傅缚

弗—fú 弗拂佛(仿佛)氟 fó 佛(佛教) fèi 沸费
伏—fú 伏茯袱
福—fú 幅福辐蝠 fù 副富
付—fú 符 fǔ 府俯腑腐 fù 付附咐
父—fǔ 斧釜 fù 父
讣—fù 讣赴
复—fù 复腹馥覆

类推表外的字：fá 罚 fán 繁樊 fàn 梵 fēi 飞妃 féi 肥 fén 坟 fèn 奋愤粪 fēng 丰封 féng 冯 fǒu 否 fú 服 fù 负妇阜赋

h 声母代表字

禾—hé 禾和
红—hóng 红虹鸿 hòng 讧
洪—hōng 哄(闹哄哄)烘 hóng 洪 hǒng 哄(哄骗)
　　hòng 哄(起哄)
弘—hóng 弘泓
乎—hū 乎呼
忽—hū 忽惚唿 hú 囫 hù 笏
胡—hú 胡湖葫糊(糨糊)蝴瑚猢 hù 糊(糊弄)
狐—hú 弧狐
虎—hǔ 虎唬琥
户—hù 户护沪
化—huā 花哗(哗啦啦) huá 华(中华)哗(喧哗)铧骅
　　huà 化桦华(姓) huò 货
滑—huá 滑猾
怀—huái 怀 huài 坏
还—huán 还环 huái 怀 huài 坏
寰—huán 寰鬟圜
奂—huàn 奂涣换唤焕痪

荒—huāng 荒慌 huǎng 谎
皇—huáng 皇凰惶徨蝗隍
黄—huáng 黄潢磺簧
晃—huǎng 晃(晃眼)恍幌 huàng 晃(摇晃)
挥—huī 挥晖辉 hūn 荤 hún 浑 hùn 诨
灰—huī 灰咴诙恢
回—huí 回茴蛔洄 huái 徊
悔—huǐ 悔 huì 海晦
惠—huì 惠蕙
会—huì 会荟绘烩
彗—huì 彗慧
昏—hūn 昏阍婚
混—hún 混(混小子)馄 hùn 混(混淆)
活—huó 活 huà 话
火—huǒ 火伙
或—huò 或惑
霍—huò 霍藿

类推表外的字：hōng 轰 hóng 宏 hú 壶 hù 互怙 huá 划(划算) huà 划(规划)画 huái 淮槐踝 huān 欢 huán 桓 huǎn 缓 huàn 幻宦浣患豢 huāng 肓 huī 徽麾 huǐ 毁 huì 卉汇讳秽喙 hún 魂 hé 和(和气) hè 和(应和) huó 和(和面) huò 和(和稀泥) huō 豁(豁口) huò 豁(豁达)

(二) n 与 l

1. 发音辨正

(1)相同点：鼻音 n 与边音 l 都是舌尖中音，发音部位相同，发音时舌尖抵住上齿龈。

(2)不同点：鼻音 n 与边音 l 的发音方法不同。读 n 时舌尖及舌前两侧先与口腔前上部完全闭合，然后慢慢离开，气流从鼻腔出来，音色比较沉闷；读 l 时舌尖接触上齿龈，气流从舌头两边透出,然后舌尖轻轻弹开,弹发成声,音色比较清脆。

2. 发音辨正练习

字词辨正练习

那 nà	辣 là	你 nǐ	里 lǐ	挠 náo	牢 láo
南 nán	蓝 lán	尿 niào	料 liào	念 niàn	恋 liàn
娘 niáng	凉 liáng	挪 nuó	罗 luó	暖 nuǎn	卵 luǎn
女 nǚ	吕 lǚ	奈 nài	赖 lài	浓 nóng	隆 lóng

扫码听范读

词语辨正练习

逆流 nìliú	耐劳 nàiláo	脑力 nǎolì	内陆 nèilù
努力 nǔlì	女郎 nǚláng	能量 néngliàng	年龄 niánlíng
暖流 nuǎnliú	鸟类 niǎolèi	冷暖 lěngnuǎn	留念 liúniàn
流年 liúnián	烂泥 lànní	利尿 lìniào	遛鸟 liùniǎo

◆ **绕口令** ◆

【老农闹老龙】

老龙恼怒闹老农,老农恼怒闹老龙,农恼龙恼农更恼,龙恼农恼龙怕农。

【练投篮】

打南边来了两队篮球运动员,一队穿蓝球衣的男运动员,一队穿绿球衣的女运动员。男女运动员都来练投篮,不怕累,不怕难,努力练投篮。

【新郎和新娘】

新郎和新娘,柳林底下来乘凉。新娘问新郎:你是下湖去挖泥,还是下田去扶犁?新郎问新娘:你坐柳下把书念,还是下湖去采莲?新娘抿嘴乐:我采莲,你挖泥,我拉牛,你扶犁。挖完了泥,采完了莲,扶完犁,咱俩再来把书念。

n 与 l 声旁代表字类推表

n 声母代表字

那—nā 那(姓) nǎ 哪(哪怕)
　　nà 那(那么) 娜(人名用字)
　　né 哪(哪吒) nuó 挪娜(婀娜)

乃—nǎi 乃奶

奈—nài 奈 nà 捺

脑—nǎo 脑恼

尼—ne 呢(语气助词) ní 尼泥(泥巴)呢(呢绒)
　　nì 昵泥(拘泥)

内—nèi 内 nà 呐纳钠

你—nǐ 你 nín 您

念—niàn 念 niǎn 捻

娘—niáng 娘 niàng 酿

聂—niè 聂镊

孽—niè 孽蘖

宁—níng 宁(宁静)狞拧 nǐng 拧
　　nìng 泞宁(宁可)

扭—niǔ 扭纽钮 niū 妞

农—nóng 农浓脓

奴—nú 奴 nǔ 努 nù 怒

懦—nuò 懦糯

诺—nuò 诺 nì 匿

虐—nüè 虐疟

类推表外的字: ná 拿 nài 耐 nán 男难 náng 囊 nào 闹 něi 馁 nèn 嫩 néng 能 nǐ 拟 nì 溺逆腻 nián 年 niǎn 碾 niǎo 鸟 niào 尿 nie 镍 níng 凝 niú 牛 nòng 弄 nuǎn 暖

l 声母代表字

拉—lā 拉(拉扯) 垃啦 lá 拉(拉了个口子)
　　lǎ 拉(半拉) lì 立粒
喇—lǎ 喇 là 辣 lài 赖癞 lǎn 懒
洛—là 落(丢三落四) lào 络(络子)落(落枕)烙(烙饼)酪 lòu 露(露面) lù 路露(露水) lüè 略
　　luò 骆络(联络)落(落实)洛烙(炮烙)
腊—là 腊蜡 liè 猎
来—lái 来莱
兰—lán 兰拦栏 làn 烂
蓝—lán 蓝篮 làn 滥
览—lǎn 览揽缆榄
郎—láng 郎(女郎)廊琅榔 lǎng 朗
　　làng 郎(屎壳郎)
劳—lāo 捞 láo 唠劳 lào 唠涝
老—lǎo 老姥
乐—lè 乐 lì 砾
了—le 了(去了) liáo 辽疗 liǎo 了(了解)
雷—léi 雷擂(擂钵) lěi 蕾 lèi 擂(擂台)
累—léi 累(累赘) lěi 累(累计)儡 lèi 累(劳累)
　　luó 骡螺
离—lí 离璃漓篱
里—lǐ 里理 lī 哩 lí 厘狸 liáng 量(测量)
　　liàng 量(产量)
利—lì 利俐莉 lí 梨犁黎
力—lì 力历荔雳励沥 lè 勒(勒索) lēi 勒(勒紧)
　　lèi 肋 liè 劣 lìng 另 lǚ 屡
列—lì 例 liē 咧(大大咧咧) liě 咧 liè 列烈裂
连—lián 连莲 liàn 链 liǎn 琏
廉—lián 廉镰
脸—liǎn 脸敛 liàn 殓
练—liàn 练炼
恋—liàn 恋 luán 峦孪栾

两—liǎng 两俩(伎俩) liǎ 俩(咱俩) liàng 辆
良—liáng 良粮 láng 狼
　　làng 浪(niáng 娘 niàng 酿)
凉—liáng 凉(凉爽)
　　liàng 亮凉(水太热,凉一凉)谅晾 lüè 掠
梁—liáng 梁樑
撩—liāo 撩(撩开) liáo 僚疗撩(撩拨)嘹燎(燎原)
　　liǎo 潦燎(火把头发燎了) liào 瞭镣
林—lín 林淋(淋巴)琳 lìn 淋(淋病)
磷—lín 磷鳞
凛—lǐn 凛廪懔(bǐng 禀)
凌—líng 凌陵菱棱 léng 棱(棱角)
令—lìng 令(命令) lěng 冷 līn 拎 lín 邻
　　líng 令(令狐)伶铃零龄玲翎
　　lǐng 令(量词)岭领(lián 怜)
留—liú 留榴馏(蒸馏)瘤 liū 溜(溜走)
　　liù 溜(檐溜)馏(馏馒头)
流—liú 流琉硫
柳—liǔ 柳 liáo 聊
六—liù 六 lù 六(六安)
龙—lóng 龙聋笼(鸟笼)咙胧 lǒng 拢垄笼(笼罩)
娄—lóu 娄偻(佝偻)楼髅 lǒu 搂(搂抱)
　　lǚ 偻(伛偻)屡缕
录—lù 录绿(绿林)碌(劳碌) liù 碌(碌碡)
　　lǜ 氯绿(绿化)
庐—lú 庐芦炉 lǘ 驴
卢—lú 卢颅
吕—lǚ 吕侣铝
虑—lǜ 虑滤
仑—lún 论(论语)轮仑伦抡(抢材)沦 lūn 抡(抡拳)
　　lùn 论(论文)
罗—luō 啰(啰唆) luó 罗萝锣箩逻

类推表外的字: láo 牢　lěi 垒　lèi 泪　léng 楞　lǐ 李礼　lì 隶　lián 联　liào 料　lín 临
lìn 吝赁　líng 灵　liú 刘　liǔ 绺　lòu 漏陋　lǔ 卤　lǚ 旅履　lǜ 率律　luǎn 卵　luàn 乱　luō 捋　luǒ 裸

（三）r 与 l

1. 发音辨正

(1)发翘舌浊擦音 r 时,舌尖翘起接近硬腭前部,形成一条缝隙,颤动声带,气流从缝隙中摩擦而出。

(2)发舌尖中浊边音 l 时,舌尖在上齿龈上轻轻弹一下,颤动声带,呼出气流。

这两个声母的主要区别:一是舌尖所接近或接触的部位不同;二是 r 是摩擦成声,l 是弹发成声。发音时应该仔细揣摩自己的发音部位和发音方法是不是合乎这两个要领。

2. 发音辨正练习

字词辨正练习

让 ràng	浪 làng	柔 róu	楼 lóu	热 rè	乐 lè
乳 rǔ	鲁 lǔ	软 ruǎn	卵 luǎn	若 ruò	落 luò
溶 róng	龙 lóng	仍 réng	棱 léng	然 rán	蓝 lán
路 lù	入 rù	漏 lòu	肉 ròu	荣 róng	聋 lóng

词语辨正练习

仍然 réngrán	柔软 róuruǎn	容忍 róngrěn	冉冉 rǎnrǎn
柔弱 róuruò	软弱 ruǎnruò	热量 rèliàng	染料 rǎnliào
扰乱 rǎoluàn	缭绕 liáorào	了然 liǎorán	猎人 lièrén
例如 lìrú	礼让 lǐràng	恋人 liànrén	连日 liánrì

r 声母声旁代表字类推表

然—rán 然燃
冉—rán 髯　rǎn 冉苒
嚷—rāng 嚷(嚷嚷)　ráng 瓤
　　rǎng 嚷(叫嚷) 攘壤(土壤)
饶—ráo 饶桡娆　rào 绕(náo 挠侥)
人—rén 人　rèn 认
壬—rén 壬任(姓任)　rěn 荏　rèn 任(任务)妊饪
刃—rèn 忍　rèn 刃韧牣仞
扔—rēng 扔　réng 仍
容—róng 容溶熔蓉榕

戎—róng 戎绒
荣—róng 荣嵘蝾
柔—róu 柔揉糅蹂
如—rú 如茹　rǔ 汝
儒—rú 儒蠕孺嚅濡
辱—rǔ 辱　rù 褥蓐
阮—ruǎn 阮朊
若—ruò 若偌(rě 惹)
闰—rùn 闰润

类推表外的字: rǎn 染　ràng 让　rǎo 扰　rè 热　rén 仁　rěn 稔　rì 日　róng 融茸　rǒng 冗　ròu 肉　rǔ 乳 rù 入　ruǎn 软　ruǐ 蕊　ruì 锐睿瑞枘　ruò 弱

（四）z、c、s 与 zh、ch、sh

1. 发音辨正

(1)发平舌音 z、c、s 时,舌尖平伸,抵住或接近上齿背。

(2)发翘舌音 zh、ch、sh 时,舌头放松,舌尖轻巧地翘起来接触或靠近硬腭前部。

2. 发音辨正练习

(1) z—zh

字词辨正练习

| 自 zì | 致 zhì | 最 zuì | 缀 zhuì | 增 zēng | 蒸 zhēng |
| 尊 zūn | 谆 zhūn | 赞 zàn | 占 zhàn | 中 zhōng | 宗 zōng |

词语辨正练习

组织 zǔzhī　　增长 zēngzhǎng　　罪证 zuìzhèng　　尊重 zūnzhòng
遵照 zūnzhào　　著作 zhùzuò　　正在 zhèngzài　　指责 zhǐzé
治罪 zhìzuì　　铸造 zhùzào　　摘花 zhāihuā　　栽花 zāihuā

◆绕口令◆

【招租】
早招租,再招租,总找周邹郑曾朱。

【撕字纸】
隔着窗户撕字纸,一次撕下横字纸,一次撕下竖字纸,是字纸撕字纸,不是字纸,不要胡乱撕一地纸。

【祖传中医】
祖父赵自忠,曾祖赵泽正,祖传中医治心脏病。祖父专治杂难症,曾祖扎针治脓肿。赵泽正传给赵自忠,十四套药书三套针筒,赵自忠学赵泽正,扎针拔罐儿再去肿。

(2) c—ch

字词辨正练习

| 才 cái | 豺 chái | 村 cūn | 春 chūn | 参 cān | 搀 chān |
| 崔 cuī | 吹 chuī | 窜 cuàn | 串 chuàn | 侧 cè | 彻 chè |

词语辨正练习

操持 cāochí　　残春 cánchūn　　残喘 cánchuǎn　　存储 cúnchǔ
辞呈 cíchéng　　陈词 chéncí　　筹措 chóucuò　　除草 chúcǎo
储存 chǔcún　　储藏 chǔcáng　　层次 céngcì　　程序 chéngxù

◆绕口令◆

【蚕和蝉】
爬来爬去是蚕,飞来飞去是蝉。蚕常在桑叶里藏,蝉藏在树林里唱。

【晒白菜】
大柴和小柴,比赛晒白菜,大柴晒大白菜,小柴晒小白菜。大柴晒了四十斤大白菜,小柴才晒十四斤小白菜。

【粗出气和出气粗】
粗出气种谷,出气粗喂猪。粗出气种的谷,谷穗长得长又粗。出气粗喂的猪,身子长得胖乎乎。出气粗的胖乎乎的大肥猪,偷吃了粗出气又长又粗的品种谷。粗出气用锄打出气粗胖乎乎的大肥猪,出气粗家胖乎乎的大肥猪,再也不吃粗出气家的又长又粗的品种谷。

(3) s—sh

字词辨正练习

| 素 sù | 树 shù | 桑 sāng | 伤 shāng | 嗓 sǎng | 晌 shǎng |
| 散 sǎn | 闪 shǎn | 搜 sōu | 收 shōu | 扫 sǎo | 少 shǎo |

词语辨正练习

随时 suíshí　　　所属 suǒshǔ　　　扫视 sǎoshì　　　损伤 sǔnshāng
琐事 suǒshì　　　上诉 shàngsù　　　哨所 shàosuǒ　　　深思 shēnsī
失色 shīsè　　　收缩 shōusuō　　　丧失 sàngshī　　　上市 shàngshì

◆**绕口令**◆

【三山撑四水】

三山撑四水,四水绕三山,三山四水春常在,四水三山四时春。

【死虱子】

纸里裹着细银丝,细银丝上扒着四千四百四十四个似死不死的小死虱子。

【石狮寺前石狮子】

石狮寺前有四十四个石狮子,寺前的树上结了四十四个涩柿子,四十四个石狮子,不吃四十四个涩柿子,倒吃了四十四个石狮子。

【三月三】

三月三,阿三撑伞上深山。上山又下山,下山又上山,出了满身汗,湿透一身衫。上山走了四里四,下山跑了三里三,还剩一里金花闪,唱支山歌手摇扇,来了精神跑下山。

平舌音与翘舌音声旁代表字类推表

z与zh声旁代表字类推表

z声母代表字

匝—zā 匝咂　zá 砸
咋—zǎ 咋　zuó 昨　zuò 作柞
哉—zāi 哉栽　zǎi 载　zài 载(cái 栽)
宰—zǎi 宰　zǐ 滓
赞—zǎn 攒(积攒)　zàn 赞
脏—zāng 脏(肮脏)赃　zàng 脏(内脏)
臧—zāng 臧　zàng 藏(宝藏)[cáng 藏(矿藏)]
澡—zǎo 澡藻　zào 燥躁噪
责—zé 责啧(zì 渍)(zhài 债)
泽—zé 泽择
曾—zēng 曾憎增　zèng 赠(cēng 噌　cèng 蹭)
子—zǐ 孜　zǐ 子仔籽　zì 字　zǎi 仔

资—zī 资姿咨　zì 恣
兹—zī 兹嗞滋孳(cí 慈磁鹚糍)
辎—zī 辎淄缁锱
紫—zī 玼　zǐ 紫　zì 眦
宗—zōng 宗综踪鬃　zòng 粽(cóng 淙踪)
奏—zòu 奏揍(còu 凑)
租—zū 租　zǔ 阻祖诅俎　zuǐ 咀
卒—zú 卒　zuì 醉(cù 猝　cuì 淬悴瘁粹翠　suì 碎)
纂—zuǎn 纂　zuàn 攥(cuàn 篡)
尊—zūn 尊遵樽鳟
左—zuǒ 左佐
坐—zuò 坐座

类推表外的字： zā 扎 zá 杂 zāi 灾 zài 在 zán 咱 zàn 暂 zàng 葬 záo 凿 zǎo 早枣蚤 zào 皂灶造 zé 则 zè 仄 zéi 贼 zěn 怎 zǐ 姊 zì 自 zǒng 总 zòng 纵 zōu 邹 zǒu 走 zú 足族 zuān 钻(钻空子) zuàn 钻(钻井) zuǐ 嘴 zuì 罪最 zuò 做

zh 声母代表字

乍—zhà 炸(炸弹)榨诈
　　zhǎi 窄 zhá 炸(炸酱面)(zǎ 咋 zuó 昨 zuò 作)

占—zhān 占(占卜)沾粘毡 zhàn 占(占领)站战
　　(shàn 苫)[zuàn 钻(钻井)]

詹—zhān 詹瞻(shàn 赡)

斩—zhǎn 斩崭(zàn 暂 cán 惭)

章—zhāng 章彰樟 zhàng 障

长—zhǎng 长涨 zhāng 张 zhàng 胀帐账

丈—zhàng 丈仗杖

召—zhāo 招昭 zhǎo 沼(sháo 韶)

折—zhé 折 zhé 哲 zhè 浙(shì 誓逝)

遮—zhē 遮 zhè 蔗

者—zhě 者 zhū 诸猪 zhǔ 煮
　　zhù 著(chǔ 储 shǔ 暑薯署 shē 奢)

贞—zhēn 贞侦帧

珍—zhēn 珍 zhěn 诊疹(chèn 趁)

真—zhēn 真 zhèn 镇(shèn 慎)

枕—zhěn 枕 zhèn 鸩(chén 忱 shěn 沈)

振—zhèn 振震(chén 晨 shēn 娠 shèn 蜃)

正—zhēng 正(正月)征
　　zhèng 正症怔证政(chéng 惩)

之—zhī 之芝

支—zhī 支枝肢吱(chì 翅)

只—zhī 只(一只)织 zhí 职 zhǐ 只(只要)
　　zhì 帜识(标识)[shí 识(识别)]

知—zhī 知蜘 zhì 智

旨—zhī 脂 zhǐ 旨指

执—zhí 执 zhì 挚(shì 势)

直—zhí 直值殖 zhì 置

止—zhǐ 止趾址(chǐ 耻齿 chě 扯)

至—zhì 至致窒 zhí 侄(shì 室)

中—zhōng 中忠钟衷 zhǒng 种(种子)肿
　　zhòng 仲种(种田)(chōng 冲)

州—zhōu 州洲(chóu 酬)

周—zhōu 周(chóu 绸稠)

朱—zhū 朱珠蛛株(shū 殊)

主—zhǔ 主 zhù 住注柱驻蛀

爪—zhuā 抓 zhuǎ 爪

专—zhuān 专砖 zhuǎn 转(转运) zhuàn 传(传记)
　　转(转速)[chuán 传(传达)]

庄—zhuāng 庄桩(zāng 脏赃)

壮—zhuāng 装妆 zhuàng 壮状(zàng 奘)

撞—zhuàng 撞幢

隹—zhuī 锥椎 zhǔn 准(sǔn 榫 suī 睢)

卓—zhuō 桌 zhuó 卓 zhào 罩(chuò 绰)

啄—zhuó 啄琢

类推表外的字： zhā 渣 zhá 扎闸轧 zhǎ 眨 zhà 栅 zhāi 斋 zhái 宅 zhài 寨 zhǎn 展 zhàn 绽 zhǎng 掌 zhe 着(走着) zháo 着(着急) zhǎo 找 zhào 兆 zhé 辙蛰 zhè 这 zhēn 针斟 zhèn 阵 zhèng 郑 zhī 汁 zhì 秩痔滞制 zhōng 终 zhòng 重 zhōu 舟粥 zhǒu 帚 zhòu 咒骤昼 zhú 竹竺逐 zhù 助祝铸筑 zhuài 拽 zhuàn 篆撰赚 zhuī 追 zhuì 缀赘 zhūn 谆 zhuō 捉 zhuó 着(着想)酌

c 与 ch 声旁代表字类推表

c 声母代表字

才—cái 才材财(chái 豺)

采—cǎi 采睬彩踩 cài 菜

参—cān 参(参加) cǎn 惨
　　cēn 参(参差)[shēn 参(人参)]

仓—cāng 仓伧(伧俗)沧苍舱[伧又音 chen(寒伧)]
曹—cáo 曹漕嘈槽蟾(zāo 遭糟)
侧—cè 侧测厕恻(zé 则)
曾—cēng 噌 céng 曾 cèng 蹭
此—cī 疵 cí 雌 cǐ 此
次—cí 茨瓷 cì 次
慈—cí 慈磁糍鹚
词—cí 词祠 cì 伺(伺候)
从—cōng 苁枞 cóng 从丛

匆—cōng 匆葱
粗—cū 粗 cú 徂殂
窜—cuān 蹿撺 cuàn 窜
崔—cuī 崔催摧 cuǐ 璀
萃—cuì 萃翠淬瘁粹啐悴 cù 猝
搓—cuō 搓磋蹉 cuó 嵯
措—cuò 措错
痤—cuó 痤矬 cuò 挫锉
寸—cūn 村 cǔn 忖 cùn 寸

类推表外的字： cā 擦 cāi 猜 cài 蔡 cān 餐 cán 蚕残 càn 惭 càn 灿 cāo 操糙 cǎo 草 cè 册策 cén 岑 céng 层 cī 差(参差) cí 辞 cì 刺赐 cōng 囱聪 cóng 淙 cù 促簇醋蹴 cuān 氽 cuán 攒 cún 存

ch 声母代表字

叉—chā 叉(叉子) chǎ 衩 chà 叉(劈叉)杈
查—chā 喳 chá 查(检查)[zhā 查(姓)]
搀—chān 搀 chán 馋
产—chǎn 产铲
颤—chàn 颤(shàn 擅)
昌—chāng 昌猖菖阊娼鲳 chàng 唱倡
场—cháng 场(打场)肠 chǎng 场 chàng 畅
尝—cháng 尝偿
抄—chāo 抄钞吵(别瞎吵) chǎo 炒吵
朝—cháo 朝(朝代)潮嘲[zhāo 朝(朝气)]
车—chē 车(zhèn 阵)
撤—chè 撤澈(zhé 辙)
辰—chén 辰晨
　　chún 唇(zhèn 振震 shēn 娠 shèn 蜃)
乘—chéng 乘[shèng(千乘之国)剩]
呈—chéng 呈程 chěng 逞

成—chéng 成城诚盛(盛饭)(shèng 盛)
橙—chéng 橙澄
丞—chéng 承(zhēng 蒸 zhěng 拯)
池—chí 池驰弛(shī 施)
尺—chǐ 尺 chí 迟
斥—chì 斥 chāi 拆(sù 诉)
虫—chóng 虫 chù 触(zhú 烛 zhuó 浊)
筹—chóu 筹畴
愁—chóu 愁 chǒu 瞅
出—chū 出 chǔ 础(zhuō 拙 zhuó 茁)
刍—chú 刍雏(zhōu 诌 zhòu 皱绉)
厨—chú 厨橱
喘—chuǎn 喘 chuāi 揣(怀揣) chuǎi 揣(揣测)
吹—chuī 吹炊
垂—chuí 垂捶锤(shuì 睡)
春—chūn 春椿 chǔn 蠢

类推表外的字： chā 插差(差别) chá 察 chà 岔差(差劲) 诧刹 chāi 差(出差) chán 缠蟾 chǎn 谄阐 chàn 忏 chāo 超 cháo 巢 chě 扯 chè 掣彻 chēn 嗔琛 chén 沉忱陈尘臣 chèn 趁 chéng 惩 chī 吃 chí 匙持 chǐ 侈耻 chì 赤翅炽 chōng 冲(冲锋)充 chóng 重 chǒng 宠 chòng 冲(冲床) chōu 抽 chóu 酬仇(复仇) chū 初 chú 锄除蹰 chǔ 储楚处(处理) chù 处(处长)矗 chuān 穿 chuān 串 chuáng 床幢 chuǎng 闯 chuō 戳 chuò 绰

s 与 sh 声旁代表字类推表

s 声母代表字

散—sā 撒(撒手) sǎ 撒(撒播) sǎn 馓散(散文)
　　sàn 散(散步)
思—sāi 腮鳃 sī 思锶
桑—sāng 桑 sǎng 搡嗓
叟—sǎo 嫂 sōu 溲搜嗖馊飕螋艘
　　sǒu 叟(shòu 瘦)
司—sī 司 sì 伺(伺机)饲

斯—sī 斯厮撕嘶澌
四—sì 四泗驷
隋—suí 隋随 suǐ 髓
遂—suí 遂(半身不遂) suì 遂(毛遂自荐)隧燧邃
孙—sūn 孙荪狲
锁—suǒ 锁琐唢
梭—suō 梭唆

类推表外的字： sǎ 洒 sà 飒萨 sān 三 sǎn 伞 sāng 丧(丧事) sàng 丧(丧失) sāo 臊(腥臊) sǎo 扫 sào 臊(害臊) sè 涩色 sēn 森 sēng 僧 sī 丝私 sǐ 死 sì 似肆 sōng 松嵩 sòng 送颂诵宋 sǒu 擞薮 sū 苏稣 sú 俗 sù 肃素诉塑 suī 尿虽睢 suí 绥 suì 岁穗祟碎 sǔn 损笋榫 suō 蓑婆挲缩 suǒ 所索

sh 声母代表字

衫—shān 衫杉(杉树) shā 杉(杉木)
删—shān 删珊(cè 册)
单—shàn 单(姓)(chán 蝉 chǎn 阐)
善—shàn 善鳝
尚—shàng 尚 shǎng 赏 shang 裳
稍—shāo 稍捎梢 shào 哨
勺—sháo 勺芍(zhuó 酌灼)
少—shǎo 少(shā 沙纱砂)
舌—shé 舌 shě 舍(舍命) shè 舍 shì 适 shá 啥
申—shēn 申伸呻绅 shén 神 shěn 审婶
生—shēng 牲笙甥 shèng 胜
师—shī 师狮 shāi 筛(sī 蛳)
诗—shī 诗 shì 恃侍(zhì 峙痔 chí 持)(sì 寺)
失—shī 失(zhì 秩)

十—shí 十什(zhēn 针 zhī 汁)
史—shǐ 史驶
市—shì 市柿
式—shì 式试拭
寿—shòu 寿(chóu 畴筹 zhù 铸)
受—shòu 受授
叔—shū 叔淑
疏—shū 疏蔬梳
暑—shǔ 暑署薯曙
属—shǔ 属(zhǔ 嘱)
刷—shuā 刷 shuàn 涮
率—shuài 率(表率)蟀 shuāi 摔
栓—shuān 栓拴
说—shuō 说(说服) shuì 税说(游说)

类推表外的字： shā 煞 shǎ 傻 shà 厦霎 shǎn 闪陕 shāng 伤 shàng 上 shāo 烧 shé 蛇 shè 摄设社赦 shēn 身深 shěn 沈 shèn 慎 shēng 声升 shéng 绳 shèng 盛圣 shī 失施虱湿 shí 拾实 shǐ 始矢 shì 事势室似(似的) shōu 收 shǒu 手守首 shòu 售兽瘦 shū 书枢输 shú 赎 shǔ 蜀鼠数(数一数二) shù 数(数字)墅树竖戍恕束漱庶 shuǎ 耍 shuāi 衰 shuǎi 甩 shuǎng 爽 shuǐ 水 shuì 睡 shùn 顺 shuò 朔烁

(五)不送气音 b、d、g、j、zh、z 与送气音 p、t、k、q、ch、c

1. 发音辨正

(1)发不送气音 b、d、g、j、zh、z 时呼出的气流较弱。

(2)发送气音 p、t、k、q、ch、c 时呼出的气流较强。

2. 发音辨正练习

(1)b—p

字词辨正练习

| 拔 bá | 爬 pá | 败 bài | 派 pài | 伴 bàn | 叛 pàn |
| 倍 bèi | 配 pèi | 避 bì | 僻 pì | 标 biāo | 漂 piāo |

词语辨正练习

逼迫 bīpò	摆谱儿 bǎipǔr	被迫 bèipò	半票 bànpiào
拍板 pāibǎn	旁边 pángbiān	排比 páibǐ	判别 pànbié
补充 bǔchōng	普通 pǔtōng	背后 bèihòu	配合 pèihé

(2)d—t

字词辨正练习

| 蛋 dàn | 炭 tàn | 稻 dào | 套 tào | 笛 dí | 提 tí |
| 毒 dú | 涂 tú | 夺 duó | 砣 tuó | 朵 duǒ | 妥 tuǒ |

词语辨正练习

顶替 dǐngtì	地毯 dìtǎn	动弹 dòngtan	灯塔 dēngtǎ
坦荡 tǎndàng	态度 tàidù	糖弹 tángdàn	特点 tèdiǎn
独立 dúlì	图利 túlì	端正 duānzhèng	团员 tuányuán

(3)g—k

字词辨正练习

| 规 guī | 亏 kuī | 柜 guì | 匮 kuì | 公 gōng | 空 kōng |
| 怪 guài | 快 kuài | 姑 gū | 哭 kū | 个 gè | 客 kè |

词语辨正练习

功课 gōngkè	孤苦 gūkǔ	高亢 gāokàng	公开 gōngkāi
凯歌 kǎigē	看管 kānguǎn	考古 kǎogǔ	刻骨 kègǔ
工程 gōngchéng	空城 kōngchéng	改造 gǎizào	感慨 gǎnkǎi

(4)j—q

字词辨正练习

| 集 jí | 齐 qí | 歼 jiān | 千 qiān | 截 jié | 茄 qié |
| 近 jìn | 沁 qìn | 局 jú | 渠 qú | 教 jiào | 悄 qiāo |

词语辨正练习

机器 jīqì	佳期 jiāqī	嘉庆 Jiāqìng	坚强 jiānqiáng
千金 qiānjīn	曲剧 qǔjù	清剿 qīngjiǎo	群居 qúnjū
究竟 jiūjìng	秋天 qiūtiān	决定 juédìng	确立 quèlì

(5) zh—ch

字词辨正练习

| 铡 zhá | 茶 chá | 招 zhāo | 超 chāo | 植 zhí | 迟 chí |
| 轴 zhóu | 稠 chóu | 拽 zhuài | 踹 chuài | 出 chū | 竹 zhú |

词语辨正练习

支持 zhīchí　　　　展翅 zhǎnchì　　　　战车 zhànchē　　　　章程 zhāngchéng
插针 chāzhēn　　　查证 cházhèng　　　车站 chēzhàn　　　诚挚 chéngzhì
抽象 chōuxiàng　　周围 zhōuwéi　　　除了 chúle　　　　逐步 zhúbù

(6) z—c

字词辨正练习

| 字 zì | 刺 cì | 罪 zuì | 脆 cuì | 凿 záo | 曹 cáo |
| 坐 zuò | 错 cuò | 灾 zāi | 猜 cāi | 租 zū | 粗 cū |

词语辨正练习

字词 zìcí　　　　早操 zǎocāo　　　　造次 zàocì　　　　杂草 zácǎo
刺字 cìzì　　　　才子 cáizǐ　　　　　参赞 cānzàn　　　操作 cāozuò
聪明 cōngmíng　　综合 zōnghé　　　　灿烂 cànlàn　　　暂时 zànshí

第二单元　韵母

一、什么是韵母

韵母是音节中声母后面的部分。零声母音节,全部由韵母构成。普通话韵母共有39个。韵母和元音不相等。普通话韵母主要由元音构成,完全由元音构成的韵母有23个,约占韵母的59%,由元音加上辅音构成的韵母(鼻韵母)有16个,约占韵母的41%。可见,在普通话韵母中,元音占有绝对的优势。元音发音比较响亮,与辅音声母相比,韵母没有呼读音。

普通话韵母表

		i	闭地七益	u	布亩竹出	ü	女律局域
a	巴打铡法	ia	加佳瞎压	ua	瓜抓刷画		
e	哥社得合	ie	爹界别叶			üe	靴月略确
o	(波魄抹佛)			uo	多果若握		
ai	该太白麦			uai	怪坏帅外		
ei	杯飞黑贼			uei	对穗惠卫		
ao	包高茂勺	iao	标条交药				
ou	头周口肉	iou	牛秋九六				
an	半担甘暗	ian	边点减烟	uan	短川关碗	üan	捐全远

38

续表

en	本分枕根	in	林巾心因	uen	吞寸昏问	ün	军训孕
ang	当方港航	iang	良江向样	uang	壮窗荒王		
eng	蓬灯能庚	ing	冰丁京杏	ueng	翁		
				ong	东龙冲公	iong	兄永穷
ê	欸						
-i(前)	资此思						
-i(后)	支赤湿日						
er	耳二						

二、韵母的分类

（一）按结构特点分类

可分为单韵母、复韵母和鼻韵母三类。

1. 单韵母

共10个，即 a、o、e、ê、i、u、ü、-i(前)、-i(后)、er。

2. 复韵母

共13个，即 ai、ei、ao、ou、ia、ie、ua、uo、üe、iao、iou、uai、uei。

3. 鼻韵母

共16个，即 an、en、in、ün、ang、eng、ing、ong、ian、uan、üan、uen、iang、uang、ueng、iong。

（二）按韵母开头元音的发音口形分类

可分为开口呼、齐齿呼、合口呼、撮口呼四类，统称"四呼"。

1. 开口呼韵母

开口呼韵母指没有韵头 i、u、ü，韵腹也不是 i、u、ü 的韵母，共有15个。它们是 a、o、e、ai、ei、ao、ou、an、en、ang、eng、ê、-i(前)、-i(后)、er。

2. 齐齿呼韵母

齐齿呼韵母指韵头或韵腹是 i 的韵母，共有9个。它们是 i、ia、ie、iao、iou、ian、in、iang、ing。

3. 合口呼韵母

合口呼韵母指韵头或韵腹是 u 的韵母，共有10个。它们是 u、ua、uo、uai、uei、uan、uen、uang、ueng、ong。

4. 撮口呼韵母

撮口呼韵母指韵头或韵腹是 ü 的韵母，共有5个。它们是 ü、üe、üan、ün、iong。

普通话韵母分类总表

项目		开口呼	齐齿呼	合口呼	撮口呼
单韵母		-i[ɿ] -i[ʅ]	i	u	ü
		a			
		o			
		e			
		ê			
		er			
复韵母		ai	ia	ua	üe
		ei	ie	uo	
		ao	iao	uai	
		ou	iou	uei	
鼻韵母		an	ian	uan	üan
		en		uen	
			in		ün
		ang	iang	uang	
		eng		ueng	
			ing	ong	iong

三、韵母发音分析

下面分单韵母、复韵母和鼻韵母三类说明普通话的发音。

(一)单韵母的发音

单韵母的发音特点是发音过程中舌位和唇形始终不变,发音时要保持固定的口形。

第1组:a

a [A]　舌面、央、低、不圆唇元音

口大开,舌尖微离下齿背,舌面中部微微隆起和硬腭后部相对。发音时,声带振动,软腭上升,关闭鼻腔通路。

扫码听范读

发音例词:

马达 mǎdá　　沙发 shāfā　　大麻 dàmá　　发达 fādá

◆绕口令◆

【小华和胖娃】

小华和胖娃,两个种花又种瓜,小华会种花不会种瓜,胖娃会种瓜不会种花。

【娃娃插花穿花褂】

娃娃插花穿花褂,手拿仁果仁虾仁蛤蟆,八月爬山看爸爸。巴铺山高巴路滑,雨大风刮树枝扎。瓜哭虾跳蛤蟆叫,累死蛤蟆累瘪瓜。爸爸翻山修公路,路通山富家发达。娃捧仨虾见爸爸,礼轻情重爸爸夸。

第 2 组:o、e

o[o]　舌面、后、半高、圆唇元音

上下唇自然拢圆,舌体后缩,舌面后部隆起和软腭相对,舌位介于半高半低之间。发音时,声带振动,软腭上升,关闭鼻腔通路。

e[ɤ]　舌面、后、半高、不圆唇元音

口半闭,展唇,舌体后缩,舌面后部隆起和软腭相对,比元音 o 略高而偏前。发音时,声带振动,软腭上升,关闭鼻腔通路。

发音例词:

| 默默 mòmò | 婆婆 pópo | 剥削 bōxuē | 佛寺 fósì |
| 客车 kèchē | 折合 zhéhé | 特赦 tèshè | 苛刻 kēkè |

◆绕口令◆

【墨与馍】

老伯伯卖墨,老婆婆卖馍,老婆婆卖馍买墨,老伯伯卖墨买馍。墨换馍老伯伯有馍,馍换墨老婆婆有墨。

【颠倒歌】

太阳从西往东落,听我唱个颠倒歌。天上打雷没有响,地下石头滚上坡;江里骆驼会下蛋,山里鲤鱼搭成窝;腊月苦热直流汗,六月暴冷打哆嗦;姐在房中头梳手,门外口袋把驴驮。

【鹅和河】

坡上立着一只鹅,坡下就是一条河。宽宽的河,肥肥的鹅,鹅要过河,河要渡鹅,不知是鹅过河,还是河渡鹅?

【黄贺和王克】

一班有个黄贺,二班有个王克。黄贺王克二人搞创作,黄贺搞木刻,王克写诗歌。黄贺帮助王克写诗歌,王克帮助黄贺搞木刻。由于二人搞协作,黄贺完成了木刻,王克写好了诗歌。

第 3 组:ê

ê[E]　舌面、前、半低、不圆唇元音

口自然打开,展唇,舌尖抵住下齿背,使舌面前部隆起和硬腭相对。发音时,声带振动,软腭上升,关闭鼻腔通路。(韵母 ê 除语气词"欸"外单用的机会不多,只出现在复韵母 ie、üe 中。)

发音例词:

| 裂变 lièbiàn | 解体 jiětǐ | 绝技 juéjì | 雪白 xuěbái |

第 4 组:i、ü

i[i]　舌面、前、高、不圆唇元音

口微开,两唇呈扁平形,上下齿相对(齐齿),舌尖接触下齿背,使舌面前部隆起和硬腭前部相对。发音时,声带振动,软腭上升,关闭鼻腔通路。

ü[y]　舌面、前、高、圆唇元音

两唇拢圆,略向前突;舌尖抵住下齿背,使舌面前部隆起和硬腭前部相对。发音时,声带振动,软腭上升,关闭鼻腔通路。

发音例词：

比例 bǐlì　　　　地皮 dìpí　　　　契机 qìjī　　　　气息 qìxī
序曲 xùqǔ　　　　语句 yǔjù　　　　区域 qūyù　　　　聚居 jùjū

◆绕口令◆

【拖拉机】

一台拖拉机,拉着一张犁,拖拉机拉犁,犁翻地,翻地翻得深又细。拖拉机出的力,犁翻的地,你说是犁犁的地,还是拖拉机翻的地？

【李玉举】

郊区李玉举,家居拥军渠,娶女金云玉,生活如意又宽裕。玉举草场放群驴,云玉河里捕鲫鱼,远近约村民,逢年过节演大戏。玉举唱京剧,云玉唱昆曲;演出遇大雨,躲进屋里改豫剧。

【女小吕和女老李】

这天天下雨,体育局穿绿雨衣的女小吕,去找穿绿运动衣的女老李。穿绿雨衣的女小吕,没找到穿绿运动衣的女老李,穿绿运动衣的女老李,也没见着穿绿雨衣的女小吕。

第5组：u

u [u]　舌面、后、高、圆唇元音

两唇收拢成圆形,略向前突出;舌体后缩,舌面后部隆起和软腭相对。发音时,声带振动,软腭上升,关闭鼻腔通路。

发音例词：

部署 bùshǔ　　　　幅度 fúdù　　　　入股 rùgǔ　　　　住户 zhùhù

◆绕口令◆

【苏胡子和胡胡子】

苏州有个苏胡子,湖州有个胡胡子。苏州的苏胡子,家里有个梳胡子的梳子;湖州的胡胡子,家里有个梳子梳胡子。

【破布补烂鼓】

屋里一个破烂鼓,扯点破布就来补。也不知是破布补烂鼓,还是破鼓补烂布。只见布补鼓、鼓补布、鼓补布、布补鼓,补来补去,布不成布,鼓不成鼓。

第6组：er

er [ər]　卷舌、央、中、不圆唇元音

口自然开启,舌位不前不后不高不低,舌前、中部上抬,舌尖向后卷,和硬腭前端相对。发音时,声带振动,软腭上升,关闭鼻腔通路。

发音例词：

然而 rán'ér　　　　饵料 ěrliào　　　　二胡 èrhú　　　　儿童 értóng

第7组：-i（前）、-i（后）

-i [ɿ]　舌尖、前、高、不圆唇元音

口略开,展唇,舌尖和上齿背相对,保持适当距离。发音时,声带振动,软腭上升,关闭鼻腔通路。这个韵母在普通话里只出现在 z、c、s 声母的后面。

-i [ʅ]　舌尖、后、高、不圆唇元音

口略开,展唇,舌前端抬起和前硬腭相对。发音时,声带振动,软腭上升,关闭鼻腔通路。这个韵母在普通话里只出现在 zh、ch、sh、r 声母的后面。

发音例词：

自私 zìsī　　　　私自 sīzì　　　　辞职 cízhí　　　　姿势 zīshì
支持 zhīchí　　　试纸 shìzhǐ　　　时日 shírì　　　　指使 zhǐshǐ

（二）复韵母的发音

复韵母的发音有两个特点：一是发音过程中舌位、唇形一直在变化，由一个元音的发音快速地向另一个元音的发音过渡；二是元音之间的发音有主次之分，主要元音清晰响亮，其他元音轻短或含混模糊。

第 1 组：ai、ei、ao、ou

前响复韵母发音时前头的元音清晰响亮，后头的元音含混模糊，前、后元音发音过渡自然。

ai [aɪ]

是前元音音素的复合，动程大。起点元音是比单元音 a[A]的舌位靠前的前低不圆唇元音[a]，可以简称它为"前 a"。发音时，舌尖抵住下齿背，使舌面前部隆起与硬腭相对。从"前 a"开始，舌位向 i 的方向滑动升高，大体停在次高元音[ɪ]。

发音例词：

灾害 zāihài　　　爱戴 àidài　　　择菜 zháicài　　　拍卖 pāimài

◆绕口令◆

【小艾和小戴】

小艾和小戴，一起去买菜。小艾把十斤①菜给小戴，小戴有比小艾多一倍的菜；小戴把一半菜给小艾，小艾的菜是小戴的三倍菜。请你想想猜猜，小艾小戴各买了几斤菜？

【白菜和海带】

买白菜，搭海带，不买海带就别买大白菜。买卖改，不搭卖，不买海带也能买到大白菜。

ei [eɪ]

是前元音音素的复合，动程较短。起点元音是前半高不圆唇元音 e[e]。发音时，舌尖抵住下齿背，使舌面前部（略后）隆起对着硬腭中部。从 e 开始，舌位升高，向 i 的方向往前往高滑动，大体停在次高元音[ɪ]。

发音例词：

配备 pèibèi　　　非得 fēiděi　　　沸腾 fèiténg　　　内涵 nèihán

◆绕口令◆

【冬天雪花是宝贝】

北风吹，雪花飞，冬天雪花是宝贝。去给麦苗盖上被，明年麦子多几倍。

【大妹和小妹】

大妹和小妹，一起去收麦。大妹割大麦，小妹割小麦。大妹帮小妹挑小麦，小妹帮大妹挑大麦。大妹小妹收完麦，噼噼啪啪齐打麦。

ao [ɑu]

是后元音音素的复合。起点元音比单元音 a[A]的舌位靠后，是个后低不圆唇元音[ɑ]，可简称为"后 a"。发音时，舌体后缩，使舌面后部隆起。从"后 a"开始，舌位向 u（汉语拼音写作-o，实际发音接近 u）的方向滑动升高。收尾的-u 舌位略低，为[ʊ]。

---

① 1 斤＝500 克。

发音例词：

报道 bàodào　　懊恼 àonǎo　　草帽 cǎomào　　逃跑 táopǎo

◆绕口令◆

【猫闹鸟】

东边庙里有个猫，西边树上有只鸟。不知猫闹树上鸟，还是鸟闹庙里猫？

【老老道小老道】

高高山上有座庙，庙里住着俩老道，一个年纪老，一个年纪少。庙前长着许多草，有时候老老道煎药，小老道采药；有时候小老道煎药，老老道采药。

ou [əu]

起点元音比单元音 o 的舌位略高、略前，接近央元音[ə]或[ɤ]，唇形略圆。发音时，从略带圆唇的央元音[ə]开始，舌位向 u 的方向滑动。收尾的-u 接近[u]。这个复韵母动程很小。

发音例词：

抖擞 dǒusǒu　　守候 shǒuhòu　　叩头 kòutóu　　丑陋 chǒulòu

◆绕口令◆

【黄狗咬我手】

清早上街走，走到周家大门口，门里跳出大黄狗，朝我汪汪大声吼。我捡起砖头打黄狗，黄狗跳起来咬手。不知石头打没打着周家的狗，也不知周家的狗咬没咬着我手指头。

【彩楼、锦绣】

咱队有六十六条沟，沟沟都是大丰收。东山果园像彩楼，西山棉田似锦绣，北山有条红旗渠，滚滚青泉绕山走。过去瞧见这六十六条秃石沟，心里就难受；如今这六十六条彩楼、锦绣、万宝沟，瞧也瞧不够。

第 2 组：iao、iou、uai、uei

中响复韵母发音时前头的元音轻短，中间的元音清晰响亮，后头的元音含混模糊，前、中、后元音发音过渡自然。

iao [iɑu]

由前高元音 i 开始，舌位降至后低元音 a[ɑ]，然后再向后次高圆唇元音 u[u]的方向滑升。发音过程中，舌位先降后升；由前到后，曲折幅度大。唇形从中间的元音 a 逐渐圆唇。

发音例词：

渺小 miǎoxiǎo　　疗效 liáoxiào　　窈窕 yǎotiǎo　　巧妙 qiǎomiào

◆绕口令◆

【鸟看表】

水上漂着一只表，表上落着一只鸟。鸟看表，表瞪鸟，鸟不认识表，表也不认识鸟。

【巧巧和小小】

巧巧过桥找嫂嫂，小小过桥找姥姥。巧巧桥上碰着小小，小小让巧巧去找姥姥，巧巧让小小去找嫂嫂，小小、巧巧同去找姥姥、嫂嫂。

iou [iəu]

由前高元音 i 开始,舌位降至央(略后)元音[ə](或[ɤ]),然后再向后次高圆唇元音 u[u]的方向滑升。发音过程中,舌位先降后升,由前到后,曲折幅度较大。唇形从央(略后)元音[ə]逐渐圆唇。

复合元音 iou 在阴平(第一声)和阳平(第二声)的音节里,中间的元音(韵腹)弱化,甚至接近消失,舌位动程主要表现为前后的滑动,成为[iu]。如:优[iu]、流[liu]、究[tɕiu]、求[tɕʻiu]。这是汉语拼音 iou 省写为 iu 的依据。这种音变是随着声调自然变化的,在语音训练中不必过于强调。

发音例词:

求救 qiújiù　　　　悠久 yōujiǔ　　　　优秀 yōuxiù　　　　流通 liútōng

◆绕口令◆

【一葫芦酒】

一葫芦酒,九两六;一葫芦油,六两九。六两九的油,要换九两六的酒;九两六的酒,不换六两九的油。

【豆和油】

东邻有囤豆,西邻有篓油;我家有只鸡,又有一条狗。鸡啄了豆囤,豆囤漏了豆,狗啃了油篓,油篓流了油。鸡不啄豆囤,豆囤不漏豆,狗不啃油篓,油篓不流油。

uai [uaɪ]

由圆唇的后高元音 u 开始,舌位向前滑降到前低不圆唇元音 a(即"前 a"),然后再向前高不圆唇元音的方向滑升。舌位动程先降后升,由后到前,曲折幅度大。唇形从前元音 a 逐渐展唇。

发音例词:

外婆 wàipó　　　　衰落 shuāiluò　　　　情怀 qínghuái　　　　作怪 zuòguài

◆绕口令◆

【槐树歪歪】

槐树歪歪,坐个乖乖。乖乖用手,摔了老酒。酒瓶摔坏,奶奶不怪。怀抱乖乖,出外买买。

【槐树槐】

槐树槐,槐树槐,槐树底下搭戏台。人家的姑娘都来了,我家的姑娘还没来。说着说着就来了,骑着驴,打着伞,歪着脑袋上戏台。

uei [ueɪ]

由后高圆唇元音 u 开始,舌位向前向下滑到前半高不圆唇元音偏后靠下的位置(相当于央元音[ə]偏前的位置),然后再向前高不圆唇元音 i 的方向滑升。发音过程中,舌位先降后升,由后到前,曲折幅度较大。唇形从 e 逐渐展唇。

在音节中,韵母 uei 受声母和声调的影响,中间的元音弱化。大致有四种情况:

(1)在阴平(第一声)或阳平(第二声)的零声母音节里,韵母 uei 中间的元音音素弱化接近消失。例如:"微""围"的韵母弱化为[uɪ]。

(2)在声母为舌尖音 z、c、s、d、t、zh、ch、sh、r 的阴平(第一声)和阳平(第二声)的音节里,韵母 uei 中间的元音音素弱化接近消失。例如:"催""推""垂"的韵母弱化为[uɪ]。

(3)在舌尖音声母的上声(第三声)或去声(第四声)的音节里,韵母 uei 中间的元音音素只是弱化,但不会消失。例如:"嘴""腿""最""退"的韵母都弱化成[uᵉɪ]。

(4)在舌面后(舌根)音声母 g、k、h 的阴平或阳平音节里,韵母 uei 中间的 e 也只是弱化而不消失。例如:"规""葵"的韵母弱化成[uᵉɪ]。这种音变是随着声母和声调的条件变化的,语音训练中不必过于强调。

发音例词:

退回 tuìhuí　　　　未遂 wèisuì　　　　垂危 chuíwēi　　　　摧毁 cuīhuǐ

◆绕口令◆

【嘴和腿】

嘴说腿,腿说嘴,嘴说腿爱跑腿,腿说嘴爱卖嘴。光动嘴不动腿,光动腿不动嘴,不如不长腿和嘴。

【谁胜谁】

梅小卫叫飞毛腿,卫小辉叫风难追。两人参加运动会,百米赛跑快如飞。飞毛腿追风难追,风难追追飞毛腿。梅小卫和卫小辉,最后不知谁胜谁。

第 3 组:ia、ua、ie、üe、uo

后响复韵母发音时前头的元音轻短,后头的元音清晰响亮,前、后元音发音过渡自然。

ia [iA]

起点元音是前高元音 i,由它开始,舌位滑向央低元音 a[A]止。i 的发音较短,a 的发音响而长。止点元音 a 位置确定。

发音例词:

夏天 xiàtiān　　　　假象 jiǎxiàng　　　　惊讶 jīngyà　　　　关卡 guānqiǎ

◆绕口令◆

【鸭和霞】

天上飘着一片霞,水上漂着一群鸭。霞是五彩霞,鸭是麻花鸭。麻花鸭游进五彩霞,五彩霞网住麻花鸭。乐坏了鸭,拍碎了霞,分不清是鸭还是霞。

【贾家养虾】

贾家有女初出嫁,嫁到夏家学养虾。喂养的对虾个头儿大,卖到市场直加价。贾家爹爹会养鸭,鸭子虽肥伤庄稼。邻里吵架不融洽,贾家也学养对虾。小虾卡住鸭子牙,大鸭咬住了虾的夹。夏家公公劝,贾家爹爹压。大鸭不怕吓,小虾装得哆,夏家、贾家没办法。

ua [uA]

起点元音是后高圆唇元音 u,由它开始,舌位滑向央低元音 a[A]止,唇形由最圆逐步展开到不圆。u 较短,a 响而长。

发音例词:

挂帅 guàshuài　　　　华贵 huáguì　　　　书画 shūhuà　　　　印刷 yìnshuā

◆绕口令◆

【墙头儿有个瓜】

墙头儿上有个老南瓜,掉下来砸着胖娃娃。娃娃叫妈妈,妈妈抱娃娃,娃娃骂南瓜。

【画蛤蟆】

一个胖娃娃,画了三个大花活蛤蟆;三个胖娃娃,画不出一个大花活蛤蟆。画不出一个大花活蛤蟆的三个胖娃娃,真不如画了三个大花活蛤蟆的一个胖娃娃。

ie [iɛ]

起点元音是前高元音 i,由它开始,舌位滑向前中元音 ê[ɛ]止。i 较短,ê 响而长。止点元音 ê 位置确定。

发音例词:

贴切 tiēqiè　　　　结业 jiéyè　　　　接洽 jiēqià　　　　熄灭 xīmiè

◆绕口令◆

【捉蝴蝶】

杰杰和姐姐,花园里面捉蝴蝶。杰杰去捉花中蝶,姐姐去捉叶上蝶。

【谢老爹和薛大爹】

谢老爹在街上扫雪,薛大爹在屋里打铁。薛大爹见谢老爹在街上扫雪,就放下手里打着的铁到街上帮谢老爹扫雪。谢老爹扫完了雪,进屋去帮薛大爹打铁。二人同扫雪,二人同打铁。

üe [yɛ]

由前元音音素复合而成。起点元音是圆唇的前高元音 ü,由它开始,舌位下滑到前中元音 ê[ɛ],唇形由圆到不圆。ü 较短,ê 响而长。

发音例词:

攫取 juéqǔ　　　　乐章 yuèzhāng　　　　缔约 dìyuē　　　　的确 díquè

◆绕口令◆

【喜鹊】

一群灰喜鹊,一群黑喜鹊。灰喜鹊飞进黑喜鹊群,黑喜鹊群里有灰喜鹊。黑喜鹊飞进灰喜鹊群,灰喜鹊群里有黑喜鹊。

【瘸子和茄子】

打南边来个瘸子,担了一挑子茄子,手里拿着个碟子,地下钉着木头橛子。没留神那橛子绊倒了瘸子,弄撒了瘸子茄子,砸了瘸子碟子,瘸子猫腰拾茄子。

uo [uɔ]

由后圆唇元音音素复合而成。起点元音是后高元音 u,由它开始,舌位向下滑到后中元音 o[ɔ]止。u 较短,o 响而长。发音过程中,保持圆唇,开头最圆,结尾圆唇度略减。

发音例词:

堕落 duòluò　　　　错过 cuòguò　　　　国货 guóhuò　　　　陀螺 tuóluó

◆绕口令◆

【菠萝和陀螺】

坡上长菠萝,坡下玩陀螺。坡上掉菠萝,菠萝砸陀螺。砸破陀螺补陀螺,顶破菠萝剥菠萝。

【骆驼之国】

骆驼之国骆驼多,骆驼多得数不过。出门骑骆驼,骆驼就是车。汽车遇骆驼,车让骆驼过。你想骑骆驼,请到"骆驼之国":索马里、科威特,还有沙特阿拉伯。

（三）鼻韵母的发音

鼻韵母的发音有两个特点：一是发音时由元音向鼻辅音过渡，逐渐增加鼻音色彩，最后形成鼻辅音；二是鼻韵母的发音不是以鼻辅音为主，而是以元音为主。元音清晰响亮，鼻辅音重在做出发音状态，发音不太明显。

除了 ong 与 üan 外，其他前鼻音鼻韵母和后鼻音鼻韵母是一一对应的关系，即（an—ang、ian—iang、uan—uang、en—eng、uen—ueng、in—ing、ün—iong）。

1．前鼻音鼻韵母

第 1 组：an、en、in、ün

发音时，先发元音。发完元音后，软腭下降，逐渐增强鼻音色彩，舌尖迅速移到上齿龈，抵住上齿龈做出发 n 的状态即可。

an [an]

起点元音是前低不圆唇元音 a[a]，舌尖抵住下齿背，舌面前部隆起，舌位降到最低，软腭上升，关闭鼻腔通路。发"前 a"之后，软腭下降，打开鼻腔通路，同时舌面前部与硬腭前部闭合，使在口腔受到阻碍的气流从鼻腔里透出。口形开合度由大渐小，舌位动程较大。

发音例词：

斑斓 bānlán　　黯然 ànrán　　参展 cānzhǎn　　贪婪 tānlán

◆绕口令◆

【盛饭】

红饭碗，黄饭碗，红饭碗盛满饭碗，黄饭碗盛饭半碗。黄饭碗添了半碗饭，红饭碗减了饭半碗，黄饭碗比红饭碗又多半碗饭。

【蓝布棉门帘】

出南门，往正南，有个面铺面冲南，门口挂着蓝布棉门帘。摘了它的蓝布棉门帘，面铺面冲南；给它挂上蓝布棉门帘，面铺还是面冲南。

en [ən]

起点元音是央元音 e[ə]，舌位居中（不高不低，不前不后），舌尖接触下齿背，舌面隆起部位受韵尾影响略靠前，软腭上升，关闭鼻腔通路。发央元音 e 之后，软腭下降，打开鼻腔通路，同时舌面前部与硬腭前部闭合，使在口腔受到阻碍的气流从鼻腔里透出。口形开合度由大渐小，舌位动程较小。

发音例词：

本分 běnfèn　　粉尘 fěnchén　　沉闷 chénmèn　　恩人 ēnrén

◆绕口令◆

【小陈和小沈】

小陈去卖针，小沈去卖盆。俩人挑着担，一起出了门。小陈喊卖针，小沈喊卖盆。也不知是谁卖针，也不知是谁卖盆。

【盆和瓶】

这边一个人，挑了一挑瓶。那边一个人，担了一挑盆。瓶碰烂了盆，盆碰烂了瓶。卖瓶买盆来赔盆，卖盆买瓶来赔瓶。瓶不能赔盆，盆不能赔瓶。

in [in]

起点元音是前高不圆唇元音 i,舌尖抵住下齿背,软腭上升,关闭鼻腔通路。发舌位最高的前元音 i 之后,软腭下降,打开鼻腔通路,同时舌面前部与硬腭前部闭合,使在口腔受到阻碍的气流,从鼻腔透出。开口度始终很小,几乎没有变化,舌位动程很小。

发音例词:

濒临 bīnlín　　　殷勤 yīnqín　　　亲信 qīnxìn　　　拼音 pīnyīn

◆绕口令◆

【土变金】

你也勤来我也勤,生产同心土变金。工人农民亲兄弟,心心相印团结紧。

ün [yn]

起点元音是从前高圆唇元音 ü[y]开始,发出[y]后,舌尖直接向上齿龈运动,舌前部与上齿龈部闭合,封闭口腔通路,同时软腭和小舌下降,打开鼻腔通路,气流从鼻腔通过。唇形从圆唇逐渐展开。注意:在 j、q、x 及零声母后汉语拼音写作 un,不要把此音读作[un]。

发音例词:

军训 jūnxùn　　　均匀 jūnyún　　　围裙 wéiqún　　　俊美 jùnměi

◆绕口令◆

【白云和羊群】

蓝天上是片片白云,草原上银色的羊群。近处看,这是羊群,那是白云;远处看,分不清哪是白云,哪是羊群。

第 2 组:ian、uan、uen、üan

发音时,第一个元音轻而短,第二个元音清晰响亮。发完第二个元音后,软腭下降,逐渐增强鼻音色彩,舌尖迅速移到上齿龈,抵住上齿龈做出发 n 的状态即可。

ian [iæn]

发音时,从前高元音 i 开始,舌位向前低元音 a(前 a)的方向滑降。舌位只降到前次低元音[æ]的位置就开始升高,直到舌面前部抵住硬腭前部形成鼻音-n。

发音例词:

变迁 biànqiān　　　沿线 yánxiàn　　　简练 jiǎnliàn　　　惦念 diànniàn

◆绕口令◆

【大姐编辫】

大姐梳辫,两个人编。二姐编那半边,三姐编这半边;三姐编这半边,二姐编那半边。

【谁眼圆】

山前有个阎圆眼,山后有个阎眼圆;二人山前来比眼,不知是阎圆眼的眼圆,还是阎眼圆的眼圆。

uan [uan]

发音时,从圆唇的后高元音 u 开始,口形迅速由合口变为开口,舌位向前迅速滑降到不圆唇的前低元音(前 a);然后舌位升高,直到舌面前部抵住硬腭前部形成鼻音-n。

发音例词：

贯穿 guànchuān　　婉转 wǎnzhuǎn　　专款 zhuānkuǎn　　换算 huànsuàn

◆绕口令◆

【苏州两判官】

苏州有个玄妙观，观里有两个判官。一个判官姓潘，一个判官姓管。是潘判官先去打管判官呢，还是管判官先去打潘判官呢？

【小范儿边编蒜辫儿边盘算儿】

小范儿编蒜辫儿，边编蒜辫儿边盘算儿。编半辫儿蒜，比编一辫儿蒜少半辫儿，编一辫儿蒜比编半辫儿蒜多半辫儿。小范儿边编蒜辫儿边盘算儿，编了一辫儿又一辫儿。

uen [uən]

发音时，从圆唇的后高元音 u 开始，向央元音 e[ə]滑降，然后舌位升高，直到舌面前部抵住硬腭前部形成鼻音-n。唇形由圆唇在向折点元音的滑动过程中逐渐展唇。

鼻韵母 uen 受声母和声调的影响，中间的元音（韵腹）弱化。它的音变条件与 uei 相同。

发音例词：

论文 lùnwén　　混沌 hùndùn　　温存 wēncún　　温顺 wēnshùn

◆绕口令◆

【炖冻冬瓜】

冬瓜冻，冻冬瓜。炖冻冬瓜是炖冻冬瓜，不炖冻冬瓜不是炖冻冬瓜。炖冻冬瓜吃炖冻冬瓜，不炖冻冬瓜不吃炖冻冬瓜。

【初春时节访新村】

初春时节访新村，喜看新村处处春。村前整地做秧床，村后耕田锄草忙。出村来到耕山队，林木茂盛果实壮。农业政策威力大，建设新村处处春。

üan [yæn]

发音时，从圆唇的前高元音 ü 开始，向前低元音 a 的方向滑降。舌位只降到前次低元音[æ]略后就开始升高，直到舌面前部抵住硬腭前部形成鼻音-n。唇形由圆唇在向折点元音的滑动过程中逐渐展唇。

发音例词：

全权 quánquán　　圆圈 yuánquān　　渊源 yuānyuán　　源泉 yuánquán

◆绕口令◆

【画圆圈】

圆圈圆，圈圈圆，圆圆娟娟画圆圈。娟娟画的圈连圈，圆圆画的圈套圈。娟娟圆圆比圆圈，看看谁的圆圈圆。

【男演员女演员】

男演员，女演员，同台演戏说方言。男演员说吴方言，女演员说闽南言。男演员演远东劲旅飞行员，女演员演鲁迅著作研究员。研究员、飞行员，吴语言、闽南言，你说男女演员演得全不全。

2.后鼻音鼻韵母

ng 是舌面后、浊、鼻音。发音时,软腭下降,关闭口腔,打开鼻腔通道,舌面后部后缩,并抵住软腭,声带颤动。

第 1 组:ang、eng、ing、ong

发音时,先发元音,发元音后,软腭下降,逐渐增强鼻音色彩,舌面后部后缩,抵住软腭,最后做出发 ng 的状态即可。

ang [aŋ]

起点元音是后低不圆唇元音 a[a],口最开,舌尖离开下齿背,舌体后缩,软腭上升,关闭鼻腔通路。发"后 a"之后,软腭下降,打开鼻腔通路,同时舌面后部与软腭闭合,使在口腔受到阻碍的气流从鼻腔里透出。开口度由大渐小,舌位动程较大。

发音例词:

帮忙 bāngmáng　　上场 shàngchǎng　　账房 zhàngfáng　　螳螂 tángláng

◆绕口令◆

【帆布黄】

长江里帆船帆布黄,船舱里放着一张床。床上躺着两位老大娘,她俩亲亲热热拉家常。

【同乡不同行】

辛厂长,申厂长,同乡不同行。辛厂长声声讲生产,申厂长常常闹思想。辛厂长一心只想革新厂,申厂长满口只讲加薪饷。

eng [ɤŋ]

起点元音是后半高不圆唇元音 e[ɤ],口半闭,展唇,舌尖离开下齿背,舌体后缩,舌面后部隆起,比发单元音 e[ɤ]的舌位略低,软腭上升,关闭鼻腔通路。发 e 之后,软腭下降,打开鼻腔通路,同时舌面后部与软腭闭合,使在口腔受到阻碍的气流从鼻腔里透出。

发音例词:

萌生 méngshēng　　省城 shěngchéng　　整风 zhěngfēng　　更正 gēngzhèng

◆绕口令◆

【台灯和屏风】

郑政捧着盏台灯,彭澎扛着架屏风。彭澎让郑政扛屏风,郑政让彭澎捧台灯。

【放风筝】

刮着大风放风筝,风吹风筝挣断绳。风筝断绳风筝松,断绳风筝随风行。风不停,筝不停,风停风筝自不行。

ing [iŋ]

起点元音是前高不圆唇元音 i,舌尖接触下齿背,舌面前部隆起,软腭上升,关闭鼻腔通路。发 i 之后,软腭下降,打开鼻腔通路,同时舌面后部与软腭闭合,使在口腔受到阻碍的气流从鼻腔透出。口形没有明显变化。

发音例词:

冰晶 bīngjīng　　硬性 yìngxìng　　精明 jīngmíng　　评定 píngdìng

◆绕口令◆

【天上七颗星】

天上七颗星,树上七只鹰,梁上七个钉,台上七盏灯。拿扇扇了灯,用手拔了钉,举枪打了鹰,乌云盖了星。

【民兵排选标兵】

民兵排选标兵,六班的标兵,七班的标兵,八班的标兵,评比台前比输赢。标兵比标兵,全排选八名,选出前八名,一起上北京。

ong [uŋ]

起点元音是比后高圆唇元音 u 舌位略低的后次高圆唇元音[u],舌尖离开下齿背,舌体后缩,舌面后部隆起,软腭上升,关闭鼻腔通路。发后次高圆唇元音[u]之后,软腭下降,打开鼻腔通路,同时舌面后部与软腭闭合,使在口腔受到阻碍的气流从鼻腔里透出。唇形始终拢圆。

发音例词:

动工 dònggōng　　溶洞 róngdòng　　从容 cóngróng　　瞳孔 tóngkǒng

◆绕口令◆

【两个女孩都穿红】

昨日散步过桥东,看见两个女孩儿都穿红。一个叫红粉,一个叫粉红。两个女孩都摔倒,不知粉红扶红粉,还是红粉扶粉红。

【栽葱和栽松】

冲冲栽了十畦葱,松松栽了十棵松。冲冲说栽松不如栽葱,松松说栽葱不如栽松。是栽松不如栽葱,还是栽葱不如栽松?

第 2 组:iang、uang、ueng、iong

发音时,第一个元音轻而短,第二个元音清晰响亮。发完第二个元音后,软腭下降,逐渐增强鼻音色彩,舌面后部后缩,抵住软腭,最后做出发 ng 的状态即可。

iang [iɑŋ]

发音时,从前高元音 i 开始,舌位向后滑降到后低元音 a[ɑ],然后舌位升高,接续鼻音-ng。

发音例词:

踉跄 liàngqiàng　　像样 xiàngyàng　　想象 xiǎngxiàng　　响亮 xiǎngliàng

◆绕口令◆

【羊撞墙】

杨家养了一只羊,蒋家修了一道墙。杨家的羊撞倒了蒋家的墙,蒋家的墙压死了杨家的羊。杨家要蒋家赔杨家的羊,蒋家要杨家赔蒋家的墙。

【大和尚与小和尚】

大和尚常常上哪厢?大和尚常常过长江。过长江为哪厢?过长江看小和尚。大和尚原住襄阳家姓张,小和尚原住良乡本姓蒋。大和尚和小和尚,有事常商量。大和尚说小和尚强,小和尚说大和尚棒。小和尚煎汤,请大和尚尝,大和尚赏小和尚好檀香。

uang [uaŋ]

发音时,从圆唇的后高元音 u 开始,舌位滑降至后低元音 a[ɑ],然后舌位升高,接续鼻音-ng。唇形从圆唇在向折点元音的滑动中逐渐展唇。

发音例词:

矿床 kuàngchuáng　　　　　往往 wǎngwǎng

装潢 zhuānghuáng　　　　　狂妄 kuángwàng

◆绕口令◆

【王庄和匡庄】

王庄卖筐,匡庄卖网。王庄卖筐不卖网,匡庄卖网不卖筐。你要买筐别去匡庄去王庄,你要买网别去王庄去匡庄。

ueng [uɤŋ]

发音时,从圆唇的后高元音 u 开始,舌位滑降到后半高元音 e[ɤ](稍稍靠前略低)的位置,然后舌位升高,接续鼻音-ng。唇形从圆唇在向折点元音滑动过程中逐渐展唇。在普通话里,韵母 ueng 只有一种零声母的音节形式 weng。

发音例词:

翁 wēng　　　　瓮 wèng　　　　富翁 fùwēng　　　　瓮城 wèngchéng

◆绕口令◆

【老翁和老翁】

老翁卖酒老翁买,老翁买酒老翁卖。老翁买酒老翁卖,老翁卖酒老翁买。

iong [iuŋ]

发音时,从前高元音 i 开始,舌位向后略向下滑动到后次高圆唇元音[u]的位置,然后舌位升高,接续鼻音-ng。由于受后面圆唇元音的影响,开始的前高元音 i 也带上了圆唇色彩而近似 ü[y],可以描写为[yuŋ]甚或为[yŋ]。传统汉语语音学把 iong 归属撮口呼。

发音例词:

炯炯 jiǒngjiǒng　　汹涌 xiōngyǒng　　贫穷 pínqióng　　甬道 yǒngdào

四、韵母发音辨正

(一) 单韵母辨正

1. i 与 ü

ü 与 i 的区别在于圆唇与不圆唇。在保持舌位不变的情况下,把嘴唇圆起来或是展开,就可以发出相应的 ü 与 i 的音来。

(1) i—ü

字词辨正练习

期 qī　　　　屈 qū　　　　你 nǐ　　　　女 nǔ　　　　椅 yǐ　　　　雨 yǔ

李 lǐ　　　　屡 lǚ　　　　稀 xī　　　　虚 xū　　　　意 yì　　　　育 yù

词语辨正练习

| 比翼 bǐyì | 比喻 bǐyù | 办理 bànlǐ | 伴侣 bànlǚ |
| 不及 bùjí | 布局 bùjú | 歧义 qíyì | 区域 qūyù |

(2) ie—üe

字词辨正练习

| 茄 qié | 瘸 qué | 节 jié | 决 jué | 歇 xiē | 靴 xuē |
| 鞋 xié | 学 xué | 页 yè | 悦 yuè | 裂 liè | 确 què |

词语辨正练习

| 蝎子 xiēzi | 靴子 xuēzi | 切实 qièshí | 确实 quèshí |
| 协会 xiéhuì | 学会 xuéhuì | 猎取 lièqǔ | 掠取 lüèqǔ |

(3) ian—üan

字词辨正练习

| 建 jiàn | 倦 juàn | 千 qiān | 圈 quān | 现 xiàn | 炫 xuàn |
| 眼 yǎn | 远 yuǎn | 浅 qiǎn | 犬 quǎn | 显 xiǎn | 选 xuǎn |

词语辨正练习

| 钱财 qiáncái | 全才 quáncái | 油盐 yóuyán | 游园 yóuyuán |
| 碱面 jiǎnmiàn | 卷面 juǎnmiàn | 前程 qiánchéng | 全程 quánchéng |

(4) in—ün

字词辨正练习

| 琴 qín | 群 qún | 因 yīn | 晕 yūn | 信 xìn | 讯 xùn |
| 引 yǐn | 陨 yǔn | 尽 jìn | 郡 jùn | 亲 qīn | 困 qūn |

词语辨正练习

| 餐巾 cānjīn | 参军 cānjūn | 心智 xīnzhì | 熏制 xūnzhì |
| 白银 báiyín | 白云 báiyún | 辛勤 xīnqín | 新群 xīnqún |

◆绕口令◆

【驴踢梨】
一头驴,驮筐梨,驴一跑,滚了梨。驴跑梨滚梨绊驴,梨绊驴蹄驴踢梨。

【吕里和李丽】
李丽栽了一园李,吕里栽了满园梨。李丽摘李送吕里,吕里摘梨送李丽。吕里向李丽学摘李,李丽向吕里学栽梨。吕里和李丽,互相来学习。

【小曲小菊去储蓄】
小曲小菊去储蓄。小菊存了两千一百七十一元一角七,小曲存一千七百一十七元七角一。储蓄员告诉小曲和小菊,七年后所得利息每人可买一台电视机。

2. u 与 ü

u 与 ü 的区别在于:ü 舌位在前,u 舌位在后。其次 ü 的圆唇与 u 的圆唇形状略有不同,u 最圆,ü 略扁;u 双唇向前突出,ü 双唇不太突出。

(1)u—ü

字词辨正练习

| 路 lù | 率 lǜ | 属 shǔ | 许 xǔ | 如 rú | 鱼 yú |
| 书 shū | 虚 xū | 出 chū | 居 jū | 煮 zhǔ | 举 jǔ |

词语辨正练习

树木 shùmù　　畜牧 xùmù　　技术 jìshù　　继续 jìxù
记录 jìlù　　纪律 jìlǜ　　主义 zhǔyì　　旅行 lǚxíng

(2)uan—üan

字词辨正练习

| 栓 shuān | 轩 xuān | 转 zhuǎn | 犬 quǎn | 环 huán | 旋 xuán |
| 关 guān | 鹃 juān | 软 ruǎn | 选 xuǎn | 弯 wān | 卷 juǎn |

词语辨正练习

划船 huáchuán　　划拳 huáquán　　栓子 shuānzi　　圈子 quānzi
传说 chuánshuō　　劝说 quànshuō　　弯曲 wānqū　　冤屈 yuānqū

(3)uen—ün

字词辨正练习

| 温 wēn | 迅 xùn | 吮 shǔn | 陨 yǔn | 盾 dùn | 郡 jùn |
| 春 chūn | 均 jūn | 文 wén | 云 yún | 仑 lún | 群 qún |

词语辨正练习

顺道 shùndào　　训导 xùndǎo　　温顺 wēnshùn　　水纹 shuǐwén
滚轮 gǔnlún　　混沌 hùndùn　　熏晕 xūnyūn　　军勋 jūnxūn

◆绕口令◆

【吴先生和余先生】
徐州吴先生骑驴去泸州,屡次遇见雨和雾。苏州余先生上路去徐州,五次买回布与醋。

【金锯锯金柱】
朱家有个金柱子,曲家有个金锯子。曲家的主人,拘住了朱家的举人,金锯子锯断了金柱子。

3.e与o

e与o的发音情况大致相同,它们之间的主要区别在唇形:e不圆唇,o圆唇。

字词辨正练习

| 歌 gē | 播 bō | 阁 gé | 婆 pó | 科 kē | 坡 pō |
| 禾 hé | 佛 fó | 河 hé | 摸 mō | 格 gé | 博 bó |

词语辨正练习

合格 hégé　　破格 pògé　　特色 tèsè　　叵测 pǒcè
大河 dàhé　　大佛 dàfó　　磕破 kēpò　　磨破 mópò

◆绕口令◆

【大哥和二哥】

大哥有大锅,二哥有二锅。大哥要换二哥的二锅,二哥不换大哥的大锅。

【鹅过河】

哥哥弟弟坡前坐,坡上卧着一只鹅,坡下流着一条河。哥哥说:宽宽的河。弟弟说:白白的鹅。鹅要过河,河要渡鹅。不知是鹅过河,还是河渡鹅。

4. 单元音 er

扫码听范读

这是一个特殊的元音韵母,汉语拼音用两个字母来表示,实际上只是一个元音。它的音色同[ə]很接近,发[ə]时,嘴自然张开,不大不小,舌位自然放置,不前不后,唇形自然,这是一个最容易发的元音。发[ə]时的同时,舌尖向硬腭卷起,即可发出 er。如:"儿 ér""耳 ěr""二 èr"。

i 与 ü 韵母声旁代表字类推表

i 韵母代表字类推表

几—jī 几(几率)机肌饥讥叽玑矶 jǐ 几(几何)
及—jí 圾芨 jí 及级极汲岌
疾—jí 疾蒺嫉
即—jī 唧 jí 即 jì 暨鲫既
己—jǐ 己 jì 记纪忌 qǐ 岂起杞
技—jī 屐 jì 技伎妓 qí 歧岐
冀—jì 冀骥 yì 翼
离—lí 离篱漓璃蓠
里—lǐ 厘狸 lǐ 里哩理鲤俚娌
立—lì 立粒苙 qì 泣 yì 翌
丽—lí 鹂鲡 lì 丽俪郦
厉—lì 厉励砺蛎
利—lí 梨犁黎 lì 利莉俐痢猁蜊
力—lì 力历沥枥雳
尼—ní 妮 ní 尼泥(泥土)呢(呢喃)怩 nǐ 旎
  nì 昵伲泥(拘泥)
倪—ní 倪霓猊 nì 睨
妻—qī 妻凄萋
沏—qī 沏 qì 砌
齐—qí 齐脐蛴 jī 跻 jì 济(人才济济)挤
  jì 剂荠济(救济)
其—qí 期欺 qí 其棋旗萁骐琪祺綦麒 jī 箕
奇—qí 奇骑崎 qǐ 绮 jī 畸掎 jì 寄 yǐ 漪

yǐ 椅倚旖
乞—qǐ 乞 qì 迄讫 yì 屹
西—xī 西牺茜栖
膝—xī 膝 qī 漆
析—xī 析晰淅蜥 yí 沂
奚—xī 奚溪蹊
息—xī 息熄螅 qì 憩
希—xī 希稀郗唏
喜—xī 嘻嬉僖熹 xǐ 喜
昔—xī 昔惜
衣—yī 衣依 yì 裔
夷—yí 夷姨胰咦痍荑
怡—yí 怡贻
乙—yǐ 乙 yì 亿艺忆吃 qì 气汽
以—yǐ 以苡
役—yì 役疫
意—yì 意臆薏噫癔
益—yì 益溢缢[shì 谥(谥号)]
义—yí 仪 yǐ 蚁 yì 义议
易—yì 易蜴 tī 踢剔 tì 惕
揖—yī 揖 jī 缉 jí 辑楫
译—yì 译绎驿(zé 择泽 duó 铎)
亦—yì 亦弈奕

类推表外的字： jī 激积鸡击羁姬　jí 吉棘集急亟籍　jǐ 给(给予)　jì 寂计季祭际继绩　qī 七　qí 祁畦芪　qǐ 启企　qì 弃契器　xī 熙兮夕犀　xí 席檄袭习　xǐ 洗徙玺　xì 戏系细隙　yī 医伊　yí 疑沂宜颐移遗彝　yǐ 矣　yì 弋抑谊逸肄熠异

ü 韵母代表字类推表

居—jū 居裾据(拮据) jù 锯剧据(根据) 踞倨	禺—yú 禺愚隅 yù 遇寓
且—jū 且(古助词)狙疽 jǔ 沮龃咀(咀嚼) qū 蛆	於—yū 於(姓)淤瘀
菊—jū 鞠掬 jú 菊	余—yú 余 xú 徐 xù 叙
句—jū 拘驹 jù 句 xù 煦	俞—yú 俞榆愉瑜蝓揄逾渝 yù 愈喻谕
具—jù 具惧俱飓	欲—yù 欲峪浴裕
巨—jǔ 矩 jù 巨距拒炬苣 qú 渠	予—yú 予 yù 预 xù 序
屡—lǚ 屡缕褛偻(佝偻)	臾—yú 臾谀腴萸 yǔ 庾瘐
吕—lǚ 吕铝侣	鱼—yú 鱼渔
虑—lǜ 虑滤	与—yú 欤 yǔ 与(与其)屿 yù 与(参与)
区—qū 区驱躯岖	语—yǔ 语圄
曲—qū 曲(弯曲)蛐 qǔ 曲(歌曲)	雨—yǔ 雨 xū 雩
瞿—qú 瞿衢癯	羽—yǔ 羽 xǔ 诩栩
取—qǔ 取娶 qù 趣 jù 聚	禹—yǔ 禹 qǔ 龋
虚—xū 虚嘘墟 qù 觑	昱—yù 昱煜
胥—xū 胥 xù 婿	玉—yù 玉钰
畜—xù 畜(畜牧)蓄	聿—yù 聿 lǜ 律
于—yū 迂吁(象声词) yú 于盂竽 yǔ 宇 yù 芋　xū 吁(长吁短叹)	域—yù 域阈

类推表外的字： jū 车　jú 桔橘　jǔ 举　jù 遽　qū 屈　qù 去　xū 须　xǔ 许浒(浒墅关)　xù 旭恤绪续絮　xù 蓿(苜蓿)

(二)复韵母辨正

1. 单韵母与复韵母发音辨正

有些方言中常有把单韵母读成复韵母或把复韵母读成单韵母的错误。

单韵母的发音会受到唇形的圆展、舌位的高低前后、口腔开度的大小等因素的影响。复韵母要重点处理好韵头、韵腹、韵尾的关系，发音的过程要滑行到位，不要跳跃分割。在许多方言中容易出现单韵母复音化、复韵母单元音化、丢失韵头、归音不到位、口腔开度不够、唇形圆展不够等问题，这都会影响韵母的正确发音。

2. 发音辨正练习

(1) u—ou

字词辨正练习

| 堵 dǔ | 斗 dǒu | 书 shū | 收 shōu | 组 zǔ | 走 zǒu |
| 路 lù | 漏 lòu | 苏 sū | 搜 sōu | 突 tū | 偷 tōu |

扫码听范读

词语辨正练习

| 小组 xiǎozǔ | 小邹 xiǎozōu | 毒针 dúzhēn | 斗争 dòuzhēng |
| 慕化 mùhuà | 谋划 móuhuà | 大陆 dàlù | 大楼 dàlóu |

(2) i—ei

字词辨正练习

| 比 bǐ | 北 běi | 米 mǐ | 美 měi | 碧 bì | 背 bēi |
| 密 mì | 妹 mèi | 你 nǐ | 馁 něi | 皮 pí | 培 péi |

词语辨正练习

| 美丽 měilì | 米粒 mǐlì | 自闭 zìbì | 自卑 zìbēi |
| 寻觅 xúnmì | 寻梅 xúnméi | 皮肤 pífū | 佩服 pèifú |

(3) ü—ou

字词辨正练习

| 句 jù | 楼 lóu | 欲 yù | 肉 ròu | 去 qù | 陋 lòu |
| 于 yú | 揉 róu | 举 jǔ | 丑 chǒu | 女 nǚ | 某 mǒu |

词语辨正练习

| 蓄意 xùyì | 授意 shòuyì | 局势 júshì | 楼市 lóushì |
| 区长 qūzhǎng | 首长 shǒuzhǎng | 狱卒 yùzú | 揉足 róuzú |

(4) ü—iou

字词辨正练习

| 屈 qū | 丘 qiū | 巨 jù | 舅 jiù | 区 qū | 邱 qiū |
| 局 jú | 九 jiǔ | 渠 qú | 球 qiú | 驴 lǘ | 刘 liú |

词语辨正练习

| 序幕 xùmù | 朽木 xiǔmù | 屈才 qūcái | 秀才 xiùcai |
| 句子 jùzi | 舅子 jiùzi | 语言 yǔyán | 油烟 yóuyān |

(5) ü—ei

字词辨正练习

| 绿 lǜ | 类 lèi | 女 nǚ | 内 nèi | 铝 lǚ | 泪 lèi |
| 渠 qú | 蕾 lěi | 句 jù | 被 bèi | 给 gěi | 贼 zéi |

词语辨正练习

| 屡次 lǚcì | 累次 lěicì | 女人 nǚrén | 内人 nèirén |
| 趣味 qùwèi | 美味 měiwèi | 举例 jǔlì | 费力 fèilì |

(6) uo—o

字词辨正练习

| 拖 tuō | 佛 fó | 落 luò | 末 mò | 缩 suō | 波 bō |
| 做 zuò | 迫 pò | 左 zuǒ | 跛 bǒ | 阔 kuò | 陌 mò |

词语辨正练习

| 琢磨 zuómo | 捉摸 zhuōmō | 啰嗦 luōsuo | 摸索 mōsuǒ |
| 剥落 bōluò | 剥夺 bōduó | 薄弱 bóruò | 破落 pòluò |

(7) ai—e

字词辨正练习

| 拆 chāi | 车 chē | 斋 zhāi | 折 zhé | 该 gāi | 歌 gē |
| 埋 mái | 么 me | 菜 cài | 册 cè | 呆 dāi | 的 de |

词语辨正练习

| 木柴 mùchái | 木车 mùchē | 开拔 kāibá | 磕巴 kēbā |
| 比赛 bǐsài | 闭塞 bìsè | 才略 cáilüè | 策略 cèlüè |

(8) ai—a

字词辨正练习

| 买 mǎi | 马 mǎ | 猜 cāi | 擦 cā | 派 pài | 怕 pà |
| 灾 zāi | 匝 zā | 卖 mài | 骂 mà | 晒 shài | 煞 shà |

词语辨正练习

| 菜地 càidì | 擦地 cādì | 海拔 hǎibá | 哈达 hǎdá |
| 开始 kāishǐ | 喀什 kāshí | 摘要 zhāiyào | 炸药 zhàyào |

(9) ia—a

字词辨正练习

| 恰 qià | 咖 kā | 吓 xià | 哈 hā | 掐 qiā | 旮 gā |
| 夹 jiā | 砸 zá | 鸭 yā | 洒 sǎ | 虾 xiā | 卡 kǎ |

词语辨正练习

| 架子 jiàzi | 叉子 chāzi | 夏天 xiàtiān | 沙田 shātián |
| 恰似 qiàsì | 杀死 shāsǐ | 加法 jiāfǎ | 沙发 shāfā |

(10) iao—ao

字词辨正练习

| 桥 qiáo | 潮 cháo | 宵 xiāo | 招 zhāo | 巧 qiǎo | 早 zǎo |
| 妙 miào | 貌 mào | 笑 xiào | 扫 sǎo | 鸟 niǎo | 闹 nào |

词语辨正练习

| 缴费 jiǎofèi | 稿费 gǎofèi | 敲打 qiāodǎ | 拷打 kǎodǎ |
| 苗头 miáotou | 矛头 máotóu | 戏票 xìpiào | 戏袍 xìpáo |

(11) ian—an

字词辨正练习

| 前 qián | 馋 chán | 先 xiān | 山 shān | 骗 piàn | 盼 pàn |
| 面 miàn | 慢 màn | 边 biān | 班 bān | 连 lián | 南 nán |

词语辨正练习

| 仙人 xiānrén | 山人 shānrén | 线头 xiàntóu | 汕头 shàntóu |
| 免疫 miǎnyì | 满意 mǎnyì | 篇章 piānzhāng | 盘账 pánzhàng |

(12)uen—en

字词辨正练习

| 混 hùn | 很 hěn | 孙 sūn | 森 sēn | 吞 tūn | 身 shēn |
| 顺 shùn | 甚 shèn | 准 zhǔn | 枕 zhěn | 尊 zūn | 怎 zěn |

词语辨正练习

| 损人 sǔnrén | 森林 sēnlín | 吞吐 tūntǔ | 身手 shēnshǒu |
| 困乏 kùnfá | 垦荒 kěnhuāng | 遵守 zūnshǒu | 怎样 zěnyàng |

(13)uei—ei

字词辨正练习

| 鬼 guǐ | 给 gěi | 嘴 zuǐ | 贼 zéi | 腿 tuǐ | 内 nèi |
| 亏 kuī | 陪 péi | 随 suí | 雷 léi | 岁 suì | 被 bèi |

词语辨正练习

| 灰色 huīsè | 黑色 hēisè | 小嘴 xiǎozuǐ | 小贼 xiǎozéi |
| 兑换 duìhuàn | 得亏 děikuī | 配备 pèibèi | 回归 huíguī |

(三)鼻韵母辨正

1. an 与 ang

an 与 ang 在发音上有三点不同：

第一，韵腹 a 舌位前后不同，an 由"前 a"开始发音，ang 由"后 a"开始发音。

第二，舌位的滑动路线和终点位置不同，发 an，舌尖的活动是顶下齿背到抵上牙床（硬腭前部），舌面稍升；发 ang，舌尖离开下齿背，舌头后缩，舌根抬起与软腭接触；发完 an 音时，舌前伸，发完 ang 音时，舌头后缩。

第三，收音时，比较二者口形，an 上下齿闭拢，ang 口微开。

字词辨正练习

满 mǎn	莽 mǎng	蓝 lán	狼 láng	寒 hán	航 háng
单 dān	当 dāng	闪 shǎn	赏 shǎng	赞 zàn	葬 zàng
叁 sān	桑 sāng	干 gān	刚 gāng	弯 wān	汪 wāng

词语辨正练习

烂漫 lànmàn	浪漫 làngmàn	心烦 xīnfán	新房 xīnfáng
赞颂 zànsòng	葬送 zàngsòng	胆量 dǎnliàng	当量 dāngliàng
扳手 bānshǒu	帮手 bāngshou	反问 fǎnwèn	访问 fǎngwèn

◆绕口令◆

【船和床】

对河过来一只船，这边漂去一张床，行到河中互相撞，不知床撞船，还是船撞床。

【扁担长板凳宽】

扁担长,板凳宽。板凳没有扁担长,扁担没有板凳宽。扁担要绑在板凳上,板凳偏不让扁担绑在板凳上。

2. en 与 eng

en 与 eng 发音上的差异也有三点不同:

第一,起点元音不同,en 由央 e[ə]舌位开始发音,eng 由央 e[ə](比[ə]稍后)开始发音。

第二,发 en 舌头前伸,发 eng 舌头后缩。

第三,发 en 音舌头位置变化不大,发完音上下齿也是闭拢的,而发 eng 音舌根上升,软腭下降,收音时口微开,上下齿不闭拢。

字词辨正练习

门 mén	蒙 méng	笨 bèn	蹦 bèng	身 shēn	声 shēng
真 zhēn	争 zhēng	痕 hén	横 héng	森 sēn	僧 sēng
岑 cén	层 céng	珍 zhēn	睁 zhēng	深 shēn	声 shēng

词语辨正练习

秋分 qiūfēn	秋风 qiūfēng	申明 shēnmíng	声明 shēngmíng
清真 qīngzhēn	清蒸 qīngzhēng	审视 shěnshì	省事 shěngshì
诊治 zhěnzhì	整治 zhěngzhì	吩咐 fēnfù	丰富 fēngfù

◆绕口令◆

【真冷】

冷,真冷,真正冷,冷冰冰,冰冷冷。人人都说冷,猛的一阵风,更冷。

【陈和程】

姓陈不能说成姓程,姓程也不能说成姓陈。禾木边是程,耳东边是陈,如果陈程不分,就会认错人。

【棚倒盆碎】

老彭捧着一个盆,路过老闻干活儿的棚。老闻的棚碰了老彭的盆,棚倒盆碎棚砸盆,盆碎棚倒盆撞棚。老彭要赔老闻的棚,老闻要赔老彭的盆。老闻陪着老彭去买盆,老彭陪着老闻来修棚。

3. in 与 ing

in 由 i 开始发音,上下齿始终不动,只是明显感觉到舌尖从下向上的动作,收音时舌尖抵住上牙床,不后缩。ing 也是由 i 开始,然后舌尖离开下齿背,舌头后移,抵住软腭。发音时注意由 i 到 n、ng 舌位不要降低,不要发成 ien、ieng。

字词辨正练习

宾 bīn	兵 bīng	贫 pín	平 píng	因 yīn	英 yīng
紧 jǐn	井 jǐng	拼 pīn	乒 pīng	信 xìn	姓 xìng
进 jìn	竟 jìng	贫 pín	凭 píng	彬 bīn	冰 bīng

词语辨正练习

人民 rénmín	人名 rénmíng	临时 línshí	零食 língshí
贫民 pínmín	平民 píngmín	亲生 qīnshēng	轻生 qīngshēng
不仅 bùjǐn	布景 bùjǐng	紧抱 jǐnbào	警报 jǐngbào

◆ 绕口令 ◆

【银星】

天上有银星,星旁有阴云,阴云要遮银星,银星躲过阴云,不让阴云遮银星。

【夫新的父亲】

夫新的父亲名叫福清,福清就是夫新的父亲。福清要夫新叫他父亲,福清不要夫新叫他福清。

【敬母亲】

生身亲母亲,谨请您就寝。请您心宁静,身心很要紧。新星伴月明,银光澄清清。尽是清静境,警铃不要惊。您醒我进来,进来敬母亲。

前鼻音与后鼻音声旁代表字类推表

an 与 ang 代表字类推表

an 韵母代表字

安—ān 安鞍氨　àn 案按

庵—ān 庵鹌　ǎn 俺

暗—àn 暗黯

般—bān 般搬瘢　pán 磐

扮—bàn 扮　bān 颁　pàn 盼

半—bàn 半伴拌绊　pàn 叛畔判

参—cān 参(参加)　cǎn 惨　sān 叁

搀—chān 搀　chán 谗馋

单—dān 单(单据)郸殚　dǎn 掸　dàn 弹(子弹)惮
　　chán 单(单于)婵禅蝉　tán 弹(弹簧)
　　shàn 单(姓单)

旦—dǎn 胆　dàn 旦但担　tǎn 坦袒

淡—dàn 淡氮啖　tán 谈痰　tǎn 毯

番—fān 番翻蕃　pān 潘　pán 蟠

凡—fān 帆　fán 凡矾

反—bān 扳　bǎn 板坂版版　fǎn 反返　fàn 贩饭

甘—gān 甘柑泔疳　hān 酣　hán 邯

敢—gǎn 敢橄　hān 憨　kàn 瞰阚

干—gān 干(干净)肝竿杆　gǎn 赶　gàn 干(干劲)
　　àn 岸　hān 鼾　hán 邗　hǎn 罕
　　hàn 旱焊捍悍汗　kān 刊

感—gǎn 感　hǎn 喊　hàn 撼

函—hán 函涵　hàn 菡

砍—kǎn 砍坎

兰—lán 兰拦栏　làn 烂

蓝—lán 蓝褴篮　làn 滥

阑—lán 阑澜斓

览—lǎn 览揽榄缆

瞒—mán 瞒　mǎn 满

曼—mán 馒鳗　màn 谩蔓漫蔓(蔓草)
　　wàn 蔓(瓜蔓)

难—nán 难　tān 滩摊瘫

南—nán 南楠　nǎn 蝻腩

攀—pān 攀　pàn 襻

冉—rán 妠　rǎn 冉苒

然—rán 然燃

山—shān 山舢　shàn 汕疝疝

扇—shān 扇(扇动)煽　shàn 扇(扇子)

膻—shān 膻　shàn 擅　chàn 颤(颤抖)　tán 檀
　　zhàn 颤(颤栗)

珊—shān 珊跚删姗

潭—tán 潭谭　qín 覃(姓氏)

炭—tàn 炭碳

赞—zǎn 攒(积攒)　zàn 赞瓒　cuán 攒(人头攒动)

占—zhān 占(占卜)沾粘(粘贴)　zhàn 占(占领)站战
　　nián 粘[(黏合剂)"粘"同"黏"]

詹—zhān 詹瞻　shàn 赡　dàn 澹

斩—zhǎn 斩崭　cán 惭　zàn 暂　jiàn 渐

展—zhǎn 展辗(辗转)

类推表外的字： àn 暗 bàn 办瓣 cān 餐 cán 蚕 chán 缠 chǎn 谄 chàn 忏 dān 耽 dàn 诞蛋 fàn 犯范泛 gān 尴 gàn 赣 hán 寒含韩 hàn 汉 kàn 看 lán 婪岚 lǎn 懒 mán 蛮 nán 男 pán 盘 pàn 盼 rǎn 染 sān 三 sǎn 散（散文）伞 sàn 散（分散） shān 衫杉 shǎn 闪陕 tān 贪 tán 坛 tǎn 忐 tàn 叹探 zán 咱 zhàn 湛蘸栈绽

ang 韵母代表字

邦—bāng 邦帮梆 bǎng 绑
仓—cāng 仓沧苍舱
昌—chāng 昌菖猖鲳 chàng 唱倡
长—cháng 长(长短) chàng 怅 zhāng 张
　　zhǎng 长涨(高涨)
　　zhàng 帐胀账涨(涨红了脸)
场—cháng 场(场院)肠 chǎng 场(会场)
　　chàng 畅 dàng 荡 shāng 殇觞 tàng 烫
当—dāng 当裆 dǎng 挡(挡箭牌)
　　dàng 档挡(摒挡)
方—fāng 方芳 fáng 防妨房坊 fǎng 仿访纺
　　fàng 放
冈—gāng 冈纲钢刚 gǎng 岗
缸—gāng 缸肛扛(扛鼎) gàng 杠
　　káng 扛(扛活)
康—kāng 康慷糠
亢—kàng 亢炕抗伉 āng 肮 háng 杭吭(引吭高歌)航 hàng 沆

良—liáng 良粮 liàng 踉 lāng 啷 láng 狼郎廊榔螂琅 lǎng 朗 làng 浪 niáng 娘
忙—máng 忙芒氓盲茫
莽—mǎng 莽蟒
旁—pāng 膀(膀肿)滂 páng 旁磅螃膀(膀胱)
　　bǎng 榜膀(臂膀) bàng 傍谤磅镑
桑—sāng 桑 sǎng 嗓搡
上—shàng 上 ràng 让
尚—shǎng 赏 tǎng 躺 shàng 尚 shang 裳
　　cháng 常嫦 chǎng 敞 dǎng 党 táng 堂膛螳 tǎng 淌倘躺 tàng 趟 zhǎng 掌
襄—xiāng 襄镶 rāng 嚷(嚷嚷) ráng 瓤 rǎng 嚷(叫嚷)壤攘
唐—táng 唐塘搪糖
庄—zhuāng 庄桩 zāng 赃脏(肮脏)
　　zàng 脏(内脏)
章—zhāng 章彰樟蟑 zhàng 障瘴嶂幛
丈—zhàng 丈杖仗

类推表外的字： áng 昂 àng 盎 bàng 棒蚌(河蚌) chǎng 厂 gǎng 港 hāng 夯 háng 行(银行) xíng 行(行为) pāng 乓 páng 庞 pàng 胖 sāng 丧(丧事) sàng 丧(丧失) shāng 伤 xiàng 向 zàng 葬藏(西藏) cáng 藏(矿藏)

en 与 eng 声旁代表字类推表

en 韵母代表字

本—bēn 奔 běn 本苯 bèn 笨
辰—chén 辰晨 shēn 娠 zhèn 震振赈
恩—ēn 恩 èn 摁
分—fēn 分纷芬吩氛酚 fén 汾 fěn 粉 fèn 忿份
　　pén 盆

沈—shěn 沈 chén 忱 zhěn 枕 zhèn 鸩
甚—shèn 甚葚 zhēn 斟
艮—gēn 根跟 gěn 艮 hén 痕 hěn 狠很 hèn 恨
　　kěn 恳垦
肯—kěn 肯啃

真—zhēn 真　zhěn 缜　zhèn 镇　chēn 嗔
　　shèn 慎

闷—mēn 闷(闷热)焖　mén 门扪
　　mèn 闷(闷闷不乐) men 们

贲—bēn 贲　pēn 喷　fèn 愤

人—rén 人　rèn 认

刃—rěn 忍　rèn 刃仞纫韧

壬—rén 壬任(姓任)　rèn 任(任务)妊

参—shēn 参(人参)　shèn 渗

申—shēn 申绅伸呻砷　shén 神　shěn 审婶
　　chēn 抻

珍—zhēn 珍　zhěn 疹诊　chèn 趁

贞—zhēn 贞侦桢祯

臻—zhēn 臻蓁榛

类推表外的字：chén 沉臣尘陈　chèn 衬称(相称)　fén 坟焚　fèn 粪　gèn 亘　nèn 嫩　rén 仁　sēn 森　shēn 身　shén 什　zěn 怎　zhèn 阵朕

eng 韵母代表字

曾—cēng 噌　céng 曾(曾经)　cèng 蹭
　　sēng 僧　zēng 增憎　zèng 赠

成—chéng 成城诚盛(盛饭)　shèng 盛(盛大)

呈—chéng 呈程　chěng 逞　zèng 锃

丞—chéng 丞　zhēng 蒸　zhěng 拯

乘—chéng 乘　shèng 乘(千乘之国)剩

登—dēng 登蹬　dèng 瞪澄(把水澄清)凳
　　chéng 澄(澄清事实)橙

风—fēng 风枫疯　fěng 讽　fèng 凤

丰—fēng 丰　bèng 蚌

奉—fèng 奉俸　pěng 捧(bàng 棒)

封—fēng 封葑

锋—fēng 锋烽蜂峰　féng 逢缝(缝纫)
　　fèng 缝(缝隙)　péng 蓬篷

更—gēng 更(更新)　gěng 埂梗哽
　　gèng 更(更加)(yìng 硬)

庚—gēng 庚赓

亨—hēng 亨哼　pēng 烹

坑—kēng 坑吭(吭声)

楞—léng 塄楞(楞角)　lèng 愣

蒙—mēng 蒙(蒙骗)　méng 蒙(蒙蔽)檬朦
　　měng 蒙(蒙古族)

萌—méng 萌盟

孟—měng 猛锰勐　mèng 孟

朋—péng 朋硼棚鹏　bēng 绷(绷带)崩嘣
　　běng 绷(绷着脸)　bèng 蹦绷(绷瓷)

砰—pēng 砰怦抨

彭—pēng 嘭　péng 彭澎膨

扔—rēng 扔　réng 仍

生—shēng 生笙牲甥　shèng 胜

誊—téng 誊腾滕藤

争—zhēng 争挣(挣扎)峥筝铮狰　zhèng 挣(挣钱)

正—zhēng 正(正月)征症(症结)　zhěng 整
　　zhèng 正(正确)政证怔症(症状)　chéng 惩

类推表外的字：béng 甭　bèng 迸泵　céng 层　chēng 撑瞠称(称赞)　chéng 承　chěng 骋　chèng 秤　dēng 灯　děng 等　dèng 邓　féng 冯　gēng 羹耕　gěng 耿　héng 恒横衡　kēng 铿　léng 棱　lěng 冷　néng 能　pèng 碰　shēng 声升　shéng 绳　shěng 省　shèng 圣　téng 疼　zhèng 郑

in 与 ing 声旁代表字类推表

in 韵母代表字

宾—bīn 宾滨缤傧槟(槟子)　bìn 殡鬓膑摈　pín 嫔　　　［bīng 槟(槟榔)］

今—jīn 今矜　qín 琴　yín 吟

斤—jīn 斤　jìn 斯近　qín 芹　xīn 欣新昕(tīng 听)

堇—jǐn 堇谨馑瑾　jìn 觐　qín 勤

尽—jǐn 尽(尽快)　jìn 尽(尽力)烬

禁—jīn 禁(不禁)襟　jìn 禁(禁止)

磷—lín 磷麟磷鳞粼

林—lín 林淋霖琳　bīn 彬

凛—lǐn 凛廪懔(bǐng 禀)

民—mín 民岷珉　mǐn 泯抿

频—pín 频颦　bīn 濒

侵—qīn 侵　qǐn 寝　jìn 浸

禽—qín 禽擒噙

心—xīn 心芯　qìn 沁(ruǐ 蕊)

辛—xīn 辛莘(莘庄)锌新薪[shēn 莘(莘莘学子)]

因—yīn 因茵姻洇

弓—yǐn 引蚓

阴—yīn 阴　yìn 荫

银—yín 银垠龈

隐—yǐn 隐瘾

类推表外的字：bīn 斌　jīn 津巾金筋　jǐn 锦仅　jìn 晋进　lín 临　lìn 吝　mǐn 皿敏闽　nín 您　pín 贫　pǐn 品　pìn 聘　qīn 亲钦　qín 秦　xīn 馨　xìn 信衅　yīn 音殷　yín 寅　yǐn 饮尹　yìn 印

ing 韵母代表字

兵—bīng 兵槟(槟榔)　pīng 乒

丙—bǐng 丙柄炳　bìng 病

并—bǐng 饼屏(屏气)　bìng 并摒　píng 屏(屏风)瓶(pīn 拼姘)

丁—dīng 丁叮盯仃钉(钉子)疔　dǐng 顶酊　dìng 订钉(钉扣子)　tīng 厅汀　tíng 亭

宁—níng 宁(宁静)狞咛拧(拧毛巾)　nǐng 拧(拧螺丝)　nìng 宁(宁可)泞拧(脾气拧)

定—dìng 定锭腚(zhàn 绽)

京—jīng 京鲸惊　jǐng 景憬　yǐng 影(qióng 琼)

经—jīng 经茎　jǐng 颈　jìng 劲(刚劲)径胫　qīng 轻氢[jìn 劲(使劲)]

井—jǐng 井阱

竟—jìng 竟镜境竞

敬—jìng 警　jìng 敬　qíng 擎

令—líng 令(令狐)玲岭铃伶苓零羚龄囹聆翎　lǐng 领岭　lìng 令(līn 拎 lín 邻)

陵—líng 陵菱凌绫

名—míng 名茗铭　mǐng 酩

冥—míng 冥溟螟瞑暝

平—píng 平苹评坪

青—qīng 清清蜻　qíng 晴情氰　qǐng 请　jīng 睛精菁腈　jìng 靖靓

磬—qìng 磬罄

顷—qīng 倾　qǐng 顷

亭—tíng 亭停婷葶

廷—tíng 廷庭蜓霆　tǐng 挺铤艇

星—xīng 星腥猩惺　xǐng 醒

形—xíng 形刑型邢　jīng 荆

性—xìng 性姓

幸—xìng 幸悻

英—yīng 英瑛

婴—yīng 婴樱缨鹦

萤—yīng 莺　yíng 萤莹荧营萦鉴荥

盈—yíng 盈楹

类推表外的字：bīng 冰　bǐng 禀秉　dǐng 鼎　jīng 兢兢晶　líng 灵　lìng 另　míng 明鸣　mìng 命　níng 凝　píng 凭　qīng 卿　qìng 庆　tīng 听　xīng 兴(兴奋)　xíng 行　xǐng 省(不省人事)　xìng 杏兴(高兴)　shěng 省(省会)　yīng 应(应该)鹰　yíng 赢蝇迎　yǐng 颖　yìng 应(应考)硬映

第三单元　声调

一、什么是声调

在汉语里,音高的升降能够区别意义。这种能区别意义的音高升降叫作声调,又叫作字调。例如"马"(mǎ)和"骂"(mà)就是靠声调区别意义的。

声调的高低升降主要决定于音高,而音高的变化又是由发音时声带的松紧决定的。发音时,声带越紧,在一定时间内振动的次数越多,音高就越高;声带越松,在一定时间内振动的次数越少,音高就越低。在发音过程中,声带可以随时调整,有时可以一直绷紧,有时可以先放松后绷紧,或先绷紧后放松,有时松紧相间。这就造成了不同音高的变化,也就构成了不同的声调。

普通话声调是区别意义的重要条件,是汉语章节中非常重要的组成部分。如果说话时没有声调,就无法准确表达汉语的意义,也不能完整地标注汉语的语音。相同的声母、韵母组合在一起,可以因为声调的不同而表示不同的意思。例如:

dá yí	dá yì	dà yí	dà yì	gū lì	gǔ lì
答疑	达意	大姨	大意	孤立	鼓励
tǔ dì	tú dì	huì yì	huí yì	kǒu zi	kòu zi
土地	徒弟	会议	回忆	口子	扣子
zhū zi	zhú zi	zhǔ zi	zhù zi	lí zǐ	lǐ zi	lì zi
珠子	竹子	主子	柱子	梨子	李子	栗子
wǒ yào yān	wǒ yào yán	wǒ yào yǎn	wǒ yào yàn
我要烟	我要盐	我要演	我要砚

二、调值、调类与调号

(一)调值

调值是声调的实际读法,即高低升降的形式。普通话语音的调值有高平调、中升调、降升调和全降调四种基本类型,也就是说,普通话的声调有这四种调值。

描写声调的调值,通常用"五度标调法":用一条竖线表示高低,竖线的左边用横线、斜线、折线,表示声调高低、升降、曲直的变化。竖线的高低分为"低、半低、中、半高、高"五度,用1、2、3、4、5表示,1表示"低",2表示"半低",依此类推。平调和降调用两个数字,曲折调用三个数字。根据这种标调法,普通话声调的四种调值可以用图表示出来。

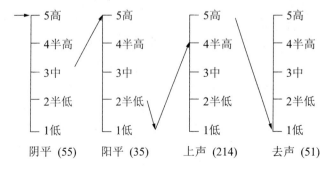

普通话声调的四种调值

普通话声调表

调类（四声）	调号	例字	调型	调值	调值说明
1.阴平	‾	妈 mā	高平	55	起音高高一路平
2.阳平	´	麻 má	中升	35	由中到高往上升
3.上声	ˇ	马 mǎ	降升	214	先降然后再扬起
4.去声	ˋ	骂 mà	全降	51	从高降到最下层

55、35、214、51表示声调实际的高低升降，叫作调值。为了便于书写和印刷，一般就用标数码的办法来表示，不必把每一个声调都画出图来。《汉语拼音方案》更简化一步，只在韵母的韵腹上标出"‾ ´ ˇ ˋ"四个符号来表示声调的大致调型。

（二）调类

调类就是声调的分类，是根据声调的实际读法归纳出来的。有几种实际读法，就有几种调类，也就是把调值相同的归为一类。普通话有四种基本的调值，就可以归纳出四个调类。

普通话音节中，凡调值为55的，归为一类，叫阴平，如"江山多娇"等；凡调值为35的，归为一类，叫阳平，如"人民和平"等；凡调值为214的，归为一类，叫上声，如"理想美好"等；凡调值为51的，归为一类，叫去声，如"庆祝大会"等。阴平、阳平、上声、去声就是普通话调类的名称。调类名称也可以用序数表示，称为一声、二声、三声、四声，简称为"四声"。

（三）调号

调号就是标记普通话调类的符号。《汉语拼音方案》所规定的调号是：阴平"‾"、阳平"´"、上声"ˇ"、去声"ˋ"。声调是整个音节的高低升降的调子，声调的高低升降的变化主要集中体现在韵腹即主要元音上。所以调号要标在韵母的韵腹上。

汉语六个主要元音中，发音最响亮的是a，依次是o、e、i、u、ü。一个音节有a，调号就标在a上，如chāo（超）；没有a，就标在o或e上，如zhōu（周）、pèi（配）；碰到iu、ui组成的音节，就标在最后一个元音上，如niú（牛）、duì（队）。调号如标在i上，i上面的圆点可以省去，如yīng（英）、xīn（欣）。轻声不标调，如māma（妈妈）、yuèliang（月亮）。

三、声调发音分析

普通话声调的发音有鲜明的特点，阴平、阳平、上声和去声调形区别明显：一平、二升、三曲、四降。

从发音长短看，上声发音持续的时间最长，其次是阳平；去声发音持续的时间最短，其次是阴平。普通话四声调值时长见下图。

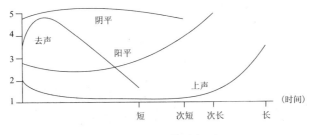

普通话四声调值时长图

（一）阴平

阴平又叫作高平调，俗称一声，调值是55，也称55调。

发音时，声带绷到最紧（"最紧"是相对的，下同），始终没有明显变化，保持高音。

发音例词：

低微 dīwēi　　　吃亏 chīkuī　　　交叉 jiāochā　　　嚣张 xiāozhāng

供需 gōngxū　　摔跤 shuāijiāo　　军官 jūnguān　　拖车 tuōchē

（二）阳平

阳平又叫作高升调，俗称二声，调值是35，也称35调。

发音时，声带从不松不紧开始，逐渐绷紧，到最紧为止，声音由不低不高升到最高。

发音例词：

闸门 zhámén　　航程 hángchéng　　神灵 shénlíng　　尤为 yóuwéi

顽强 wánqiáng　　抉择 juézé　　黄连 huánglián　　从而 cóng'ér

（三）上声

上声又叫作降升调，俗称三声，调值是214，也称214调。

发音时，声带从略微有些紧张开始，立刻松弛下来，稍稍延长，然后迅速绷紧，但没有绷到最紧。发音过程中，声音主要表现在低音段1～2度，这成为上声的基本特征。上声的音长在普通话4个声调中是最长的。

发音例词：

法典 fǎdiǎn　　好转 hǎozhuǎn　　领主 lǐngzhǔ　　打鼓 dǎgǔ

旅馆 lǚguǎn　　口语 kǒuyǔ　　勉强 miǎnqiǎng　　奶粉 nǎifěn

（四）去声

去声又叫作全降调，俗称四声，调值是51，也称51调。

发音时，声带从紧开始，到完全松弛为止。声音由高到低。去声的音长在普通话4个声调中是最短的。

发音例词：

正派 zhèngpài　　变动 biàndòng　　械斗 xièdòu　　救济 jiùjì

树立 shùlì　　剧烈 jùliè　　势必 shìbì　　驾驭 jiàyù

◆绕口令◆

【大猫毛短】

大猫毛短，小猫毛长，大猫毛比小猫毛短，小猫毛比大猫毛长。（阴平、阳平）

【刘兰柳蓝】

布衣履刘兰柳，布履蓝衣柳兰刘，兰柳拉犁来犁地，兰刘播种来拉耧。（阳平、上声）

【任命不是人名】

任命是任命，人名是人名，任命不是人命，人名不是任命，人名不能任命。人是人，任是任，名是名，命是命；人、任、名、命，要分清。（阳平、去声）

【不怕不会】

不怕不会，就怕不学。一回不会，再来一回。决不后悔，直到学会。（阳平、上声、去声）

【梨和栗】

老罗拉了一车梨,老李拉了一车栗。老罗人称大力罗,老李人称李大力。老罗拉梨做梨酒,老李拉栗去换梨。(阳平、上声、去声)

【小柳和小妞】

路东住着刘小柳,路南住着牛小妞。刘小柳拿着大皮球,牛小妞抱着大石榴。刘小柳把皮球送给牛小妞,牛小妞把石榴送给刘小柳。(阴平、阳平、上声)

【妈妈骑马】

妈妈骑马,马慢,妈妈骂马。舅舅搬鸠,鸠飞,舅舅揪鸠。姥姥喝酪,融酪,姥姥捞酪。妞妞哄牛,牛拧,妞妞拧牛。(阴平、上声、去声)

【磨房磨墨】

磨房磨墨,墨抹磨房一磨墨;小猫摸煤,煤飞小猫一毛煤。(阴平、阳平、上声、去声)

【嘴啃泥】

你说一,我对一,一个阿姨搬桌椅,一个小孩不注意,绊一跟斗,啃一嘴泥。(阴平、阳平、上声、去声)

【老史捞石老师】

老师叫老史去捞石,老史老是没有去捞石,老史老是骗老师,老师老说老史不老实。(阴平、阳平、上声、去声)

四、声调发音练习

(一)阴平、阳平

阴平与阳平训练中应防范出现的缺陷:阴平,一是不能达到调值55的高度,有的读成44或33的调值;二是出现前后高低高度不一致的现象,即在朗读四个声调自然分布的普通话水平测试的第一题单音节字词时,阴平忽高忽低,音高不稳定。阳平的问题也有两个:一是升调带曲势,即通俗所谓"拐弯"的现象;二是为避免"拐弯"而发声急促,影响了普通话应有的舒展的语感。

1. 阴平词语练习

(1)全阴平词语练习

丹 dān	吨 dūn	装 zhuāng	机 jī	颇 pō	区 qū
颁 bān	操 cāo	趴 pā	薪 xīn	扇 shān	挖 wā
发出 fāchū	干杯 gānbēi	呼吸 hūxī		几乎 jīhū	
沙滩 shātān	期间 qījiān	悄悄 qiāoqiāo		弯曲 wānqū	

(2)阴平在前的词语练习

凄凉 qīliáng	清查 qīngchá	今年 jīnnián	山河 shānhé
安稳 ānwěn	包裹 bāoguǒ	参考 cānkǎo	缺点 quēdiǎn
机构 jīgòu	开办 kāibàn	科室 kēshì	勘探 kāntàn

(3)阴平在后的词语练习

儿孙 érsūn	繁多 fánduō	寒暄 hánxuān	胡说 húshuō
把关 bǎguān	厂家 chǎngjiā	处方 chǔfāng	打击 dǎjī
旱灾 hànzāi	假期 jiàqī	间接 jiànjiē	抗击 kàngjī

2.阳平词语练习

(1)全阳平词语练习

| 才 cái | 蝉 chán | 随 suí | 言 yán | 同 tóng | 局 jú |
| 权 quán | 敌 dí | 成 chéng | 人 rén | 围 wéi | 乘 chéng |

吉祥 jíxiáng　　扛活 kánghuó　　来由 láiyóu　　离奇 líqí
然而 rán'ér　　神奇 shénqí　　熟人 shúrén　　颓唐 tuítáng

(2)阳平在前的词语

麻花 máhuā　　泥坑 níkēng　　旁边 pángbiān　　其间 qíjiān
毒品 dúpǐn　　而且 érqiě　　罚款 fákuǎn　　烦恼 fánnǎo
鼻涕 bítì　　白炽 báichì　　常见 chángjiàn　　答案 dá'àn

(3)阳平在后的词语练习

超额 chāo'é　　当局 dāngjú　　阿谀 ēyú　　恩情 ēnqíng
椭圆 tuǒyuán　　网球 wǎngqiú　　委员 wěiyuán　　整洁 zhěngjié
破除 pòchú　　那时 nàshí　　内容 nèiróng　　漫长 màncháng

(二)上声、去声

上声,其调值是214,它是普通话四个声调里最不易学好的。常见的缺陷有六个方面:一是调头太高(读成314);二是调尾太高(读成215);三是调尾太低(读成212或213);四是整个声调偏高(几乎无曲势,读成324);五是声调中断(读成21-4);六是声调曲折生硬。去声的主要问题是缺乏音高概念,不是从最高降到最低,而是加大音强并读成调值31或53。

1.上声词语练习

(1)全上声词语练习

| 使 shǐ | 扰 rǎo | 保 bǎo | 奖 jiǎng | 尺 chǐ | 搞 gǎo |
| 党 dǎng | 此 cǐ | 主 zhǔ | 损 sǔn | 始 shǐ | 纸 zhǐ |

本土 běntǔ　　采访 cǎifǎng　　反省 fǎnxǐng　　举止 jǔzhǐ
旅馆 lǚguǎn　　渺小 miǎoxiǎo　　猥琐 wěisuǒ　　展览 zhǎnlǎn

(2)上声在前的词语练习(上声读为半上211,这属于上声的变调现象)

海滨 hǎibīn　　假装 jiǎzhuāng　　检修 jiǎnxiū　　可观 kěguān
法人 fǎrén　　果实 guǒshí　　海拔 hǎibá　　广博 guǎngbó
倘若 tǎngruò　　损耗 sǔnhào　　统治 tǒngzhì　　往日 wǎngrì

(3)上声在后的词语练习

撒谎 sāhuǎng　　三角 sānjiǎo　　听讲 tīngjiǎng　　微小 wēixiǎo
如果 rúguǒ　　食品 shípǐn　　田野 tiányě　　提审 tíshěn
窃取 qièqǔ　　入口 rùkǒu　　授予 shòuyǔ　　神勇 shényǒng

2.去声词语练习

(1)全去声词语练习

| 件 jiàn | 滥 làn | 事 shì | 布 bù | 致 zhì | 现 xiàn |
| 器 qì | 告 gào | 侧 cè | 面 miàn | 望 wàng | 退 tuì |

浪漫 làngmàn　　目录 mùlù　　那样 nàyàng　　耐力 nàilì
怄气 òuqì　　确定 quèdìng　　锐利 ruìlì　　售货 shòuhuò

(2)去声在前的词语练习

爱心 àixīn	弊端 bìduān	刺激 cìjī	扩张 kuòzhāng
个人 gèrén	汉学 hànxué	价格 jiàgé	鉴别 jiànbié
号码 hàomǎ	见解 jiànjiě	电子 diànzǐ	矿井 kuàngjǐng

(3)去声在后的词语练习

帆布 fānbù	干脆 gāncuì	黑夜 hēiyè	呵斥 hēchì
额外 éwài	然后 ránhòu	扶助 fúzhù	泊位 bówèi
水利 shuǐlì	请假 qǐngjià	品质 pǐnzhì	暖气 nuǎnqì

(三)消除入声训练

1.消除入声调

普通话没有入声。古代的入声字都分派到普通话的阴、阳、上、去四声里了,其中分派到去声里的最多,约占一半以上;三分之一分派到阳平;分派到上声的最少。许多方言里都有入声。浙江吴方言里的入声后几乎都带有塞音韵尾,读音短促。学习普通话声调时,这种短促的入声调的残留将会明显影响普通话整体语调,所以要特别注意消除入声调。

2.声调对比练习

更改 gēnggǎi	梗概 gěnggài	香蕉 xiāngjiāo	橡胶 xiàngjiāo
题材 tícái	体裁 tǐcái	禁区 jìnqū	进取 jìnqǔ
凋零 diāolíng	调令 diàolìng	保卫 bǎowèi	包围 bāowéi
欢迎 huānyíng	幻影 huànyǐng	春节 chūnjié	纯洁 chúnjié
班级 bānjí	班机 bānjī	焚毁 fénhuǐ	分会 fēnhuì
肥料 féiliào	废料 fèiliào	安好 ānhǎo	暗号 ànhào
公式 gōngshì	共事 gòngshì	工时 gōngshí	公使 gōngshǐ
地址 dìzhǐ	地质 dìzhì	抵制 dǐzhì	地支 dìzhī
编制 biānzhì	贬值 biǎnzhí	编织 biānzhī	变质 biànzhì
语言 yǔyán	鱼雁 yúyàn	预言 yùyán	预演 yùyǎn

3.四声词语练习

春天花开 chūntiānhuākāi	江山多娇 jiāngshānduōjiāo
珍惜光阴 zhēnxīguāngyīn	豪情昂扬 háoqíng'ángyáng
回国华侨 huíguóhuáqiáo	人民团结 rénmíntuánjié
岂有此理 qǐyǒucǐlǐ	党委领导 dǎngwěilǐngdǎo
处理稳妥 chǔlǐwěntuǒ	日夜变化 rìyèbiànhuà
运动大会 yùndòngdàhuì	胜利闭幕 shènglìbìmù
三皇五帝 sānhuángwǔdì	区别好记 qūbiéhǎojì
深谋远虑 shēnmóuyuǎnlǜ	兵强马壮 bīngqiángmǎzhuàng
高朋满座 gāopéngmǎnzuò	英雄好汉 yīngxiónghǎohàn
万里长征 wànlǐchángzhēng	背井离乡 bèijǐnglíxiāng
弄巧成拙 nòngqiǎochéngzhuō	戏曲研究 xìqǔyánjiū
痛改前非 tònggǎiqiánfēi	暮鼓晨钟 mùgǔchénzhōng

第四单元　音变

我们在进行口语交流和口语表达的过程中,不是一个一个孤立地发出每一个音节,而是根据语意的需要将一连串的音节连续发出,形成语流。在这个过程中,相邻的音素与音素之间、音节与音节之间、声调与声调之间就不可避免地会发生相互影响,使语音产生一定的变化,这就是音变。普通话的音变现象主要表现在变调、轻声、儿化和语气词"啊"的音变四个方面。音变是有一定规律的,学习和掌握这些规律,把这些规律运用于口语表达中,能使我们的语言更流畅、更自然、更谐调,发音更轻松。

一、变调

在语流中,由于相邻音节的相互影响,使有些音节的基本调值发生了变化,这种变化就叫变调。其变化是有一定规律的,普通话中比较明显的变调有两种:上声的变调;"一""不"的变调。

(一)上声的变调

上声在阴平、阳平、去声、轻声前都会产生变调,只有在单念或处在词语、句子的末尾时才读原调。上声的变调有以下几种情况。

1. 上声在非上声前变"半上"

上声在阴平、阳平、去声、轻声前变"半上",丢掉后半段14上声的尾巴,调值由214变为半上声211,变调调值描写为214－211。

发音例词

上声＋阴平　许昌 xǔchāng	禹州 yǔzhōu	语音 yǔyīn	百般 bǎibān	摆脱 bǎituō
上声＋阳平　朗读 lǎngdú	语文 yǔwén	祖国 zǔguó	旅行 lǚxíng	导游 dǎoyóu
上声＋去声　朗诵 lǎngsòng	语调 yǔdiào	广大 guǎngdà	讨论 tǎolùn	稿件 gǎojiàn
上声＋轻声　矮子 ǎizi	奶奶 nǎinai	尾巴 wěiba	老婆 lǎopo	耳朵 ěrduo

词语练习

上声＋阴平
产生 chǎnshēng	女兵 nǚbīng	脚跟 jiǎogēn	垦荒 kěnhuāng	卷烟 juǎnyān
雨衣 yǔyī	九江 jiǔjiāng	史诗 shǐshī	许多 xǔduō	首先 shǒuxiān
口腔 kǒuqiāng	北方 běifāng	小心 xiǎoxīn	主张 zhǔzhāng	指标 zhǐbiāo

上声＋阳平
语言 yǔyán	品行 pǐnxíng	美德 měidé	选择 xuǎnzé	总结 zǒngjié
果园 guǒyuán	铁锤 tiěchuí	典型 diǎnxíng	打球 dǎqiú	坦白 tǎnbái
老年 lǎonián	解决 jiějué	谴责 qiǎnzé	羽毛 yǔmáo	口才 kǒucái

上声＋去声
朗诵 lǎngsòng	准确 zhǔnquè	法制 fǎzhì	恳切 kěnqiè	想念 xiǎngniàn
好像 hǎoxiàng	努力 nǔlì	脚步 jiǎobù	体育 tǐyù	考试 kǎoshì
比较 bǐjiào	笔记 bǐjì	品位 pǐnwèi	坦率 tǎnshuài	响亮 xiǎngliàng

上声＋轻声
指甲 zhǐjia	哑巴 yǎba	伙计 huǒji	打听 dǎting	讲究 jiǎngjiu
骨头 gǔtou	口袋 kǒudai	你们 nǐmen	懂得 dǒngde	起来 qǐlai
点心 diǎnxin	暖和 nuǎnhuo	本事 běnshi	脊梁 jǐliang	摆布 bǎibu

2. 两个上声相连，前一个上声的调值变为 35

实验语音学从语图和听辨实验证明，前字上声、后字上声构成的组合与前字阳平、后字上声构成的组合在声调模式上是相同的。说明两个上声相连，前字上声的调值变得跟阳平的调值一样。变调调值描写为 214－35。

发音例词

上声＋上声

口语 kǒuyǔ	演讲 yǎnjiǎng	勇敢 yǒnggǎn	免检 miǎnjiǎn	党委 dǎngwěi

词语练习

美好 měihǎo	理想 lǐxiǎng	彼此 bǐcǐ	采访 cǎifǎng	饱满 bǎomǎn
管理 guǎnlǐ	陕北 shǎnběi	引导 yǐndǎo	了解 liǎojiě	保险 bǎoxiǎn
脊髓 jǐsuǐ	尽管 jǐnguǎn	给予 jǐyǔ	奖品 jiǎngpǐn	可鄙 kěbǐ

3. 上声在轻声的前面变阳平

发音例词

上声＋轻声

哪里 nǎli	打手 dǎshou	老鼠 lǎoshu	老虎 lǎohu	可以 kěyi
小姐 xiǎojie	想起 xiǎngqi	捧起 pěngqi	讲讲 jiǎngjiang	等等 děngdeng
口里 kǒuli	眼里 yǎnli	走走 zǒuzou	晌午 shǎngwu	

4. 三个上声相连的变调

三个上声相连，如果后面没有其他音节，也不带什么语气，末尾音节一般不变调。开头、当中的上声音节有两种变调。

当词语的结构是双音节＋单音节（双单格）时，开头、当中的上声音节调值变为 35，跟阳平的调值一样。

发音例词

展览馆 zhǎnlǎnguǎn	管理组 guǎnlǐzǔ	选举法 xuǎnjǔfǎ
水彩笔 shuǐcǎibǐ	打靶场 dǎbǎchǎng	勇敢者 yǒnggǎnzhě
演讲稿 yǎnjiǎnggǎo	古典美 gǔdiǎnměi	跑马场 pǎomǎchǎng

当词语的结构是单音节＋双音节（单双格），开头音节处在被强调的逻辑重音时，读作"半上"，调值变为 211，当中音节则按两字组变调规律变为 35。

发音例词

撒火种 sǎhuǒzhǒng	冷处理 lěngchǔlǐ	耍笔杆 shuǎbǐgǎn
小两口 xiǎoliǎngkǒu	小老虎 xiǎolǎohǔ	老保守 lǎobǎoshǒu
小拇指 xiǎomǔzhǐ	纸雨伞 zhǐyǔsǎn	很友好 hěnyǒuhǎo

（二）"一""不"的变调

"一""不"在单念或用在词句末尾时，以及"一"在序数中，声调不变，读原调："一"念阴平 55，"不"念去声 51。例如：第一；不，我不。当它们处在其他音节前面时，声调往往发生变化。

1. "一"的变调

发音例词

（1）去声前变阳平

一栋 yídòng	一段 yíduàn	一律 yílù	一路 yílù	一溜儿 yíliùr
一例 yílì	一贯 yíguàn	一个 yígè	一共 yígòng	一刻 yíkè

一致 yízhì　　　一阵 yízhèn　　　一兆 yízhào　　　一瞬 yíshùn　　　一事 yíshì

(2)非去声前变去声

阴平前

一发 yìfā　　　一端 yìduān　　　一天 yìtiān　　　一忽 yìhū　　　一经 yìjīng
一千 yìqiān　　一心 yìxīn　　　一些 yìxiē　　　一星 yìxīng　　一朝 yìzhāo
一生 yìshēng　一身 yìshēn　　一应 yìyīng　　一杯 yìbēi　　　一根 yìgēn

阳平前

一叠 yìdié　　　一同 yìtóng　　一头 yìtóu　　　一条 yìtiáo　　一年 yìnián
一连 yìlián　　一盒 yìhé　　　一齐 yìqí　　　一行 yìxíng　　一直 yìzhí
一时 yìshí　　一如 yìrú　　　一人 yìrén　　　一无 yìwú　　　一旁 yìpáng

上声前

一统 yìtǒng　　一体 yìtǐ　　　一览 yìlǎn　　　一口 yìkǒu　　　一举 yìjǔ
一己 yìjǐ　　　一起 yìqǐ　　　一本 yìběn　　　一种 yìzhǒng　一准 yìzhǔn
一场 yìchǎng　一手 yìshǒu　一水 yìshuǐ　　一早 yìzǎo　　　一总 yìzǒng

当"一"作为序数表示"第一"时不变调,例如:"一楼"的"一"不变调,表示"第一楼"或"第一层楼",而变调表示"全楼"。"一连"的"一"不变调,表示"第一连",而变调则表示"全连";副词"一连"中的"一"也变调,如"一连五天"。

2."不"的变调

"不"字只有一种变调。"不"在去声前变阳平。

发音例词

不怕 búpà　　　不妙 búmiào　　不犯 búfàn　　不忿 búfèn　　不但 búdàn
不待 búdài　　不特 bútè　　　不论 búlùn　　　不利 búlì　　　不料 búliào
不见 bújiàn　　不错 búcuò　　不幸 búxìng　　不像 búxiàng　不屑 búxiè

3."一""不"的轻读变调

"一"嵌在重叠式的动词之间,"不"夹在重叠动词或重叠形容词之间、夹在动词和补语之间,都轻读。

发音例词

听一听 tīngyitīng　　学一学 xuéyixué　　写一写 xiěyixiě　　看一看 kànyikàn
懂不懂 dǒngbudǒng　去不去 qùbuqù　　　走不走 zǒubuzǒu　会不会 huìbuhuì
看不清 kànbuqīng　　听不懂 tīngbudǒng　记不住 jìbuzhù　　学不会 xuébuhuì

二、轻声

在普通话里,除了阴平、阳平、上声、去声四种声调之外,有些词里的音节或句子里的词,失去原有的声调,念成又轻又短的调子,这种音节叫轻声。

(一)轻声的作用

轻声不单纯是一种语音现象,它不但和词义、词性有关系,而且还和语法有很大的关系。

1.轻声具有区别词义的作用

zìzài　　　　　　　　　　　　　　　　　　　zìzai
自在(自由,不受拘束)　　　　　　　　　　自在(安闲舒适)
dàyì　　　　　　　　　　　　　　　　　　　dàyi
大意(主要意思)　　　　　　　　　　　　　大意(粗心)

shìfēi
是非（事理的正确与错误）

xiōngdì
兄 弟（哥哥和弟弟）

dōngxī
东 西（指方位）

shìfei
是非（纠纷，口舌）

xiōngdi
兄 弟（弟弟）

dōngxi
东 西（指物品）

2. 轻声具有区别词性的作用

dìdào
地 道（名词，在地面下挖成的通道）

kāitōng
开 通（动词，消除阻碍可以通过、穿过、连接）

duìtóu
对 头（形容词，正确、合适）

dìdao
地 道（形容词，真正、纯粹）

kāitong
开 通（形容词，不守旧，不拘谨、大方）

duìtou
对 头（名词，仇敌、对手）

（二）轻声的规律

普通话里大多数轻声都同词汇、语法上的意义有密切关系。

1. 助词

(1)结构助词"的、地、得"

tāde	chīde	chànggēde	yúkuàide	mànmànde	xiědehǎo
他的	吃的	唱 歌 的	愉 快 地	慢 慢 地	写 得 好

(2)时态助词"着、了、过"

kànzhe	kànle	qùle	kànguo	láiguo
看着	看了	去了	看 过	来 过

(3)语气助词"啊、吧、了、吗、呢、的"

lái'a	zǒuba	zhōngxiǎngle	zhīdaoma	zěnmene	tāzhīdaode
来啊	走吧	钟 响 了	知 道 吗	怎 么 呢	他 知 道 的

2. 名词的后缀"子、儿、头、们"

zhuō·zi	yǐ·zi	gūduor	shítou	mántou	wǒmen
桌子	椅子	骨朵儿	石 头	馒 头	我 们

3. 名词后面表示方位的"上、下、里"

fāngzhuōshang	jiǎoxia	shùxia	kǒudàili	héli
方 桌 上	脚 下	树 下	口 袋 里	河 里

4. 动词后面表示趋向的"来、去、上、下、出、回、开、起、上来、下来、进来、出去、过来、回去"

nálai	dūnxiaqu	kǎoshang	zuòxia
拿来	蹲下去	考 上	坐下

kànchu	lākai	táiqi	bēishanglai
看 出	拉开	抬起	背 上 来

5. 叠音词和单音节动词重叠的第二个音节

māma	tàitai	tiáotiao	xiěxie
妈妈	太太	调 调	写 写

6. 联绵词的第二个音节

língli	luóbo	duōsuo	gēda
伶俐	萝卜	哆嗦	疙瘩

普通话水平测试用轻声词语表

说 明

1. 本表根据《普通话水平测试用普通话词语表》编制。
2. 本表供普通话水平测试第二项——读多音节词语(100个音节)测试使用。
3. 本表共收词546条(其中"子"尾词206条),按汉语拼音字母顺序排列。
4. 条目中的非轻声音节只标本调,不标变调;条目中的轻声音节,注音不标调号,如:"明白 míngbai"。

A

爱人　àiren
案子　ànzi

B

巴掌　bāzhang
把子　bǎzi
把子　bàzi
爸爸　bàba
白净　báijing
班子　bānzi
板子　bǎnzi
帮手　bāngshou
梆子　bāngzi
膀子　bǎngzi
棒槌　bàngchui
棒子　bàngzi
包袱　bāofu
包涵　bāohan
包子　bāozi
豹子　bàozi
杯子　bēizi
被子　bèizi
本事　běnshi
本子　běnzi
鼻子　bízi
比方　bǐfang

鞭子　biānzi
扁担　biǎndan
辫子　biànzi
别扭　bièniu
饼子　bǐngzi
拨弄　bōnong
脖子　bózi
簸箕　bòji
补丁　bǔding
不由得　bùyóude
不在乎　bùzàihu
步子　bùzi
部分　bùfen

C

财主　cáizhu
裁缝　cáifeng
苍蝇　cāngying
差事　chāishi
柴火　cháihuo
肠子　chángzi
厂子　chǎngzi
场子　chǎngzi
车子　chēzi
称呼　chēnghu
池子　chízi
尺子　chǐzi
虫子　chóngzi
绸子　chóuzi
除了　chúle
锄头　chútou

畜生　chùsheng
窗户　chuānghu
窗子　chuāngzi
锤子　chuízi
刺猬　cìwei
凑合　còuhe
村子　cūnzi

D

耷拉　dāla
答应　dāying
打扮　dǎban
打点　dǎdian
打发　dǎfa
打量　dǎliang
打算　dǎsuan
打听　dǎting
大方　dàfang
大爷　dàye
大夫　dàifu
带子　dàizi
袋子　dàizi
单子　dānzi
耽搁　dānge
耽误　dānwu
胆子　dǎnzi
担子　dànzi
刀子　dāozi
道士　dàoshi
稻子　dàozi
灯笼　dēnglong

凳子　dèngzi
提防　dīfang
笛子　dízi
底子　dǐzi
地道　dìdao
地方　dìfang
弟弟　dìdi
弟兄　dìxiong
点心　diǎnxin
调子　diàozi
钉子　dīngzi
东家　dōngjia
东西　dōngxi
动静　dòngjing
动弹　dòngtan
豆腐　dòufu
豆子　dòuzi
嘟囔　dūnang
肚子　dǔzi
肚子　dùzi
缎子　duànzi
队伍　duìwu
对付　duìfu
对头　duìtou
多么　duōme

E

蛾子　ézi

F

贩子　fànzi
房子　fángzi
废物　fèiwu
份子　fènzi
风筝　fēngzheng
疯子　fēngzi
福气　fúqi
斧子　fǔzi

G

盖子　gàizi
甘蔗　gānzhe
杆子　gānzi
杆子　gǎnzi
干事　gànshi
杠子　gàngzi
高粱　gāoliang
膏药　gāoyao
稿子　gǎozi
告诉　gàosu
疙瘩　gēda
哥哥　gēge
胳膊　gēbo
鸽子　gēzi
格子　gézi
个子　gèzi
根子　gēnzi

儿子　érzi
耳朵　ěrduo

跟头	gentou	狐狸	húli	精神	jīngshen	利索	lìsuo	眯缝	mīfeng
工夫	gōngfu	胡萝卜	húluóbo	镜子	jìngzi	例子	lìzi	迷糊	míhu
弓子	gōngzi	胡琴	húqin	舅舅	jiùjiu	栗子	lìzi	面子	miànzi
公公	gōnggong	糊涂	hútu	橘子	júzi	痢疾	lìji	苗条	miáotiao
功夫	gōngfu	护士	hùshi	句子	jùzi	连累	liánlei	苗头	miáotou
钩子	gōuzi	皇上	huángshang	卷子	juànzi	帘子	liánzi	名堂	míngtang
姑姑	gūgu	幌子	huǎngzi			凉快	liángkuai	名字	míngzi
姑娘	gūniang	活泼	huópo	**K**		粮食	liángshi	明白	míngbai
谷子	gǔzi	火候	huǒhou	咳嗽	késou	两口子	liǎngkǒuzi	模糊	móhu
骨头	gǔtou	伙计	huǒji	客气	kèqi	料子	liàozi	蘑菇	mógu
故事	gùshi			空子	kòngzi	林子	línzi	木匠	mùjiang
寡妇	guǎfu	扫码听范读		口袋	kǒudai	翎子	língzi	木头	mùtou
褂子	guàzi			口子	kǒuzi	领子	lǐngzi		
怪物	guàiwu	**J**		扣子	kòuzi	溜达	liūda		
关系	guānxi	机灵	jīling	窟窿	kūlong	聋子	lóngzi		
官司	guānsi	脊梁	jǐliang	裤子	kùzi	笼子	lóngzi	**N**	
罐头	guàntou	记号	jìhao	快活	kuàihuo	炉子	lúzi	那么	nàme
罐子	guànzi	记性	jìxing	筷子	kuàizi	路子	lùzi	奶奶	nǎinai
规矩	guīju	夹子	jiāzi	框子	kuàngzi	轮子	lúnzi	难为	nánwei
闺女	guīnü	家伙	jiāhuo	阔气	kuòqi	萝卜	luóbo	脑袋	nǎodai
鬼子	guǐzi	架势	jiàshi			骡子	luózi	脑子	nǎozi
柜子	guìzi	架子	jiàzi	**L**		骆驼	luòtuo	能耐	néngnai
棍子	gùnzi	嫁妆	jiàzhuang	喇叭	lǎba			你们	nǐmen
锅子	guōzi	尖子	jiānzi	喇嘛	lǎma	**M**		念叨	niàndao
果子	guǒzi	茧子	jiǎnzi	篮子	lánzi	妈妈	māma	念头	niàntou
		剪子	jiǎnzi	懒得	lǎnde	麻烦	máfan	娘家	niángjia
H		见识	jiànshi	浪头	làngtou	麻利	máli	镊子	nièzi
蛤蟆	háma	毽子	jiànzi	老婆	lǎopo	麻子	mázi	奴才	núcai
孩子	háizi	将就	jiāngjiu	老实	lǎoshi	马虎	mǎhu	女婿	nǚxu
含糊	hánhu	交情	jiāoqing	老太太	lǎotàitai	码头	mǎtou	暖和	nuǎnhuo
汉子	hànzi	饺子	jiǎozi	老头子	lǎotóuzi	买卖	mǎimai	疟疾	nüèji
行当	hángdang	叫唤	jiàohuan	老爷	lǎoye	麦子	màizi		
合同	hétong	轿子	jiàozi	老子	lǎozi	馒头	mántou	**P**	
和尚	héshang	结实	jiēshi	姥姥	lǎolao	忙活	mánghuo	拍子	pāizi
核桃	hétao	街坊	jiēfang	累赘	léizhui	冒失	màoshi	牌楼	páilou
盒子	hézi	姐夫	jiěfu	篱笆	líba	帽子	màozi	牌子	páizi
红火	hónghuo	姐姐	jiějie	里头	lǐtou	眉毛	méimao	盘算	pánsuan
猴子	hóuzi	戒指	jièzhi	力气	lìqi	媒人	méiren	盘子	pánzi
后头	hòutou	金子	jīnzi	厉害	lìhai	妹妹	mèimei	胖子	pàngzi
厚道	hòudao			利落	lìluo	门道	méndao		

狍子	páozi			事情	shìqing			兄弟	xiōngdi
盆子	pénzi			柿子	shìzi	**W**		休息	xiūxi
朋友	péngyou			收成	shōucheng	挖苦	wāku	秀才	xiùcai
棚子	péngzi			收拾	shōushi	娃娃	wáwa	秀气	xiùqi
脾气	píqi	**S**		首饰	shǒushi	袜子	wàzi	袖子	xiùzi
皮子	pízi	塞子	sāizi	叔叔	shūshu	晚上	wǎnshang	靴子	xuēzi
痞子	pǐzi	嗓子	sǎngzi	梳子	shūzi	尾巴	wěiba	学生	xuésheng
屁股	pìgu	嫂子	sǎozi	舒服	shūfu	委屈	wěiqu	学问	xuéwen
片子	piānzi	扫帚	sàozhou	舒坦	shūtan	为了	wèile		
便宜	piányi	沙子	shāzi	疏忽	shūhu	位置	wèizhi		
骗子	piànzi	傻子	shǎzi	爽快	shuǎngkuai	位子	wèizi		
票子	piàozi	扇子	shànzi	思量	sīliang	蚊子	wénzi		
漂亮	piàoliang	商量	shāngliang	算计	suànji	稳当	wěndang	**Y**	
瓶子	píngzi	晌午	shǎngwu	岁数	suìshu	我们	wǒmen	丫头	yātou
婆家	pójia	上司	shàngsi	孙子	sūnzi	屋子	wūzi	鸭子	yāzi
婆婆	pópo	上头	shàngtou					衙门	yámen
铺盖	pūgai	烧饼	shāobing	**T**		**X**		哑巴	yǎba
		勺子	sháozi	他们	tāmen	稀罕	xīhan	胭脂	yānzhi
Q		少爷	shàoye	它们	tāmen	席子	xízi	烟筒	yāntong
欺负	qīfu	哨子	shàozi	她们	tāmen	媳妇	xífu	眼睛	yǎnjing
旗子	qízi	舌头	shétou	台子	táizi	喜欢	xǐhuan	燕子	yànzi
前头	qiántou	身子	shēnzi	太太	tàitai	瞎子	xiāzi	秧歌	yāngge
钳子	qiánzi	什么	shénme	摊子	tānzi	匣子	xiázi	养活	yǎnghuo
茄子	qiézi	婶子	shěnzi	坛子	tánzi	下巴	xiàba	样子	yàngzi
亲戚	qīnqi	生意	shēngyi	毯子	tǎnzi	吓唬	xiàhu	吆喝	yāohe
勤快	qínkuai	牲口	shēngkou	桃子	táozi	先生	xiānsheng	妖精	yāojing
清楚	qīngchu	绳子	shéngzi	特务	tèwu	乡下	xiāngxia	钥匙	yàoshi
亲家	qìngjia	师父	shīfu	梯子	tīzi	箱子	xiāngzi	椰子	yēzi
曲子	qǔzi	师傅	shīfu	蹄子	tízi	相声	xiàngsheng	爷爷	yéye
圈子	quānzi	虱子	shīzi	挑剔	tiāoti	消息	xiāoxi	叶子	yèzi
拳头	quántou	狮子	shīzi	挑子	tiāozi	小伙子	xiǎohuǒzi	一辈子	yībèizi
裙子	qúnzi	石匠	shíjiang	条子	tiáozi	小气	xiǎoqi	衣服	yīfu
		石榴	shíliu	跳蚤	tiàozao	小子	xiǎozi	衣裳	yīshang
R		石头	shítou	铁匠	tiějiang	笑话	xiàohua	椅子	yǐzi
热闹	rènao	时候	shíhou	亭子	tíngzi	谢谢	xièxie	意思	yìsi
人家	rénjia	实在	shízai	头发	tóufa	心思	xīnsi	银子	yínzi
人们	rénmen	拾掇	shíduo	头子	tóuzi	星星	xīngxing	影子	yǐngzi
认识	rènshi	使唤	shǐhuan	兔子	tùzi	猩猩	xīngxing	应酬	yìngchou
日子	rìzi	世故	shìgu	妥当	tuǒdang	行李	xíngli	柚子	yòuzi
褥子	rùzi	似的	shìde	唾沫	tuòmo	性子	xìngzi	冤枉	yuānwang

院子	yuànzi	眨巴	zhǎba	折腾	zhēteng	种子	zhǒngzi	壮实	zhuàngshi
月饼	yuèbing	栅栏	zhàlan	这个	zhège	珠子	zhūzi	状元	zhuàngyuan
月亮	yuèliang	宅子	zháizi	这么	zhème	竹子	zhúzi	锥子	zhuīzi
云彩	yúncai	寨子	zhàizi	枕头	zhěntou	主意	zhǔyi	桌子	zhuōzi
运气	yùnqi	张罗	zhāngluo	芝麻	zhīma		(zhúyi)	字号	zìhao
		丈夫	zhàngfu	知识	zhīshi	主子	zhǔzi	自在	zìzai
Z		帐篷	zhàngpeng	侄子	zhízi	柱子	zhùzi	粽子	zòngzi
在乎	zàihu	丈人	zhàngren	指甲	zhǐjia	爪子	zhuǎzi	祖宗	zǔzong
咱们	zánmen	帐子	zhàngzi		(zhījia)	转悠	zhuànyou	嘴巴	zuǐba
早上	zǎoshang	招呼	zhāohu	指头	zhǐtou	庄稼	zhuāngjia	作坊	zuōfang
怎么	zěnme	招牌	zhāopai		(zhítou)	庄子	zhuāngzi	琢磨	zuómo
扎实	zhāshi								

三、儿化

普通话的韵母除 er 以外,都可以儿化。儿化了的韵母叫作"儿化韵",原来的非儿化的韵母可以叫作"平舌韵"。

(一)儿化的作用

儿化不只是一种纯粹的语音现象,它跟词义、语法及修辞、感情色彩都有着密切的关系。

1. 儿化能区别词义

xìn   xìnr   tóu   tóur
信(信件)——信儿(消息)   头(脑袋)——头儿(首领)

yǎn   yǎnr
眼(眼睛)——眼儿(小窟窿)

2. 儿化能改变词性、词义

gài   gàir
盖(动词)——盖儿(名词,盖东西的器具)

jiān   jiānr
尖(形容词)——尖儿(名词,针尖)

zuò   zuòr
坐(动词)——座儿(名词,供人坐的地方)

huà   huàr
画(动词)——画儿(名词,一张画)

3. 儿化还表示细、小、轻、微的意思

yìdiǎnr
一点儿 (指数量极小)

4. 儿化使语言带有表示喜爱、亲切的感情色彩

xiǎoqǔr   xiǎoháir   gēr   xiānhuār   liǎndànr   xiǎojīr
小曲儿   小孩儿   歌儿   鲜花儿   脸蛋儿   小鸡儿

(二)儿化音的规律

原韵或韵尾	儿化	实际发音	
韵母或韵尾是 a、o、e、u	不变,加 r	号码儿 hàomǎr 草帽儿 cǎomàor 唱歌儿 chànggēr 小猴儿 xiǎohóur	花儿 huār 麦苗儿 màimiáor 高个儿 gāogèr 打球儿 dǎqiúr
韵尾是 i、n(in、ün 除外)	丢 i 或 n,加 r	刀背儿 dāobèr 心眼儿 xīnyǎr	一块儿 yíkuàr 花园儿 huāyuár
韵母是 ng	去 ng,加 r,元音鼻化	电影儿 diànyǐ̃r 板凳儿 bǎndè̃r	帮忙儿 bāngmã́r 香肠儿 xiāngchã́r
韵母是 i、ü	不变,加 er	玩意儿 wányìer 有趣儿 yǒuqùer	毛驴儿 máolúer 小鸡儿 xiǎojīer
韵母是 -i、ê	丢 -i 或 ê,加 er	叶儿 yèr 词儿 cér	橛儿 juér 事儿 shèr
韵母是 ui、in、un、ün	丢 i 或 n,加 er	麦穗儿 màisuèr 飞轮儿 fēilúer	干劲儿 gànjìer 白云儿 báiyúer

注:字母上的"～"表示鼻化。拼写儿化音时,只要在音节末尾加"r"即可,语音上的实际变化不必在拼写上表示出来。

普通话水平测试用儿化词语表

说 明

1. 本表参照《普通话水平测试用普通话词语表》及《现代汉语词典》编制。加 * 的是以上二者未收,根据测试需要而酌情增加的条目。
2. 本表仅供普通话水平测试第二项——读多音节词语(100 个音节)测试使用。本表儿化音节,在书面上一律加"儿",但并不表明所列词语在任何语用场合都必须儿化。
3. 本表共收词 189 条,按儿化韵母的汉语拼音字母顺序排列。
4. 本表列出原形韵母和所对应的儿化韵,用">"表示条目中儿化音节的注音,只在基本形式后面加"r",如"一会儿 yīhuìr",不标语音上的实际变化。

第二部分 普通话语音知识

	一	二	三	四
一				
a＞ar	刀把儿 dāobàr 在哪儿 zàinǎr 板擦儿 bǎncār	号码儿 hàomǎr 找茬儿 zhǎochár	戏法儿 xìfǎr 打杂儿 dǎzár	
ai＞ar	名牌儿 míngpáir 小孩儿 xiǎoháir	鞋带儿 xiédàir 加塞儿 jiāsāir	壶盖儿 húgàir	
an＞ar	快板儿 kuàibǎnr 脸盘儿 liǎnpánr 栅栏儿 zhàlanr 门槛儿 ménkǎnr	老伴儿 lǎobànr 脸蛋儿 liǎndànr 包干儿 bāogānr	蒜瓣儿 suànbànr 收摊儿 shōutānr 笔杆儿 bǐgǎnr	

二
ang＞ar（鼻化）	药方儿 yàofāngr 瓜瓤儿 guārángr	赶趟儿 gǎntàngr	香肠儿 xiāngchángr

三
ia＞iar	掉价儿 diàojiàr	一下儿 yīxiàr	豆芽儿 dòuyár
ian＞iar	小辫儿 xiǎobiànr 差点儿 chàdiǎnr 聊天儿 liáotiānr 坎肩儿 kǎnjiānr 心眼儿 xīnyǎnr	照片儿 zhàopiānr 一点儿 yīdiǎnr 拉链儿 lāliànr 牙签儿 yáqiānr	扇面儿 shànmiànr 雨点儿 yǔdiǎnr 冒尖儿 màojiānr 露馅儿 lòuxiànr

四
iang＞iar（鼻化）	鼻梁儿 bíliángr	透亮儿 tòuliàngr	花样儿 huāyàngr

	五	六	七	八
五				
ua＞uar	脑瓜儿 nǎoguār 笑话儿 xiàohuar	大褂儿 dàguàr 牙刷儿 yáshuār	麻花儿 máhuār	
uai＞uar	一块儿 yīkuàir			
uan＞uar	茶馆儿 cháguǎnr	饭馆儿 fànguǎnr	火罐儿 huǒguànr	

		落款儿 luòkuǎnr	打转儿 dǎzhuànr	拐弯儿 guǎiwānr
		好玩儿 hǎowánr	大腕儿 dàwànr	

六
uang＞uar(鼻化)　　蛋黄儿 dànhuángr　　打晃儿 dǎhuàngr　　天窗儿 tiānchuāngr

七
üan＞üar　　烟卷儿 yānjuǎnr　　手绢儿 shǒujuànr　　出圈儿 chūquānr
　　　　　　包圆儿 bāoyuánr　　人缘儿 rényuánr　　绕远儿 ràoyuǎnr
　　　　　　杂院儿 záyuànr

八
ei＞er　　刀背儿 dāobèir　　摸黑儿 mōhēir
en＞er　　老本儿 lǎoběnr　　花盆儿 huāpénr　　嗓门儿 sǎngménr
　　　　　把门儿 bǎménr　　哥们儿 gēmenr　　纳闷儿 nàmènr
　　　　　后跟儿 hòugēnr　　高跟儿鞋 gāogēnrxié　　别针儿 biézhēnr
　　　　　一阵儿 yīzhènr　　走神儿 zǒushénr　　大婶儿 dàshěnr
　　　　　小人儿书 xiǎorénrshū　　杏仁儿 xìngrénr　　刀刃儿 dāorènr

九
eng＞er(鼻化)　　钢镚儿 gāngbèngr　　夹缝儿 jiāfèngr　　脖颈儿 bógěngr
　　　　　　　　提成儿 tíchéngr

十
ie＞ier　　半截儿 bànjiér　　小鞋儿 xiǎoxiér
üe＞üer　　旦角儿 dànjuér　　主角儿 zhǔjuér

十一
uei＞uer　　跑腿儿 pǎotuǐr　　一会儿 yīhuìr　　耳垂儿 ěrchuír
　　　　　　墨水儿 mòshuǐr　　围嘴儿 wéizuǐr　　走味儿 zǒuwèir
uen＞uer　　打盹儿 dǎdǔnr　　胖墩儿 pàngdūnr　　砂轮儿 shālúnr
　　　　　　冰棍儿 bīnggùnr　　没准儿 méizhǔnr　　开春儿 kāichūnr

ueng＞uer(鼻化)　　*小瓮儿 xiǎowèngr

十二

-i(前)＞er	瓜子儿 guāzǐr	石子儿 shízǐr	没词儿 méicír
	挑刺儿 tiāocìr		
-i(后)＞er	墨汁儿 mòzhīr	锯齿儿 jùchǐr	记事儿 jìshìr

十三

i＞i:er	针鼻儿 zhēnbír	垫底儿 diàndǐr	肚脐儿 dùqír
	玩意儿 wányìr		
in＞i:er	有劲儿 yǒujìnr	送信儿 sòngxìnr	脚印儿 jiǎoyìnr

十四

ing＞i:er(鼻化)	花瓶儿 huāpíngr	打鸣儿 dǎmíngr	图钉儿 túdīngr
	门铃儿 ménlíngr	眼镜儿 yǎnjìngr	蛋清儿 dànqīngr
	火星儿 huǒxīngr	人影儿 rényǐngr	

十五

ü＞ü:er	毛驴儿 máolǘr	小曲儿 xiǎoqǔr	痰盂儿 tányúr
ün＞ü:er	合群儿 héqúnr		

十六

e＞er	模特儿 mótèr	逗乐儿 dòulèr	唱歌儿 chànggēr
	挨个儿 āigèr	打嗝儿 dǎgér	饭盒儿 fànhér
	在这儿 zàizhèr		

十七

u＞ur	碎步儿 suìbùr	没谱儿 méipǔr	儿媳妇儿 érxífur
	梨核儿 líhúr	泪珠儿 lèizhūr	有数儿 yǒushùr

十八

ong＞or(鼻化)	果冻儿 guǒdòngr	门洞儿 méndòngr	胡同儿 hútòngr
	抽空儿 chōukòngr	酒盅儿 jiǔzhōngr	小葱儿 xiǎocōngr

iong＞ior（鼻化）　　*小熊儿 xiǎoxióngr

十九

ao＞aor

红包儿 hóngbāor　　灯泡儿 dēngpàor　　半道儿 bàndàor
手套儿 shǒutàor　　跳高儿 tiàogāor　　叫好儿 jiàohǎor
口罩儿 kǒuzhàor　　绝着儿 juézhāor　　口哨儿 kǒushàor
蜜枣儿 mìzǎor

二十

iao＞iaor

鱼漂儿 yúpiāor　　火苗儿 huǒmiáor　　跑调儿 pǎodiàor
面条儿 miàntiáor　　豆角儿 dòujiǎor　　开窍儿 kāiqiàor

二十一

ou＞our

衣兜儿 yīdōur　　老头儿 lǎotóur　　年头儿 niántóur
小偷儿 xiǎotōur　　门口儿 ménkǒur　　纽扣儿 niǔkòur
线轴儿 xiànzhóur　　小丑儿 xiǎochǒur

二十二

iou＞iour

顶牛儿 dǐngniúr　　抓阄儿 zhuājiūr　　棉球儿 miánqiúr
加油儿 jiāyóur

二十三

uo＞uor

火锅儿 huǒguōr　　做活儿 zuòhuór　　大伙儿 dàhuǒr
邮戳儿 yóuchuōr　　小说儿 xiǎoshuōr　　被窝儿 bèiwōr

o＞or

耳膜儿 ěrmór　　粉末儿 fěnmòr

四、"啊"的音变

"啊"是兼词，既可作语气词，也可作叹词。

（一）"啊"的用法

1."啊"作叹词

"啊"作叹词时，出现在句首，有阴平、阳平、上声和去声四种声调的变化。在韵母 a 不变的情况下，读哪种声调和说话人的思想感情有着密切的关系，只要按照不同声调读"啊"，就是后面不跟随补充的语句，听者也能明白说话人的情感。

发音例句：

ā 啊,真让人高兴,你入党了。(叹词,表示惊异,赞叹。)
á 啊,你说什么?他不在吗?(叹词,表示追问。)
ǎ 啊,原来是这么回事啊!(叹词,表示恍然大悟。)
à 啊,好吧。(叹词,表示应诺。)

2."啊"作语气词

"啊"作语气词时,出现在句尾,它的读音受前边音节末尾音素的影响而发生变化,其变化规律如下:

(1)当"啊"前面音节末尾音素是 a、o、e、i、ü 和 ê 时,"啊"字读 ya,也可以写作"呀"。

发音例句：

a 他的手真大啊(dà ya)!
o 这里的人真多啊(duō ya)!
e 赶车啊(chē ya)!
i 是小丽啊(lì ya)!
ü 快去啊(qù ya)!
ê 应该注意节约啊(yuē ya)!

(2)当"啊"前面音节末尾音素是 u、ao、iao 时,"啊"字读 wa,也可以写作"哇"。

发音例句：

u 你在哪儿住啊(zhù wa)?
   有没有啊(yǒu wa)?
ao 写得多好啊(hǎo wa)!
iao 她的手多巧啊(qiǎo wa)!

(3)当"啊"前面音节末尾音素是 -n 时,"啊"字读 na,也可以写作"哪"。

发音例句：

-n 这糖可真甜啊(tián na)!
   你走路可要小心啊(xīn na)!

(4)当"啊"前面音节末尾音素是 -ng 时,"啊"字读 nga,仍写作"啊"。

发音例句：

-ng 这事办不成啊(chéng nga)!
    大家唱啊(chàng nga)!

(5)当"啊"前面音节末尾音素是舌尖前元音 -i[ɿ]时,"啊"字读[z]a,仍写作"啊"。

发音例句：

-i[ɿ] 你真是乖孩子啊(zi [z]a)!
     你到过那里几次啊(cì [z]a)?

(6)当"啊"前面音节末尾音素是舌尖后元音 -i[ʅ]和卷舌韵母 er 时,"啊"字读 ra,仍写作"啊"。

发音例句：

-i[ʅ] 这是一件大事啊(shì ra)!
     你吃啊(chī ra)!

"啊"的音变规律表

"啊"前面的韵母	"啊"前面音节尾音	"啊"的音变	举例
a、ia、ua、o、uo、e、ie、üe	a、o、e、ê	ya	快画呀！ 真多呀！
i、ai、uai、ei、uei、ü	i、ü	ya	快来呀！ 出去呀！
u、ou、iou、ao、iao	u、ao	wa	在这儿住哇！ 真好哇！
an、ian、uan、üan、en、in、uen、ün	n	na	好人哪！ 路真远哪！
ang、iang、uang、eng、ing、ueng、ong、iong	ng	nga	大声唱啊！ 行不行啊！
-i[前]	-i[前]	za	真自私啊！
-i[后]、er	-i[后]	ra	什么事啊！

(二)"啊"辨读词语练习

打岔啊 chàya   喝茶啊 cháya   广播啊 bōya   上坡啊 pōya
菠萝啊 luóya   唱歌啊 gēya   合格啊 géya   祝贺啊 hèya
上街啊 jiēya   快写啊 xiěya   白雪啊 xuěya   节约啊 yuēya

可爱啊 àiya   喝水啊 shuǐya   早起啊 qǐya   东西啊 dōngxiya
不去啊 qùya   大雨啊 yǔya

巧手啊 shǒuwa   跳舞啊 wǔwa   中秋啊 qiūwa   里头啊 tóuwa
吃饱啊 bǎowa   可笑啊 xiàowa   真好啊 hǎowa   报告啊 gàowa

小心啊 xīnna   家人啊 rénna   围裙啊 qúnna   大干啊 gànna
没门啊 ménna   真准啊 zhǔnna   联欢啊 huānna   运转啊 zhuǎnna

太脏啊 zāngnga   不用啊 yòngnga   好冷啊 lěngnga   小熊啊 xióngnga
好听啊 tīngnga   劳动啊 dòngnga   青松啊 sōngnga   完成啊 chéngnga

写字啊 zìza   一次啊 cìza   蚕丝啊 sīza   公司啊 sīza

可耻啊 chǐra   老师啊 shīra   花儿啊 huārra   女儿啊 érra
先吃啊 chīra   节日啊 rìra   开门儿啊 ménrra   小曲儿啊 qǔrra

第五单元　音节

一、普通话音节表

普通话常用音节有400个。1987年重排本《新华字典》音节索引列出418个音节,本书所列的音节表未收其中18个音节,包括某些语气词,特别是只以辅音充当音节的、方言色彩浓重、比较土俗的词,或仅限于书面语又不常用的音节:chua(欻) den(扽) dia(嗲) nia(嘘) nou(槈) eng(鞥) shei("谁"又音) kei(剋) lo(咯) yo(唷) o(噢)、ê、ei(欸) hm(噷) hng(哼) m(呒) n(嗯) ng(嗯)。

下列音节表按开口呼、齐齿呼、合口呼、撮口呼四类排列:

(一)开口呼音节(179个)

	a	e	-i	er	ai	ei	ao	ou	an	en	ang	eng
零	a	e		er	ai	ei	ao	ou	an	en	ang	eng
b	ba				bai	bei	bao		ban	ben	bang	beng
p	pa				pai	pei	pao	pou	pan	pen	pang	peng
m	ma	(me)			mai	mei	mao	mou	man	men	mang	meng
f	fa					fei		fou	fan	fen	fang	feng
d	da	de			dai	dei	dao	dou	dan		dang	deng
t	ta	te			tai		tao	tou	tan		tang	teng
n	na	ne			nai	nei	nao		nan	nen	nang	neng
l	la	le			lai	lei	lao	lou	lan		lang	leng
g	ga	ge			gai	gei	gao	gou	gan	gen	gang	geng
k	ka	ke			kai		kao	kou	kan	ken	kang	keng
h	ha	he			hai	hei	hao	hou	han	hen	hang	heng
zh	zha	zhe	zhi		zhai	zhei	zhao	zhou	zhan	zhen	zhang	zheng
ch	cha	che	chi		chai		chao	chou	chan	chen	chang	cheng
sh	sha	she	shi		shai	(shei)	shao	shou	shan	shen	shang	sheng
r		re	ri				rao	rou	ran	ren	rang	reng
z	za	ze	zi		zai	zei	zao	zou	zan	zen	zang	zeng
c	ca	ce	ci		cai		cao	cou	can	cen	cang	ceng
s	sa	se	si		sai		sao	sou	san	sen	sang	seng

注:①横行按不同韵母排列,竖行按不同的声母排列。表中"零"表示"零声母"(下同)。
②me(么)本是mo,轻声音节弱化为me。不计数,加括号列入表格备用。
③shei是"谁"口语又音,已常被shui代替。不计数,加括号列入表格备用。
④o、ê、ei等音节只在语气词中出现,不列入。因此,未列出单韵母o、ê。

从开口呼音节表可以看出:
(1)开口呼音节包含音节数目最多,几乎占400个音节的一半。
(2)声母j、q、x不同开口呼韵母相拼。
(3)舌尖元音属于开口呼音节,只同舌尖前音声母z、c、s和舌尖后音声母zh、ch、sh、r相拼。
(4)er独立自成音节,不同任何声母相拼。
(5)舌尖中音声母d、t、n、l不同韵母en相拼(nen"嫩"视为例外,den"扽"除外)。
(6)韵母eng除代表一个极不常用的"鞥"外,不独立成音节。o、ê一般出现在韵母uo、ie、ue中。独立成音节只用于语气词。

(二)齐齿呼音节(83个)

	i	ia	ie	iao	iou	ian	in	iang	ing
零	yi	ya	ye	yao	you	yan	yin	yang	ying
b	bi		bie	biao		bian	bin		bing
p	pi		pie	piao		pian	pin		ping
m	mi		mie	miao	miu	mian	min		ming
d	di		die	diao	diu	dian			ding
t	ti		tie	tiao		tian			ting
n	ni		nie	niao	niu	nian	nin	niang	ning
l	li	lia	lie	liao	liu	lian	lin	liang	ling
j	ji	jia	jie	jiao	jiu	jian	jin	jiang	jing
q	qi	qia	qie	qiao	qiu	qian	qin	qiang	qing
x	xi	xia	xie	xiao	xiu	xian	xin	xiang	xing

从齐齿呼音节表可以看出:
(1)齐齿呼韵母不同声母舌尖前音 z、c、s,舌尖后音 zh、ch、sh、r,舌面后音 g、k、h 和唇齿音 f 相拼。
(2)韵母 ia、iang 不同声母双唇音 b、p、m 和舌尖中音 d、t 相拼。
(3)声母 d、t 不同韵母 in 相拼。

(三)合口呼音节(114个)

	u	ua	uo (o)	uai	uei	uan	uen	uang	ueng (ong)
零	wu	wa	wo	wai	wei	wan	wen	wang	weng
b	bu		bo						
p	pu		po						
m	mu		mo						
f	fu		fo						
d	du		duo		dui	duan	dun		dong
t	tu		tuo		tui	tuan	tun		tong
n	nu		nuo			nuan			nong
l	lu		luo			luan	lun		long
g	gu	gua	guo	guai	gui	guan	gun	guang	gong
k	ku	kua	kuo	kuai	kui	kuan	kun	kuang	kong
h	hu	hua	huo	huai	hui	huan	hun	huang	hong
zh	zhu	zhua	zhuo	zhuai	zhui	zhuan	zhun	zhuang	zhong
ch	chu		chuo	chuai	chui	chuan	chun	chuang	chong
sh	shu	shua	shuo	shuai	shui	shuan	shun	shuang	
r	ru		ruo		rui	ruan	run		rong
z	zu		zuo		zui	zuan	zun		zong
c	cu		cuo		cui	cuan	cun		cong
s	su		suo		sui	suan	sun		song

注：①bo、po、mo、fo 按照实际发音列入此表,排列在 uo 韵母下。
②ong 按照实际发音列入此表,同 ueng 排列在一行。

从合口呼音节表可以看出：
(1)合口呼韵母不同舌面前音声母 j、q、x 相拼。
(2)双唇音声母只同韵母 u、uo(o)相拼。
(3)舌尖中音声母 d、t、n、l 不同韵母 ua、uai、uang 相拼。
(4)声母 n、l 只同韵母 ei 相拼,不同韵母 uei 相拼。而声母 d、t 只同韵母 ui 相拼,不同韵母 ei 相拼(dei 只有一个"得"字)。
(5)舌尖前音声母 z、c、s 不同韵母 ua、uai、uang 相拼。
(6)ong 属于合口呼,一定前拼辅音声母,不独立成音节。ueng 则只独立成音节,不同任何辅音声母相拼。

(四)撮口呼音节(24 个)

	ü	üe	üan	ün	iong
零	yu	yue	yuan	yun	yong
n	nü	nüe			
l	lü	lüe			
j	ju	jue	juan	jun	jiong
q	qu	que	quan	qun	qiong
x	xu	xue	xuan	xun	xiong

注：iong 按实际发音列入此表。

从撮口呼音节表可以看出：
(1)撮口呼音节包含音节最少。
(2)辅音声母同撮口呼韵母相拼的只有 j、q、x、n、l。
(3)声母 n、l 只同韵母 ü、üe 相拼,不同韵母 üan、ün、iong 相拼。
(4)iong 属于撮口呼韵母。

普通话里有多少带调音节呢？根据《现代汉语词典》所列的音节表统计共有 1 332 个。其中只在方言中出现的或方言色彩很浓的音节、某些语气词(特别是以辅音充当音节的)、现代不常用的音节,共约 70 多个,这些音节不应该或不适合归入普通话的带调音节中。普通话带调音节(不包括儿化音节)约 1 250 多个。

二、普通话音节的结构

音节是语音的基本结构单位,由一个或几个音素按一定规律组合而成。普通话音节一般由声母、韵母和声调三部分组成,韵母内部又分韵头、韵腹、韵尾。其结构类型如下表：

音节的结构类型

结构成分 例 字	声母（辅音）	韵母				声调
		韵头（介音）	韵腹（主要元音）	韵尾		
				元音	辅音	
鹅 é	零		e			阳平
我 wǒ	零	u	o			上声
袄 ǎo	零		a	o		上声
安 ān	零		a		n	阴平
优 yōu	零	i	o	u		阴平
王 wáng	零	u	a		ng	阳平
姑 gū	g		u			阴平
雀 què	q	ü	ê			去声
才 cái	c		a	i		阳平
针 zhēn	zh		e		n	阴平
怪 guài	g	u	a	i		去声
爽 shuǎng	sh	u	a		ng	上声

从表中可以看出普通话音节结构有以下一些特点：

(1)普通话音节的实际读音最少要由三个成分组成，声母、韵腹和声调；最多可以由五个成分组成，声母、韵头、韵腹、韵尾和声调。

(2)每一个音节都必须有声母、韵腹和声调，可以没有韵头和韵尾。韵腹一般是元音，声母可以是零声母，所以元音和声调是普通话音节读音不可缺少的成分。

(3)元音最多可以有三个，而且连续排列，分别充当韵母的韵头、韵腹和韵尾。

(4)辅音只出现在音节的开头和末尾，没有辅音连续排列的情况。

(5)韵头只能由 i、u、ü 充当。

(6)元音韵尾由 i、o、u 充当。辅音韵尾只能由 n、ng 充当。

(7)各元音都能充当韵腹。如果韵母不止一个元音，一般总是开口度较大，舌位较低的元音充当韵腹(如 a、o、e)，只有在韵母中没有其他元音成分时，i、u、ü 才能充当韵腹。

三、普通话声韵拼合规律

普通话声母、韵母和声调的配合有很强的规律性，各方言声韵调的配合也都有自己的规律性。掌握了普通话声韵调的配合规律，可以更清楚地认识普通话的语音系统，帮助我们区别普通话音节和方言音节的读音，对学习普通话有很大帮助。

普通话声母和韵母配合的规律性主要表现在声母的发音部位和韵母"四呼"的关系上，可以根据声母的发音部位和韵母的"四呼"把普通话声母和韵母的配合关系列成下表。

声母和韵母的配合关系

	开口呼	齐齿呼	合口呼	撮口呼
双唇音 b、p、m	＋	＋	只跟 u 相拼	
唇齿音 f	＋		只跟 u 相拼	
舌尖中音 d、t	＋	＋	＋	
舌尖中音 n、l	＋	＋	＋	＋
舌根音 g、k、h	＋		＋	
舌面音 j、q、x		＋		＋
舌尖后音 zh、ch、sh、r	＋		＋	
舌尖前音 z、c、s	＋		＋	
零声母	＋	＋	＋	＋

注:"＋"表示全部或局部声韵能相拼,空白表示不能相拼。

了解了声母和韵母的拼合规律,就可避免在拼读、拼写中出现差错,还可以帮助纠正方言口音。

四、普通话音节的拼读

拼读就是按照普通话音节的构成规律,把声母、韵母、声调组合成有声音节的过程。初学者可用两拼法、三拼法和声介合拼法。

(1)两拼法:把音节分为声母、韵母两部分进行拼读。如:n—uǎn→nuǎn(暖)。

(2)三拼法:把音节分成声母、韵头、韵腹(有韵尾的要包括韵尾)三部分进行拼读,这种方法只适用于有介音的音节。如:n—u—ǎn→nuǎn(暖)。

(3)声介合拼法:先把声母和介音 i、u、ü 拼合为一个整体,然后与后面的韵母相拼合。这种方法只适用于有介音的音节。如:nu—ǎn→nuǎn(暖)。

第六单元 语调

语调是人们在语流中用抑扬顿挫来表情达意的所有语音形式的总和。语调构成的语音形式主要表现在音高、音长、音强等非音质成分上。在普通话的语调训练中,首先应注重音高;其次是在音长的变化上。当然,也不要忽略节奏、语速等方面。

一、语句总体音高的变化

普通话的语调首先表现在语句音高的高低、升降、曲折等变化上。

降调——表现为句子开头高、句尾明显降低。如一般陈述句、祈使句、感叹句,以及近距离对话等情况。在普通话语句中降调出现频率高。

升调——表现为句子开头低、句尾明显升高。如一般疑问句、反问句,以及出现在长句中前半句。但是,疑问代词处于句首的特殊疑问句,应为降调。

平调——表现为语句音高变化不明显。如思考问题、宣读名单、公布成绩等情况。另外,远距离问话,以及在人群前呼喊或喊口令时,可能出现总体高平的调形,但一般句子里各个字的字调和连读变调依然存在。

曲折调——表现为语句音高曲折变化,多在表达特殊感情时出现。如表示嘲讽的语气,以及重音出现在句子开头,或疑问代词出现在句中的疑问句等情况。

二、声调(字调)对语调产生影响

普通话的四个声调(字调)调形为平、升、曲、降,区别十分明显。普通话语句的音高模式不会完全改变这四个声调,同时又对声调产生某种制约。因此,声调的准确直接影响语调的正确。学习普通话出现的方言语调,学习汉语出现的洋腔洋调、怪腔怪调,都同没有掌握普通话声调有直接关系。

普通话上声调是学习普通话的难点。我们注意了上声本调是个低调的特点,以及上声变调的规律,上声调就容易掌握了。读阴平调注意保持调值高,读阳平调注意中间不要拖长,出现明显曲折,而普通话读去声的字最多,要注意去声调开头的调值高度。声调读得准确,就会有效地克服语调当中出现的"方言味儿""洋味儿"。

三、词语的轻重音格式

普通话也存在词重音和句重音。由于声调负担起较重的辨义作用,普通话词重音和句重音的作用有所淡化,不过我们在学习普通话时会常常感知到它的存在。像我们把每个字声韵调原原本本不折不扣地读出来,语感上并不自然,甚至感到很生硬,不像纯正的普通话。其中,词语的轻重音格式是不可忽视的一个主要原因。

普通话词的轻重音格式的基本形式是:双音节、三音节、四音节词语大多数最后一个音节读为重音;三音节词语大多数读为"中·次轻·重"的格式,四音节词语大多数读为"中·次轻·中·重"的格式;双音节词语占普通话词语总数的绝对优势,绝大多数读为"中·重"的格式。

双音节词语读后轻的词语可以分为两类。一类为"重·最轻"(或描述为"重·轻")的格式,即轻声词语,用汉语拼音注音时,不标声调符号。例如:东西、麻烦、规矩、客气。另一类为"重·次轻"的格式,一部分词语在《现代汉语词典》中轻读音节标注声调符号,但在轻读音节前加圆点。例如:新鲜、客人、风水、匀称。另一部分词语,则未作明确标注。例如:分析、臭虫、老虎、制度。这类词语一般轻读,偶尔(间或)重读,读音不太稳定。我们可以称为"可轻读词语"。

掌握轻声词语是学习普通话的基本要求。所谓操"港台腔",主要原因之一是没有掌握轻声词语的读音。另外,我们将大多数"重·次轻"格式词语,后一个音节轻读,则语感自然,是普通话水平较高的表现之一。

四、普通话的正常语速

普通话的正常语速为中速,大约每分钟240个音节左右,大致在150~300个音节浮动。一些少数民族语言、外国语正常语速为快速,即每分钟超过300个音节。有的汉语方言也有偏快的倾向。当学习普通话处在起步阶段时,会出现语速过慢或忽快忽慢的情况。学习普通话要掌握好普通话的正常语速。

普通话语调还包括停连、节拍群、语气词运用等方面,这些都要注意学习掌握。

第三部分

朗读短文

第一单元 朗读要略

一、朗读测试要求

朗读是将书面语言转变为形象生动、发音规范的有声语言的再创作活动。普通话水平测试中的朗读测试,是指应试人在朗读普通话水平测试用60篇作品时,对其发音中声母、韵母、声调、语流音变、停连、重音、语调以及朗读流畅程度等进行的一种测试。在普通话朗读测试中,要求应试人尽量做到以下几点:

(1)准确、熟练地运用普通话,做到字音规范、音变正确。
(2)领会作品内容,正确把握作品思想感情,读出真情实感。
(3)遵从原文,不丢字、不添字、不颠倒字或改字。
(4)语调自然,停连恰当,重音处理正确,语速快慢得当。

二、朗读准备

朗读既不同于日常说话,也不同于朗诵。日常说话的口头语是朗读的基础(明白通俗、流畅自然),但与之相比,朗读还要对口头语进行加工,要能比较有效地再现原文的思想和艺术形象。朗诵是一种艺术表演形式,语言形式较为夸张,节律起伏比朗读大,它往往要借助表情、手势等体态语言来强化表达效果,有些还运用灯光、布景、音乐等来渲染,以增强表演的艺术性,而朗读则不需要这些。朗读虽然也讲究语言的艺术性,但它必须接近真实自然的生活语言,它是一种介于日常说话与朗诵艺术之间的口头表达形式。在朗读测试的准备过程中,我们可从以下几个方面进行准备:

(一)熟悉作品内容,把握朗读基调
(1)初读,了解作品内容是什么。
(2)正音并弄懂词、句的含义。
(3)厘清作品结构。

(二)注意语音规范

首先,注意语流音变。上声的变调,"一""不"的变调,"啊"的变读及轻声词和儿化是在朗读作品中要重点留意的地方。

其次,注意多音字的读音。一字多音是容易产生误读的重要原因之一,必须十分注意。在朗读的篇目中出现较多的多音字包括"为""似""倒""累""处"等。

再次,注意异读词的读音。普通话词汇中,有一部分词(或词中的语素),意义相同或基本相同,但在习惯上有两个或多个不同的读法,这些词被称为"异读词"。

(三)练习朗读时需要注意克服的几种不正确的朗读样式

1. 念读

单纯地念字,照字读音,有字无词或有词无句,词或词组没有轻重格式的体现。

2. 唱读

以固定的类似于唱歌的调来读作品,这种读法比念读更差,它只有声音的外壳,而表情达意的作用已被大大削弱。

3. 念经式

声音小而速度快,没有顿歇,没有重音,更没有感情和声音的变化。

4. 表演式

特别注意感情表达而把朗读变成朗诵,有表演的趋向。由于过于注重感情表达,朗读时往往会增字、丢字或改字。

三、朗读技巧

要读好一篇作品,我们可以先根据内容确定其感情基调,然后根据其感情基调来确定整篇文章的语速,最后根据上下文文意确定朗读时语音的轻重、停连和语调。朗读时对语音的轻重、停连和语调等的正确处理就形成一定的朗读技巧。

(一)停连

停连是指停顿和连接。在朗读过程中,那些为表情达意所需要的声音的中断和休止就是停顿;那些声音不中断、不休止,特别是作品中有标点符号而在朗读中却不需要中断、休止的地方就是连接。停连一方面是生理的需要,另一方面也是表情达意的需要,通过停连可以更清晰、更有效地表达作品内容,更鲜明、更强烈地体现作品情感。同时,它也是表达上的需要。因为得体的停连可以显示语言的节奏,并增强表达的效果。我们常用以下几种符号来表示停连。停顿:/(停顿时间最短)、/(停顿时间较短)、//(停顿时间较长)、///(停顿时间最长);连接:⌒。

1. 朗读时如何选择停连位置的四个方面

(1)准确理解句意和文意。

(2)正确分析语句结构。

(3)恰当想象文字所体现的情景。

(4)合理处理标点符号。

2. 停顿的分类

(1)语法停顿。即指句子间语法关系的停顿,如句子中主谓之间、主宾之间、修饰限制词与中心词之间的停顿,还有分句之间、句子之间以及段落层次之间的停顿等。语法停顿应与标点、层次、段落相一致。具体来讲,语法停顿的时间长短可通过下列关系进行:顿号<逗号<分号,而冒号<分号<句间<层间,如"台湾岛形状狭长,/从东到西,/最宽处只有一百四十多公里①;//由南至北,/最长的地方约有三百九十多公里。///地形像一个纺织用的梭子。"(作品56号)。

(2)逻辑停顿。即指为准确表达语意,揭示语言内在联系而形成的语流中声音的顿歇。逻辑停顿不受语法停顿的限制,它没有明确的符号标记,往往是根据表达的内容与语境要求来决定停顿的地方和停顿的时间,如:"没有/一片绿叶,没有/一缕炊烟。"(作品22号)。

---

① 1公里=1 000米。

(3)感情停顿。感情停顿是为了突出某种感情而作出的间歇,这种停顿通常出现在感情强烈处,诸如悲痛欲绝、恼怒至极、兴奋异常等。

(二)重音

重音是指在朗读过程中为了更好地体现语句目的,在表达时着意强调的词或词组。重音常和停连一起,使语意表达更加清楚准确,使感情色彩更加鲜明。重音可分为词重音和语句重音,但在朗读部分我们着重讲语句重音。语句重音一般用"．"表示。

1. 语句重音的选择标准

(1)重音应该是突出语句目的的中心词。
(2)重音应该是体现逻辑关系的对应词。
(3)重音应该是点染感情色彩的关键词。

2. 语句重音的分类

(1)语法重音。语法重音是根据语法结构特点表现出来的重音,它由语法结构本身决定,位置一般是固定的,像短句中的谓语动词以及句子中的修饰成分和限制成分;补语、疑问代词、数量结构、拟声词;并列关系、对比关系、转折关系语句中的关键词等,如:"大雪整整下了一夜。"(作品5号),"'噗啦'一声落到了船上。"(作品22号),"什么是永远不会回来的呢?"(作品14号)。

(2)逻辑重音。这是根据上下文内容的提示决定的,如:"谁能把花生的好处说出来?"(作品26号),该句应该强调的是"好处"二字,而不是"谁"或"花生"。表达目的不一样,逻辑重音也不一样。

(3)感情重音。感情重音就是指为了表达强烈的感情而着重强调的部分,它大多出现在情绪激动、表达感情强烈的地方,如:"品位这东西为气为魂为筋骨为神韵,只可意会。"(作品30号)。

(三)语调

语调即语句声音的抑扬或升降。这种抑扬或升降是准确传达句子思想感情的需要,它是语气的外在表现形式。对于语调,人们通常有一种误解,即把语调仅仅理解成句末一个音节的字调,其实这是不对的。语调是情感的产物,具有明显的感情色彩,语调是整个语句甚至是语段感情色彩的起伏变化,语调与语速、重音、停连等技巧结合,显示着朗读的节奏。

语调通常有以下四种形式:

1. 上扬调

即指语流状态由低向高升起,句尾音强且向上扬起,一般表示疑问、激动、号召、呼唤等感情。上扬调一般用"↗"表示,如:"难道你就只觉得树只是树,↗难道你就不想到它的朴质,严肃,坚强不屈,至少也象征了北方的农民。↗"(作品1号)。

2. 下抑调

即指语流状态由高向低运动,句尾音下降,一般表现感叹、请求、痛苦、愤怒等语气。下抑调一般用"↘"表示,如:"外祖母永远不会回来了。↘"(作品14号)。

3. 平直调

即指语流运动状态是平稳直线型的,一般表现庄严、冷漠、麻木等感情。平直调一般用"→"表示,如:"三百多年前,建筑设计师莱伊恩受命设计了英国温泽市政府大厅。→"(作品19号)。

4. 曲折调

即指语流运动状态是起伏曲折的,由高而低再扬起,或由低而高再降下,全句表现为上升和下降的曲折变化,用来表示讽刺、暗示、双关、反语等感情。曲折调一般用"↗↘"表示,如:

"你以为这是什么车？旅游车？↘"（作品10号）。

在朗读时,语调不是一成不变的,而是有变化的。粗略地可以分为:轻度、重度、中度三种。轻度语调即停顿较短,重音较清楚,色彩一般化,一般来讲,作品中的次要语句属此类;重度语调是停顿较长,有较重的重音,色彩显示鲜明,通常作品中的主要语句、核心句属此类;而中度语调的停顿稍长,重音稍突出,色彩较鲜明,通常作品中比较重要的语句属此类。

（四）节奏

朗读是讲究速度的。朗读速度受作品内容和形式影响,也受朗读者心境的影响,也就是说,朗读节奏是由作品展示出来的,表现出了朗读者思想感情的起伏所形成的抑扬顿挫、轻重缓急的声音形式的回环。

节奏不能和语调混淆。语调是以语句为单位,节奏是以全篇为单位;节奏一定要有某种声音形式的回环往复,而不是毫无规律可循的各种声音形式的拼合。

常见的节奏有以下几种:

1. 轻快型

要求多连少停、多轻少重、多扬少抑,朗读时语调舒展柔和,语流显得轻快,如:作品《绿》、《紫藤萝瀑布》。

2. 凝重型

要求多停少连、多重少轻、多抑少扬,语流平衡凝重,语言表达强而有力,如:作品《丑石》、《西部文化和西部开发》。

3. 低沉型

要求停顿多而长、语调多抑、节拍较长,朗读时声音偏暗,句尾沉重,语流沉缓,如:作品《牡丹的拒绝》、《世间最美的坟墓》。

4. 高亢型

要求多连少停、多重少轻、扬而不抑,朗读时语气高昂,语流畅达,语速稍快,节奏较紧,如:作品《白杨礼赞》、《站在历史的枝头微笑》。

5. 舒缓型

要求多连少停、声音清亮,语流声音较高但不着力,气长音清,语气舒展开阔,如:作品《海滨仲夏夜》、《住的梦》。

6. 紧张型

要求多连少停、多重少轻、多扬少抑,朗读时节奏拖长,语气紧张,如:作品《麻雀》、《迷途笛音》。

第二单元　朗读作品

一、朗读说明

(1) 60篇朗读作品供普通话水平测试第四项——朗读短文测试使用。为适应测试需要,必要时对原作品做了部分更动。

(2) 朗读作品的顺序,按篇名的汉语拼音字母顺序排列。

(3)每篇作品采用汉字和汉语拼音对照的方式编排。
(4)每篇作品在第400个音节后用"//"标注。
(5)为适应朗读的需要,作品中的数字一律采用汉字的书写方式书写,如:"1998年"写作"一九九八年";"23%"写作"百分之二十三"。
(6)加注的汉语拼音原则依据《汉语拼音正词法基本规则》拼写。
(7)注音一般只标本调,不标变调。
(8)作品中的必读轻声音节,拼音不标调号。一般轻读,间或重读的音节,拼音加注调号,并在拼音前加圆点提示,如:"因为"拼音写作"yīn·wèi";"差不多"拼音写作"chà·bùduō"。
(9)作品中的儿化音节分两种情况:一是书面上加"儿",拼音时在基本形式后加 r,如:"小孩儿"拼音写作"xiǎoháir";二是书面上没有加"儿",但口语里一般儿化的音节,拼音时也在基本形式后加 r,如:"胡同"拼音写作"hútòngr"。

二、朗读作品及注音

作品1号——《白杨礼赞》

扫码听范读

[朗读提示]这篇文章是一篇托物言意之作,也是一曲献给根据地抗日军民的赞歌,通过对白杨树不平凡形象的赞美,歌颂了中国共产党领导下的抗日军民和整个中华民族的紧密团结、力求上进、坚强不屈的革命精神和斗争意志。所以,朗读时语气要热情奔放,气势要雄浑、铿锵有力,但不乏浓浓的诗意和质朴的情感。

Nà shì lìzhēng shàngyóu de yī zhǒng shù, bǐzhí de gàn, bǐzhí de zhī. Tā de gàn
那是 力争 上游 的一 种 树,笔直的 干,笔直的枝。它的 干
ne, tōngcháng shì zhàng bǎ gāo, xiàngshì jiāyǐ réngōng shìde, yī zhàng yǐnèi, juéwú
呢, 通常 是 丈 把 高, 像是 加以 人工 似的, 一 丈 以内, 绝无
pángzhī; tā suǒyǒu de yāzhī ne, yīlǜ xiàngshàng, érqiě jǐnjǐn kàolǒng, yě xiàngshì
旁枝;它 所有 的 丫枝 呢, 一律 向上, 而且 紧紧 靠拢, 也 像是
jiāyǐ réngōng shìde, chéngwéi yī shù, juéwú héng xié yì chū; tā de kuāndà de yèzi
加以 人工 似的, 成为 一 束,绝无 横 斜 逸出;它的 宽大 的 叶子
yě shì piànpiàn xiàngshàng, jīhū méi·yǒu xié shēng de, gèng bùyòng shuō dàochuí
也 是 片片 向上, 几乎 没有 斜 生 的, 更 不用 说 倒垂
le; tā de pí, guānghuá ér yǒu yínsè de yùnquān, wēiwēi fànchū dànqīngsè. Zhè shì
了;它的皮, 光滑 而 有 银色 的 晕圈, 微微 泛出 淡青色。这 是
suī zài běifāng de fēngxuě de yāpò xià què bǎochízhe juéjiàng tǐnglì de yī zhǒng shù!
虽 在 北方 的 风雪 的 压迫 下 却 保持着 倔强 挺立 的 一 种 树!
Nǎpà zhǐyǒu wǎn lái cūxì ba, tā què nǔlì xiàngshàng fāzhǎn, gāo dào zhàng xǔ,
哪怕 只有 碗 来 粗细 罢,它 却 努力 向上 发展, 高 到 丈 许,
liǎng zhàng, cāntiān sǒnglì, bùzhé-bùnáo, duìkàngzhe xīběifēng.
两 丈, 参天 耸立, 不折不挠, 对抗着 西北风。
Zhè jiùshì báiyángshù, xīběi jí pǔtōng de yī zhǒng shù, rán'ér jué bù shì píngfán
这 就是 白杨树, 西北 极 普通 的 一 种 树,然而 决 不 是 平凡
de shù!
的 树!

它没有婆娑的姿态，没有屈曲盘旋的虬枝，也许你要说它不美丽，——如果美是专指"婆娑"或"横斜逸出"之类而言，那么，白杨树算不得树中的好女子；但是它却是伟岸，正直，朴质，严肃，也不缺乏温和，更不用提它的坚强不屈与挺拔，它是树中的伟丈夫！当你在积雪初融的高原上走过，看见平坦的大地上傲然挺立这么一株或一排白杨树，难道你就只觉得树只是树，难道你就不想到它的朴质，严肃，坚强不屈，至少也象征了北方的农民；难道你竟一点儿也不联想到，在敌后的广大//土地上，到处有坚强不屈，就像这白杨树一样傲然挺立的守卫他们家乡的哨兵！难道你又不更远一点想到这样枝枝叶叶靠紧团结，力求上进的白杨树，宛然象征了今天在华北平原纵横决荡用血写出新中国历史的那种精神和意志。

——节选自茅盾《白杨礼赞》

作品 2 号——《差别》

[朗读提示] 注意老板话语的朗读，但语气不要太夸张。同时也要注意对比布鲁诺和阿诺德的行为，朗读布鲁诺的行为时语气要略显责备之情，朗读阿诺德的行为时语气要带赞扬之情。

两个同龄的年轻人同时受雇于一家店铺，并且拿同样的薪水。可是一段时间后，叫阿诺德的那个小伙子青云直上，而那个叫布鲁诺的小伙子却仍在原地踏步。布鲁诺很不满意老板的不公正待遇。终于有一天他到老板那儿发牢骚了。老板一边耐心地听着他的抱怨,一边在心里盘算着怎样向他解释清楚他和阿诺德之间的差别。

"布鲁诺先生,"老板开口说话了,"您现在到集市上去一下,看看今天早上有什么卖的。"

布鲁诺从集市上回来向老板汇报说,今早集市上只有一个农民拉了一车土豆在卖。

"有多少?"老板问。

布鲁诺赶快戴上帽子又跑到集上,然后回来告诉老板一共四十袋土豆。

"价格是多少?"

布鲁诺又第三次跑到集上问来了价格。

"好吧,"老板对他说,"现在请您坐到这把椅子上一句话也不要说,看看阿诺德怎么说。"

阿诺德很快就从集市上回来了。向老板汇报说到现在为止只有一个农民在卖土豆,一共四十口袋,价格是多少多少;土豆质量很不错,他带回来一个让老板看看。这个农民一个钟头以后还会弄来几箱西红柿,据他看价格非常公道。昨天他们铺子的西红柿卖得很快,库存已经不多了。他想这么便宜的西红柿,老板肯定会要进一些的,所以他不仅带回了一个西红柿做样品,而且把那个农民也带来了,他现在正在外面等回话呢。

此时老板转向了布鲁诺,说:"现在您肯定知道为什么阿诺德的薪水比您高了吧!"

——节选自张健鹏、胡足青主编《故事时代》中《差别》

作品3号——《丑石》

[朗读提示]注意作者前后态度的变化,在知道丑石是陨石之前,朗读时语气要略带不屑,但不能太露骨,朗读到那块丑石原来是陨石时,要带有惊奇而又遗憾的心情。

我常常遗憾我家门前那块丑石:它黑黝黝地卧在那里,牛似的模样;谁也不知道是什么时候留在这里的,谁也不去理会它。只是麦收时节,门前摊了麦子,奶奶总是说:这块丑石,多占地面呀,抽空把它搬走吧。

它不像汉白玉那样的细腻,可以刻字雕花,也不像大青石那样的光滑,可以供来浣纱捶布。它静静地卧在那里,院边的槐阴没有庇覆它,花儿也不再在它身边生长。荒草便繁衍出来,枝蔓上下,慢慢地,它竟锈上了绿苔、黑斑。我们这些做孩子的,也讨厌起它来,曾合伙要搬走它,但力气又不足;虽时时咒骂它,嫌弃它,也无可奈何,只好任它留在那里了。

终有一日,村子里来了一个天文学家。他在我家门前路过,突然发现了这块石头,眼光立即就拉直了。他再没有离开,就住了下来;以后又来了好些人,都说这是一块陨石,从天上落下来已经有二三百年了,是一件了不起的东西。不久便来了车,小心翼翼地将它运走了。

这使我们都很惊奇,这又怪又丑的石头,原来是天上的啊!它补过天,在天上发过热、闪过光,我们的先祖或许仰望过它,它给了他们光明、向往、憧憬;而它落下来了,在污土里,荒草里,一躺就//是几百年了!

我感到自己的无知,也感到了丑石的伟大,我甚至怨恨它这么多年竟会默默地忍受着这一切!而我又立即深深地感到它那种不屈于误解、寂寞的生存的伟大。

——节选自贾平凹《丑石》

作品4号——《达瑞的故事》

[朗读提示]这虽然是一篇叙事文章,但富有哲理,启发人们发现自我,创造机会,可采用自然、深沉的感情基调,并用平实、质朴的声音表达出作者的感受来。

在达瑞八岁的时候,有一天他想去看电影。因为没有钱,他想是向爸妈要钱,还是自己挣钱。最后他选择了后者。他自己调制了一种汽水,向过路的行人出售。可那时正是寒冷的冬天,没有人买,只有两个人例外——他的爸爸和妈妈。

他偶然有一个和非常成功的商人谈话的机会。当他对商人讲述了自己的"破产史"后,商人给了他两个重要的建议:一是尝试为别人解决一个难题;二是把精力集中在你知道的、你会的和你拥有的东西上。

这两个建议很关键。因为对于一个八岁的孩子而言,他不会做的事情很多。于是他穿过大街小巷,不停地思考:人们会有什么难题,他又如何利用这个机会?

一天,吃早饭时父亲让达瑞去取报纸。美国的送报员总是把报纸从花园篱笆的一个特制的管子里塞进来。假如你想穿着睡衣舒舒服服地吃早饭和看报纸,就必须离开温暖的房间,冒着寒风,到花园去取。虽然路短,但十分麻烦。

当达瑞为父亲取报纸的时候,一个主意诞生了。当天他就按响邻居的门铃,对他们说,每个月只需付给他一美元,他就每天早上把报纸塞到他们的房门底下。大多数人都同意了,很快他有//了七十多个顾客。一个月后,当他拿到自己赚的钱时,觉得自己简直是飞上了天。

很快他又有了新的机会,他让他的顾客每天把垃圾袋放在门前,然后由他早上运到垃圾桶里,每个月加一美元。之后他还想出了许多孩子赚钱的办法,并把它集结成书,书名为《儿童挣钱的二百五十个主意》。为此,达瑞十二岁时就成了畅销书作家,十五岁有了自己的谈话节目,十七岁就拥有了几百万美元。

——节选自[德]博多·舍费尔《达瑞的故事》,刘志明译

作品5号——《第一场雪》

[朗读提示]这篇文章前一部分主要描写了雪景,朗读时要把作者对美丽雪景的喜爱之情和雪地里孩子们打闹的欢乐情景表现出来,后一部分则主要写了大雪对农作物的益处,朗读时要客观、朴素、自然。

这是入冬以来,胶东半岛上第一场雪。

雪纷纷扬扬,下得很大。开始还伴着一阵儿小雨,不久就只见大片大片的雪花,从彤云密布的天空中飘落下来。地面上一会儿就白了。冬天的山村,到了夜里就万籁俱寂,只听得雪花簌簌地不断往下落,树木的枯枝被雪压断了,偶尔咯吱一声响。

大雪整整下了一夜。今天早晨,天放晴了,太阳出来了。推开门一看,嗬!好大的雪呀!山川、河流、树木、房屋,

全都罩上了一层厚厚的雪,万里江山,变成了粉妆玉砌的世界。落光了叶子的柳树上挂满了毛茸茸亮晶晶的银条儿;而那些冬夏常青的松树和柏树上,则挂满了蓬松松沉甸甸的雪球儿。一阵风吹来,树枝轻轻地摇晃,美丽的银条儿和雪球儿簌簌地落下来,玉屑似的雪末儿随风飘扬,映着清晨的阳光,显出一道道五光十色的彩虹。

大街上的积雪足有一尺多深,人踩上去,脚底下发出咯吱咯吱的响声。一群群孩子在雪地里堆雪人,掷雪球儿。那欢乐的叫喊声,把树枝上的雪都震落下来了。

俗话说,"瑞雪兆丰年"。这个话有充分的科学根据,并不是一句迷信的成语。寒冬大雪,可以冻死一部分越冬的害虫;融化了的水渗进土层深处,又能供应//庄稼生长的需要。我相信这一场十分及时的大雪,一定会促进明年春季作物,尤其是小麦的丰收。有经验的老农把雪比做是"麦子的棉被"。冬天"棉被"盖得越厚,明春麦子就长得越好,所以又有这样一句谚语:"冬天麦盖三层被,来年枕着馒头睡。"

我想,这就是人们为什么把及时的大雪称为"瑞雪"的道理吧。

——节选自峻青《第一场雪》

作品6号——《读书人是幸福人》

[朗读提示]这是一篇对读书充满深情厚意的议论文,所以朗读时要把作者语重心长、耐人寻味的心声表述出来,语气要厚重、坚实。

我常想读书人是世间幸福人，因为他除了拥有现实的世界之外，还拥有另一个更为浩瀚也更为丰富的世界。现实的世界是人人都有的，而后一个世界却为读书人所独有。由此我想，那些失去或不能阅读的人是多么的不幸，他们的丧失是不可补偿的。世间有诸多的不平等，财富的不平等，权力的不平等，而阅读能力的拥有或丧失却体现为精神的不平等。

一个人的一生，只能经历自己拥有的那一份欣悦，那一份苦难，也许再加上他亲自闻知的那一些关于自身以外的经历和经验。然而，人们通过阅读，却能进入不同时空的诸多他人的世界。这样，具有阅读能力的人，无形间获得了超越有限生命的无限可能性。阅读不仅使他多识了草木虫鱼之名，而且可以上溯远古下及未来，饱览存在的与非存在的奇风异俗。

更为重要的是，读书加惠于人们的不仅是知识的增广，而且还在于精神的感化与陶冶。人们从读书学做人，从那些往哲先贤以及当代才俊的著述中学得他们的人格。人们从《论语》中学得智慧的思考，从《史记》中学得严肃的历史精神，从《正气歌》中学得人格的刚烈，从马克思学得人世//的激情，从鲁迅学得批判精神，从托尔斯泰学得道德的执着。歌德的诗句刻写着睿智的人生，拜伦的诗句呼唤着奋斗的热情。一个读书人，一个有机会拥有超乎个人生命体验的幸运人。

——节选自谢冕《读书人是幸福人》

作品7号——《二十美金的价值》

[朗读提示]这篇文章的角色对话很多,朗读时要注意把孩子稚嫩和渴望的语言与父亲疲惫、不耐烦的语言进行对比,同时也要注意区分父亲发怒时和平静之后语言的鲜明不同。

一天,爸爸下班回到家已经很晚了,他很累也有点儿烦,他发现五岁的儿子靠在门旁正等着他。

"爸,我可以问您一个问题吗?"

"什么问题?""爸,您一小时可以赚多少钱?""这与你无关,你为什么问这个问题?"父亲生气地说。

"我只是想知道,请告诉我,您一小时赚多少钱?"小孩儿哀求道。"假如你一定要知道的话,我一小时赚二十美金。"

"哦,"小孩儿低下了头,接着又说,"爸,可以借我十美金吗?"父亲发怒了:"如果你只是要借钱去买毫无意义的玩具的话,给我回到你的房间睡觉去。好好想想为什么你会那么自私。我每天辛苦工作,没时间和你玩儿小孩子的游戏。"

小孩儿默默地回到自己的房间关上门。

父亲坐下来还在生气。后来,他平静下来了。心想他可能对孩子太凶了——或许孩子真的很想买什么东西,再说他平时很少要过钱。

父亲走进孩子的房间:"你睡了吗?""爸,还没有,我还醒着。"孩子回答。

"我刚才可能对你太凶了,"父亲说,"我不应该发那么大的火儿——这是你要的十美金。""爸,谢谢您。"孩子高兴地从枕头下拿出一些被弄皱的钞票，慢慢地数着。

"为什么你已经有钱了还要？"父亲不解地问。

"因为原来不够，但现在凑够了。"孩子回答："爸，我现在有//二十美金了，我可以向您买一个小时的时间吗？明天请早一点儿回家——我想和您一起吃晚餐。"

——节选自唐继柳编译《二十美金的价值》

作品8号——《繁星》

[**朗读提示**]作品中三次写繁星，由于年龄、阅历、心情和时间、地点、氛围的不同，表现出的意境和感受也就不同。朗读时要注意三次写繁星时行文感情处理的不同：第一次是在自家院子里，卧看时，所见的天空有限，显得深而且远，因此有回到母亲怀里的感觉。第二次是在南京的菜园地，作者当时挣脱出了封建家庭的樊笼，因此觉得星星很亲切，光明无所不在。第三次是在海上，船动星移。

我爱月夜，但我也爱星天。从前在家乡七八月的夜晚在庭院里纳凉的时候，我最爱看天上密密麻麻的繁星。望着星天，我就会忘记一切，仿佛回到了母亲的怀里似的。

三年前在南京我住的地方有一道后门，每晚我打开后门，便看见一个静寂的夜。下面是一片菜园，上面是星群密布的蓝天。星光在我们的肉眼里虽然微小，然而它使我们觉得光明无处不在。那时候我正在读一些天文学的书，也认得一些星星，好像它们就是我的朋友，它们常常在和我谈话一样。

如今在海上，每晚和繁星相对，我把它们认得很熟了。我躺在舱面上，仰望天空。深蓝色的天空里悬着无数半明半昧的星。船在动，星也在动，它们是这样低，真是摇摇欲坠呢！渐渐地我的眼睛模糊了，我好像看见无数萤火虫在我的周围飞舞。海上的夜是柔和的,是静寂的,是梦幻的。我望着许多认识的星,我仿佛看见它们在对我眨眼,我仿佛听见它们在小声说话。这时我忘记了一切。在星的怀抱中我微笑着,我沉睡着。我觉得自己是一个小孩子,现在睡在母亲的怀里了。

有一夜,那个在哥伦波上船的英国人指给我看天上的巨人。他用手指着://那四颗明亮的星是头,下面的几颗是身子,这几颗是手,那几颗是腿和脚,还有三颗星算是腰带。经他这一番指点,我果然看清楚了那个天上的巨人。看,那个巨人还在跑呢!

——节选自巴金《繁星》

作品9号——《风筝畅想曲》

扫码听范读

[朗读提示]这是一篇关于童年美好回忆的作品,语言自然清新。朗读时可以使用甜美的声音,把作者的童趣勾勒出来。最后一个自然段和倒数第二自然段的最后一句话是全文的画龙点睛之笔,朗读时应饱含着深深的思乡之情和爱国之情。

假日到河滩上转转,看见许多孩子在放风筝。一根根长长的引线,一头系在天上一头系在地上,孩子同风筝都在天与地之间悠荡,连心也被悠荡得恍恍惚惚了,好像又回到了童年。

儿时放的风筝,大多是自己的长辈或家人编扎的,几根削得很薄的篾,用细纱线扎成各种鸟兽的造型,糊上雪白的纸片,再用彩笔勾勒出面孔与翅膀的图案。通常扎得最多的是"老雕""美人儿""花蝴蝶"等。

我们家前院就有位叔叔,擅扎风筝,远近闻名。他扎得风筝不只体形好看,色彩艳丽,放飞得高远,还在风筝上绷一叶用蒲苇削成的膜片,经风一吹,发出"嗡嗡"的声响,仿佛是风筝的歌唱,在蓝天下播扬,给开阔的天地增添了无尽的韵味,给驰荡的童心带来几分疯狂。

我们那条胡同的左邻右舍的孩子们放的风筝几乎都是叔叔编扎的。他的风筝不卖钱,谁上门去要,就给谁,他乐意自己贴钱买材料。

后来,这位叔叔去了海外,放风筝也渐与孩子们远离了。不过年年叔叔给家乡写信,总不忘提起儿时的放风筝。香港回归之后,他在家信中说到,他这只被故乡放飞到海外的风筝,尽管飘荡游弋,经沐风雨,可那线头儿一直在故乡和//亲人手中牵着,如今飘得太累了,也该要回归到家乡和亲人身边来了。

是的。我想,不光是叔叔,我们每个人都是风筝,在妈妈手中牵着,从小放到大,再从家乡放到祖国最需要的地方去啊!

——节选自李恒瑞《风筝畅想曲》

作品10号——《父亲的爱》

[朗读提示]区分朗读爸爸的行为和妈妈的行为。在朗读爸爸的行为时要表现出责备中带有理解和含蓄,以及最后对爸爸深沉的爱的眷顾,不能大声地斥责。

爸不懂得怎样表达爱,使我们一家人融洽相处的是我妈。他只是每天上班下班,而妈则把我们做过的错事开列清单，然后由他来责骂我们。

有一次我偷了一块糖果，他要我把它送回去，告诉卖糖的说是我偷来的，说我愿意替他拆箱卸货作为赔偿。但妈妈却明白我只是个孩子。

我在运动场打秋千跌断了腿，在前往医院途中一直抱着我的，是我妈。爸把汽车停在急诊室门口，他们叫他驶开，说那空位是留给紧急车辆停放的。爸听了便叫嚷道："你以为这是什么车？旅游车？"

在我生日会上，爸总是显得有些不大相称。他只是忙于吹气球，布置餐桌，做杂务。把插着蜡烛的蛋糕推过来让我吹的，是我妈。

我翻阅照相册时，人们总是问："你爸爸是什么样子的？"天晓得！他老是忙着替别人拍照。妈和我笑容可掬地一起拍的照片，多得不可胜数。

我记得妈有一次叫他教我骑自行车。我叫他别放手，但他却说是应该放手的时候了。我摔倒之后，妈跑过来扶我，爸却挥手要她走开。我当时生气极了，决心要给他点儿颜色看。于是我马上爬上自行车，而且自己骑给他看。他只是微笑。

我念大学时，所有的家信都是妈写的。他//除了寄支票外，还寄过一封短柬给我，说因为我不在草坪上踢足球了，所以他的草坪长得很美。

每次我打电话回家，他似乎都想跟我说话，但结果

zǒngshì shuō: "Wǒ jiào nǐ mā lái jiē."
总是 说："我 叫 你 妈 来 接。"

　　Wǒ jiéhūn shí, diào yǎnlèi de shì wǒ mā. Tā zhǐshì dàshēng xǐngle yīxià bízi,
　　我 结婚 时，掉 眼泪 的 是 我 妈。他 只是 大声 擤了 一下 鼻子，
biàn zǒuchū fángjiān.
便 走出 房间。

　　Wǒ cóng xiǎo dào dà dōu tīng tā shuō: "Nǐ dào nǎ•lǐ qù? Shénme shíhou huíjiā?
　　我 从 小 到 大 都 听 他 说："你 到 哪里 去？什么 时候 回家？
Qìchē yǒu méi•yǒu qìyóu? Bù, bùzhǔn qù." Bà wánquán bù zhī•dào zěnyàng biǎodá
汽车 有 没有 汽油？不，不准 去。"爸 完全 不 知道 怎样 表达
ài. Chúfēi……
爱。除非……

　　Huì bù huì shì tā yǐ•jīng biǎodá le, ér wǒ què wèi néng chájué?
　　会 不 会 是 他 已经 表达 了，而 我 却 未 能 察觉？

——节选自[美]艾尔玛·邦贝克《父亲的爱》

作品11号——《国家荣誉感》

[朗读提示]本篇写了作者从足球比赛领悟出的感受，朗读时应该注意语调自然，感情真切，节奏明朗适中。

　　Yī gè dà wèntí yīzhí pánjù zài wǒ nǎodai•lǐ:
　　一 个 大 问题 一直 盘踞 在 我 脑袋 里：
　　Shìjièbēi zěnme huì yǒu rúcǐ jùdà de xīyǐnlì? Chúqù zúqiú běnshēn de mèilì
　　世界杯 怎么 会 有 如此 巨大 的 吸引力？除去 足球 本身 的 魅力
zhīwài, hái yǒu shénme chāohūqíshàng ér gèng wěidà de dōngxi?
之外， 还 有 什么 超乎其上 而 更 伟大 的 东西？
　　Jìnlái guānkàn shìjièbēi, hūrán cóngzhōng dédàole dá'àn: Shì yóuyú yī zhǒng
　　近来 观看 世界杯， 忽然 从中 得到了 答案：是 由于 一 种
wúshàng chónggāo de jīngshén qínggǎn—— guójiā róngyùgǎn!
无上 崇高 的 精神 情感 —— 国家 荣誉感！
　　Dìqiú•shàng de rén dōu huì yǒu guójiā de gàiniàn, dàn wèibì shíshí dōu yǒu guójiā
　　地球 上 的 人 都 会 有 国家 的 概念， 但 未必 时时 都 有 国家
de gǎnqíng. Wǎngwǎng rén dào yìguó, sīniàn jiāxiāng, xīn huái gùguó, zhè guójiā
的 感情。 往往 人 到 异国， 思念 家乡， 心 怀 故国， 这 国家
gàiniàn jiù biànde yǒu xiě yǒu ròu, àiguó zhī qíng lái de fēicháng jùtǐ. Ér xiàndài
概念 就 变得 有 血 有 肉，爱国 之 情 来 得 非常 具体。而 现代
shèhuì, kējì chāngdá, xìnxī kuàijié, shìshì shàngwǎng, shìjiè zhēn shì tài xiǎo tài
社会， 科技 昌达， 信息 快捷， 事事 上网， 世界 真 是 太 小 太
xiǎo, guójiā de jièxiàn sìhū yě bù nàme qīngxī le. Zàishuō zúqiú zhèngzài kuàisù
小， 国家 的 界限 似乎 也 不 那么 清晰 了。 再说 足球 正在 快速
shìjièhuà, píngrì•lǐ gè guó qiúyuán pínfán zhuǎn huì, wǎnglái suíyì, zhìshǐ yuèláiyuè duō de
世界化， 平日里 各 国 球员 频繁 转 会， 往来 随意， 致使 越来越 多 的
guójiā liánsài dōu jùyǒu guójì de yīnsù. Qiúyuánmen bùlùn guójí, zhǐ xiàolì yú zìjǐ de
国家 联赛 都 具有 国际 的 因素。 球员们 不论 国籍，只 效力 于 自己 的

俱乐部,他们比赛时的激情中完全没有爱国主义的因子。

然而,到了世界杯大赛,天下大变。各国球员都回国效力,穿上与光荣的国旗同样色彩的服装。在每一场比赛前,还高唱国歌以宣誓对自己祖国的挚爱与忠诚。一种血缘情感开始在全身的血管里燃烧起来,而且立刻热血沸腾。

在历史时代,国家间经常发生对抗,好男儿戎装卫国。国家的荣誉往往需要以自己的生命去换//取。但在和平时代,惟有这种国家之间大规模对抗性的大赛,才可以唤起那种遥远而神圣的情感,那就是:为祖国而战!

——节选自冯骥才《国家荣誉感》

作品12号——《海滨仲夏夜》

[**朗读提示**]本篇是优美的写景散文。作者抓住夕阳落山不久——月到中天这段时间的光线和色彩的变化,描绘了夏夜海滨特有的景色和劳动者的闲适、欢愉的休憩场面,抒发了对美好生活的赞美之情。所以,朗读时要热情、真切,让听者从你的声音里感受到大自然的多彩多姿和生活之美。

夕阳落山不久,西方的天空,还燃烧着一片橘红色的晚霞。大海,也被这霞光染成了红色,而且比天空的景色更要壮观。因为它是活动的,每当一排排波浪涌起的时候,那映照在浪峰上的霞光,又红又亮,简直就像一片片霍霍燃烧着的火焰,闪烁着,消失了。而后面的一排,又闪烁着,滚动着,涌了过来。

天空的霞光渐渐地淡下去了,深红的颜色变成了绯红，绯红又变为浅红。最后，当这一切红光都消失了的时候，那突然显得高而远了的天空，则呈现出一片肃穆的神色。最早出现的启明星，在这蓝色的天幕上闪烁起来了。它是那么大，那么亮，整个广漠的天幕上只有它在那里放射着令人注目的光辉，活像一盏悬挂在高空的明灯。

夜色加浓，苍空中的"明灯"越来越多了。而城市各处的真的灯火也次第亮了起来，尤其是围绕在海港周围山坡上的那一片灯光，从半空倒映在乌蓝的海面上，随着波浪，晃动着，闪烁着，像一串流动着的珍珠，和那一片片密布在苍穹里的星斗互相辉映，煞是好看。

在这幽美的夜色中，我踏着软绵绵的沙滩，沿着海边，慢慢地向前走去。海水，轻轻地抚摸着细软的沙滩，发出温柔的//刷刷声。晚来的海风，清新而又凉爽。我的心里，有着说不出的兴奋和愉快。

夜风轻飘飘地吹拂着，空气中飘荡着一种大海和田禾相混合的香味儿，柔软的沙滩上还残留着白天太阳炙晒的余温。那些在各个工作岗位上劳动了一天的人们，三三两两地来到这软绵绵的沙滩上，他们浴着凉爽的海风，望着那缀满了星星的夜空，尽情地说笑，尽情地休憩。

——节选自峻青《海滨仲夏夜》

作品 13 号——《海洋与生命》

[朗读提示] 这是一篇说明文,但字里行间又充满了对生命之源——水的赞美之情,朗读时注意融入这种情感,做到客观说明和情感表达的有机结合。

生命在海洋里诞生绝不是偶然的,海洋的物理和化学性质,使它成为孕育原始生命的摇篮。

我们知道,水是生物的重要组成部分,许多动物组织的含水量在百分之八十以上,而一些海洋生物的含水量高达百分之九十五。水是新陈代谢的重要媒介,没有它,体内的一系列生理和生物化学反应就无法进行,生命也就停止。因此,在短时期内动物缺水要比缺少食物更加危险。水对今天的生命是如此重要,它对脆弱的原始生命,更是举足轻重了。生命在海洋里诞生,就不会有缺水之忧。

水是一种良好的溶剂。海洋中含有许多生命所必需的无机盐,如氯化钠、氯化钾、碳酸盐、磷酸盐,还有溶解氧,原始生命可以毫不费力地从中吸取它所需要的元素。

水具有很高的热容量,加之海洋浩大,任凭夏季烈日曝晒,冬季寒风扫荡,它的温度变化却比较小。因此,巨大的海洋就像是天然的"温箱",是孕育原始生命的温床。

阳光虽然为生命所必需,但是阳光中的紫外线却有扼杀原始生命的危险。水能有效地吸收紫外线,因而又为原始生命提供了天然的"屏障"。

Zhè yīqiè dōu shì yuánshǐ shēngmìng déyǐ chǎnshēng hé fāzhǎn de bìyào tiáojiàn. //
这 一切 都 是 原始 生命 得以 产生 和 发展 的 必要 条件。//

——节选自童裳亮《海洋与生命》

作品 14 号——《和时间赛跑》

[朗读提示]朗读这篇文章注意前半部分和后半部分要作不同的处理,朗读前半部分时语速缓慢,表现悲痛、不解、低沉的心情;朗读后半部分时要带有坚定、沉稳的心情,语速稍快。

Dú xiǎoxué de shíhou, wǒ de wàizǔmǔ qùshì le. Wàizǔmǔ shēngqián zuì téng'ài
读 小学 的 时候, 我 的 外祖母 去世 了。外祖母 生 前 最 疼爱
wǒ, wǒ wúfǎ páichú zìjǐ de yōushāng, měi tiān zài xuéxiào de cāochǎng·shàng
我,我 无法 排除 自己 的 忧伤, 每 天 在 学校 的 操场 上
yīquānr yòu yīquānr de pǎozhe, pǎo de lèidǎo zài dì·shàng, pū zài cǎopíng·shàng
一圈儿 又 一圈儿 地 跑着, 跑 得 累倒 在 地 上, 扑 在 草坪 上
tòngkū.
痛哭。

Nà āitòng de rìzi, duànduàn-xùxù de chíxùle hěn jiǔ, bàba māma yě bù zhī·dào
那 哀痛 的 日子, 断 断 续续 地 持续了 很 久, 爸爸 妈妈 也 不 知道
rúhé ānwèi wǒ. Tāmen zhī·dào yǔqí piàn wǒ shuō wàizǔmǔ shuìzháole, hái bùrú duì
如何 安慰 我。他们 知道 与其 骗 我 说 外祖母 睡 着 了,还 不如 对
wǒ shuō shíhuà: Wàizǔmǔ yǒngyuǎn bù huì huí·lái le.
我 说 实话:外祖母 永远 不 会 回来 了。

"Shénme shì yǒngyuǎn bù huì huí·lái ne?" Wǒ wènzhe.
"什么 是 永远 不 会 回来 呢?"我 问着。

"Suǒyǒu shíjiān·lǐ de shìwù, dōu yǒngyuǎn bù huì huí·lái. Nǐ de zuótiān guò·qù, tā
"所有 时间 里 的 事物, 都 永远 不 会 回来。你 的 昨天 过去, 它
jiù yǒngyuǎn biànchéng zuótiān, nǐ bùnéng zài huídào zuótiān. Bàba yǐqián yě hé nǐ
就 永远 变成 昨天, 你 不能 再 回到 昨天。爸爸 以前 也 和 你
yīyàng xiǎo, xiànzài yě bùnéng huídào nǐ zhème xiǎo de tóngnián le; yǒu yī tiān nǐ
一样 小, 现在 也 不能 回到 你 这么 小 的 童年 了;有 一 天 你
huì zhǎngdà, nǐ huì xiàng wàizǔmǔ yīyàng lǎo; yǒu yī tiān nǐ dùguòle nǐ de shíjiān,
会 长大, 你 会 像 外祖母 一样 老; 有 一 天 你 度过了 你 的 时间,
jiù yǒngyuǎn bù huì huí·lái le." Bàba shuō.
就 永远 不 会 回来 了。"爸爸 说。

Bàba děngyú gěi wǒ yī gè míyǔ, zhè míyǔ bǐ kèběn·shàng de "Rìlì guà zài
爸爸 等于 给 我 一 个 谜语, 这 谜语 比 课本 上 的 "日历 挂 在
qiángbì, yī tiān sī·qù yī yè, shǐ wǒ xīn·lǐ zháojí" hé "Yīcùn guāngyīn yī cùn jīn, cùn
墙壁, 一 天 撕去 一 页, 使 我 心里 着急" 和 "一寸 光阴 一 寸 金, 寸
jīn nán mǎi cùn guāngyīn" hái ràng wǒ gǎndào kěpà; yě bǐ zuòwénběn·shàng de
金 难 买 寸 光阴" 还 让 我 感到 可怕;也 比 作文本 上 的
"Guāngyīn sì jiàn, rìyuè rú suō" gèng ràng wǒ jué·dé yǒu yī zhǒng shuō·bùchū de
"光阴 似 箭,日月 如 梭" 更 让 我 觉得 有 一 种 说不出 的
zīwèi.
滋味。

时间过得那么飞快，使我的小心眼儿里不只是着急，还有悲伤。有一天我放学回家，看到太阳快落山了，就下决心说："我要比太阳更快地回家。"我狂奔回去，站在庭院前喘气的时候，看到太阳//还露着半边脸，我高兴地跳跃起来，那一天我跑赢了太阳。以后我就时常做那样的游戏，有时和太阳赛跑，有时和西北风比快，有时一个暑假才能做完的作业，我十天就做完了；那时我三年级，常常把哥哥五年级的作业拿来做。每一次比赛胜过时间，我就快乐得不知道怎么形容。

如果将来我有什么要教给我的孩子，我会告诉他：假若你一直和时间比赛，你就可以成功！

——节选自（台湾）林清玄《和时间赛跑》

作品15号——《胡适的白话电报》

扫码听范读

[**朗读提示**]本篇文章的对话比较多，特别要注意学生和胡适两种角色语言的区别，朗读时稍作夸张，把两者截然不同的观点通过自己的声音鲜明地突出出来。

三十年代初，胡适在北京大学任教授。讲课时他常常对白话文大加称赞，引起一些只喜欢文言文而不喜欢白话文的学生的不满。

一次，胡适正讲得得意的时候，一位姓魏的学生突然站了起来，生气地问："胡先生，难道说白话文就毫无缺点吗？"胡适微笑着回答说："没有。"那位学生更加激动了："肯定有！白话文废话太多，打电报用字多，花钱多。"胡适的目光顿时变亮了。轻声地解释说："不一定吧!前几天有位朋友给我打来电报,请我去政府部门工作,我决定不去,就回电拒绝了。复电是用白话写的,看来也很省字。请同学们根据我这个意思,用文言文写一个回电,看看究竟是白话文省字,还是文言文省字?"

胡教授刚说完,同学们立刻认真地写了起来。

十五分钟过去,胡适让同学举手,报告用字的数目,然后挑了一份用字最少的文言电报稿,电文是这样写的:

"才疏学浅,恐难胜任,不堪从命。"白话文的意思是:学问不深,恐怕很难担任这个工作,不能服从安排。

胡适说,这份写得确实不错,仅用了十二个字。但我的白话电报却只用了五个字:

"干不了,谢谢!"

胡适又解释说:"干不了"就有才疏学浅、恐难胜任的意思;"谢谢"既对朋友的介绍表示感谢,又有拒绝的意思。所以,废话多不多,并不看它是文言文还是白话文,只要注意选用字词,白话文是可以比文言文更省字的。

——节选自陈灼主编《实用汉语中级教程》(上)中《胡适的白话电报》

作品16号——《火光》

[朗读提示]文章展现了黑暗中的火光,可以冲破朦胧的夜色,闪闪发亮,令人神往。尽管它也许很远,但却能给人以希望,给人以力量,它指引人们走向光明。朗读时要表达出文中体现的对火光的敬意。

很久以前,在一个漆黑的秋天的夜晚,我泛舟在西伯利亚一条阴森森的河上。船到一个转弯处,只见前面

hēiqūqū de shānfēng xià·miàn yī xīng huǒguāng mò·dì yī shǎn.
黑魆魆 的 山峰 下面 一星 火光 蓦地 一闪。

Huǒguāng yòu míng yòu liàng, hǎoxiàng jiù zài yǎnqián……
火光 又 明 又 亮， 好像 就在 眼前……

"Hǎo la, xiètiān-xièdì!" Wǒ gāoxìng de shuō, "Mǎshàng jiù dào guòyè de dìfang la!"
"好啦，谢天谢地！" 我 高兴 地 说，"马上 就到 过夜 的 地方 啦！"

Chuánfū niǔtóu cháo shēnhòu de huǒguāng wàng le yī yǎn, yòu bùyǐwéirán de huá·qǐ jiǎng·lái.
船夫 扭头 朝 身后 的 火光 望 了 一眼， 又 不以为然 地 划 起 桨 来。

"Yuǎnzhe ne!"
"远着 呢！"

Wǒ bù xiāngxìn tā de huà, yīn·wèi huǒguāng chōngpò ménglóng de yèsè, míngmíng zài nàr shǎnshuò. Bùguò chuánfū shì duì de, shìshí·shàng, huǒguāng díquè hái yuǎnzhe ne.
我 不 相信 他的 话，因为 火光 冲破 朦胧 的 夜色， 明明 在 那儿 闪烁。不过 船夫 是 对 的，事实 上， 火光 的确 还 远着 呢。

Zhèxiē hēiyè de huǒguāng de tèdiǎn shì: Qūsàn hēi'àn, shǎnshǎn fāliàng, jìn zài yǎnqián, lìng rén shénwǎng. Zhà yī kàn, zài huá jǐ xià jiù dào le…… Qíshí què hái yuǎnzhe ne!……
这些 黑夜的 火光 的 特点 是：驱散 黑暗， 闪闪 发亮， 近在 眼前， 令人 神往。乍一看，再划几下就到了…… 其实 却 还 远着 呢！……

Wǒmen zài qīhēi rú mò de hé·shàng yòu huále hěn jiǔ. Yīgègè xiágǔ hé xuányá, yíngmiàn shǐ·lái, yòu xiàng hòu yí·qù, fǎngfú xiāoshī zài mángmáng de yuǎnfāng, ér huǒguāng què yīrán tíng zài qiántóu, shǎnshǎn fāliàng, lìng rén shénwǎng —— yīrán shì zhème jìn, yòu yīrán shì nàme yuǎn……
我们 在 漆黑如墨 的 河上 又 划了 很久。一个个 峡谷 和 悬崖， 迎面 驶来，又 向 后 移去，仿佛 消失 在 茫茫 的 远方，而 火光 却 依然 停在 前头， 闪闪 发亮， 令人 神往 —— 依然 是 这么 近，又 依然 是 那么 远……

Xiànzài, wúlùn shì zhè tiáo bèi xuányá-qiàobì de yīnyǐng lǒngzhào de qīhēi de héliú, háishì nà yī xīng míngliàng de huǒguāng, dōu jīngcháng fúxiàn zài wǒ de nǎojì, zài zhè yǐqián hé zài zhè yǐhòu, céng yǒu xǔduō huǒguāng, sìhū jìn zài zhǐchǐ, bùzhǐ shǐ wǒ yī rén xīnchí-shénwǎng. Kěshì shēnghuó zhī hé què réngrán zài nà yīnsēnsēn de liǎng'àn zhījiān liúzhe, ér huǒguāng yě yījiù fēicháng yáoyuǎn. Yīncǐ, bìxū jiājìn huá jiǎng……
现在， 无论是 这 条 被 悬崖 峭壁 的 阴影 笼罩 的 漆黑 的 河流， 还是 那一星 明亮 的 火光， 都 经常 浮现 在 我 的 脑际， 在 这 以前 和 在 这 以后， 曾 有 许多 火光， 似乎 近 在 咫尺，不止 使我 一人 心驰 神往。可是 生活 之 河 却 仍然 在 那 阴森森 的 两岸 之间 流着，而 火光 也 依旧 非常 遥远。因此，必须 加劲 划 桨……

Rán'ér, huǒguāng nga…… bìjìng…… bìjìng jiù//zài qiántou! ……
然而， 火光   啊…… 毕竟…… 毕竟 就//在 前头！……

——节选自（俄）柯罗连科《火光》，张铁夫译

作品 17 号——《济南的冬天》

[朗读提示]这是一篇充满诗情画意的散文，作者紧紧抓住济南冬天的与众不同之处——温晴这一特点，表达了对济南冬天的赞美喜爱之情。朗读时把这种情感融汇到自己的声音中。

Duìyú yī gè zài Běipíng zhùguàn de rén, xiàng wǒ, dōngtiān yàoshì bù guāfēng,
对于 一个 在 北平 住惯 的人，像我，冬天 要是 不 刮风，
biàn jué·dé shì qíjì; Jǐnán de dōngtiān shì méi·yǒu fēngshēng de. Duìyú yī gè gāng
便 觉得 是 奇迹；济南的 冬天 是 没有 风声 的。对于 一个 刚
yóu Lúndūn huí·lái de rén, xiàng wǒ, dōngtiān yào néng kàn de jiàn rìguāng, biàn
由 伦敦 回来的人，像我，冬天 要 能 看得见 日光，便
jué·dé shì guàishì; Jǐnán de dōngtiān shì xiǎngqíng de. Zìrán, zài rèdài de dìfang,
觉得 是 怪事；济南的 冬天 是 响晴 的。自然，在 热带的 地方，
rìguāng yǒngyuǎn shì nàme dú, xiǎngliàng de tiānqì, fǎn yǒudiǎnr jiào rén hàipà.
日光 永远 是 那么 毒，响亮 的天气，反 有点儿 叫人 害怕。
Kěshì, zài běifāng de dōngtiān, ér néng yǒu wēnqíng de tiānqì, Jǐnán zhēn děi suàn
可是，在 北方的 冬天，而能 有 温晴的 天气，济南真 得 算
gè bǎodì.
个 宝地。

Shèruò dāndān shì yǒu yángguāng, nà yě suàn·bùliǎo chūqí. Qǐng bì·shàng
设若 单单 是 有 阳光，那也 算不了 出奇。请 闭上
yǎnjing xiǎng: Yī gè lǎochéng, yǒu shān yǒu shuǐ, quán zài tiān dǐ·xià shàizhe
眼睛 想：一个 老城，有山 有水，全在 天底下 晒着
yángguāng, nuǎnhuo ānshì de shuìzhe, zhǐ děng chūnfēng lái bǎ tāmen huànxǐng, zhè
阳光， 暖和 安适地 睡着，只等 春风 来把 它们 唤醒，这
shì·bùshì lǐxiǎng de jìngjiè? Xiǎoshān zhěng bǎ Jǐnán wéile gè quānr, zhǐyǒu běi·biān
是不是 理想的 境界？小山 整 把济南 围了个 圈儿，只有 北边
quēzhe diǎnr kǒur. Zhè yī quān xiǎoshān zài dōngtiān tèbié kě'ài, hǎoxiàng shì bǎ
缺着 点 口儿。这一 圈 小山 在 冬天 特别可爱，好像 是把
Jǐnán fàng zài yī gè xiǎo yáolán·lǐ, tāmen ānjìng bù dòng de dīshēng de shuō:
济南 放在 一个 小 摇篮里，它们 安静 不 动地 低声地 说：
"Nǐmen fàngxīn ba, zhèr zhǔnbǎo nuǎnhuo." zhēn de, Jǐnán de rénmen zài dōngtiān
"你们 放心 吧，这儿 准保 暖和。"真的，济南的 人们 在 冬天
shì miàn·shàng hánxiào de. Tāmen yī kàn nàxiē xiǎoshān, xīnzhōng biàn jué·dé yǒule
是 面上 含笑的。他们 一看 那些 小山， 心中 便 觉得 有了
zhuóluò, yǒule yīkào. Tāmen yóu tiān·shàng kàndào shān·shàng, biàn bùzhī-bùjué de
着落，有了 依靠。他们 由 天上 看到 山上，便 不知不觉地
xiǎngqǐ: Míngtiān yěxǔ jiùshì chūntiān le ba? Zhèyàng de wēnnuǎn, jīntiān yè·lǐ
想起：明天 也许 就是 春天 了吧？这样的 温暖，今天 夜里
shāncǎo yěxǔ jiù lùqǐ·lái le ba? Jiùshì zhè diǎnr huànxiǎng bùnéng yīshí shíxiàn,
山草 也许 就 绿起来了吧？就是 这点儿 幻想 不能 一时 实现，

他们也并不着急,因为这样慈善的冬天,干什么还希望别的呢!

最妙的是下点小雪呀。看吧,山上的矮松越发的青黑,树尖儿上//顶着一髻儿白花,好像日本看护妇。山尖儿全白了,给蓝天镶上一道银边。山坡上,有的地方雪厚点儿,有的地方草色还露着;这样,一道儿白,一道儿暗黄,给山们穿上一件带水纹儿的花衣;看着看着,这件花衣好像被风儿吹动,叫你希望看见一点儿更美的山的肌肤。等到快日落的时候,微黄的阳光斜射在山腰上,那点儿薄雪好像忽然害羞,微微露出点儿粉色。就是下小雪吧,济南是受不住大雪的,那些小山太秀气。

——节选自老舍《济南的冬天》

作品18号——《家乡的桥》

[朗读提示]这是一篇抒发浓浓乡情的散文,朗读时声音要轻柔、甜美,充满了对故乡的赞美之情,节奏要鲜明、舒缓。

纯朴的家乡村边有一条河,曲曲弯弯,河中架一弯石桥,弓样的小桥横跨两岸。

每天,不管是鸡鸣晓月,日丽中天,还是月华泻地,小桥都印下串串足迹,洒落串串汗珠。那是乡亲为了追求多棱的希望,兑现美好的遐想。弯弯小桥,不时荡过轻吟低唱,不时露出舒心的笑容。

因而,我稚小的心灵,曾将心声献给小桥:你是一弯银色的新月,给人间普照光辉;你是一把闪亮的镰刀,

割刈着 欢笑 的 花果；你是一根 晃悠悠 的 扁担，挑起了彩色的明天！哦，小桥 走进 我的 梦中。

我在漂泊他乡的岁月，心中总涌动着故乡的河水，梦中总看到弓样的小桥。当我访南疆探北国，眼帘闯进座座雄伟的长桥时，我的梦变得丰满了，增添了赤橙黄绿青蓝紫。

三十多年过去，我带着满头霜花回到故乡，第一紧要的便是去看望小桥。

啊！小桥呢？它躲起来了？河中一道长虹，浴着朝霞熠熠闪光。哦，雄浑的大桥敞开胸怀，汽车的呼啸、摩托的笛音、自行车的叮铃，合奏着进行交响乐；南来的钢筋、花布，北往的柑橙、家禽，绘出交流欢悦图……

啊！蜕变的桥，传递了家乡进步的消息，透露了家乡富裕的声音。时代的春风，美好的追求，我蓦地记起儿时唱//给小桥的歌，哦，明艳艳的太阳照耀了，芳香甜蜜的花果捧来了，五彩斑斓的岁月拉开了！

我心中涌动的河水，激荡起甜美的浪花。我仰望一碧蓝天，心底轻声呼喊：家乡的桥啊，我梦中的桥！

——节选自郑莹《家乡的桥》

作品 19 号——《坚守你的高贵》

[朗读提示]本文以建筑设计师莱伊恩的故事向读者讲述了一个深刻的哲理："恪守着自己的原则，哪怕遭遇到最大的阻力，也要想办法抵达胜利。"朗读时要分成两部分，前一部分是叙事部分，朗读时要平和自然，不必过于夸张。第二部分是最后一个自然段，要使用平稳、沉着的情感基调，不紧不慢地道出哲理来。

三百多年前,建筑设计师莱伊恩受命设计了英国温泽市政府大厅。他运用工程力学的知识,依据自己多年的实践,巧妙地设计了只用一根柱子支撑的大厅天花板。一年以后,市政府权威人士进行工程验收时,却说只用一根柱子支撑天花板太危险,要求莱伊恩再多加几根柱子。

莱伊恩自信只要一根坚固的柱子足以保证大厅安全,他的"固执"惹恼了市政官员,险些被送上法庭。他非常苦恼,坚持自己原先的主张吧,市政官员肯定会另找人修改设计;不坚持吧,又有悖自己为人的准则。矛盾了很长一段时间,莱伊恩终于想出了一条妙计,他在大厅里增加了四根柱子,不过这些柱子并未与天花板接触,只不过是装装样子。

三百多年过去了,这个秘密始终没有被人发现。直到前两年,市政府准备修缮大厅的天花板,才发现莱伊恩当年的"弄虚作假"。消息传出后,世界各国的建筑专家和游客云集,当地政府对此也不加掩饰,在新世纪到来之际,特意将大厅作为一个旅游景点对外开放,旨在引导人们崇尚和相信科学。

作为一名建筑师,莱伊恩并不是最出色的。但作为一个人,他无疑非常伟大,这种//伟大表现在他始终恪守着自己的原则,给高贵的心灵一个美丽的住所,哪怕是遭遇到最大的阻力,也要想办法抵达胜利。

——节选自游宇明《坚守你的高贵》

作品20号——《金子》

[朗读提示]本文讲了淘金者彼得·弗雷特以自己的勤劳和诚实获得"真金"的小故事。朗读前一部分时语气要略带失望之情,朗读后一部分时要通过声音把主人公顿悟后的欣喜表现出来。

自从传言有人在萨文河畔散步时无意发现了金子后,这里便常有来自四面八方的淘金者。他们都想成为富翁,于是寻遍了整个河床,还在河床上挖出很多大坑,希望借助它们找到更多的金子。的确,有一些人找到了,但另外一些人因为一无所得而只好扫兴归去。

也有不甘心落空的,便驻扎在这里,继续寻找。彼得·弗雷特就是其中一员。他在河床附近买了一块没人要的土地,一个人默默地工作。他为了找金子,已把所有的钱都押在这块土地上。他埋头苦干了几个月,直到土地全变成了坑坑洼洼,他失望了——他翻遍了整块土地,但连一丁点儿金子都没看见。

六个月后,他连买面包的钱都没有了。于是他准备离开这儿到别处去谋生。

就在他即将离去的前一个晚上,天下起了倾盆大雨,并且一下就是三天三夜。雨终于停了,彼得走出小木屋,发现眼前的土地看上去好像和以前不一样:坑坑洼洼已被大水冲刷平整,松软的土地上长出一层绿茸茸的小草。

"这里没找到金子,"彼得忽有所悟地说,"但这土地很肥沃,我可以用来种花,并且拿到镇上去卖给那些富人,

tāmen yīdìng huì mǎi xiē huā zhuāngbàn tāmen huálì de kètīng. // Rúguǒ zhēn shì
他们 一定 会 买 些 花 装扮 他们 华丽的 客厅。// 如果 真是
zhèyàng de huà, nàme wǒ yīdìng huì zhuàn xǔduō qián, yǒuzhāo-yīrì wǒ yě huì
这样 的话，那么 我 一定 会 赚 许多 钱，有朝 一日 我 也 会
chéngwéi fùrén……"
成为 富人……"

　　Yúshì tā liúle xià·lái. Bǐdé huāle bù shǎo jīnglì péiyù huāmiáo, bùjiǔ tiándì·lǐ
　　于是 他留了下来。彼得 花了 不少 精力 培育 花苗，不久 田地里
zhǎngmǎnle měilì jiāoyàn de gè sè xiānhuā.
长满了 美丽 娇艳 的 各色 鲜花。

　　Wǔ nián yǐhòu, Bǐdé zhōngyú shíxiànle tā de mèngxiǎng—— chéngle yī gè
　　五 年 以后， 彼得 终于 实现了 他 的 梦想 —— 成了 一个
fùwēng. "Wǒ shì wéiyī de yī gè zhǎodào zhēnjīn de rén!" Tā shícháng bùwú jiāo'ào
富翁。"我 是 唯一 的 一 个 找到 真金 的 人！"他 时常 不无 骄傲
de gàosu bié·rén, "Bié·rén zài zhèr zhǎo·bùdào jīnzi hòu biàn yuǎnyuǎn de líkāi, ér
地 告诉 别人， "别人 在 这儿 找不到 金子 后便 远远 地 离开，而
wǒ de 'jīnzi' shì zài zhè kuài tǔdì·lǐ, zhǐyǒu chéng·shí de rén yòng qínláo cáinéng
我 的'金子'是 在 这 块 土地里，只有 诚实 的 人 用 勤劳 才能
cǎijí dào."
采集 到。"

——节选自陶猛译《金子》

作品 21 号——《捐诚》

　　[朗读提示]本篇叙述了作者在加拿大遇到过的两次募捐，行文质朴，感人至深。朗读时要把这种感人至深、令人难以忘怀的情感，融到娓娓道来的讲述之中。

　　Wǒ zài Jiānádà xuéxí qījiān yùdàoguo liǎng cì mùjuān, nà qíngjǐng zhìjīn shǐ wǒ
　　我 在 加拿大 学习 期间 遇到过 两 次 募捐， 那 情景 至今 使我
nányǐ-wànghuái.
难以 忘怀。

　　Yī tiān, wǒ zài Wòtàihuá de jiē·shàng bèi liǎng gè nánháizi lánzhù qùlù. Tāmen
　　一 天，我 在 渥太华 的 街 上 被 两 个 男孩子 拦住 去路。他们
shí lái suì, chuān de zhěngzhěng-qíqí, měi rén tóu·shàng dàizhe gè zuògōng jīngqiǎo、
十 来岁， 穿 得 整整 齐齐， 每 人 头 上 戴着 个 做工 精巧、
sècǎi xiānyàn de zhǐ mào, shàng·miàn xiězhe "Wèi bāngzhù huàn xiǎo'ér mábì de
色彩 鲜艳 的 纸 帽， 上 面 写着 "为 帮助 患 小儿 麻痹的
huǒbàn mùjuān." Qízhōng de yī gè, bùyóu-fēnshuō jiù zuò zài xiǎodèng·shàng gěi wǒ
伙伴 募捐。" 其中 的一个，不由分说 就 坐 在 小凳 上 给我
cā·qǐ píxié·lái, lìng yī gè zé bīnbīn-yǒulǐ de fāwèn: "Xiǎo·jiě, nín shì nǎ guó rén?
擦起 皮鞋来，另 一个 则 彬彬 有礼地 发问： "小姐， 您 是 哪国 人？
Xǐhuan Wòtàihuá ma?" "Xiǎo·jiě, zài nǐmen guójiā yǒu méi·yǒu xiǎoháir huàn xiǎo'ér
喜欢 渥太华 吗？" "小姐， 在 你们 国家 有 没有 小孩儿 患 小儿
mábì? Shéi gěi tāmen yīliáofèi?" Yīliánchuàn de wèntí, shǐ wǒ zhège yǒushēng-yǐlái tóu
麻痹？ 谁 给 他们 医疗费？" 一连串 的 问题， 使 我 这个 有生 以来 头

一次在众目睽睽之下让别人擦鞋的异乡人,从近乎狼狈的窘态中解脱出来。我们像朋友一样聊起天儿来……

几个月之后,也是在街上。一些十字路口处或车站坐着几位老人。他们满头银发,身穿各种老式军装,上面布满了大大小小形形色色的徽章、奖章,每人手捧一大束鲜花,有水仙、石竹、玫瑰及叫不出名字的,一色雪白。匆匆过往的行人纷纷止步,把钱投进这些老人身旁的白色木箱内,然后向他们微微鞠躬,从他们手中接过一朵花。我看了一会儿,有人投一两元,有人投几百元,还有人掏出支票填好后投进木箱。那些老军人毫不注意人们捐多少钱,一直不//停地向人们低声道谢。同行的朋友告诉我,这是为纪念二次大战中参战的勇士,募捐救济残废军人和烈士遗孀,每年一次;认捐的人可谓踊跃,而且秩序井然,气氛庄严。有些地方,人们还耐心地排着队。我想,这是因为他们都知道:正是这些老人们的流血牺牲换来了包括他们信仰自由在内的许许多多。

我两次把那微不足道的一点儿钱捧给他们,只想对他们说声"谢谢"。

——节选自青白《捐诚》

作品22号——《可爱的小鸟》

[朗读提示]这是一篇描绘人与小鸟和谐共存且感情日趋笃厚的抒情散文,朗读时要以声传情,以情感人。

没有一片绿叶,没有一缕炊烟,没有一粒泥土,没有一丝花香，只有水的世界，云的海洋。

一阵台风袭过，一只孤单的小鸟无家可归，落到被卷到洋里的木板上，乘流而下，姗姗而来，近了，近了！……

忽然，小鸟张开翅膀，在人们头顶盘旋了几圈儿，"噗啦"一声落到了船上。许是累了？还是发现了"新大陆"？水手捏它它不走，抓它，它乖乖地落在掌心。可爱的小鸟和善良的水手结成了朋友。

瞧，它多美丽，娇巧的小嘴，啄理着绿色的羽毛，鸭子样的扁脚，呈现出春草的鹅黄。水手们把它带到舱里，给它"搭铺"，让它在船上安家落户，每天，把分到的一塑料筒淡水匀给它喝，把从祖国带来的鲜美的鱼肉分给它吃，天长日久，小鸟和水手的感情日趋笃厚。清晨，当第一束阳光射进舷窗时，它便敞开美丽的歌喉，唱啊唱，嘤嘤有韵，宛如春水淙淙。人类给它以生命，它毫不悭吝地把自己的艺术青春奉献给了哺育它的人。可能都是这样？艺术家们的青春只会献给尊敬他们的人。

小鸟给远航生活蒙上了一层浪漫色调。返航时，人们爱不释手，恋恋不舍地想把它带到异乡。可小鸟憔悴了，给水，不喝！喂肉，不吃！油亮的羽毛失去了光泽。是啊，我//们有自己的祖国，小鸟也有它的归宿，人和动物都是一样啊，哪儿也不如故乡好！

慈爱的水手们决定放开它，让它回到大海的摇篮去，回到蓝色的故乡去。离别前，这个大自然的朋友与水手们

liúyǐng jìniàn. Tā zhàn zài xǔduō rén de tóu·shàng, jiān·shàng, zhǎng·shàng,
留影 纪念。 它 站 在 许多 人 的 头上， 肩上， 掌上，
gēbo·shàng, yǔ wèiyǎngguo tā de rénmen, yīqǐ róngjìn nà lánsè de huàmiàn……
胳膊 上， 与 喂养过 它 的 人们， 一起 融进 那 蓝色 的 画面……

——节选自王文杰《可爱的小鸟》

作品23号——《课不能停》

[朗读提示]这篇文章通过"课不能停"这件事情,表达了主题:施舍的最高原则是保持受施者的尊严。朗读时要体会学校的良苦用心,节奏应是不紧不慢的,语调应是凝重深沉的。

Niǔyuē de dōngtiān cháng yǒu dà fēngxuě, pūmiàn de xuěhuā bùdàn lìng rén nányǐ
纽约 的 冬天 常 有 大 风雪， 扑面 的 雪花 不但 令人 难以
zhēngkāi yǎnjing, shènzhì hūxī dōu huì xīrù bīnglěng de xuěhuā. Yǒushí qián yī tiān
睁开 眼睛， 甚至 呼吸 都会 吸入 冰冷 的 雪花。 有时 前 一天
wǎnshang háishì yī piàn qínglǎng, dì-èr tiān lākāi chuānglián, què yǐ·jīng jīxuě yíng
晚上 还是 一片 晴朗， 第二 天 拉开 窗帘， 却 已经 积雪 盈
chǐ, lián mén dōu tuī·bùkāi le.
尺， 连 门 都 推不开 了。

Yùdào zhèyàng de qíngkuàng, gōngsī、shāngdiàn cháng huì tíngzhǐ shàngbān,
遇到 这样 的 情况， 公司、 商店 常会 停止 上班，
xuéxiào yě tōngguò guǎngbō, xuānbù tíngkè. Dàn lìng rén bùjiě de shì, wéiyǒu gōnglì
学校 也 通过 广播， 宣布 停课。 但 令人 不解 的 是， 惟有 公立
xiǎoxué, réngrán kāifàng. Zhǐ jiàn huángsè de xiàochē, jiānnán de zài lùbiān jiē
小学， 仍然 开放。 只见 黄色 的 校车， 艰难 地 在 路边 接
háizi, lǎoshī zé yīdàzǎo jiù kǒuzhōng pēnzhe rèqì, chǎnqù chēzi qiánhòu de jīxuě,
孩子， 老师 则 一大早 就 口中 喷着 热气， 铲去 车子 前后 的 积雪，
xiǎoxīn-yìyì de kāichē qù xuéxiào.
小心 翼翼 地 开车 去 学校。

Jù tǒngjì, shí nián lái Niǔyuē de gōnglì xiǎoxué zhǐ yīn·wèi chāojí bàofēngxuě
据统计， 十年 来 纽约 的 公立 小学 只 因为 超级 暴风雪
tíngguo qī cì kè. Zhè shì duōme lìng rén jīngyà de shì. Fàndezháo zài dà·rén dōu
停过 七次 课。 这是 多么 令人 惊讶 的事。 犯得着 在 大人 都
wúxū shàngbān de shíhou ràng háizi qù xuéxiào ma? Xiǎoxué de lǎoshī yě tài dǎoméi
无须 上班 的 时候 让 孩子 去 学校 吗？ 小学 的 老师 也 太 倒霉
le ba?
了 吧？

Yúshì, měiféng dàxuě ér xiǎoxué bù tíngkè shí, dōu yǒu jiāzhǎng dǎ diànhuà qù
于是， 每逢 大雪 而 小学 不 停课 时， 都 有 家长 打 电话 去
mà. Miào de shì, měi gè dǎ diànhuà de rén, fǎnyìng quán yīyàng—— xiān shì
骂。 妙 的是， 每个 打 电话 的 人， 反应 全 一样—— 先是
nùqì-chōngchōng de zéwèn, ránhòu mǎnkǒu dàoqiàn, zuìhòu xiàoróng mǎnmiàn de
怒气 冲冲 地 责问， 然后 满口 道歉， 最后 笑容 满面 地
guà·shàng diànhuà. Yuányīn shì, xuéxiào gàosu jiāzhǎng:
挂上 电话。 原因 是， 学校 告诉 家长：

在纽约有许多百万富翁，但也有不少贫困的家庭。后者白天开不起暖气，供不起午餐，孩子的营养全靠学校里免费的中饭，甚至可以多拿些回家当晚餐。学校停课一天，穷孩子就受一天冻，挨一天饿，所以老师们宁愿自己苦一点儿，也不能停//课。

或许有家长会说：何不让富裕的孩子在家里，让贫穷的孩子去学校享受暖气和营养午餐呢？

学校的答复是：我们不愿让那些穷苦的孩子感到他们是在接受救济，因为施舍的最高原则是保持受施者的尊严。

——节选自（台湾）刘墉《课不能停》

作品24号——《莲花和樱花》

[朗读提示]本文是一篇表达中日人民友好的文章，语言通俗易懂，没有抽象的高谈阔论，所以朗读时声音要松弛，语气要自然亲切。

十年，在历史上不过是一瞬间。只要稍加注意，人们就会发现：在这一瞬间里，各种事物都悄悄经历了自己的千变万化。

这次重新访日，我处处感到亲切和熟悉，也在许多方面发觉了日本的变化。就拿奈良的一个角落来说吧，我重游了为之感受很深的唐招提寺，在寺内各处匆匆走了一遍，庭院依旧，但意想不到还看到了一些新的东西。其中之一，就是近几年从中国移植来的"友谊之莲"。

在存放鉴真遗像的那个院子里，几株中国莲昂然挺立，翠绿的宽大荷叶正迎风而舞，显得十分愉快。

开花的季节已过,荷花朵朵已变为莲蓬累累。莲子的颜色正在由青转紫,看来已经成熟了。

我禁不住想:"因"已转化为"果"。

中国的莲花开在日本,日本的樱花开在中国,这不是偶然。我希望这样一种盛况延续不衰。可能有人不欣赏花,但决不会有人欣赏落在自己面前的炮弹。

在这些日子里,我看到了不少多年不见的老朋友,又结识了一些新朋友。大家喜欢涉及的话题之一,就是古长安和古奈良。那还用得着问吗,朋友们缅怀过去,正是瞩望未来。瞩目于未来的人们必将获得未来。

我不例外,也希望一个美好的未来。

为//了中日人民之间的友谊,我将不浪费今后生命的每一瞬间。

——节选自严文井《莲花和樱花》

作品 25 号——《绿》

[**朗读提示**]本文描绘了梅雨潭"奇异"、"醉人"的绿,字里行间洋溢着一种浓郁的诗味——诗的情感、诗的意境、诗的语言,所以朗读时语调要舒展柔和,饱含着诗情画意。

梅雨潭闪闪的绿色招引着我们,我们开始追捉她那离合的神光了。揪着草,攀着乱石,小心探身下去,又鞠躬过了一个石穹门,便到了汪汪一碧的潭边了。

瀑布在襟袖之间,但是我的心中已没有瀑布了。我的心随潭水的绿而摇荡。那醉人的绿呀!仿佛一张极大极大的荷叶铺着,满是奇异的绿呀。我想张开两臂抱住她,但这是怎样一个妄想啊。

站在水边，望到那面，居然觉着有些远呢！这平铺着、厚积着的绿，着实可爱。她松松地皱缬着，像少妇拖着的裙幅；她滑滑的明亮着，像涂了"明油"一般，有鸡蛋清那样软，那样嫩；她又不杂些尘滓，宛然一块温润的碧玉，只清清的一色——但你却看不透她！

我曾见过北京什刹海拂地的绿杨，脱不了鹅黄的底子，似乎太淡了。我又曾见过杭州虎跑寺近旁高峻而深密的"绿壁"，丛叠着无穷的碧草与绿叶的，那又似乎太浓了。其余呢，西湖的波太明了，秦淮河的也太暗了。可爱的，我将什么来比拟你呢？我怎么比拟得出呢？大约潭是很深的，故能蕴蓄着这样奇异的绿；仿佛蔚蓝的天融了一块在里面似的，这才这般的鲜润啊。

那醉人的绿呀！我若能裁你以为带，我将赠给那轻盈的舞女，她必能临风飘举了。我若能挹你以为眼，我将赠给那善歌的盲妹，她必明眸善睐了。我舍不得你，我怎舍得你呢？我用手拍着你，抚摩着你，如同一个十二三岁的小姑娘。我又掬你入口，便是吻着她了。我送你一个名字，我从此叫你"女儿绿"，好吗？

第二次到仙岩的时候，我不禁惊诧于梅雨潭的绿了。

——节选自朱自清《绿》

作品 26 号——《落花生》

[朗读提示]这篇文章用落花生质朴的外表但有丰硕的果实来喻征着做人要学花生,不哗众取宠,老老实实、本分地做一个有用的人。朗读时要注意角色的区分,父亲的话语重心长,孩子的话语质朴、活泼。

我们家的后园有半亩① 空地,母亲说:"让它荒着怪可惜的,你们那么爱吃花生,就开辟出来种花生吧。"我们姐弟几个都很高兴,买种,翻地,播种,浇水,没过几个月,居然收获了。

母亲说:"今晚我们过一个收获节,请你们父亲也来尝尝我们的新花生,好不好?"我们都说好。母亲把花生做成了好几样食品,还吩咐就在后园的茅亭里过这个节。

晚上天色不太好,可是父亲也来了,实在很难得。

父亲说:"你们爱吃花生吗?"

我们争着答应:"爱!"

"谁能把花生的好处说出来?"

姐姐说:"花生的味美。"

哥哥说:"花生可以榨油。"

我说:"花生的价钱便宜,谁都可以买来吃,都喜欢吃。这就是它的好处。"

父亲说:"花生的好处很多,有一样最可贵:它的果实埋在地里,不像桃子、石榴、苹果那样,把鲜红嫩绿的果实高高地挂在枝头上,使人一见就生爱慕之心。你们看它

---

① 1 亩=666.67 平方米。

矮矮地长在地上，等到成熟了，也不能立刻分辨出来它有没有果实，必须挖出来才知道。"

我们都说是，母亲也点点头。

父亲接下去说："所以你们要像花生，它虽然不好看，可是很有用，不是外表好看而没有实用的东西。"

我说："那么，人要做有用的人，不要做只讲体面，而对别人没有好处的人了。"//

父亲说："对。这是我对你们的希望。"

我们谈到夜深才散。花生做的食品都吃完了，父亲的话却深深地印在我的心上。

——节选自许地山《落花生》

作品27号——《麻雀》

[朗读提示]这篇文章通过老麻雀拯救小麻雀的故事，歌颂了一种伟大的力量——母爱，事情的经过写得细致入微，生动形象。朗读时要使用略显夸张的语气表现这场搏斗，从而渲染出伟大的母爱。最后两个自然段是作者的感受，要使用崇敬、沉着的语气读出来。

我打猎归来，沿着花园的林荫路走着。狗跑在我前边。

突然，狗放慢脚步，蹑足潜行，好像嗅到了前边有什么野物。

我顺着林荫路望去，看见了一只嘴边还带黄色、头上生着柔毛的小麻雀。风猛烈地吹打着林荫路上的白桦树，麻雀从巢里跌落下来，呆呆地伏在地上，孤立无援地张开两只羽毛还未丰满的小翅膀。

我的狗慢慢向它靠近。忽然，从附近一棵树上飞下一只黑胸脯的老麻雀，像一颗石子似的落到狗的跟前。老

máquè quánshēn dàoshùzhe yǔmáo, jīngkǒng-wànzhuàng, fāchū juéwàng、qīcǎn de
麻雀 全身 倒竖着 羽毛, 惊恐 万状, 发出 绝望、凄惨 的
jiàoshēng, jiēzhe xiàng lòuchū yáchǐ、dà zhāngzhe de gǒuzuǐ pū•qù.
叫声, 接着 向 露出 牙齿、大 张着 的 狗嘴 扑去。

Lǎo máquè shì měng pū xià•lái jiùhù yòuquè de. Tā yòng shēntǐ yǎnhùzhe zìjǐ de
老 麻雀 是 猛 扑 下 来 救护 幼雀 的。它 用 身体 掩护着 自己 的
yòu'ér…… Dàn tā zhěnggè xiǎoxiǎo de shēntǐ yīn kǒngbù ér zhànlìzhe, tā xiǎoxiǎo
幼儿…… 但 它 整个 小小 的 身体 因 恐怖 而 战栗着, 它 小小
de shēngyīn yě biànde cūbào sīyǎ, tā zài xīshēng zìjǐ!
的 声音 也 变得 粗暴 嘶哑, 它 在 牺牲 自己!

Zài tā kànlái, gǒu gāi shì duōme pángdà de guàiwu wa! Rán'ér, tā háishì bùnéng
在 它 看来, 狗 该 是 多么 庞大 的 怪物 啊! 然而, 它 还是 不能
zhàn zài zìjǐ gāogāo de、ānquán de shùzhī•shàng…… Yī zhǒng bǐ tā de lǐzhì gèng
站 在 自己 高高 的、安全 的 树枝 上…… 一 种 比 它 的 理智 更
qiángliè de lì•liàng, shǐ tā cóng nàr pū•xià shēn•lái.
强烈 的 力量, 使 它 从 那儿 扑下 身来。

Wǒ de gǒu zhànzhù le, xiàng hòu tuìle tuì…… kànlái, tā yě gǎndàole zhè zhǒng
我 的 狗 站住 了, 向 后 退了 退…… 看来, 它 也 感到了 这 种
lì•liàng.
力量。

Wǒ gǎnjǐn huànzhù jīnghuāng-shīcuò de gǒu, ránhòu wǒ huáizhe chóngjìng de
我 赶紧 唤住 惊慌 失措 的 狗, 然后 我 怀着 崇敬 的
xīnqíng, zǒukāi le.
心情, 走开 了。

Shì a, qǐng bùyào jiànxiào. Wǒ chóngjìng nà zhī xiǎoxiǎo de、yīngyǒng de
是 啊, 请 不要 见笑。 我 崇敬 那 只 小小 的、英勇 的
niǎo'ér, wǒ chóngjìng tā nà zhǒng ài de chōngdòng hé lì•liàng.
鸟儿, 我 崇敬 它 那 种 爱 的 冲动 和 力量。

Ài, wǒ//xiǎng, bǐ sǐ hé sǐ de kǒngjù gèng qiángdà. Zhǐyǒu yīkào tā, yīkào zhè
爱, 我//想, 比 死 和 死 的 恐惧 更 强大。 只有 依靠 它, 依靠 这
zhǒng ài, shēngmìng cái néng wéichí xià•qù, fāzhǎn xià•qù.
种 爱, 生命 才 能 维持 下去, 发展 下去。

——节选自［俄］屠格涅夫《麻雀》,巴金译

作品28号——《迷途笛音》

[朗读提示]朗读这篇文章时可分为两部分:前三个自然段为一部分,描写了迷路的小孩惊慌失措的样子,朗读时节奏要紧凑,基调要略带惊慌之情;后面为一部分,描写了听到笛音的孩子好像找到了救星,朗读基调是欢快的。

Nà nián wǒ liù suì. Lí wǒ jiā jǐn yī jiàn zhī yáo de xiǎo shānpō páng, yǒu yī gè
那 年 我 六岁。 离 我 家 仅 一 箭 之 遥 的 小 山坡 旁, 有 一 个
zǎo yǐ bèi fèiqì de cǎishíchǎng, shuāngqīn cónglái bùzhǔn wǒ qù nàr, qíshí nàr
早 已 被 废弃 的 采石场, 双亲 从来 不准 我 去 那儿, 其实 那儿
fēngjǐng shífēn mírén.
风景 十分 迷人。

一个夏季的下午，我随着一群小伙伴偷偷上那儿去了。就在我们穿越了一条孤寂的小路后，他们却把我一个人留在原地，然后奔向"更危险的地带"了。

等他们走后，我惊慌失措地发现，再也找不到要回家的那条孤寂的小道了。像只无头的苍蝇，我到处乱钻，衣裤上挂满了芒刺。太阳已经落山，而此时此刻，家里一定开始吃晚餐了，双亲正盼着我回家……想着想着，我不由得背靠着一棵树，伤心地呜呜大哭起来……

突然，不远处传来了声声柳笛。我像找到了救星，急忙循声走去。一条小道边的树桩上坐着一位吹笛人，手里还正削着什么。走近细看，他不就是被大家称为"乡巴佬儿"的卡廷吗？

"你好，小家伙儿，"卡廷说，"看天气多美，你是出来散步的吧？"

我怯生生地点点头，答道："我要回家了。"

"请耐心等上几分钟"，卡廷说，"瞧，我正在削一支柳笛，差不多就要做好了，完工后就送给你吧！"

卡廷边削边不时把尚未成形的柳笛放在嘴里试吹一下。没过多久，一支柳笛便递到我手中。我俩在一阵阵清脆悦耳的笛音//中，踏上了归途……

当时，我心中只充满感激，而今天，当我自己也成了祖父时，却突然领悟到他用心之良苦！那天当他听到我的哭声时，便判定我一定迷了路，但他并不想在孩子面前

bànyǎn "jiùxīng" de juésè, yúshì chuīxiǎng liǔdí yǐbiàn ràng wǒ néng fāxiàn tā, bìng
扮演 "救星" 的 角色，于是 吹响 柳笛 以便 让 我 能 发现 他，并
gēnzhe tā zǒuchū kùnjìng! Jiù zhèyàng, Kǎtíng xiānsheng yǐ xiāngxiàrén de chúnpǔ,
跟着 他 走出 困境！就 这样，卡廷 先生 以 乡下人 的 纯朴，
bǎohùle yī gè xiǎonánháir qiángliè de zìzūn.
保护了 一 个 小男孩儿 强烈 的 自尊。

——节选自唐若水译《迷途笛音》

作品29号——《莫高窟》

[朗读提示]本文是一篇介绍我国文化遗产莫高窟的文章，作品中除了客观的介绍，还融入了赞美惊叹之情，所以在朗读时应该略带惊奇的语气、赞叹欣赏的口吻。

Zài hàohàn wúyín de shāmò·lǐ, yǒu yī piàn měilì de lǜzhōu, lǜzhōu·lǐ cángzhe yī
在 浩瀚 无垠 的 沙漠里，有 一 片 美丽 的 绿洲，绿洲里 藏着 一
kē shǎnguāng de zhēnzhū. Zhè kē zhēnzhū jiùshì Dūnhuáng Mògāokū. Tā zuòluò zài
颗 闪光 的 珍珠。这 颗 珍珠 就是 敦煌 莫高窟。它 坐落 在
wǒguó Gānsù Shěng Dūnhuáng Shì Sānwēi Shān hé Míngshā Shān de huáibào zhōng.
我国 甘肃 省 敦煌 市 三危 山 和 鸣沙 山 的 怀抱 中。
Míngshā Shān dōnglù shì píngjūn gāodù wéi shíqī mǐ de yábì. Zài yīqiān liùbǎi duō
鸣沙 山 东麓 是 平均 高度 为 十七 米 的 崖壁。在 一千 六百 多
mǐ cháng de yábì·shàng, záo yǒu dàxiǎo dòngkū qībǎi yú gè, xíngchéngle guīmó
米 长 的 崖壁 上，凿 有 大小 洞窟 七百 余 个，形成了 规模
hóngwěi de shíkūqún. Qízhōng sìbǎi jiǔshí'èr gè dòngkū zhōng, gòng yǒu cǎisè
宏伟 的 石窟群。其中 四百 九十二 个 洞窟 中，共 有 彩色
sùxiàng liǎngqiān yībǎi yú zūn, gè zhǒng bìhuà gòng sìwàn wǔqiān duō píngfāngmǐ.
塑像 两千 一百余 尊，各 种 壁画 共 四万 五千 多 平方米。
Mògāokū shì wǒguó gǔdài wúshù yìshù jiàngshī liúgěi rénlèi de zhēnguì wénhuà yíchǎn.
莫高窟 是 我国 古代 无数 艺术 匠师 留给 人类 的 珍贵 文化 遗产。
Mògāokū de cǎisù, měi yī zūn dōu shì yī jiàn jīngměi de yìshùpǐn. Zuì dà de yǒu
莫高窟 的 彩塑，每 一 尊 都 是 一 件 精美 的 艺术品。最大的 有
jiǔ céng lóu nàme gāo, zuì xiǎo de hái bùrú yī gè shǒuzhǎng dà. Zhèxiē cǎisù gèxìng
九 层 楼 那么 高，最 小 的 还 不如 一 个 手掌 大。这些 彩塑 个性
xiānmíng, shéntài-gèyì. Yǒu címéi-shànmù de pú·sà, yǒu wēifēng-lǐnlǐn de tiānwáng,
鲜明，神态 各异。有 慈眉善目 的 菩萨，有 威风 凛凛 的 天王，
háiyǒu qiángzhuàng yǒngměng de lìshì……
还有 强壮 勇猛 的 力士……
Mògāokū bìhuà de nèiróng fēngfù-duōcǎi, yǒude shì miáohuì gǔdài láodòng rénmín
莫高窟 壁画 的 内容 丰富多彩，有的 是 描绘 古代 劳动 人民
dǎliè, bǔyú, gēngtián, shōugē de qíngjǐng, yǒude shì miáohuì rénmen zòuyuè, wǔdǎo,
打猎、捕鱼、耕田、收割 的 情景，有 的 是 描绘 人们 奏乐、舞蹈、
yǎn zájì de chǎngmiàn, háiyǒude shì miáohuì dàzìrán de měilì fēngguāng. Qízhōng zuì
演 杂技 的 场面，还有的 是 描绘 大自然 的 美丽 风光。其中 最
yǐnrén-zhùmù de shì fēitiān. Bìhuà·shàng de fēitiān, yǒu de bì kuà huālán, cǎizhāi
引人 注目 的 是 飞天。壁画 上 的 飞天，有 的 臂 挎 花篮，采摘

鲜花；有的反弹琵琶，轻拨银弦；有的倒悬身子，自天而降；有的彩带飘拂，漫天遨游；有的舒展着双臂，翩翩起舞。看着这些精美动人的壁画，就像走进了//灿烂辉煌的艺术殿堂。

莫高窟里还有一个面积不大的洞窟——藏经洞。洞里曾藏有我国古代的各种经卷、文书、帛画、刺绣、铜像等共六万多件。由于清朝政府腐败无能，大量珍贵的文物被外国强盗掠走。仅存的部分经卷，现在陈列于北京故宫等处。

莫高窟是举世闻名的艺术宝库。这里的每一尊彩塑、每一幅壁画、每一件文物，都是中国古代人民智慧的结晶。

——节选自小学《语文》第六册中《莫高窟》

作品 30 号——《牡丹的拒绝》

扫码听范读

[朗读提示]这篇文章让我们感受到牡丹除了雍容华贵外，还有另一面：不随波逐流，以及对生命执着的追求。作品文笔细腻，感情真挚，富有哲理，耐人寻味。朗读时语气要自然，声音要坚实厚重，节奏明朗，语速要始终如一，以便读出哲理来。

其实你在很久以前并不喜欢牡丹，因为它总被人作为富贵膜拜。后来你目睹了一次牡丹的落花，你相信所有的人都会为之感动：一阵清风徐来，娇艳鲜嫩的盛期牡丹忽然整朵整朵地坠落，铺撒一地绚丽的花瓣。那花瓣落地时依然鲜艳夺目，如同一只奉上祭坛的大鸟脱落的羽毛，低吟着壮烈的悲歌离去。

牡丹没有花谢花败之时，要么烁于枝头，要么归于泥土，它跨越萎顿和衰老，由青春而死亡，由美丽而消遁。它虽

měi què bù lìnxī shēngmìng, jíshǐ gàobié yě yào zhǎnshì gěi rén zuìhòu yī cì de
美 却 不 吝惜 生命， 即使 告别 也 要 展示 给 人 最后 一 次 的
jīngxīn-dòngpò.
惊心 动魄。

　　Suǒyǐ zài zhè yīnlěng de sìyuè•lǐ, qíjì bù huì fāshēng. Rènpíng yóurén sǎoxìng hé
　　所以 在 这 阴冷 的 四月里，奇迹 不 会 发生。 任凭 游人 扫兴 和
zǔzhòu, mǔ•dān yīrán ānzhī-ruòsù. Tā bù gǒuqiě、bù fǔjiù、bù tuǒxié、bù mèisú,
诅咒， 牡丹 依然 安之 若素。它 不 苟且、不 俯就、不 妥协、不 媚俗，
gānyuàn zìjǐ lěngluò zìjǐ. Tā zūnxún zìjǐ de huāqī zìjǐ de guīlǜ, tā yǒu quánlì wèi
甘愿 自己 冷落 自己。它 遵循 自己 的 花期 自己 的 规律，它 有 权利 为
zìjǐ xuǎnzé měinián yī dù de shèngdà jiérì. Tā wèishénme bù jùjué hánlěng?
自己 选择 每年 一 度 的 盛大 节日。它 为什么 不 拒绝 寒冷？

　　Tiānnán-hǎiběi de kàn huā rén, yīrán luòyì-bùjué de yǒngrù Luòyáng Chéng.
　　天南 海北 的 看 花 人， 依然 络绎 不绝 地 涌入 洛阳 城。
Rénmen bù huì yīn mǔ•dān de jùjué ér jùjué tā de měi. Rúguǒ tā zài bèi biǎnzhé shí
人们 不 会 因 牡丹 的 拒绝 而 拒绝 它 的 美。如果 它 再 被 贬谪 十
cì, yěxǔ tā jiùhuì fányǎn chū shí gè Luòyáng mǔ•dān chéng.
次，也许 它 就会 繁衍 出 十 个 洛阳 牡丹 城。

　　Yúshì nǐ zài wúyán de yíhàn zhōng gǎnwù dào, fùguì yǔ gāoguì zhǐshì yī zì zhī
　　于是 你 在 无言 的 遗憾 中 感悟 到， 富贵 与 高贵 只是 一 字 之
chā. Tóng rén yīyàng, huā'ér yě shì yǒu língxìng de, gèng yǒu pǐnwèi zhī gāodī.
差。 同 人 一样， 花儿 也 是 有 灵性 的， 更 有 品位 之 高低。
Pǐnwèi zhè dōngxi wéi qì wéi hún wéi // jīngǔ wéi shényùn, zhǐ kě yìhuì. Nǐ tànfú
品位 这 东西 为 气 为 魂 为 // 筋骨 为 神韵， 只 可 意会。你 叹服
mǔ•dān zhuó'ěr-bùqún zhī zī, fāng zhī pǐnwèi shì duōme róng•yì bèi shìrén hūlüè huò
牡丹 卓尔 不群 之 姿， 方 知 品位 是 多么 容易 被 世人 忽略 或
shì mòshì de měi.
是 漠视 的 美。

——节选自张抗抗《牡丹的拒绝》

作品31号——《"能吞能吐"的森林》

扫码听范读

　　[朗读提示]此文为说明文，朗读时要使用质朴连贯的语气、不紧不慢的语速，力求声音清晰明白，不宜有任何夸张的情感。

　　Sēnlín hányǎng shuǐyuán, bǎochí shuǐtǔ, fángzhǐ shuǐhàn zāihài de zuòyòng
　　森林 涵养 水源， 保持 水土， 防止 水旱 灾害 的 作用
fēicháng dà. Jù zhuānjiā cèsuàn, yī piàn shíwàn mǔ miànjī de sēnlín, xiāngdāngyú yī
非常 大。据 专家 测算， 一 片 十万 亩 面积 的 森林， 相当于 一
gè liǎngbǎi wàn lìfāngmǐ de shuǐkù, zhè zhèng rú nóngyàn suǒ shuō de: "Shān•shàng
个 两百 万 立方米 的 水库， 这 正 如 农谚 所 说 的："山上
duō zāi shù, děngyú xiū shuǐkù. Yǔ duō tā néng tūn, yǔ shǎo tā néng tǔ."
多 栽 树， 等于 修 水库。雨 多 它 能 吞，雨 少 它 能 吐。"

　　Shuōqǐ sēnlín de gōng•láo, nà hái duō de hěn. Tā chúle wèi rénlèi tígōng mùcái
　　说起 森林 的 功劳， 那 还 多 得 很。它 除了 为 人类 提供 木材

及许多种生产、生活的原料之外,在维护生态环境方面也是功劳卓著。它用另一种"能吞能吐"的特殊功能孕育了人类。因为地球在形成之初,大气中的二氧化碳含量很高,氧气很少,气温也高,生物是难以生存的。大约在四亿年之前,陆地才产生了森林。森林慢慢将大气中的二氧化碳吸收,同时吐出新鲜氧气,调节气温;这才具备了人类生存的条件,地球上才最终有了人类。

森林,是地球生态系统的主体,是大自然的总调度室,是地球的绿色之肺。森林维护地球生态环境的这种"能吞能吐"的特殊功能是其他任何物体都不能取代的。然而,由于地球上的燃烧物增多,二氧化碳的排放量急剧增加,使得地球生态环境急剧恶化,主要表现为全球气候变暖,水分蒸发加快,改变了气流的循环,使气候变化加剧,从而引发热浪、飓风、暴雨、洪涝及干旱。

为了//使地球的这个"能吞能吐"的绿色之肺恢复健壮,以改善生态环境,抑制全球变暖,减少水旱等自然灾害,我们应该大力造林、护林,使每一座荒山都绿起来。

——节选自《中考语文课外阅读试题精选》中《"能吞能吐"的森林》

作品32号——《朋友和其他》

[朗读提示]这是一篇带有作者感情的杂文,既有叙事,又有议论,叙事部分要读得自然朴实,议论部分要读得富有哲理,语调舒缓,声音沉稳。

朋友即将远行。

暮春时节，又邀了几位朋友在家小聚。虽然都是极熟的朋友，却是终年难得一见，偶尔电话里相遇，也无非是几句寻常话。一锅小米稀饭，一碟大头菜，一盘自家酿制的泡菜，一只巷口买回的烤鸭，简简单单，不像请客，倒像家人团聚。

其实，友情也好，爱情也好，久而久之都会转化为亲情。

说也奇怪，和新朋友会谈文学、谈哲学、谈人生道理等等，和老朋友却只话家常，柴米油盐，细细碎碎，种种琐事。很多时候，心灵的契合已经不需要太多的言语来表达。

朋友新烫了个头，不敢回家见母亲，恐怕惊骇了老人家，却欢天喜地来见我们，老朋友颇能以一种趣味性的眼光欣赏这个改变。

年少的时候，我们差不多都在为别人而活，为苦口婆心的父母活，为循循善诱的师长活，为许多观念、许多传统的约束力而活。年岁逐增，渐渐挣脱外在的限制与束缚，开始懂得为自己活，照自己的方式做一些自己喜欢的事，不在乎别人的批评意见，不在乎别人的诋毁流言，只在乎那一份随心所欲的舒坦自然。偶尔，也能够纵容自己放浪一下，并且有一种恶作剧的窃喜。

就让生命顺其自然，水到渠成吧，犹如窗前的//乌桕，自生自落之间，自有一份圆融丰满的喜悦。春雨轻轻落着，没有诗，没有酒，有的只是一份相知相属的自在自得。

夜色在笑语中渐渐沉落,朋友起身告辞,没有挽留,没有送别,甚至也没有问归期。

已经过了大喜大悲的岁月,已经过了伤感流泪的年华,知道了聚散原来是这样的自然和顺理成章,懂得这点,便懂得珍惜每一次相聚的温馨,离别便也欢喜。

——节选自(台湾)杏林子《朋友和其他》

作品 33 号——《散步》

[朗读提示]这篇文章质朴清新,朗读时不必在声音上大加渲染,只需要用娓娓道来的口吻,稳健地读出来。

我们在田野散步:我,我的母亲,我的妻子和儿子。

母亲本不愿出来的。她老了,身体不好,走远一点儿就觉得很累。我说,正因为如此,才应该多走走。母亲信服地点点头,便去拿外套。她现在很听我的话,就像我小时候很听她的话一样。

这南方初春的田野,大块小块的新绿随意地铺着,有的浓,有的淡,树上的嫩芽也密了,田里的冬水也咕咕地起着水泡。这一切都使人想着一样东西——生命。

我和母亲走在前面,我的妻子和儿子走在后面。小家伙突然叫起来:"前面是妈妈和儿子,后面也是妈妈和儿子。"我们都笑了。

后来发生了分歧:母亲要走大路,大路平顺;我的儿子要走小路,小路有意思。不过,一切都取决于我。我的母亲老了,她早已

xíguàn tīngcóng tā qiángzhuàng de érzi; wǒ de érzi hái xiǎo, tā hái xíguàn tīngcóng
习惯 听从 她 强壮 的 儿子；我 的 儿子 还 小，他 还 习惯 听从
tā gāodà de fù·qīn; qī·zǐ ne, zài wàimiàn, tā zǒngshì tīng wǒ de. Yīshàshí wǒ
他 高大 的 父亲；妻子 呢，在 外面，她 总是 听 我 的。一霎时 我
gǎndàole zérèn de zhòngdà. Wǒ xiǎng zhǎo yī gè liǎngquán de bànfǎ, zhǎo bù chū;
感到了 责任 的 重大。我 想 找 一 个 两全 的 办法，找 不 出；
wǒ xiǎng chāisàn yī jiā rén, fēnchéng liǎng lù, gèdé-qísuǒ, zhōng bù yuàn·yì. Wǒ
我 想 拆散 一 家 人，分成 两 路，各得其所，终 不 愿意。我
juédìng wěiqu érzǐ, yīn·wèi wǒ bàntóng tā de shírì hái cháng. Wǒ shuō: "Zǒu dàlù."
决定 委屈 儿子，因为 我 伴同 他 的 时日 还 长。我 说："走 大路。"

Dànshì mǔ·qīn mōmo sūn'ér de xiǎo nǎoguār, biànle zhǔyì: "Háishì zǒu xiǎolù
但是 母亲 摸摸 孙儿 的 小 脑瓜儿，变了 主意："还是 走 小路
ba." Tā de yǎn suí xiǎolù wàng·qù: Nà·lǐ yǒu jīnsè de càihuā, liǎng háng zhěngqí de
吧。"她 的 眼 随 小路 望去：那里 有 金色 的 菜花，两 行 整齐 的
sāngshù, // jìntóu yī kǒu shuǐbō línlín de yútáng. "Wǒ zǒu bù guò·qù de dìfang, nǐ jiù
桑树，// 尽头 一 口 水波 粼粼 的 鱼塘。"我 走 不 过 去 的 地方，你 就
bēizhe wǒ." Mǔ·qīn duì wǒ shuō.
背着 我。"母亲 对 我 说。

Zhèyàng, wǒmen zài yángguāng·xià, xiàngzhe nà càihuā、sāngshù hé yútáng
这样，我们 在 阳光 下，向着 那 菜花、桑树 和 鱼塘
zǒu·qù. Dàole yī chù, wǒ dūn xià·lái, bēiqǐle mǔ·qīn; qī·zǐ yě dūn xià·lái, bēiqǐle
走 去。到了 一 处，我 蹲 下来，背起了 母亲；妻子 也 蹲 下来，背起了
érzi. Wǒ hé qī·zǐ dōu shì mànmàn de, wěnwěn de, zǒu de hěn zǐxì, hǎoxiàng wǒ
儿子。我 和 妻子 都 是 慢慢 地，稳稳 地，走 得 很 仔细，好像 我
bèi·shàng de tóng tā bèi·shàng de jiā qǐ·lái, jiùshì zhěnggè shìjiè.
背上 的 同 她 背上 的 加 起来，就是 整个 世界。

——节选自莫怀戚《散步》

作品 34 号——《神秘的"无底洞"》

扫码听范读

[朗读提示]本文是说明文,朗读时要带有惊奇疑惑而又饶有兴趣的口吻。

Dìqiú·shàng shìfǒu zhēn de cúnzài "wúdǐdòng"? Ànshuō dìqiú shì yuán de, yóu
地球 上 是否 真 的 存在 "无底洞"？按说 地球 是 圆 的，由
dìqiào、dìmàn hé dìhé sān céng zǔchéng, zhēnzhèng de "wúdǐdòng" shì bù yīng cúnzài
地壳、地幔 和 地核 三 层 组成，真正 的 "无底洞" 是 不 应 存在
de, wǒmen suǒ kàndào de gè zhǒng shāndòng、lièkǒu、lièfèng, shènzhì huǒshānkǒu yě
的，我们 所 看到 的 各 种 山洞、裂口、裂缝，甚至 火山口 也
dōu zhǐshì dìqiào qiǎnbù de yī zhǒng xiànxiàng. Rán'ér Zhōngguó yīxiē gǔjí què duō
都 只是 地壳 浅部 的 一 种 现象。然而 中国 一些 古籍 却 多
cì tídào hǎiwài yǒu gè shēn'ào-mòcè de wúdǐdòng. Shìshí·shàng dìqiú·shàng quèshí
次 提到 海外 有 个 深奥莫测 的 无底洞。事实上 地球 上 确实
yǒu zhèyàng yī gè "wúdǐdòng".
有 这样 一 个 "无底洞"。

Tā wèiyú Xīlà Yàgèsī gǔchéng de hǎibīn. Yóuyú bīnlín dàhǎi, dà zhǎngcháo shí,
它 位于 希腊 亚各斯 古城 的 海滨。由于 濒临 大海，大 涨潮 时，

汹涌的海水便会排山倒海般地涌入洞中，形成一股湍湍的急流。据测，每天流入洞内的海水量达三万多吨。奇怪的是，如此大量的海水灌入洞中，却从来没有把洞灌满。曾有人怀疑，这个"无底洞"，会不会就像石灰岩地区的漏斗、竖井、落水洞一类的地形。然而从二十世纪三十年代以来，人们就做了多种努力企图寻找它的出口，却都是枉费心机。

为了揭开这个秘密，一九五八年美国地理学会派出一支考察队，他们把一种经久不变的带色染料溶解在海水中，观察染料是如何随着海水一起沉下去。接着又察看了附近海面以及岛上的各条河、湖，满怀希望地寻找这种带颜色的水，结果令人失望。难道是海水量太大把有色水稀释得太淡，以致无法发现？//

至今谁也不知道为什么这里的海水会没完没了地"漏"下去，这个"无底洞"的出口又在哪里，每天大量的海水究竟都流到哪里去了？

——节选自罗伯特·罗威尔《神秘的"无底洞"》

作品35号——《世间最美的坟墓》

扫码听范读

[朗读提示]这篇文章中作者把坟墓的朴素与坟墓主人的伟大进行强烈的对比，从而衬托出托尔斯泰伟大的人格魅力，朗读时要把作者的崇敬之情融入其中。

我在俄国见到的景物再没有比托尔斯泰墓更宏伟、更感人的。

完全按照托尔斯泰的愿望，他的坟墓成了世间最美的，给人印象最深刻的坟墓。它只是树林中的一个小小的长方形土丘，上面开满鲜花——没有十字架，没有墓碑，没有墓志铭，连托尔斯泰这个名字也没有。

这位比谁都感到受自己的声名所累的伟人，却像偶尔被发现的流浪汉，不为人知的士兵，不留名姓地被人埋葬了。谁都可以踏进他最后的安息地，围在四周稀疏的木栅栏是不关闭的——保护列夫·托尔斯泰得以安息的没有任何别的东西，惟有人们的敬意；而通常，人们却总是怀着好奇，去破坏伟人墓地的宁静。

这里，逼人的朴素禁锢住任何一种观赏的闲情，并且不容许你大声说话。风儿俯临，在这座无名者之墓的树木之间飒飒响着，和暖的阳光在坟头嬉戏；冬天，白雪温柔地覆盖这片幽暗的土地。无论你在夏天或冬天经过这儿，你都想象不到，这个小小的、隆起的长方体里安放着一位当代最伟大的人物。

然而，恰恰是这座不留姓名的坟墓，比所有挖空心思用大理石和奢华装饰建造的坟墓更扣人心弦。在今天这个特殊的日子里，//到他的安息地来的成百上千人中间，没有一个有勇气，哪怕仅仅从这幽暗的土丘上摘下一朵花留作纪念。人们重新感到，世界上再没有比托尔斯泰最后留下的、这座纪念碑式的朴素坟墓，更打动人心的了。

——节选自［奥］茨威格《世间最美的坟墓》，张厚仁译

作品36号——《苏州园林》

[朗读提示]这是一篇写景说明文,表达了作者对苏州园林的眷恋和欣赏之情。朗读时语调要自然、明快,通过自己的声音把听者带入如诗如画的景色中。

我国的建筑,从古代的宫殿到近代的一般住房,绝大部分是对称的,左边怎么样,右边怎么样。苏州园林可绝不讲究对称,好像故意避免似的。东边有了一个亭子或者一道回廊,西边决不会来一个同样的亭子或者一道同样的回廊。这是为什么?我想,用图画来比方,对称的建筑是图案画,不是美术画,而园林是美术画,美术画要求自然之趣,是不讲究对称的。

苏州园林里都有假山和池沼。假山的堆叠,可以说是一项艺术而不仅是技术。或者是重峦叠嶂,或者是几座小山配合着竹子花木,全在乎设计者和匠师们生平多阅历,胸中有丘壑,才能使游览者攀登的时候忘却苏州城市,只觉得身在山间。至于池沼,大多引用活水。有些园林池沼宽敞,就把池沼作为全园的中心,其他景物配合着布置。水面假如成河道模样,往往安排桥梁。假如安排两座以上的桥梁,那就一座一个样,决不雷同。

池沼或河道的边沿很少砌齐整的石岸,总是高低屈曲任其自然。还在那儿布置几块玲珑的石头,或者种些花草。这也是为了取得从各个角度看都成一幅画的效果。池沼里养着金鱼或各色鲤鱼,夏秋季节荷花或睡莲开//放,游览者看"鱼戏莲叶间",又是入画的一景。

——节选自叶圣陶《苏州园林》

作品 37 号——《态度创造快乐》

[朗读提示]本文主要写了作者从老太太的言语中领悟出的人生哲理:态度创造快乐。朗读时要娓娓道来,语调要深沉、平稳。

一位访美中国女作家,在纽约遇到一位卖花的老太太。老太太穿着破旧,身体虚弱,但脸上的神情却是那样祥和兴奋。女作家挑了一朵花说:"看起来,你很高兴。"老太太面带微笑地说:"是的,一切都这么美好,我为什么不高兴呢?""对烦恼,你倒真能看得开。"女作家又说了一句。没料到,老太太的回答更令女作家大吃一惊:"耶稣在星期五被钉上十字架时,是全世界最糟糕的一天,可三天后就是复活节。所以,当我遇到不幸时,就会等待三天,这样一切就恢复正常了。"

"等待三天",多么富于哲理的话语,多么乐观的生活方式。它把烦恼和痛苦抛下,全力去收获快乐。

沈从文在"文革"期间,陷入了非人的境地。可他毫不在意,他在咸宁时给他的表侄、画家黄永玉写信说:"这里的荷花真好,你若来……"身陷苦难却仍为荷花的盛开欣喜赞叹不已,这是一种趋于澄明的境界,一种旷达洒脱的胸襟,一种面临磨难坦荡从容的气度,一种对生活童子般的热爱和对美好事物无限向往的生命情感。

Yóucǐ-kějiàn, yǐngxiǎng yī gè rén kuàilè de, yǒushí bìng bù shì kùnjìng jí mónàn,
由此 可见, 影响 一个人 快乐的, 有时 并 不是 困境 及 磨难,
ér shì yī gè rén de xīntài. Rúguǒ bǎ zìjǐ jìnpào zài jījí、lèguān、xiàngshàng de
而是 一个人 的 心态。如果 把 自己 浸泡 在 积极、乐观、 向上 的
xīntài zhōng, kuàilè bìrán huì // zhànjù nǐ de měi yī tiān.
心态 中, 快乐 必然 会 // 占据 你 的 每 一 天。

——节选自《态度创造快乐》

作品 38 号——《泰山极顶》

[朗读提示]这是一篇写景文章,描写了泰山的自然景观和人文景观的美丽。朗读时语气要朴实流畅,感情要饱满、真挚。

Tài Shān jí dǐng kàn rìchū, lìlái bèi miáohuì chéng shífēn zhuàngguān de qíjǐng.
泰山 极顶 看 日出,历来 被 描绘 成 十分 壮观 的 奇景。
Yǒu rén shuō: Dēng Tài Shān ér kàn·bùdào rìchū, jiù xiàng yī chū dàxì méi·yǒu xìyǎn,
有 人 说: 登 泰山 而 看不到 日出, 就 像 一 出 大戏 没有 戏眼,
wèir zhōngjiū yǒu diǎnr guǎdàn.
味儿 终究 有 点儿 寡淡。
Wǒ qù páshān nà tiān, zhèng gǎn·shàng gè nándé de hǎotiān, wànlǐ chángkōng,
我 去 爬山 那天, 正 赶上 个 难得 的 好天, 万里 长空,
yúncaisīr dōu bù jiàn. Sùcháng, yānwù téngténg de shāntóu, xiǎn·dé méimù fēnmíng.
云彩丝儿 都 不 见。素常, 烟雾 腾腾 的 山头, 显得 眉目 分明。
Tóngbànmen dōu xīnxǐ de shuō: "Míngtiān zǎo·chén zhǔn kěyǐ kàn·jiàn rìchū le." Wǒ
同伴们 都 欣喜地 说:"明天 早晨 准 可以 看见 日出 了。" 我
yě shì bàozhe zhè zhǒng xiǎngtou, pá·shàng shān·qù.
也 是 抱着 这 种 想头, 爬上 山去。
Yīlù cóng shānjiǎo wǎngshàng pá, xì kàn shānjǐng, wǒ jué·dé guà zài yǎnqián de
一路 从 山脚 往上 爬,细看 山景,我 觉得 挂在 眼前 的
bù shì Wǔ Yuè dú zūn de Tài Shān, què xiàng yī fú guīmó jīngrén de qīnglǜ
不 是 五 岳 独 尊 的 泰 山, 却 像 一 幅 规模 惊人 的 青绿
shānshuǐhuà, cóng xià·miàn dào zhǎn kāi·lái. Zài huàjuàn zhōng zuì xiān lòuchū de shì
山水画, 从 下面 倒 展 开来。在 画卷 中 最 先 露出 的 是
shāngēnr dǐ nà zuò Míngcháo jiànzhù Dàizōngfāng, mànmàn de biàn xiànchū
山根 底 那 座 明朝 建筑 岱宗坊, 慢慢 地 便 现出
Wángmǔchí、Dǒumǔgōng、Jīngshíyù. Shān shì yī céng bǐ yī céng shēn, yī dié bǐ yī
王母池、斗母宫、经石峪。山 是 一 层 比 一 层 深, 一 叠 比 一
dié qí, céngcéng-diédié, bù zhī hái huì yǒu duō shēn duō qí. Wàn shān cóng zhōng,
叠 奇, 层层 叠叠, 不 知 还 会 有 多 深 多 奇。万 山 丛 中,
shí'ér diǎnrǎnzhe jíqí gōngxì de rénwù. Wángmǔchí páng de Lǚzǔdiàn·lǐ yǒu bùshǎo
时而 点染着 极其 工细 的 人物。王母池 旁 的 吕祖殿 里 有 不少
zūn míngsù, sùzhe Lǚ Dòngbīn děng yīxiē rén, zītài shénqíng shì nàyàng yǒu shēngqì,
尊 明塑, 塑着 吕 洞宾 等 一些 人, 姿态 神情 是 那样 有 生气,
nǐ kàn le, bùjīn huì tuōkǒu zàntàn shuō: "Huó la."
你 看 了,不禁 会 脱口 赞叹 说:"活 啦。"

画卷继续展开,绿阴森森的柏洞露面不太久,便来到对松山。两面奇峰对峙着,满山峰都是奇形怪状的老松,年纪怕都有上千岁了,颜色竟那么浓,浓得好像要流下来似的。来到这儿,你不妨权当一次画里的写意人物,坐在路旁的对松亭里,看看山色,听听流//水和松涛。

一时间,我又觉得自己不仅是在看画卷,却又像是在零零乱乱翻着一卷历史稿本。

——节选自杨朔《泰山极顶》

作品 39 号——《陶行知的"四块糖果"》

[**朗读提示**]本文记叙了陶行知利用四块糖果教育学生的故事,朗读时注意陶行知的言语,没有任何说教,亲切、友好、平等。

育才小学校长陶行知在校园看到学生王友用泥块砸自己班上的同学,陶行知当即喝止了他,并令他放学后到校长室去。无疑,陶行知是要好好教育这个"顽皮"的学生。那么他是如何教育的呢?

放学后,陶行知来到校长室,王友已经等在门口准备挨训了。可一见面,陶行知却掏出一块糖果送给王友,并说:"这是奖给你的,因为你按时来到这里,而我却迟到了。"王友惊疑地接过糖果。

随后,陶行知又掏出一块糖果放到他手里,说:"这第二块糖果也是奖给你的,因为当我不让你再打人时,你立即就住手了,这说明你很尊重我,我应该奖你。"王友更惊疑了,他眼睛睁得大大的。

陶行知又掏出第三块糖果塞到王友手里,说:"我调查过了,你用泥块砸那些男生,是因为他们不守游戏规则,欺负女生;你砸他们,说明你很正直善良,且有批评不良行为的勇气,应该奖励你啊!"王友感动极了,他流着眼泪后悔地喊道:"陶……陶校长你打我两下吧!我砸的不是坏人,而是自己的同学啊……"

陶行知满意地笑了,他随即掏出第四块糖果递给王友,说:"为你正确地认识错误,我再奖给你一块糖果,只可惜我只有这一块糖果了。我的糖果//没有了,我看我们的谈话也该结束了吧!"说完,就走出了校长室。

——节选自《教师博览·百期精华》中《陶行知的"四块糖果"》

作品40号——《提醒幸福》

[朗读提示]本文用清新而又富有哲理的语言向我们娓娓道来幸福的含义。朗读时语调自然,语速稍缓,语气中带有几分感慨和醒悟。

享受幸福是需要学习的,当它即将来临的时刻需要提醒。人可以自然而然地学会感官的享乐,却无法天生地掌握幸福的韵律。灵魂的快意同器官的舒适像一对孪生兄弟,时而相傍相依,时而南辕北辙。

幸福是一种心灵的震颤。它像会倾听音乐的耳朵一样,需要不断地训练。

简而言之,幸福就是没有痛苦的时刻。它出现的频率并不像我们想象的那样少。人们常常只是在幸福的金马车已经驶过去很远时，才拣起地上的金鬃毛说，原来我见过它。

人们喜爱回味幸福的标本，却忽略它披着露水散发清香的时刻。那时候我们往往步履匆匆，瞻前顾后不知在忙着什么。

世上有预报台风的，有预报蝗灾的，有预报瘟疫的，有预报地震的。没有人预报幸福。

其实幸福和世界万物一样，有它的征兆。

幸福常常是朦胧的，很有节制地向我们喷洒甘霖。你不要总希望轰轰烈烈的幸福，它多半只是悄悄地扑面而来。你也不要企图把水龙头拧得更大，那样它会很快地流失。你需要静静地以平和之心，体验它的真谛。

幸福绝大多数是朴素的。它不会像信号弹似的，在很高的天际闪烁红色的光芒。它披着本色的外//衣，亲切温暖地包裹起我们。

幸福不喜欢喧嚣浮华，它常常在暗淡中降临。贫困中相濡以沫的一块糕饼，患难中心心相印的一个眼神，父亲一次粗糙的抚摸，女友一张温馨的字条……这都是千金难买的幸福啊。像一粒粒缀在旧绸子上的红宝石，在凄凉中愈发熠熠夺目。

——节选自毕淑敏《提醒幸福》

作品 41 号——《天才的造就》

[朗读提示]本文记叙了贝利小时候对足球执着追求的故事,叙述极为自然、朴实。朗读时要把小贝利的执着劲和为了报答教练而挖坑的感人至深的情感读出来。

在里约热内卢的一个贫民窟里,有一个男孩子,他非常喜欢足球,可是又买不起,于是就踢塑料盒,踢汽水瓶,踢从垃圾箱里拣来的椰子壳。他在胡同里踢,在能找到的任何一片空地上踢。

有一天,当他在一处干涸的水塘里猛踢一个猪膀胱时,被一位足球教练看见了。他发现这个男孩儿踢得很像是那么回事,就主动提出要送给他一个足球。小男孩儿得到足球后踢得更卖劲了。不久,他就能准确地把球踢进远处随意摆放的一个水桶里。

圣诞节到了,孩子的妈妈说:"我们没有钱买圣诞礼物送给我们的恩人,就让我们为他祈祷吧。"

小男孩儿跟随妈妈祈祷完毕,向妈妈要了一把铲子便跑了出去。他来到一座别墅前的花园里,开始挖坑。

就在他快要挖好坑的时候,从别墅里走出一个人来,问小孩儿在干什么,孩子抬起满是汗珠的脸蛋儿,说:"教练,圣诞节到了,我没有礼物送给您,我愿给您的圣诞树挖一个树坑。"

教练把小男孩儿从树坑里拉上来,说,我今天得到了世界上最好的礼物。明天你就到我的训练场去吧。

三年后,这位十七岁的男孩儿在第六届足球锦标赛上独

jìn èrshíyī qiú, wèi Bāxī dì-yī cì pěnghuíle jīnbēi. Yī gè yuán//lái bù wéi shìrén suǒ
进 二十一 球, 为 巴西 第一 次 捧回了 金杯。一个 原//来 不 为 世 人 所
zhī de míngzi —— Bèilì, suí zhī chuánbiàn shìjiè.
知 的 名字 —— 贝利, 随 之 传遍 世界。

——节选自刘燕敏《天才的造就》

作品 42 号——《我的母亲独一无二》

[朗读提示]本文赞扬了伟大的母爱,朗读时语气是凝重的、沉缓的,语调略带悲伤,并充满了对母爱的由衷赞美之情。

Jì•dé wǒ shísān suì shí, hé mǔ•qīn zhù zài Fǎguó dōngnánbù de Nàisī Chéng.
记得 我 十三 岁 时, 和 母亲 住 在 法国 东南部 的 耐斯 城。
Mǔ•qīn méi•yǒu zhàngfu, yě méi•yǒu qīnqi, gòu qīngkǔ de, dàn tā jīngcháng néng
母亲 没有 丈夫, 也 没有 亲戚, 够 清苦 的, 但 她 经常 能
ná•chū lìng rén chījīng de dōngxi, bǎi zài wǒ miànqián. Tā cónglái bù chī ròu, yīzài
拿出 令 人 吃惊 的 东西, 摆 在 我 面前。 她 从来 不 吃 肉, 一再
shuō zìjǐ shì sùshízhě. Rán'ér yǒu yī tiān, wǒ fāxiàn mǔ•qīn zhèng zǐxì de yòng yī
说 自己 是 素食者。 然而 有 一 天, 我 发现 母亲 正 仔细地 用 一
xiǎo kuàir suì miànbāo cā nà gěi wǒ jiān niúpái yòng de yóuguō. Wǒ míngbaile tā
小 块 碎 面包 擦 那 给 我 煎 牛排 用 的 油锅。 我 明白了 她
chēng zìjǐ wéi sùshízhě de zhēnzhèng yuányīn.
称 自己 为 素食者 的 真正 原因。

Wǒ shíliù suì shí, mǔ•qīn chéngle Nàisī Shì Měiméng lǚguǎn de nǚ jīnglǐ. Zhèshí,
我 十六 岁 时, 母亲 成了 耐斯 市 美蒙 旅馆 的 女 经理。 这时,
tā gèng mánglù le. Yī tiān, tā tān zài yǐzi•shàng, liǎnsè cāngbái, zuǐchún fā huī.
她 更 忙碌 了。 一 天, 她 瘫 在 椅子 上, 脸色 苍白, 嘴唇 发 灰。
Mǎshàng zhǎolái yīshēng, zuò•chū zhěnduàn: Tā shèqǔle guòduō de yídǎosù. Zhídào
马上 找来 医生, 做出 诊断: 她 摄取了 过多 的 胰岛素。 直到
zhèshí wǒ cái zhī•dào mǔ•qīn duōnián yīzhí duì wǒ yǐnmán de jítòng—— tángniàobìng.
这时 我 才 知道 母亲 多年 一直 对 我 隐瞒 的 疾痛—— 糖尿病。

Tā de tóu wāixiàng zhěntou yībiān, tòngkǔ de yòng shǒu zhuānao xiōngkǒu.
她 的 头 歪向 枕头 一边, 痛苦 地 用 手 抓挠 胸口。
Chuángjià shàngfāng, zé guàzhe yī méi wǒ yī jiǔ sān èr nián yíngdé Nàisī Shì
床架 上方, 则 挂着 一 枚 我 一 九 三 二 年 赢得 耐斯 市
shàonián pīngpāngqiú guànjūn de yínzhì jiǎngzhāng.
少年 乒乓 球 冠军 的 银质 奖章。

À, shì duì wǒ de měihǎo qiántú de chōngjǐng zhīchēngzhe tā huó xià•qù, wèile
啊, 是 对 我 的 美好 前途 的 憧憬 支撑着 她 活 下去, 为了
gěi tā nà huāng•táng de mèng zhìshǎo jiā yīdiǎnr zhēnshí de sècǎi, wǒ zhǐnéng jìxù
给 她 那 荒唐 的 梦 至少 加 一点 真实 的 色彩, 我 只能 继续
nǔlì, yǔ shíjiān jìngzhēng, zhízhì yī jiǔ sān bā nián wǒ bèi zhēng rù kōngjūn. Bālí
努力, 与 时间 竞争, 直至 一 九 三 八 年 我 被 征 入 空军。 巴黎
hěn kuài shīxiàn, wǒ zhǎnzhuǎn diàodào Yīngguó Huángjiā Kōngjūn. Gāng dào Yīngguó
很 快 失陷, 我 辗转 调到 英国 皇家 空军。 刚 到 英国

就接到了母亲的来信。这些信是由在瑞士的一个朋友秘密地转到伦敦，送到我手中的。

现在我要回家了，胸前佩戴着醒目的绿黑两色的解放十字绶//带，上面挂着五六枚我终身难忘的勋章，肩上还佩戴着军官肩章。到达旅馆时，没有一个人跟我打招呼。原来，我母亲在三年半以前就已经离开人间了。在她死前的几天中，她写了近二百五十封信，把这些信交给她在瑞士的朋友，请这个朋友定时寄给我。就这样，在母亲死后的三年半的时间里，我一直从她身上吸取着力量和勇气——这使我能够继续战斗到胜利那一天。

——节选自［法］罗曼·加里《我的母亲独一无二》

作品43号——《我的信念》

［朗读提示］本文是以第一人称的口吻写的，表现了玛丽·居里对生活、事业坚韧不拔的信心。朗读时语调自信、坚定。

生活对于任何人都非易事，我们必须有坚韧不拔的精神。最要紧的，还是我们自己要有信心。我们必须相信，我们对每一件事情都具有天赋的才能，并且，无论付出任何代价，都要把这件事完成。当事情结束的时候，你要能问心无愧地说："我已经尽我所能了。"

有一年的春天，我因病被迫在家里休息数周。我注视着我的女儿们所养的蚕正在结茧，这使我很感兴趣。望着这些蚕执著地、勤奋地工作，我感到我和它们非常相似。像它们一样，我总是耐心地把自己的努力集中在一个

mùbiāo•shàng. Wǒ zhīsuǒyǐ rúcǐ, huòxǔ shì yīn•wèi yǒu mǒu zhǒng lì•liàng zài
目标 上。 我 之所以 如此， 或许 是 因为 有 某 种 力量 在
biāncèzhe wǒ—— zhèng rú cán bèi biāncèzhe qù jié jiǎn yībān.
鞭策着 我—— 正 如 蚕 被 鞭策着 去 结 茧 一般。

　　Jìn wǔshí nián lái, wǒ zhìlìyú kēxué yánjiū, ér yánjiū, jiùshì duì zhēnlǐ de tàntǎo.
　　近 五十 年 来， 我 致力于 科学 研究， 而 研究， 就是 对 真理 的 探讨。
Wǒ yǒu xǔduō měihǎo kuàilè de jìyì. Shàonǚ shíqī wǒ zài Bālí Dàxué, gūdú de
我 有 许多 美好 快乐 的 记忆。 少女 时期 我 在 巴黎 大学， 孤独 地
guòzhe qiúxué de suìyuè; zài hòulái xiànshēn kēxué de zhěnggè shíqī, wǒ zhàngfu hé
过着 求学 的 岁月； 在 后来 献身 科学 的 整个 时期， 我 丈夫 和
wǒ zhuānxīn-zhìzhì, xiàng zài mènghuàn zhōng yībān, zuò zài jiǎnlòu de shūfáng•lǐ
我 专心 致志， 像 在 梦幻 中 一般， 坐 在 简陋 的 书房 里
jiānxīn de yánjiū, hòulái wǒmen jiù zài nà•lǐ fāxiànle léi.
艰辛 地 研究， 后来 我们 就 在 那里 发现了 镭。

　　Wǒ yǒngyuǎn zhuīqiú ānjìng de gōngzuò hé jiǎndān de jiātíng shēnghuó. Wèile
　　我 永远 追求 安静 的 工作 和 简单 的 家庭 生活。 为了
shíxiàn zhège lǐxiǎng, wǒ jiélì bǎochí níngjìng de huánjìng, yǐmiǎn shòu rénshì de
实现 这个 理想， 我 竭力 保持 宁静 的 环境， 以免 受 人事 的
gānrǎo hé shèngmíng de tuōlěi.
干扰 和 盛名 的 拖累。

　　Wǒ shēnxìn, zài kēxué fāngmiàn wǒmen yǒu duì shìyè ér bù//shì duì cáifù de
　　我 深信， 在 科学 方面 我们 有 对 事业 而 不//是 对 财富 的
xìngqù. Wǒ de wéiyī shēwàng shì zài yī gè zìyóu guójiā zhōng, yǐ yī gè zìyóu xuézhě
兴趣。 我 的 惟一 奢望 是 在 一 个 自由 国家 中， 以 一 个 自由 学者
de shēn•fèn cóngshì yánjiū gōngzuò.
的 身份 从事 研究 工作。

　　Wǒ yīzhí chénzuì yú shìjiè de yōuměi zhīzhōng, wǒ suǒ rè'ài de kēxué yě bùduàn
　　我 一直 沉醉 于 世界 的 优美 之中， 我 所 热爱 的 科学 也 不断
zēngjiā tā zhǎnxīn de yuǎnjǐng. Wǒ rèndìng kēxué běnshēn jiù jùyǒu wěidà de měi.
增加 它 崭新 的 远景。 我 认定 科学 本身 就 具有 伟大 的 美。

——节选自［波兰］玛丽·居里《我的信念》，剑捷译

作品44号——《我为什么当教师》

　　[朗读提示]本文充满感情地阐述了"我"喜欢当教师的理由,语言质朴清新,毫无夸夸其谈之态,所以在朗读时宜娓娓道来,感情起伏不宜过于强烈。同时,语调自然之中要饱含对教师职业的热爱之情,这样才能把作者的感悟和心情淋漓尽致地表现出来。

　　Wǒ wèishénme fēi yào jiāoshū bùkě? Shì yīn•wèi wǒ xǐhuan dāng jiàoshī de shíjiān
　　我 为什么 非要 教书 不可？ 是 因为 我 喜欢 当 教师 的 时间
ānpáibiǎo hé shēnghuó jiézòu. Qī、bā、jiǔ sān gè yuè gěi wǒ tígōngle jìnxíng huígù、
安排表 和 生活 节奏。 七、八、九 三 个 月 给 我 提供了 进行 回顾、
yánjiū、xiězuò de liángjī, bìng jiāng sānzhě yǒujī rónghé, ér shànyú huígù、yánjiū hé
研究、 写作 的 良机， 并 将 三者 有机 融合， 而 善于 回顾、 研究 和
zǒngjié zhèngshì yōuxiù jiàoshī sùzhì zhōng bùkě quēshǎo de chéng•fèn.
总结 正是 优秀 教师 素质 中 不可 缺少 的 成分。

干这行给了我多种多样的"甘泉"去品尝，找优秀的书籍去研读，到"象牙塔"和实际世界里去发现。教学工作给我提供了继续学习的时间保证，以及多种途径、机遇和挑战。

然而，我爱这一行的真正原因，是爱我的学生。学生们在我的眼前成长、变化。当教师意味着亲历"创造"过程的发生——恰似亲手赋予一团泥土以生命，没有什么比目睹它开始呼吸更激动人心的了。

权利我也有了：我有权利去启发诱导，去激发智慧的火花，去问费心思考的问题，去赞扬回答的尝试，去推荐书籍，去指点迷津。还有什么别的权利能与之相比呢？

而且，教书还给我金钱和权利之外的东西，那就是爱心。不仅有对学生的爱，对书籍的爱，对知识的爱，还有教师才能感受到的对"特别"学生的爱。这些学生，有如冥顽不灵的泥块，由于接受了老师的炽爱才勃发了生机。

所以，我爱教书，还因为，在那些勃发生机的"特别"学//生身上，我有时发现自己和他们呼吸相通，忧乐与共。

——节选自[美]彼得·基·贝得勒《我为什么当教师》

作品45号——《西部文化和西部开发》

[**朗读提示**]本文以说明文的形式介绍了西部的文化和西部的开发。朗读时客观、沉稳，感情抑扬不明显。

中国西部我们通常是指黄河与秦岭相连一线以西，包括西北和西南的十二个省、市、自治区。这块广袤的土地面积为五百四十六万平方公里，占国土总面积的百分之五十七；人口二点八亿，占全国总人口的百分之二十三。

西部是华夏文明的源头。华夏祖先的脚步是顺着水边走的：长江上游出土过元谋人牙齿化石，距今约一百七十万年；黄河中游出土过蓝田人头盖骨，距今约七十万年。这两处古人类都比距今约五十万年的北京猿人资格更老。

西部地区是华夏文明的重要发源地。秦皇汉武以后，东西方文化在这里交汇融合，从而有了丝绸之路的驼铃声声，佛院深寺的暮鼓晨钟。敦煌莫高窟是世界文化史上的一个奇迹，它在继承汉晋艺术传统的基础上，形成了自己兼收并蓄的恢宏气度，展现出精美绝伦的艺术形式和博大精深的文化内涵。秦始皇兵马俑、西夏王陵、楼兰古国、布达拉宫、三星堆、大足石刻等历史文化遗产，同样为世界所瞩目，成为中华文化重要的象征。

西部地区又是少数民族及其文化的集萃地，几乎包括了我国所有的少数民族。在一些偏远的少数民族地区，仍保留//了一些久远时代的艺术品种，成为珍贵的"活化石"，如纳西古乐、戏曲、剪纸、刺绣、岩画等民间艺术和宗教艺术。特色鲜明、丰富多彩，犹如一个巨大的民族民间文化艺术宝库。

我们要充分重视和利用这些得天独厚的资源优势，建立良好的民族民间文化生态环境，为西部大开发做出贡献。

——节选自《中考语文课外阅读试题精选》中《西部文化和西部开发》

作品46号——《喜悦》

[朗读提示] 本文写的是人生感悟,富有哲理和诗意。朗读时语调沉稳中要有感情的起伏,把作者的感悟通过自己的声音渲染出来。

　　高兴,这是一种具体的被看得到摸得着的事物所唤起的情绪。它是心理的,更是生理的。它容易来也容易去,谁也不应该对它视而不见失之交臂,谁也不应该总是做那些使自己不高兴也使旁人不高兴的事。让我们说一件最容易做也最令人高兴的事吧,尊重你自己,也尊重别人,这是每一个人的权利,我还要说这是每一个人的义务。

　　快乐,它是一种富有概括性的生存状态、工作状态。它几乎是先验的,它来自生命本身的活力,来自宇宙、地球和人间的吸引,它是世界的丰富、绚丽、阔大、悠久的体现。快乐还是一种力量,是埋在地下的根脉。消灭一个人的快乐比挖掘掉一棵大树的根要难得多。

　　欢欣,这是一种青春的、诗意的情感。它来自面向着未来伸开双臂奔跑的冲力,它来自一种轻松而又神秘、朦胧而又隐秘的激动,它是激情即将到来的预兆,它又是大雨过后的比下雨还要美妙得多也久远得多的回味……

　　喜悦,它是一种带有形而上色彩的修养和境界。与其说它是一种情绪,不如说它是一种智慧、一种超拔、一种悲天悯人的宽容和理解,一种饱经沧桑的充实和自信,一种光明的理性,一种坚定//的成熟,一种战胜了烦恼和庸俗的清明澄澈。它是一潭清水,它是一抹朝霞,它是无边的平原,它是沉默的地平线。多一点儿、再多一点儿喜悦吧,它是翅膀,也是归巢。它是一杯美酒,也是一朵永远开不败的莲花。

——节选自王蒙《喜悦》

作品47号——《香港:最贵的一棵树》

[朗读提示]本文描写了香港最贵的一棵树,文章一开头就给了读者一个悬念,朗读时,语调要有起伏,语势可稍作夸张,然后一步步地揭示答案让读者明白其中的缘由,朗读这一部分,语调要平稳而不失惊奇。

在湾仔,香港最热闹的地方,有一棵榕树,它是最贵的一棵树,不光在香港,在全世界,都是最贵的。

树,活的树,又不卖何言其贵?只因它老,它粗,是香港百年沧桑的活见证,香港人不忍看着它被砍伐,或者被移走,便跟要占用这片山坡的建筑者谈条件:可以在这儿建大楼盖商厦,但一不准砍树,二不准挪树,必须把它原地精心养起来,成为香港闹市中的一景。太古大厦的建设者最后签了合同,占用这个大山坡建豪华商厦的先决条件是同意保护这棵老树。

树长在半山坡上,计划将树下面的成千上万吨山石全部掏空取走,腾出地方来盖楼,把树架在大楼上面,仿佛它原本是长在楼顶上似的。建设者就地造了一个直径十八米、深十米的大花盆,先固定好这棵老树,再在大花盆底下盖楼。光这一项就花了两千三百八十九万港币,堪称是最昂贵的保护措施了。

太古大厦落成之后，人们可以乘滚动扶梯一次到位，来到太古大厦的顶层，出后门，那儿是一片自然景色。一棵大树出现在人们面前，树干有一米半粗，树冠直径足有二十多米，独木成林，非常壮观，形成一座以它为中心的小公园，取名叫"榕圃"。树前面//插着铜牌，说明原由。此情此景，如不看铜牌的说明，绝对想不到巨树根底下还有一座宏伟的现代大楼。

——节选自舒乙《香港：最贵的一棵树》

作品48号——《小鸟的天堂》

[朗读提示]本文写了作者两次观赏大榕树的情景，而且两次的印象有些不同，朗读时要区别对待，朗读前一部分时要用欣喜的语调、舒缓的节奏表现出对大榕树的赞美之情，朗读中间过渡时语调要略含失望、遗憾，朗读后一部分时语调要畅快欣喜——终于看到鸟啦！

我们的船渐渐地逼近榕树了。我有机会看清它的真面目：是一棵大树，有数不清的丫枝，枝上又生根，有许多根一直垂到地上，伸进泥土里。一部分树枝垂到水面，从远处看，就像一棵大树斜躺在水面上一样。

现在正是枝繁叶茂的时节。这棵榕树好像在把它的全部生命力展示给我们看。那么多的绿叶，一簇堆在另一簇的上面，不留一点儿缝隙。翠绿的颜色明亮地在我们的眼前闪耀，似乎每一片树叶上都有一个新的生命在颤动，这美丽的南国的树！

船在树下泊了片刻，岸上很湿，我们没有上去。朋友说这里是"鸟的天堂"，有许多鸟在这棵树上做

wō, nóngmín bùxǔ rén qù zhuō tāmen. Wǒ fǎngfú tīng·jiàn jǐ zhī niǎo pū chì de
窝，农民 不许 人 去 捉 它们。我 仿佛 听见 几 只 鸟 扑翅 的
shēngyīn, dànshì děngdào wǒ de yǎnjing zhùyì de kàn nà·lǐ shí, wǒ què kàn·bùjiàn yī
声音， 但是 等到 我 的 眼睛 注意 地 看 那里 时，我 却 看不见 一
zhī niǎo de yǐngzi, zhǐyǒu wúshù de shùgēn lì zài dì·shàng, xiàng xǔduō gēn
只 鸟 的 影子，只有 无数 的 树根 立 在 地上， 像 许多 根
mùzhuāng. Dì shì shī de, dàgài zhǎngcháo shí héshuǐ chángcháng chōng·shàng àn·qù.
木桩。 地是湿的，大概 涨潮 时河水 常常 冲上 岸去。

"Niǎo de tiāntáng"·lǐ méi·yǒu yī zhī niǎo, wǒ zhèyàng xiǎngdào. Chuán kāi le, yī gè
"鸟 的 天堂" 里 没有 一 只 鸟，我 这样 想到。 船 开 了，一 个
péngyou bōzhe chuán, huǎnhuǎn de liúdào hé zhōngjiān qù.
朋友 拨着 船， 缓缓 地 流到 河 中间 去。

Dì-èr tiān, wǒmen huázhe chuán dào yī gè péngyou de jiāxiāng qù, jiùshì nàgè
第二 天，我们 划着 船 到 一 个 朋友 的 家乡 去，就是 那个
yǒu shān yǒu tǎ de dìfang. Cóng xuéxiào chūfā, wǒmen yòu jīngguò nà "niǎo de
有 山 有 塔 的 地方。 从 学校 出发，我们 又 经过 那 "鸟 的
tiāntáng".
天堂"。

Zhè yī cì shì zài zǎo·chén, yángguāng zhào zài shuǐmiàn·shàng, yě zhào zài
这 一 次 是 在 早晨， 阳光 照 在 水面 上， 也 照 在
shùshāo·shàng. Yīqiè dōu // xiǎn·dé fēicháng guāngmíng. Wǒmen de chuán yě zài
树梢 上。 一切 都 // 显得 非常 光明。 我们 的 船 也 在
shù·xià bóle piànkè.
树 下 泊了 片刻。

Qǐchū sìzhōuwéi fēicháng qīngjìng. Hòulái hūrán qǐle yī shēng niǎojiào. Wǒmen
起初 四周围 非常 清静。 后来 忽然 起了 一 声 鸟叫。 我们
bǎ shǒu yī pāi, biàn kàn·jiàn yī zhī dàniǎo fēile qǐ·lái, jiēzhe yòu kàn·jiàn dì-èr zhī,
把 手 一 拍， 便 看见 一 只 大鸟 飞了 起来，接着 又 看见 第二 只，
dì-sān zhī. Wǒmen jìxù pāizhǎng, hěn kuài de zhège shùlín jiù biàn de hěn rènao le.
第三 只。 我们 继续 拍掌， 很 快 地 这个 树林 就 变 得 很 热闹 了。
Dàochù dōu shì niǎo shēng, dàochù dōu shì niǎo yǐng. Dà de, xiǎo de, huā de, hēi
到处 都 是 鸟 声， 到处 都 是 鸟 影。大 的，小 的，花 的，黑
de, yǒude zhàn zài zhī·shàng jiào, yǒude fēi qǐ·lái, zài pū chìbǎng.
的，有的 站 在 枝 上 叫，有的 飞 起来，在 扑 翅膀。

——节选自巴金《小鸟的天堂》

作品 49 号——《野草》

[朗读提示]本文饱含激情地描写了小草种子的力量,开头便留有悬念,朗读时语气要自然轻松而不失好奇;接着文中又具体描写了小草种子力量之大,朗读时要洋溢着新奇和对种子顽强不息力量的赞美之情。

Yǒu zhèyàng yī gè gùshi.
有 这样 一 个 故事。

有人问：世界上什么东西的气力最大？回答纷纭得很，有的说"象"，有的说"狮"，有人开玩笑似的说：是"金刚"，金刚有多少气力，当然大家全不知道。

结果，这一切答案完全不对，世界上气力最大的，是植物的种子。一粒种子所可以显现出来的力，简直是超越一切。

人的头盖骨，结合得非常致密与坚固，生理学家和解剖学者用尽了一切的方法，要把它完整地分出来，都没有这种力气。后来忽然有人发明了一个方法，就是把一些植物的种子放在要剖析的头盖骨里，给它以温度与湿度，使它发芽。一发芽，这些种子便以可怕的力量，将一切机械力所不能分开的骨骼，完整地分开了。植物种子的力量之大，如此如此。

这，也许特殊了一点儿，常人不容易理解。那么，你看见过笋的成长吗？你看见过被压在瓦砾和石块下面的一棵小草的生长吗？它为着向往阳光，为着达成它的生之意志，不管上面的石块如何重，石与石之间如何狭，它必定要曲曲折折地，但是顽强不屈地透到地面上来。它的根往土壤钻，它的芽往地面挺，这是一种不可抗拒的力，阻止它的石块，结果也被它掀翻，一粒种子的力量之大，如//此如此。

没有一个人将小草叫做"大力士"，但是它的力量之大的确是世界无比。这种力是一般人看不见的生命力。只要生命存在，这种力就要显现。上面的石块，丝毫不足以阻挡。因为它是一种"长期抗战"的力;有弹性,能屈能伸的力;有韧性,不达目的不止的力。

——节选自夏衍《野草》

作品50号——《匆匆》

[朗读提示]本文是一篇描述时间匆匆的经典散文,朗读时注意体会作者对时间匆匆而逝的无奈、焦急和惋惜之情。语速稍慢,特别把握语句之间的停顿和连接,感受到朗读时的节奏。

燕子去了,有再来的时候;杨柳枯了,有再青的时候;桃花谢了,有再开的时候。但是,聪明的,你告诉我,我们的日子为什么一去不复返呢?——是有人偷了他们罢:那是谁?又藏在何处呢?是他们自己逃走了罢:现在又到了哪里呢?

去的尽管去了,来的尽管来着;去来的中间,又怎样地匆匆呢?早上我起来的时候,小屋里射进两三方斜斜的太阳。太阳他有脚啊,轻轻悄悄地挪移了;我也茫茫然跟着旋转。于是——洗手的时候,日子从水盆里过去;吃饭的时候,日子从饭碗里过去;默默时,便从凝然的双眼前过去。我觉察他去的匆匆了,伸出手遮挽时,他又从遮挽着的手边过去;天黑时,我躺在床上,他便伶伶俐俐地从我身上跨过,从我脚边飞去了。等我睁开眼和太阳再见,这算又溜走了一日。我掩着面叹息。但是新来的日子的影儿又开始在叹息里闪过了。

在逃去如飞的日子里,在千门万户的世界里的我能做些什么呢?只有徘徊罢了,只有匆匆罢了;在八千多日的匆匆里,除徘徊外,又剩些什么呢?过去的日子如轻烟,

bèi wēifēng chuīsànle, rú bówù, bèi chūyáng zhēngróngle; wǒ liúzhe xiē shénme hénjì
被　微风　　吹散了，如 薄雾，被　初阳　　蒸融了；我　留着 些 什么 痕迹
ne? Wǒ hécéng liúzhe xiàng yóusī yàng de hénjì ne? Wǒ chìluǒluǒ lái//dào zhè shìjiè,
呢？我 何曾　留着　像 游丝 样 的 痕迹 呢？我 赤裸裸　来//到 这 世界，
zhuǎnyǎnjiān yě jiāng chìluǒluǒ de huí·qù ba? Dàn bù néng píng de, wèishénme piān
转眼间　　也 将 赤裸裸 的 回去 罢？但 不 能 平 的，为什么 偏
báibái zǒu zhè yīzāo wa?
白白　走 这 一遭 啊？

　　Nǐ cōng·míng de, gàosu wǒ, wǒmen de rìzi wèishénme yī qù bù fùfǎn ne?
　　你　聪明　的，告诉 我，我们 的 日子 为什么　一 去 不 复返 呢？
　　　　　　　　　　　　　　　　　　　——节选自朱自清《匆匆》

作品51号——《一个美丽的故事》

　　[朗读提示]本文讲述了一个感人而又美丽的故事，朗读时，声音要柔和甜润，把整篇文章浓浓的爱意表现出来。最后一句为画龙点睛之笔，读时语气舒缓，语调稳健，让人耐人寻味，感人至深。

　　Yǒu gè tā bízi de xiǎonánháir, yīn·wèi liǎng suì shí déguo nǎoyán, zhìlì shòusǔn,
　　有 个 塌鼻子 的　小男孩儿，因为　　两 岁 时 得过　脑炎，智力 受损，
xuéxí qǐ·lái hěn chīlì. Dǎ gè bǐfang, bié·rén xiě zuòwén néng xiě èr-sānbǎi zì, tā què
学习　起来 很 吃力。打 个 比方，别人　写 作文　能 写 二三百 字，他 却
zhǐnéng xiě sān-wǔ háng. Dàn jíbiàn zhèyàng de zuòwén, tā tóngyàng néng xiě de
只能　写 三五 行。但 即便 这样 的 作文，他 同样　能 写 得
hěn dòngrén.
很 动人。

　　Nà shì yī cì zuòwénkè, tímù shì 《Yuànwàng》. Tā jíqí rènzhēn de xiǎngle
　　那 是 一 次 作文课，题目 是 《愿望》。他 极其 认真 地 想了
bàntiān, ránhòu jí rènzhēn de xiě, nà zuòwén jí duǎn. Zhǐyǒu sān jù huà: Wǒ yǒu
半天，然后 极 认真 地 写，那 作文 极 短。只有 三 句 话：我 有
liǎng gè yuànwàng, dì-yī gè shì, māma tiāntiān xiàomīmī de kànzhe wǒ shuō: "Nǐ
两 个 愿望，第一 个 是，妈妈 天天　笑眯眯 地 看着 我 说："你
zhēn cōng·míng," dì-èr gè shì, lǎoshī tiāntiān xiàomīmī de kànzhe wǒ shuō: "Nǐ
真　聪明，"　第二 个 是，老师 天天　笑眯眯 地 看着 我 说："你
yīdiǎnr yě bù bèn."
一点儿 也 不 笨。"

　　Yúshì, jiùshì zhè piān zuòwén, shēnshēn de dǎdòngle tā de lǎoshī, nà wèi māma
　　于是，就是 这 篇 作文，深深 地 打动了 他 的 老师，那 位 妈妈
shì de lǎoshī bùjǐn gěile tā zuì gāo fēn, zài bān·shàng dài gǎnqíng de lǎngdúle zhè
式 的 老师 不仅 给了 他 最 高 分，在 班 上 带 感情 地 朗读了 这
piān zuòwén, hái yībǐ-yīhuà de pīdào: Nǐ hěn cōng·míng, nǐ de zuòwén xiě de
篇 作文，还 一笔一画 地 批道：你 很 聪明，你 的 作文 写 得
fēicháng gǎnrén, qǐng fàngxīn, māma kěndìng huì géwài xǐhuan nǐ de, lǎoshī kěndìng
非常　感人，请 放心，妈妈 肯定 会 格外 喜欢 你 的，老师 肯定
huì géwài xǐhuan nǐ de, dàjiā kěndìng huì géwài xǐhuan nǐ de.
会 格外 喜欢 你 的，大家 肯定 会 格外 喜欢 你 的。

捧着作文本,他笑了,蹦蹦跳跳地回家了,像只喜鹊。但他并没有把作文本拿给妈妈看,他是在等待,等待着一个美好的时刻。

那个时刻终于到了,是妈妈的生日——一个阳光灿烂的星期天:那天,他起得特别早,把作文本装在一个亲手做的美丽的大信封里,等着妈妈醒来。妈妈刚刚睁眼醒来,他就笑眯眯地走到妈妈跟前说:"妈妈,今天是您的生日,我要//送给您一件礼物。"

果然,看着这篇作文,妈妈甜甜地涌出了两行热泪,一把搂住小男孩儿,搂得很紧很紧。

是的,智力可以受损,但爱永远不会。

——节选自张玉庭《一个美丽的故事》

作品 52 号——《永远的记忆》

扫码听范读

[朗读提示]这是一篇充满浓浓怀念之情的回忆录,语言清新自然,没有大起大落的感情起伏,所以朗读时语气要舒缓,声音要柔婉,仿佛回到那令人回味无穷、难以忘怀的情景之中了。

小学的时候,有一次我们去海边远足,妈妈没有做便饭,给了我十块钱买午餐。好像走了很久、很久,终于到海边了,大家坐下来便吃饭,荒凉的海边没有商店,我一个人跑到防风林外面去,级任老师要大家把吃剩的饭菜分给我一点儿。有两三个男生留下一点儿给我,还有一个女生,她的米饭拌了酱油,很香。我吃完的时候,她笑眯眯地看着我,短头发,脸圆圆的。

她的名字叫翁香玉。

每天放学的时候,她走的是经过我们家的一条小路,带着一位比她小的男孩儿,可能是弟弟。小路边是一条清澈见底的小溪,两旁竹阴覆盖,我总是远远地跟在她后面,夏日的午后特别炎热,走到半路她会停下来,拿手帕在溪水里浸湿,为小男孩儿擦脸。我也在后面停下来,把肮脏的手帕弄湿了擦脸,再一路远远跟着她回家。

后来我们家搬到镇上去了,过几年我也上了中学。有一天放学回家,在火车上,看见斜对面一位短头发、圆圆脸的女孩儿,一身素净的白衣黑裙。我想她一定不认识我了。火车很快到站了,我随着人群挤向门口,她也走近了,叫我的名字。这是她第一次和我说话。

她笑眯眯的,和我一起走过月台。以后就没有再见过//她了。

这篇文章收在我出版的《少年心事》这本书里。书出版后半年,有一天我忽然收到出版社转来的一封信,信封上是陌生的字迹,但清楚地写着我的本名。信里面说她看到了这篇文章心里非常激动,没想到在离开家乡,漂泊异地这么久之后,会看见自己仍然在一个人的记忆里,她自己也深深记得这其中的每一幕,只是没想到越过遥远的时空,竟然另一个人也深深记得。

——节选自苦伶《永远的记忆》

作品53号——《语言的魅力》

[朗读提示]本文通过一件小事,让我们感受到语言的魅力,朗读时可以分成两部分:一部分是叙事,用沉着稳健的语调把故事娓娓动听地讲述出来;另一部分是最后一个自然段的抒情,要用感叹的语调读出来。

在繁华的巴黎大街的路旁，站着一个衣衫褴褛、头发斑白、双目失明的老人。他不像其他乞丐那样伸手向过路行人乞讨，而是在身旁立一块木牌，上面写着："我什么也看不见！"街上过往的行人很多，看了木牌上的字都无动于衷，有的还淡淡一笑，便姗姗而去了。

这天中午，法国著名诗人让·彼浩勒也经过这里。他看看木牌上的字，问盲老人："老人家，今天上午有人给你钱吗？"

盲老人叹息着回答："我，我什么也没有得到。"说着，脸上的神情非常悲伤。

让·彼浩勒听了，拿起笔悄悄地在那行字的前面添上了"春天到了，可是"几个字，就匆匆地离开了。

晚上，让·彼浩勒又经过这里，问那个盲老人下午的情况。盲老人笑着回答说："先生，不知为什么，下午给我钱的人多极了！"让·彼浩勒听了，摸着胡子满意地笑了。

"春天到了，可是我什么也看不见！"这富有诗意的语言，产生这么大的作用，就在于它有非常浓厚的感情色彩。是的，春天是美好的，那蓝天白云，那绿树红花，那莺歌燕舞，那流水人家，怎么不叫人陶醉呢？但这良辰美景，对于一个双目失明的人来说，只是一片漆黑。当人们想到这个盲老人，一生中竟连万紫千红的春天//都不曾看到，怎能不对他产生同情之心呢？

——节选自小学《语文》第六册中《语言的魅力》

作品 54 号——《赠你四味长寿药》

[朗读提示] 本文是一篇关于养生之道的小杂文,朗读时使用平稳、深沉的基调,不紧不慢地娓娓道出养生四味长寿药的内涵和实质。

有一次,苏东坡的朋友张鹗拿着一张宣纸来求他写一幅字,而且希望他写一点儿关于养生方面的内容。苏东坡思索了一会儿,点点头说:"我得到了一个养生长寿古方,药只有四味,今天就赠给你吧。"于是,东坡的狼毫在纸//上挥洒起来,上//面写着:"一曰无事以当贵,二曰早寝以当富,三曰安步以当车,四曰晚食以当肉。"

这哪//里有药?张鹗一脸茫然地问。苏东坡笑着解释说,养生长寿的要诀,全在这四句里//面。

所谓"无事以当贵",是指人不要把功名利禄、荣辱过失考虑得太多,如能在情志//上潇洒大度,随遇而安,无事以求,这比富贵更能使人终其天年。

"早寝以当富",指吃好穿好、财货充足,并非就能使你长寿。对老年人来说,养成良好的起居习惯,尤其是早睡早起,比获得任何财富更加宝贵。

"安步以当车",指人不要过于讲求安逸、肢体不劳,而应多以步行来替代骑马乘车,多运动才可以强健体魄,通畅气血。

"晚食以当肉",意思是人应该用已饥方食、未饱先止代替对美味佳肴的贪吃无厌。他进一步解释,饿了以后才进食,虽然是粗茶淡饭,但其香甜可口会胜过山珍;如果饱了还要勉强吃，即使美味佳肴摆在眼前也难以//下咽。苏东坡的四味"长寿药"，实际上是强调了情志、睡眠、运动、饮食四个方面对养生长寿的重要性，这种养生观点即使在今天仍然值得借鉴。

——节选自蒲昭和《赠你四味长寿药》

作品55号——《站在历史的枝头微笑》

扫码听范读

[朗读提示]本文是关于人生哲理的小品文，朗读时语气坚定、从容，语调要平稳、诚恳。

人活着，最要紧的是寻觅到那片代表着生命绿色和人类希望的丛林，然后选一高高的枝头站在那里观览人生，消化痛苦，孕育歌声，愉悦世界！这可真是一种潇洒的人生态度，这可真是一种心境爽朗的情感风貌。

站在历史的枝头微笑，可以减免许多烦恼。在那里，你可以从众生相所包含的甜酸苦辣、百味人生中寻找你自己；你境遇中的那点儿苦痛，也许相比之下，再也难以占据一席之地；你会较容易地获得从不悦中解脱灵魂的力量，使之不致变得灰色。

人站得高些，不但能有幸早些领略到希望的曙光，还能有幸发现生命的立体的诗篇。每一个人的人生，都是这诗篇中的一个词、一个句子或者一个标点。你可能没有成为一个美丽的词，一个引人注目的句子，一个惊叹号，但你依然是这生命的立体诗篇中的一个音节、一个停顿、一个必不可少的组成部分。这足以使你放弃前嫌，萌生为人类孕育新的歌声的兴致，为世界带来更多的诗意。

最可怕的人生见解，是把多维的生存图景看成平面。因为那平面上刻下的大多是凝固了的历史——过去的遗迹；但活着的人们，活得却是充满着新生智慧的，由//不断逝去的"现在"组成的未来。人生不能像某些鱼类躺着游，人生也不能像某些兽类爬着走，而应该站着向前行，这才是人类应有的生存姿态。

——节选自[美]本杰明·拉什《站在历史的枝头微笑》

作品 56 号——《中国的宝岛——台湾》

[朗读提示]本文介绍了中国宝岛——台湾的概貌，具有客观性，但又融入了作者对宝岛台湾的赞美热爱之情，在朗读时要使用稳健的语调，同时又饱含着热爱的感情。

中国的第一大岛、台湾省的主岛台湾，位于中国大陆架的东南方，地处东海和南海之间，隔着台湾海峡和大陆相望。天气晴朗的时候，站在福建沿海较高的地方，就可以隐隐约约地望见岛上的高山和云朵。

台湾岛形状狭长，从东到西，最宽处只有一百四十多公里；由南至北，最长的地方约有三百九十多公里。地形像一个纺织用的梭子。

台湾岛上的山脉纵贯南北，中间的中央山脉犹如全岛的脊梁。西部为海拔近四千米的玉山山脉，是中国东部的最高峰。全岛约有三分之一的地方是平地，其余为山地。岛内有缎带般的瀑布，蓝宝石似的湖泊，四季常青的森林和果园,自然景色十分优美。西南部的阿里山和日月潭,台北市郊的大屯山风景区,都是闻名世界的游览胜地。

台湾岛地处热带和温带之间,四面环海,雨水充足,气温受到海洋的调剂,冬暖夏凉,四季如春,这给水稻和果木生长提供了优越的条件。水稻、甘蔗、樟脑是台湾的"三宝"。岛上还盛产鲜果和鱼虾。

台湾岛还是一个闻名世界的"蝴蝶王国"。岛上的蝴蝶共有四百多个品种,其中有不少是世界稀有的珍贵品种。岛上还有不少鸟语花香的蝴//蝶谷,岛上居民利用蝴蝶制作的标本和艺术品,远销许多国家。

——节选自《中国的宝岛——台湾》

作品57号——《中国的牛》

[朗读提示]本文赞美了牛的品格:永远沉沉实实的,默默地工作,平心静气。朗读时要让声音散发出浓郁的生活气息,并充满对牛的赞美、尊敬之情,但不能太夸张,要把握好分寸,做到恰到好处。

对于中国的牛,我有着一种特别尊敬的感情。

留给我印象最深的,要算在田垄上的一次"相遇"。

一群朋友郊游,我领头在狭窄的阡陌上走,怎料迎面来了几头耕牛,狭道容不下人和牛,终有一方要让路。它们还没有走近,我们已经预计斗不过畜牲,恐怕难免踩到田地泥水里,弄得鞋袜又泥又湿了。正踟蹰的时候,带头的一头牛,在离我们不远的地方停下来,抬起头看看,稍迟疑一下,就自动走下田去。一队耕牛,全跟着它

líkāi qiānmò, cóng wǒmen shēnbiān jīngguò.
离开 阡陌， 从 我们 身边 经过。

Wǒmen dōu dāi le, huíguo tóu•lái, kànzhe shēnhèsè de niúduì, zài lù de jìntóu
我们 都 呆 了， 回过 头 来， 看着 深褐色 的 牛队， 在 路 的 尽头
xiāoshī, hūrán jué•dé zìjǐ shòule hěn dà de ēnhuì.
消失， 忽然 觉得 自己 受了 很 大 的 恩惠。

Zhōngguó de niú, yǒngyuǎn chénmò de wèi rén zuòzhe chénzhòng de gōngzuò. Zài
中国 的 牛， 永远 沉默 地为 人 做着 沉重 的 工作。 在
dàdì•shàng, zài chénguāng huò lièrì•xià, tā tuōzhe chénzhòng de lí, dītóu yī bù yòu
大地 上， 在 晨光 或 烈日 下，它 拖着 沉重 的 犁， 低头 一 步 又
yī bù, tuōchūle shēnhòu yī liè yòu yī liè sōngtǔ, hǎo ràng rénmen xià zhǒng.
一 步， 拖出了 身后 一 列 又 一 列 松土， 好 让 人们 下 种。
Děngdào mǎndì jīnhuáng huò nóngxián shíhou, tā kěnéng háiděi dāndāng bānyùn
等到 满地 金黄 或 农闲 时候， 它 可能 还得 担当 搬运
fùzhòng de gōngzuò; huò zhōngrì ràozhe shímò, cháo tóng yī fāngxiàng, zǒu bù
负重 的 工作； 或 终日 绕着 石磨， 朝 同 一 方向， 走 不
jìchéng de lù.
计程 的 路。

Zài tā chénmò de láodòng zhōng, rén biàn dédào yīng dé de shōucheng.
在 它 沉默 的 劳动 中， 人 便 得到 应 得的 收成。

Nà shíhou, yěxǔ, tā kěyǐ sōng yī jiān zhòngdàn, zhàn zài shù•xià, chī jǐ kǒu nèn
那 时候， 也许， 它 可以 松 一 肩 重担， 站 在 树下， 吃 几 口 嫩
cǎo. Ǒu'ěr yáoyao wěiba, bǎibai ěrduo, gǎnzǒu fēifù shēn•shàng de cāngying,
草。 偶尔 摇摇 尾巴， 摆摆 耳朵， 赶走 飞附 身 上 的 苍蝇，
yǐ•jīng suàn shì tā zuì xiánshì de shēnghuó le.
已经 算 是 它 最 闲适 的 生活 了。

Zhōngguó de niú, méi•yǒu chéngqún bēnpǎo de xí//guàn, yǒngyuǎn chénchén-shíshí de,
中国 的 牛， 没有 成群 奔跑 的 习// 惯， 永远 沉沉 实实 的，
mòmò de gōng zuò, píngxīn-jìngqì. Zhè jiùshì Zhōngguó de niú!
默默 地 工 作， 平心 静气。 这 就是 中国 的 牛！

——节选自小思《中国的牛》

作品58号——《住的梦》

扫码听范读

[朗读提示]这是一篇充满诗情画意的随笔散文,朗读时要展开想象的翅膀,用甜美的声音、起伏的节奏、富有韵律而又稍有夸张的语调,表现出作者的梦想来。

Bùguǎn wǒ de mèngxiǎng néngfǒu chéngwéi shìshí, shuō chū•lái zǒngshì hǎowánr de:
不管 我 的 梦想 能否 成为 事实， 说 出来 总是 好玩儿 的：
Chūntiān, wǒ jiāng yào zhù zài Hángzhōu. Èrshí nián qián, jiùlì de èryuè chū, zài
春天， 我 将 要 住 在 杭州。 二十 年 前， 旧历 的 二月 初， 在
Xīhú wǒ kàn•jiànle nènliǔ yǔ càihuā, bìlàng yǔ cuìzhú. Yóu wǒ kàndào de nà diǎnr
西湖 我 看见了 嫩柳 与 菜花， 碧浪 与 翠竹。 由 我 看到 的 那 点儿
chūnguāng, yǐ•jīng kěyǐ duàndìng, Hángzhōu de chūntiān bìdìng huì jiào rén zhěngtiān
春光， 已经 可以 断定， 杭州 的 春天 必定 会 教 人 整天

生活在诗与图画之中。所以,春天我的家应当是在杭州。

夏天,我想青城山应当算作最理想的地方。在那里,我虽然只住过十天,可是它的幽静已拴住了我的心灵。在我所看见过的山水中,只有这里没有使我失望。到处都是绿,目之所及,那片淡而光润的绿色都在轻轻地颤动,仿佛要流入空中与心中似的。这个绿色会像音乐,涤清了心中的万虑。

秋天一定要住北平。天堂是什么样子,我不知道,但是从我的生活经验去判断,北平之秋便是天堂。论天气,不冷不热。论吃的,苹果、梨、柿子、枣儿、葡萄,每样都有若干种。论花草,菊花种类之多,花式之奇,可以甲天下。西山有红叶可见,北海可以划船——虽然荷花已残,荷叶可还有一片清香。衣食住行,在北平的秋天,是没有一项不使人满意的。

冬天,我还没有打好主意,成都或者相当得合适,虽然并不怎样和暖,可是为了水仙、素心腊梅,各色的茶花,仿佛就受一点儿寒//冷,也颇值得去了。昆明的花也多,而且天气比成都好,可是旧书铺与精美而便宜的小吃远不及成都那么多。好吧,就暂这么规定:冬天不住成都便住昆明吧。

在抗战中,我没能发国难财。我想,抗战胜利以后,我必能阔起来。那时候,假若飞机减价,一二百元就能

mǎi yī jià de huà, wǒ jiù zìbèi yī jià, zé huángdào-jírì mànmàn de fēixíng.
买 一 架 的 话，我 就 自备 一 架，择 黄道 吉日 慢慢 地 飞行。

——节选自老舍《住的梦》

作品 59 号——《紫藤萝瀑布》

[朗读提示]这是一篇写景散文，朗读时注意区分眼前情景与回忆情景。眼前情景美丽无比，朗读时要用轻快、愉悦而又有赞美的语调；在朗读回忆情景时语调要低沉些，略有遗憾之情。

Wǒ bùyóude tíngzhùle jiǎobù.
我 不由得 停住了 脚步。

Cóngwèi jiànguo kāide zhèyàng shèng de téngluó, zhǐ jiàn yī piàn huīhuáng de
从未 见过 开得 这样 盛 的 藤萝，只 见 一 片 辉煌 的
dàn zǐsè, xiàng yī tiáo pùbù, cóng kōngzhōng chuíxià, bù jiàn qí fāduān, yě bù jiàn
淡 紫色，像 一 条 瀑布，从 空中 垂下，不 见 其 发端，也 不 见
qí zhōngjí, zhǐshì shēnshēn-qiǎnqiǎn de zǐ, fǎngfú zài liúdòng, zài huānxiào, zài
其 终极，只是 深深 浅浅 的 紫，仿佛 在 流动，在 欢笑，在
bùtíng de shēngzhǎng. Zǐsè de dà tiáofú·shàng, fànzhe diǎndiǎn yínguāng, jiù xiàng
不停 地 生长。紫色的大 条幅 上，泛着 点点 银光，就 像
bèngjiàn de shuǐhuā. Zǐxì kàn shí, cái zhī nà shì měi yī duǒ zǐhuā zhōng de zuì
迸溅 的 水花。仔细 看 时，才 知 那 是 每 一 朵 紫花 中 的 最
qiǎndàn de bùfen, zài hé yángguāng hùxiāng tiǎodòu.
浅淡 的 部分，在 和 阳光 互相 挑逗。

Zhè·lǐ chúle guāngcǎi, háiyǒu dàndàn de fāngxiāng. Xiāngqì sìhū yě shì qiǎn zǐsè
这里 除了 光彩，还有 淡淡的 芳香。香气 似乎 也 是 浅 紫色
de, mènghuàn yībān qīngqīng de lǒngzhàozhe wǒ. Hūrán jìqǐ shí duō nián qián, jiā
的，梦幻 一般 轻轻 地 笼罩着 我。忽然 记起 十 多 年 前，家
mén wài yě céng yǒuguo yī dà zhū zǐténgluó, tā yībàng yī zhū kū huái pá de hěn
门 外 也 曾 有过 一 大 株 紫藤萝，它 依傍 一 株 枯 槐 爬 得 很
gāo, dàn huāduǒ cónglái dōu xīluò, dōng yī suì xī yī chuàn língdīng de guà zài
高，但 花朵 从来 都 稀落，东 一 穗 西 一 串 伶仃 地 挂 在
shùshāo, hǎoxiàng zài cháyán-guānsè, shìtàn shénme. Hòulái suǒxìng lián nà xīlíng de
树梢，好像 在 察言 观色，试探 什么。后来 索性 连 那 稀零 的
huāchuàn yě méi·yǒu le. Yuán zhōng biéde zǐténg huājià yě dōu chāidiào, gǎizhòngle
花串 也 没有 了。园 中 别的 紫藤 花架 也 都 拆掉，改种了
guǒshù. Nàshí de shuōfǎ shì, huā hé shēnghuó fǔhuà yǒu shénme bìrán guānxi. Wǒ
果树。那时 的 说法 是，花 和 生活 腐化 有 什么 必然 关系。我
céng yíhàn de xiǎng: Zhè·lǐ zài kàn·bùjiàn téngluóhuā le.
曾 遗憾 地 想：这里 再 看不见 藤萝花 了。

Guòle zhème duō nián, téngluó yòu kāihuā le, érqiě kāi de zhèyàng shèng,
过了 这么 多 年，藤萝 又 开花 了，而且 开 得 这样 盛，
zhèyàng mì, zǐsè de pùbù zhēzhùle cūzhuàng de pánqiú wòlóng bān de zhīgàn,
这样 密，紫色的 瀑布 遮住了 粗壮 的 盘虬 卧龙 般的 枝干，
bùduàn de liúzhe, liúzhe, liúxiàng rén de xīndǐ.
不断 地 流着，流着，流向 人 的 心底。

花和人都会遇到各种各样的不幸，但是生命的长河是无止境的。我抚摸了一下那小小的紫色的花舱，那里满装了生命的酒酿，它张满了帆，在这//闪光的花的河流上航行。它是万花中的一朵，也正是由每一个一朵，组成了万花灿烂的流动的瀑布。

在这浅紫色的光辉和浅紫色的芳香中，我不觉加快了脚步。

——节选自宗璞《紫藤萝瀑布》

作品60号——《最糟糕的发明》

[朗读提示]这是一篇保护生态环境的文章，文中既有对事件的讲述，又有对客观事实的说明。朗读时要加以区别：朗读事件讲述时语调充满好奇，并略有起伏；而朗读客观事实说明时，要沉稳、坚定。

在一次名人访问中，被问及上个世纪最重要的发明是什么时，有人说是电脑，有人说是汽车，等等。但新加坡的一位知名人士却说是冷气机。他解释，如果没有冷气，热带地区如东南亚国家，就不可能有很高的生产力，就不可能达到今天的生活水准。他的回答实事求是，有理有据。

看了上述报道，我突发奇想：为什么没有记者问："二十世纪最糟糕的发明是什么？"其实二〇〇二年十月中旬，英国的一家报纸就评出了"人类最糟糕的发明"。获此"殊荣"的，就是人们每天大量使用的塑料袋。

诞生于上个世纪三十年代的塑料袋，其家族包括用塑料制成的快餐饭盒、包装纸、餐用杯盘、饮料瓶、

· 172 ·

酸奶杯、雪糕杯等等。这些废弃物形成的垃圾，数量多、体积大、重量轻、不降解，给治理工作带来很多技术难题和社会问题。

比如，散落在田间、路边及草丛中的塑料餐盒，一旦被牲畜吞食，就会危及健康甚至导致死亡。填埋废弃塑料袋、塑料餐盒的土地，不能生长庄稼和树木，造成土地板结，而焚烧处理这些塑料垃圾，则会释放出多种化学有毒气体，其中一种称为二噁英的化合物，毒性极大。

此外，在生产塑料袋、塑料餐盒的//过程中使用的氟利昂，对人体免疫系统和生态环境造成的破坏也极为严重。

——节选自林光如《最糟糕的发明》

第四部分

命题说话

第一单元　说话要略

命题说话是普通话水平测试的第四项测试内容,在整个测试中,此项分值最高、比重最大。《普通话水平测试大纲》明确规定,测试说话的目的在于"考查应试人在没有文字依凭的情况下说普通话的能力和所能达到的规范程度",因而,此项是应试人在日常交往中使用普通话状况最直接的反映。此项是否成功直接影响应试人是否能够通过普通话水平测试,因此,我们对该项内容应给予重视。

通过多次测试,大多数应试人觉得此项最难,也最紧张。那么究竟难在哪里,应该怎样准备?究其原因,是应试人没有了文字依凭,方言母语的影响不易克服,加上应试时心理较为紧张,就会觉得此项内容难以把握。

一、单向说话的基本要求

命题说话测试对应试人有以下几点要求:

(一)语音标准

说话时所有音节都达到普通话的标准,即声、韵、调正确,无系统的方音错误,无方音尾巴。

(二)词汇准确

命题说话一项的评判标准中规定词汇、语法完全无错误满分5分。

(三)语流自然流畅

说话时应当语速适中,娓娓道来,一些优秀者也能达到滔滔不绝,侃侃而谈。对于多数人来讲,要自然,不卡壳、不重复、不带口头禅,逻辑清晰,语意连贯,语调流畅。

(四)尽量口语化

说话本来是一种无文字底稿的即兴讲说,由于是测试,许多人准备了文字材料甚至能够背诵,如果把此项测试变为背诵材料,则会在语音中带上较浓的书面文字特色,失掉谈话应有的语调、情感的起伏,出现背书腔。从本质上讲,全脱稿式口语表述所能脱离的是稿纸,而非内容。脱稿,是把稿纸上的文字内容转换成了记忆中的信息代码,然后,再在思维机制的控制下,按照"编码"程序逐字逐句地转化为口头表述的语言。因此,要将原文字稿件中的复句、长句改为短句,将一些拗口的词语改为平易、自然的口语词汇。另外,即使所有内容已熟记于心,也要注意不能操之过急。

(五)内容丰满,紧扣话题

测试大纲对说话内容的立意、选材、布局、谋篇并未提出具体的要求,但布局谋篇、内容丰满也是题中应有之义。围绕话题说话如同口头作文,也有审题、选材、布局等方面的问题。审题是说话的关键,审题不当、无的放矢或偏离话题是说不好话的。选材不当或说话内容空洞无物、拖沓繁冗、主次不分,效果就差。同时还应注意话语结构层次的安排,一段话内容丰满、结构合理、层次分明,会给人留下深刻的印象,否则就会使人感到残缺不全,甚至不知所云。所以,准备时应紧扣所选题目、确定内容范围进行构思,大致形成主题,这样说话就不会离题。选材要适合并紧紧围绕主题,要真实准确,并根据情况尽量使材料具体、新颖,使说话内容丰富、主题鲜明。

二、说话测试中常出现的问题

说话测试过程中常常出现以下三个方面的问题。

(一)表达紧张

紧张是应试者在说话测试中最常遇到的问题,很多人因过度紧张而使测试水平下降,不如平时放松状态下说得好。

1. 紧张的表现

说话紧张容易造成以下反应:

(1)打乱说话的思路,即使准备得很熟的说话内容临场亦容易忘记。一旦忘记准备好的内容,即会加剧紧张心理,导致叙说过程的混乱、中断或间断。

(2)面对考官无法把握说话的中心,导致说话的整体质量与流畅度下降。

(3)没有精力顾及语音等内容的规范,容易暴露应试者普通话方面的弱点,影响应试者的情绪和信心。

2. 紧张的原因

说话紧张主要来自言语心理的压力,这种压力的形成原因有三:

(1)习惯性紧张,因平时缺少在陌生场合表达的经验,缺少实践。

(2)平时很少说普通话,或普通话尚存在较明显的弱点,认为说话太难,信心不足,因此对考试产生不必要的恐惧感。

(3)对测试的期望值过高,但因自身语音等项存在弱点,因而自己又不太自信,这一矛盾造成心理压力过大。

测试实践证明,很多临场紧张的应试者多因语音面貌不是太理想,说话时将过多的注意力集中在语音上;一旦意识到个别语音发生错误,就容易造成心理压力与错乱感。这一沉重的心理负担必然对言语思维造成干扰。背负这样的压力是很难说得轻松自如的,紧张的后果会造成恶性循环:越紧张越说不好,越说不好越紧张。

(二)表达内容贫乏

1. 说话内容贫乏的表现

(1)拿到一个话题后,不知道从哪儿说起,抓不住中心,更理不出表达的层次。

(2)觉得话题并不难,但只是一般的理解,缺乏深入的思考与分析。因此,真要说起来似乎也就只有几句话,没有更多的内容。

(3)事先背好了几篇稿件,但是抽到的不是自己准备的题目,因而临时手忙脚乱,没有理想的说话内容,只能东拼西凑,表达缺乏连贯性。

2. 说话内容贫乏的原因

说话内容贫乏的主要原因是没有打开言语的思路,也就是没有积极发挥言语思维的能动作用,没有对说话的内容作必要的定位与用心的设计。细分有三种情况：

(1)没有打开自己的言语思路。应试者拿到试题后,首先考虑的不是话题的中心,从而不能对表达内容与表达结构进行总体设计,而是只想到具体的一些话语。有的只注重如何开头,对此后的表达步骤如何安排考虑得少。因为只想到具体的话语,抛开了中心,所以往往只局限于一点,甚至是一两个具体的语句,因而总觉得没有更多的内容可说,连续说三分钟就觉得十分勉强。

(2)有些应试者临场容易犯急躁的毛病,如对语音面貌、词汇规范等不应该在命题说话考项中过分担心的东西考虑太多,不能静下心来将注意力集中在话题与表达层次的安排上,致使表达战战兢兢,如履薄冰。有些应试者表达时额外的顾虑太多,思维不能专注,是不能对话题内容做出快速反应的主要原因,因言语思维不连贯,说话(表达过程)亦很难连贯。

(3)有些应试者不相信自己的应变能力,不是主动地对应试话题作积极的临场思考,而是无法摆脱已准备好的材料,至多不过是对现成材料作临场的修修补补,结果暴露出表达不连贯、没有明确的中心、背诵稿件等明显的问题。活性的言语思维不能发挥往往是因为受到固定的现成材料的钳制,从而影响言语思维的畅通。

(三)说话不流畅、不自然

1. 说话不流畅、不自然的表现

(1)想一句说一句,表达时断时续,整个语言表达缺乏连贯性。

(2)反反复复、颠三倒四,表达不得要领。有时甚至是一个词、一个词地说,语句本身不完整。

2. 说话不流畅、不自然的原因

表达不流畅、不自然的主要原因大体有三个：

(1)有些应试者言语思维不顺畅,在思考、设计某一话题内容时,思维不能一贯到底,容易出现中断。思维中断,表达自然也就中断。

(2)有些应试者言语思维没问题,但是因一直缺乏表达的实践(不爱说话),因此口讷。因为担心语音出现太多的问题,所以出现了一个词、一个词朗读的现象,缺少口语的顺畅感。

(3)有的应试者思维与表达都没有问题,私下的表达很流畅,但是一到公开表达时就变得断断续续。其主要原因不是紧张,而是将写文章的方法搬用到说话上来了,遣词造句一律都书面语化,抛弃了平时的表达习惯,完全改用另外一种方式说话,似乎认为只有这样说才能说得美,才能说得"像模像样",这无疑是大错。写在书面上的稿用于"读"还可以,要用于"说"简直太难了。书面语与口语不但遣词造句的形式不一样、风格不一样,思维方式也不尽相同,硬将用于写的东西拿来"说",自然十分勉强和不自然。

三、解决说话测试中常见问题的方法和建议

(一)解决说话紧张的方法与建议

说话紧张有不同的原因,有的应试者是心理问题,有的应试者是普通话语音面貌不理想,还有的人是经验缺乏带来的紧张,我们对它们必须区别对待。

1. 给习惯性紧张的应试者的建议

(1)进行说话练习时,多让别人帮助听听,逐渐使说话者心理适应说话的客观环境。这一训练需要一个过程,要坚持不懈,不能操之过急。

(2)应试过程中尽量做到注意力集中。高度专注于自己的话题内容,是忘掉客观环境、排除心理干扰因素的最好办法。紧张往往是对自己的表现、环境反应太在意而造成的心理压力。

2. 给语音负担压力较大的应试者的建议

(1)应试前切切实实地加强语音基本功的训练,运用语音规律掌握几种有针对性的训练方法。

(2)语音练习首先要注意"质",其次以一定的"量"作为巩固保证,真正落实语音零件的标准化。低标准的练习只能进一步固化练习者自身本有的语音缺点。

(3)将语音练习落实到词、句与语流之中。严格地说,单个孤立的标准音节是很难进入自然语流的,自然语流并不等于孤立音节的简单相加。

(4)运用朗读形式练习并巩固规范的语音、语流。

(5)从日常生活表达练起,要给说话多留一点儿练习时间,多说之外还要多听、多琢磨。只有真正了解自己的问题所在,并掌握正确的纠正方法,练习才有实效。

3. 给缺乏实践经验与临场经验者的建议

(1)平时多利用发言的机会大胆开口,对自己的要求不要太苛刻,不要为自己订立一步登天的不切实际的目标。正视自己的弱点,同时客观地肯定自己的进步,逐步树立自己的表达信心。

(2)面对考官时,不要在心理上将自己放在对立面或"受审"的位置,要认识到在人格上、尊严上,应试者与考官是平等的。考官的责任是配合、支持应试者的考试;应试者要从积极的方面思考,为自己树立取胜的信心。

(二)解决说话内容贫乏的方法与建议

1. 打开言语思路

想问题不要只专注于某一点上,应加强发散性思维能力的培养,多动脑筋,多参加实践。

2. 认真审题

所谓"审题"就是拿到说话话题后,对话题作一番研究,找出表达的中心。

审题不仔细、不深入,说话就不可能有明确的中心和思路,即使话题展开了,也免不了拼拼凑凑,自然会影响说话的质量。

3. 认真设计

如果只有审题而没有设计,表达的中心仍然不能落实,说话还是会无序。

"认真设计"指在确定说话的中心后,围绕中心进行有条理的布局:分几个部分来阐述;先说什么,后说什么;各部分之间怎样连接。待说话的整体结构确立后,再来设计开头和结尾。相比较而言,开头和结尾的形式并不重要,关键是说的中心内容和层次的安排。说话的开头和结尾做到自然、切题就可以了。

在说话层次的把握上,有些应试者因为紧张,表达时往往容易忘记各层次间的有机联系。为此,应试者先要为所说的每一个层次确定一个主题词语,然后用若干个主题词语来统领、把握,这样全篇的说话内容就不会乱。这是一个行之有效的好方法。

(三)解决说话不流利的方法与建议

1. 说话与语音分开训练

合理地将说话训练与语音训练分成两个相对独立的部分,说话训练时不要过多地考虑语音,以解脱说话训练中过多的心理负担与障碍,说话应以准确流利为主要训练目标。与此同时,运用其他时间针对语音上存在的主要问题寻找对路的纠正方法,有效地提高语音训练的质量,这样的分工才能做到双赢。

2. 注意力集中

有意识地培养在有干扰的情况下集中注意力的能力。在表达前将说话内容思考透彻,抓住一条清晰、完整的话题线索。

3. 在实践中总结

多实践,善于在实践中不断总结,逐渐加强将言语思维变成有声话语的转换能力。

4. 培养口语思维习惯

分清口语与书面语的区别,在说话训练中尽量抛开文字形式的牵制,逐渐养成口语思维的习惯,培养自己以"我口"表达"我心"的自信心与能力。

四、说话测试的应试步骤

（一）审题

拿到规定的话题后,首先要审题:该话题的主要内容是什么;从哪个角度说、用什么方式说最能体现该话题的中心,最能发挥自己的长处。

审题关系到应试者对话题的理解,只有理解话题的主要内容,才有可能帮助应试者集中大脑思维,厘清说话的主线条,沿着主线搜集说话的材料,充实说话的内容,从而使说话具备一个清晰的目标。

（二）设计

(1)在理解话题中心的前提下,根据自己的经验和阅历,准备围绕"话题"的叙说材料(事例、情节等)。

(2)迅速地组织材料,构思说话的框架(拟分几个层次来表达),设计每个层次的阐说重点。为了便于把握说话的整体结构,建议分别以一个主题词或一句话来概括各层的表达内容,以提高自己的整体把握能力,明确各层的表达要点,避免慌乱。

（三）复习

构思好说话的基本内容后,临场前迅速而简洁地以各段的主题词提示自己对整体结构的把握,然后从容地走进考场。

（四）考试

进入考场后,从容地深呼吸,以稳定情绪,然后排除一切杂念,集中全部的注意力。说话时,根据整体框架与各段的主题词作必要的、能动的发挥。

考试中要注意以下三点:

(1)语速不要太快,可以慢条斯理。

(2)在总体框架的指导下,沿着各段落中心词语的提示,可以边想边说,要敢于大胆地发挥。

(3)对语音、词汇、语法的规范可适当注意,但是不要考虑得过多而迷失了说话的方向。

第二单元　分析话题类型　厘清表达思路

为了使应试人在测试时的说话有依托,《普通话水平测试大纲》提供了30个话题:

1. 我的愿望(或理想)
2. 我的学习生活
3. 我尊敬的人
4. 我喜爱的动物(或植物)
5. 童年的记忆
6. 我喜爱的职业
7. 难忘的旅行
8. 我的朋友
9. 我喜爱的文学(或其他)艺术形式
10. 谈谈卫生与健康
11. 我的业余生活
12. 我喜欢的季节(或天气)
13. 学习普通话的体会
14. 谈谈服饰
15. 我的假日生活
16. 我的成长之路
17. 谈谈科技发展与社会生活
18. 我知道的风俗
19. 我和体育
20. 我的家乡(或熟悉的地方)
21. 谈谈美食
22. 我喜欢的节日
23. 我所在的集体(学校、机关、公司等)
24. 谈谈社会公德(或职业道德)
25. 谈谈个人修养
26. 我喜欢的明星(或其他知名人士)
27. 我喜爱的书刊
28. 谈谈对环境保护的认识
29. 我向往的地方
30. 购物(消费)的感受

看到这30个话题,千万不要慌,也不要误以为这就是要求进行"演讲"或"口头作文"。其实,这些话题只不过是为"说话"提供一个内容的载体而已,以避免应试人上了考场不知从何说起。只要学会分析话题类型,厘清每一类话题的思路,学会话题的分析与整合,顺利通过这一项目的测试就很容易了。

一、话题的类型

经过分析,就会发现,这些话题不外乎叙事、记人、议论、说明等类型,内容都与人们的日常生活密切相关。说话时,可以从不同角度和不同侧面进行叙述、议论或说明。在练习中,可将话题分为记叙描述、议论评说和说明介绍三大类,然后根据不同的类型来厘清思路,准备说话的内容。比如:

▲记叙描述类

1. 我的愿望(或理想)
3. 我尊敬的人
5. 童年的记忆
7. 难忘的旅行
8. 我的朋友
15. 我的假日生活
16. 我的成长之路
20. 我的家乡(或熟悉的地方)
29. 我向往的地方

▲说明介绍类

2. 我的学习生活
4. 我喜爱的动物(或植物)
6. 我喜爱的职业
9. 我喜爱的文学(或其他)艺术形式
11. 我的业余生活
12. 我喜欢的季节(或天气)
18. 我知道的风俗
19. 我和体育

22. 我喜欢的节日
23. 我所在的集体(学校、机关、公司等)
26. 我喜欢的明星(或其他知名人士)

27. 我喜爱的书刊
30. 购物(消费)的感受

▲议论评说类

10. 谈谈卫生与健康
13. 学习普通话的体会
14. 谈谈服饰
17. 谈谈科技发展与社会生活

21. 谈谈美食
24. 谈谈社会公德(或职业道德)
25. 谈谈个人修养
28. 谈谈对环境保护的认识

这只是一个大概的分类。如果说的角度不同、内容不同,就完全可以兼类。有的题目既可以从介绍、说明的角度去说,也可以从叙述、描写的角度来说,还可以在介绍说明或叙述描写中穿插议论,这一切都可以按自己的喜好决定。

二、记叙描述类话题的思路

这一类应该是最容易说的题目,因为话题所涉及的范围都是应试人亲身经历的事情或感受,只要按照事情发生、发展的时间顺序往下说就行了。比如:

- 是谁(是什么)?
- 为什么?
- 举例子。
- 怎么办?

这项测试要求说话时间不少于 3 分钟,并不是要求在 3 分钟时恰好把话题完完整整地结束,而是要求围绕这个话题连续不断地至少说 3 分钟话。所以,思路确定之后,不必考虑时间,只管往下说,到 3 分钟时测试员会示意你停下来。即使准备好的内容没有说完也不会影响这一项的测试成绩。

三、说明介绍类话题的思路

这一类话题最忌讳的是只列出干巴巴的几个条目,不能展开详细的说明或介绍,最后使自己难以说满 3 分钟。所以在设计思路时,可以从一种事物的几个方面分别进行说明或介绍。可从以下几个方面考虑说话的顺序和内容:

- 是什么(是谁或是什么样的)?
- 表现在哪几个方面?
- 每个方面是怎么样的?
- 自己的态度或打算。

四、议论评说类话题的思路

这类话题相比前两类略有难度,需要具有更缜密的思维和更强的概括能力。可以从以下几个方面考虑说话的顺序和内容:

- 是什么?(提出自己的观点)
- 为什么?(归纳出支持这个观点的几条理由)
- 举例子。(可在每条理由之后,也可在说完理由后分别举例)
- 怎么办?(提出实现自己观点的几条建议)

以上是按话题不同体裁进行分类,然后根据不同的类型厘清思路的方法。这只是一个基本的参考模式,假如应试人的口头表达能力本来就很不错,完全可以说得更加灵活、更加精彩。

五、命题说话的审题与思路拓展

为了帮助应试者更有效地进行"命题说话"测试的准备,迅速驾驭不同话题的应对方式,下面对《普通话水平测试大纲》所附的30个话题作逐一分析,对每一个话题所要把握的要领及内容开掘的方法提出一些建议,以供应试者参考。

1. 我的愿望(或理想)

审题:

(1)愿望或理想一般都是一个尚未实现的、内心觉得是有意义、有价值的憧憬。

(2)可以是当初的愿望,最后通过努力实现了的憧憬,但主要内容要落实在"憧憬"上。叙说时要突出这个"愿望"(或理想)在自己心目中的价值与意义。

思路拓展:

(1)可以从对个人(自身)的意义,也可以从对他人、对社会的意义谈这一"愿望"与向往。

(2)不能忘记为了这个愿望所做过的努力与努力的过程。必要时,可以适当展开在为之努力的过程中那些感动自己、感动他人的小故事。

2. 我的学习生活

审题:

(1)抓住"学习生活"这个主题,也就是自己学习、进取的过程。

(2)既然是"我"的学习生活,就一定有不同于他人的特点与过程,无论是"得"也好,"失"也好,酸甜苦辣,曲折平坦,自己的感受最深,要道出自己的学习经历与切身感受。

思路拓展:

(1)学习有理论知识上的进修,也有业务上、专业上的学习,可以选最有内容的方面说。

(2)学习过程有"得"也有"失",往往存在很多矛盾。一些人有专门的学习机会却并不珍惜,待到想学的时候往往又失去了机会。即使在同样的机会下,不同人的学习效果也往往不尽相同,这又涉及学习的方法与态度。应试者可以结合自己的经历来叙说、总结,可说的内容一定不会少。

3. 我尊敬的人

审题:

既然是被自己所"尊敬"的人,一定是被自己了解的,且一定有值得尊敬、佩服的地方,突出他的优秀品质或值得崇敬的行为是该话题的重点。

思路拓展:

(1)只要具备上述特点,这个人无论是同事、朋友、父母、英雄人物或平凡者都可以说。

(2)被自己所尊敬的人不一定每一个方面都伟大。生活中没有完人,只要这个人在某一方面确实突出,而且不乏真实与感动,就可以成为话题。

(3)叙说要以生活中的真实例证来说明这个人被自己"尊敬"的理由,但不要面面俱到,例证的选取要典型。叙说时不妨穿插一些生动的事例。

4. 我喜爱的动物(植物)

审题:

(1)既然某个动物(或植物)被自己喜爱,一定有被喜爱的理由,那就是这一动物(植物)在自己眼中的可爱之处。这是话题的要点所在。

(2)可以集中说动物,也可以集中说植物,不必两样兼叙,那样反而会冲淡话题的中心。

(3)可以说自己熟悉的一类动物(植物),也可以说自己熟悉的一个具体的动物(植物)。一般而言,具体的叙说对象更容易阐说得生动、形象。

思路拓展:

(1)先对自己喜爱的对象进行一番介绍,介绍要形象、逼真,尽可能让听者从中得到一种直觉感。

(2)要用具体事例说明自己所描写对象的可爱、可贵,如果能在描述中带上真实的感情,则更能打动听者。

5. 童年的记忆

审题:

"童年的记忆"是要应试者通过回忆,叙说儿时的那些让自己难以忘却的某件事或某个经历,它们往往对应试者的成长有一定教训或启迪意义。

思路拓展:

(1)必须以具体经历与感受来描述"记忆",这就不能缺少具体的事例。你也可以用说故事的方法引出主题。

(2)童年的记忆有正面的,也有负面的,正面的"记忆"是启迪,负面的"记忆"是反思、教训,对个人的成长也有意义,只是叙说之后要善于总结。

6. 我喜爱的职业

审题:

"我喜爱"的东西一般都是自己感兴趣的东西;既然是自己感兴趣的东西,就一定要说明自己喜爱的原因,这是话题展开的依据。职业不同于业余爱好,它指的是自己赖以维生、为之奋斗的工作和事业。

思路拓展:

(1)"喜爱的职业"可以是应试者目前从事的工作,也可以是向往的工作,如果这样理解,就可以扩大话题的思路。

(2)"喜爱"的缘由可以从自己的兴趣谈起,也可以从工作的社会意义谈起,这样也可以开阔话题的思路。

(3)无论从哪方面谈,均应该联系工作的实际内容与自己为之努力或准备为之努力的实际行动,这样谈起来才能使话题充实,不流于空论。

7. 难忘的旅行

审题:

谈"旅行"不能缺少旅行的主要过程(主要经过),之所以"难忘",是因为旅行一定会给自己留下了值得记忆、值得回味的价值与意义。这是本话题要突出的重点,也是值得自己总结的内容。

思路拓展:

(1)本话题一般是自己某一次旅游的亲身经历,如果缺少这一记忆犹新的实际经历,或者自己的旅游缺少"难忘"的感受,则不必拘泥于现实话题,宜另寻角度,可广义地拓展思路。比如,观看介绍世界名胜的纪录片,阅读某一本旅游纪实的书,等等。可以说说观后感或读后感。

(2)"旅游"一定有准备、开始、经历、结束等几个过程,过程的叙说不宜琐碎,要突出重点和有意义的情节,然后才能总结出难忘的地方,好让听者产生共鸣。

8. 我的朋友

审题:

朋友是指彼此有交情的人,介绍朋友的特点与值得自己赞扬的地方就是本话题的要点。

思路拓展:

(1)叙说一般朋友,要以一件突出的事或几件相互关联的事作为开掘话题的内容,通过这些具体的事情或朋友具有启发性的语言来刻画这位朋友,说明这位朋友值得打交道、值得自己信赖、佩服的地方。

(2)亲密的朋友不一定局限于同龄人与同班同学,可以将话题范围扩展开来,比如父母、兄弟、姊妹,他们不但是血缘至亲,同时也可以是亲密的朋友。师生之间往往也可以建立相互信任的朋友关系。

(3)无论从哪个角度开掘主题,都离不开对具体的、活生生的人的描述,离不开以具体、生动可感的事例来阐说自己心中的"朋友"。

9. 我喜爱的文学(或其他)艺术形式

审题:

(1)选定一种自己最为熟悉的文学或艺术形式作为集中叙说的对象。

(2)说明自己对这一文学(艺术)形式感兴趣的理由,以及从这一形式中得到的滋养、教益或提高。

思路拓展:

(1)可以从自己当初对这一"形式"的陌生到熟悉,再到爱不释手的过程谈起,在"过程"的叙说中突现这一"形式"给予自己的快乐、安慰和提高。

(2)可以从文学(艺术)形式本身的价值谈起,再叙说具体学习、实践、提高的过程。

(3)可以从一本书、一部电影、一幅画或一首歌谈起,慢慢谈到自己怎样走上"喜爱"它的道路。无论从哪个角度谈,都要凸显"喜爱"给自己带来的收获。

10. 谈谈卫生与健康

审题:

这是一个议论性的话题,着重应说明卫生与健康两者间的因果关系,说明有没有良好的卫生习惯对健康带来的直接或间接的影响。

思路拓展:

(1)建议以具体的事例作证据,阐释卫生与健康间的关系,这样话题就能说得生动。

(2)卫生可分生理卫生、饮食卫生、环境卫生、心理卫生等,这个话题可谈的内容很多,可选择自己熟悉的事例、熟悉的知识与关心的内容展开话题。

11. 我的业余生活

审题:

(1)业余生活不是可有可无的,它应当在我们每个人的整体生活中占有一定的空间。业余生活一般都与自己的兴趣爱好有直接的关系。

(2)介绍自己业余生活的内涵,并且说明它的意义,它给自己带来的快乐、收获,正是这一话题的主要内容。

思路拓展:

(1)可以以一种爱好内容为主,介绍其内容、特点与实践方式,然后说明它给自己带来的收获。

(2)可以叙说自己不同阶段的业余爱好以及业余生活中的收获。

12. 我喜欢的季节

审题：

重点描述自己喜欢的季节的特色，说清为什么喜欢这一季节。在叙说中注意将季节特点与自己的生活色彩、审美观点及情趣联系起来。

思路拓展：

(1)可以集中一个最有色彩的季节来谈。
(2)可以分别谈不同的季节被自己喜爱的原因，从而归结到对生活的热爱。

13. 学习普通话的体会

审题：

通过学习普通话的过程，总结自己的心得、收获。

思路拓展：

(1)可以联系自己学习普通话的过程，以及遇到的困难、克服困难的过程，谈谈体会。
(2)可以介绍学习普通话的方法与收获。
(3)可以从学习普通话给自己带来的方便和好处等方面谈谈体会。

14. 谈谈服饰

审题：

在自己了解的范围内，可从服饰的种类、式样及审美情趣上谈谈自己的见解。重点在于对相关的服饰作出评价，说出道理。

思路拓展：

(1)可以从各类服饰的介绍上谈谈知识性的内容。
(2)可以从各种服饰的款式上谈谈自己的审美观点与情趣。
(3)可以从美观、得体与适用诸方面的结合上发表见解。
(4)可以从生活休闲服装与职业制式服装的功能、款式区别上发表见解。
(5)可以通过近一个时期以来服装的流行变化，谈谈人们生活的变化以及社会的变革。

15. 我的假日生活

审题：

"假日生活"指的是自己休假生活的安排，比如旅游、访友、读书等。即使假日期间仍在加班，也应该有不同于平时上班的意义。

思路拓展：

双休日、节日长假、带薪年假等都可以是谈论内容，要说出带有规律性的、有意义的活动内容，能从假日生活中得到充实、丰富、调整。也有一些人假日更忙，忙于家务、忙于照顾老人、忙于公共服务事务，这是一份奉献，在奉献中我们收获到什么是值得自己总结的内容。

16. 我的成长之路

审题：

所谓"成长之路"就是自己成熟、进步的经历与过程，总结这个过程，得到一些人生的启示与经验，这是话题的要点。建议以切身的经历与具体的事实阐述自己的成长之路。

思路拓展：

(1)人生一般都分几个不同的阶段,可以从自己经历的几个阶段分别进行总结,揭示各个阶段的特点与人生启示。

(2)个人成长的各个阶段往往都离不开那些帮助过自己的人,小时候是父母的帮助,长大了是老师的帮助,走向社会是同事、朋友的帮助。同样,自己也在帮助他人,为这个社会承担一份责任,这也是一种启示。

(3)有的人成长之路比较曲折,吃过很多苦。说出自己曲折的经历以及如何在磨炼中获得一种坚韧与毅力,这种坚韧如何伴随自己走向成功,这就是一份可贵的精神财富。

17. 谈谈科技发展与社会生活

审题:

这是一个议论性的话题,本话题主要让应试者谈谈科技发展给社会生活带来的影响。客观地评价这一"影响"应当包括正面影响与负面影响两个方面。论述应当以肯定正面影响为主,同时提示在合理利用科技手段的同时,应注意减少人为的操控不当所带来的负面影响。

思路拓展:

科技发展给今天社会发展带来的一系列有利之处,如通信的发展、电脑使用的普及确实加快了社会前进的步伐,给我们的生活带来了前所未有的方便。但科技的进步也给我们带来了某些负面影响,如工业科技的发达创造了巨大的价值,人们在狂热地追求价值更大化的同时,往往放弃科学精神,造成了普遍性的环境污染;电脑使用给我们的学习、工作带来诸方面的好处,可是对电脑的过分依赖造成了很多人书写能力下降……这不是科技发展本身的弊病,而是人为操控不当的结果。

科技发达同时给我们提出了合理利用科技的警示。

18. 我知道的风俗

审题:

这是一个知识性的话题,需要介绍应试者所熟悉的某些民间风俗。要突出这些风俗的地域特点或民族特点,如果在介绍的同时能给大家分析一下这些风俗的文化背景则更好。

思路拓展:

(1)可以就自己家乡的某些民间风俗作介绍。

(2)可以就中国民间常见的某些风俗作概括的介绍。如果是人们都知道的风俗,最好能谈谈这些风俗的文化内涵。

(3)可以就某些民族风俗、世界某些地区的特异风俗作趣谈性的介绍。

(4)可以就不同地区间"大同小异"或"大异小同"的某些风俗作对比性的介绍。

19. 我和体育

审题:

本话题主要是让应试者谈谈自己和体育间的关系或某种缘分。切不要狭义地理解体育的内涵,如果从广义的角度理解,每个人都有自己的话题。

思路拓展:

(1)对于从事过体育运动的人自然有更多的内容可说,对于不常参加体育活动的人,只要不是狭义地理解体育,那么,无论自己喜欢不喜欢参加体育活动,只要与广义的体育有关的内容,都可以融入自己的话题。比如中国奥运金牌榜的排名、中国运动员或教练员的事迹等,都可以是"我和体育"的话题。

(2)可以从自身的健康与体育锻炼的关系谈起,介绍自己的锻炼方式,以及这些活动给自己带来的快乐与收获。

(3)从事过体育比赛、获得荣誉与光彩的人,更可以从体育与自己人生价值的体现谈起,给人一种启示。

20.我的家乡(或熟悉的地方)

审题:

可以将"家乡"理解为故乡,也可以将"家乡"理解为长期生长、居住的地方;在更大的范围内,可以将"家乡"理解为祖国。

思路拓展:

(1)可以从家乡的地理特色角度开掘话题,顺便介绍家乡的人文特色。

(2)可以从家乡的风情、物产开掘话题。

(3)可以从家乡是自己成长里程中的一部分谈家乡与自己的关系。

(4)可以从家乡面貌的变化谈社会进步。

无论从哪个角度开题,都要用具体事实对家乡的一般情况作富有特点的介绍,让听者对应试者的家乡有一个概括的了解。

21.谈谈美食

审题:

"美食"不等于"美吃","美食"不但有形式上的内容,而且有健康、审美的人文内涵。应试者要尽量抓住"美食"的准确含义。

思路拓展:

(1)可以介绍一地特有的美食内容,也可以介绍各地具有代表性的几个美食内容。

(2)可以身处一地,从人文和科学的角度介绍此地四季美食的内容,并可兼谈这些美食中的保健知识。

(3)可以介绍中国美食中的几个典型内容。

(4)可以专谈中国药膳中的美食内涵。

(5)可以专谈中国历史上"御膳"中的美学成分。

22.我喜欢的节日

审题:

介绍自己喜欢的节日的特点与内涵,从而说明喜欢的原因。

思路拓展:

(1)可选定自己心目中的一个节日作具体的介绍,突出这一节日的形式特点与文化内涵。如果可能,不妨对这一节日的历史源流作简单的介绍,这会使介绍更具知识性、趣味性。

(2)可以将自己的人生分成几个阶段:童年喜欢什么节日,为什么?青少年喜欢什么节日,为什么?如今的想法又是什么?这样,通过话题可道出一个人的成长轨迹。

(3)可以将喜欢的节日放在中外文化对比的层面,说明一个道理。

23.我所在的集体(学校、机关、公司等)

审题:

话题重在介绍自己所在集体的面貌、氛围或成员间的关系,以及集体对自己的工作、事业的影响。叙说要有实际内容,有血有肉,不能空泛。

思路拓展：

(1)可介绍这个集体的特点以及集体对自己的影响和促进作用。

(2)可以在介绍集体的同时，谈谈自己在这个集体中所发挥的作用。

(3)可以谈谈这个集体本身的成长与成员间相互营造的某种关系或气氛。

24. 谈谈社会公德（或职业道德）

审题：

这是个议论性的话题。无论社会公德也好，职业道德也好，都是每一个社会成员必须遵守的社会基本道德或职业道德准则，因为社会是由全体成员形成的，它不属于个人。本话题重在揭示社会公德或职业操守与个人行为之间谁服从谁的道理。阐述主张一定要列举具体的、活生生的事例，不能空论。论说应当客观，不宜有一叶障目的偏激观点。

思路拓展：

(1)可以从某些不符合社会公德的典型行为引出话题，说明加强社会公德心教育的必要性与迫切性。

(2)可以从某些商业盈利部门职业道德缺失的典型例证谈起，分析这一社会弊病产生的原因及后果、社会根治的必要性、整治的措施与建议。

(3)可以从榜样的行为谈起，在正反例证的对比中阐述自己的观点，提出中肯的建议。

25. 谈谈个人修养

审题：

这也是一个议论性的话题。个人修养是个人素质的建树与综合内涵的呈现，它可分道德修养和文化修养等诸方面的素质。个人修养促成一个人价值观的形成，与个人事业上、生活上的成败有着直接的关系，然而这一重要性却常常被我们忽视。以实际例证阐释个人修养的意义所在，个人修养与一个人成败的关系是本话题的重点内容。

思路拓展：

(1)可以用实际例证从一个人的道德修养谈起。

(2)可以用实际例证从一个人的文化修养谈起。建议说明当今学历的高低并不完全等于一人文化修养的高低，知识与修养并不完全是一回事。

(3)可以以一个人的性格与修养间的关系来议论。

26. 我喜欢的明星（或其他知名人士）

审题：

需要介绍应试者心目中明星、知名人士的特点、专长以及自己喜欢他(她)的理由。

思路拓展：

(1)可以选择自己心目中的一位演艺明星(歌星、影星、笑星等)。

(2)可以介绍一位自己喜爱的知名人士(如企业家、科学家、政治家、音乐家、画家、舞蹈家、文学家、教育家、慈善事业家、杰出青年、英雄等)。

(3)介绍知名人士时，思路可开阔些，可不拘于现代，古今中外的知名人士都可以作为话题。

27. 我喜爱的书刊

审题：

建议将书与刊分开，取其一类中的一种，这样便于集中话题内容。这是一个介绍性的话题，需要介绍对应试者影响较大的某一本书或与应试者关系较为密切的某一本杂志，叙说它的特色与自己喜欢的理由。

思路拓展：

可以谈一本书或一本杂志普遍的社会价值，也可以谈这本书或杂志中某个人物或某一事件给自己的震撼与启示，还可以从某个特定的角度谈这本书或杂志的某个特点（如文字特点、创作方法等）。

28. 谈谈你对环境保护的认识

审题：

要求从应试者个人认识的角度谈谈环境保护的意义所在。建议用被人们切身感受到的典型例证说明环境保护与我们的社会、与我们每个人间的利害关系。例证越典型越能说明问题。

思路拓展：

（1）可以结合身边的事实，用算账的方法来揭示以污染环境换取眼前蝇头小利的严重后果，说明环境保护的重要性、迫切性。

（2）可以列举我们身边一系列的环境污染事件所造成的恶果，提出生存危机的警示。

（3）可以介绍成功的环保经验，启示环境保护努力的方向。

（4）深刻地分析我国由于经济发展而造成某些环境破坏的原因（人的主观意识、制度的问题），从而提出根治的措施。

29. 我向往的地方

审题：

这是一个主观意向性的话题，既然是"向往"，就要介绍向往的那个地方有哪些吸引自己的方面，是美丽的自然环境，还是理想的人文环境，这是话题展开的依据。

思路拓展：

（1）可以从自然环境描述自己心中向往的"伊甸园"。

（2）可以从人文环境和自然环境的结合上描写自己心目中向往的目标。

（3）这个"地方"还可以是自己事业上"向往"的领域，如音乐殿堂、科学殿堂、大学教育殿堂或其他有利于自己潜力充分发挥的领域。从这个角度拓展思路，可以扩大话题的空间。

30. 购物（消费）的感受

审题：

这是一个很宽泛的话题。无论是谈消费过程还是消费结果，本话题重点在"感受"。在消费行为中，男性与女性的感受、富人与穷人的感受是不尽相同的。即使是同样的一次消费行为，彼此的感受也不尽一样。建议应试者能从自己的理解与认知出发，选择一个适当的角度，将话题说得生活化些、具体些，这样更能贴近生活本身。

思路拓展：

（1）无论是男性还是女性，可以就切身体会谈谈自己的消费感受。

（2）可以从观察者的角度，谈谈几种代表性的消费者在消费过程中的心理特点。

（3）可以从商家的角度谈谈如何利用消费者的不同"感受"促成营销。

（4）根据自己的了解，可以剖析正品与假冒伪劣商品对于消费者所形成的截然不同的消费感受。

（5）可以剖析当今的某些广告从哪些方面间接或直接地反映了消费者的某种消费心理与消费感受。

第五部分

国家普通话水平测试试卷

一号卷

（考官点评：97.10分　一级甲等）

一、读单音节字词(100个音节，共10分，限时3.5分钟)。请横向朗读！

床	根	直	云	娘	德	蹲	拽	抹	队
觉	应	填	门	朵	每	落	夫	太	亩
若	丝	标	收	好	丢	中	躺	瓶	瓮
花	扔	从	春	秦	理	奏	铝	凡	观
奴	越	劝	屯	价	非	讲	薄	哞	小
腿	史	乘	夏	二	切	瓦	顶	块	熊
满	渍	空	塞	即	磷	乎	水	辨	旗
感	咧	折	超	筐	刚	单	求	嗤	幸
崽	揪	斋	冯	续	航	咂	损	滨	穷
篇	脓	筏	瞥	篡	选	广	赠	爪	量

二、读多音节词语(100个音节，共20分，限时2.5分钟)。请横向朗读！

裁军	错综复杂	卓越	豪华	衰弱
怎么	半空	撒谎	祈求	墨汁儿
相似	尖端	炯炯	引水	临终
认定	耗费	体操	共产党	偏旁
跳高儿	去年	吞没	侄女	开春儿
乡下	绷带	短缺	清静	鬼脸
和谐	马褂	丰富	广场	子女
安定	哲学	假日	水土	专长
衰败	自称	抚慰	生产力	识别
投标	富翁	门口儿		

三、朗读短文(400个音节，共30分，限时4分钟)。
作品15号《胡适的白话电报》

四、命题说话(请在下列话题中任选一个，限时3分钟，共40分)。

1.我的假日生活

2.我喜爱的职业

注:考生在说话之前需说明自己选择的说话题目。例如:我选择的说话题目是……

考官点评:该考生整体语言面貌较好,但是由于在字词语音方面存在一些不规整的地方,主要需要调整的就是口腔状态,有方言音迹象,但是在朗读、说话中却能很好地规避这个问题,所以有机会申报一甲,但是能否最后得到确认,还需要报送国家语委复审。

二号卷

(考官点评:97.65分　一级甲等)

一、读单音节字词(100个音节,共10分,限时3.5分钟)。请横向朗读!

调	爪	当	楼	酒	棒	扭	别	畜	臊
准	航	甚	尾	核	戳	训	渍	旋	风
桥	倒	山	测	春	赖	甜	佛	轰	信
抬	好	撒	连	温	装	胚	涮	般	复
猛	曲	创	阿	抢	某	硬	却	劲	流
尺	绝	更	宗	瞎	止	拐	同	拽	除
体	忍	说	蕊	兼	遗	捐	定	格	似
洽	蚕	米	请	脏	改	凶	胡	归	熬
酿	滨	肥	擦	灭	络	蹲	况	算	怒
赞	宽	量	则	垮	仕	骗	渺	水	惧

二、读多音节词语(100个音节,共20分,限时2.5分钟)。请横向朗读!

揣摩	孙女	暑假	充斥	苍穹
放大镜	这个	戳穿	苦恼	自力更生
非凡	矜持	理想	蕴涵	孩子
亲切	自尊	徒工	人群	许久
招考	对待	蒸发	小偷儿	脂粉
天边	采矿	白话文	从容	肚脐儿
受热	面貌	体味	水塔	耳光
左边	家园	硝酸	凶猛	蛋黄儿
两旁	转手	命令	血泪	隔绝
获取	胖墩儿	按钮		

三、朗读短文(400个音节,共30分,限时4分钟)。

作品26号《落花生》

四、命题说话(请在下列话题中任选一个,限时3分钟,共40分)。
1. 我的成长之路
2. 谈谈卫生与健康
注:考生在说话之前需说明自己选择的说话题目。例如:我选择的说话题目是……

考官点评:该考生整体语音面貌较好,四项内容完成得都很不错,应该说符合普通话一级甲等的标准。但是语音考试是一项主观性极强的考试,是否能够取得一甲证书,还需要通过国家语委的复审。此外,该考生需要积极关注自己齿间音的问题,为自己的播音艺术奠定更加坚实的基础。

三号卷

(考官点评:92.65分　一级乙等)

一、读单音节字词(100个音节,共10分,限时3.5分钟)。请横向朗读!

就	霞	僧	雨	必	翻	键	散	薄	凭
狂	法	躺	浓	元	丁	塞	江	闽	佛
灰	各	盆	城	鸟	雄	闯	土	少	瓮
面	得	卵	棍	渍	墙	纯	目	爪	都
篦	掷	做	专	括	滨	洞	刺	叠	铝
内	外	杀	假	罗	停	边	局	晒	蕊
乐	粗	推	砍	赏	器	宿	拐	租	轰
血	瘸	替	者	航	迟	遭	寻	粉	焦
还	丢	冷	准	归	穷	任	串	呕	槐
蚀	曾	扰	晴	则	龚	圈	耍	瞒	撞

二、读多音节词语(100个音节,共20分,限时2.5分钟)。请横向朗读!

绿肥	在座	人均	成虫	儒家
顶端	乒乓球	知识	蒸腾	论理
贬低	不可思议	取暖	涂抹	戏法儿
炯炯	善良	秋风	花盆儿	策略
牙签儿	棒槌	懊恼	铁轨	外科
举止	群众	面目	对策	忠实
金丝猴	坏人	反感	半道儿	新学
协定	创伤	宝塔	损坏	顺手
悔改	扭转	天灾	遐想	权威
做工	港口	描摹		

三、朗读短文(400个音节,共30分,限时4分钟)。

作品 17 号《济南的冬天》

四、命题说话(请在下列话题中任选一个,限时 3 分钟,共 40 分)。

1.谈谈美食

2.童年的记忆

注:考生在说话之前需说明自己选择的说话题目。例如:我选择的说话题目是……

考官点评:该考生在前三项虽然有一定语音面貌问题的呈现,但是没有那么严重。不过第四项由于口腔过于放松,导致方言音暴露较为严重,扣分也较为多,这个分数只能算作一乙的低分段,只有在整体考试中状态把握一致(既要有自然的交流状态,口腔还要保持适度紧张),才有机会取得更高的分数。

四号卷

(考官点评:93.25 分　一级乙等)

一、读单音节字词(100 个音节,共 10 分,限时 3.5 分钟)。请横向朗读!

飘	天	喂	华	额	晃	早	占	臊	停
酸	摆	取	虾	偏	车	圈	奶	其	六
抹	四	红	拽	娘	奏	乐	训	题	弄
迟	酒	篾	啃	戳	泥	灯	拴	响	勒
精	腿	都	熊	门	获	雨	俩	踹	饭
升	得	次	愧	顿	确	才	舞	嚷	治
闯	若	唐	拉	旋	度	修	归	书	供
简	朝	撒	闪	擦	食	别	请	钢	尊
蕴	分	鸣	淋	吠	棍	惧	讽	膘	呛
赘	鬓	钓	攥	饵	笃	脏	抓	融	乏

二、读多音节词语(100 个音节,共 20 分,限时 2.5 分钟)。请横向朗读!

支撑	人才	抽查	灵魂	退缩
现代化	喷喷	夹击	率领	犬齿
赶快	丝绒	种群	跑腿儿	描画
仿佛	只管	伪装	笼统	休眠
羽毛球	略微	血脉	大娘	苦果
对偶	娘家	人均	设防	大伙儿
存放	窘迫	增生	尊称	半道儿
凉爽	针鼻儿	贫穷	汇编	血管

| 精灵 | 主管 | 贴切 | 蚕丝 | 眉开眼笑 |
| 调拨 | 驱除 | 梯子 | | |

三、朗读短文(400个音节,共30分,限时4分钟)。

作品20号《金子》

四、命题说话(请在下列话题中任选一个,限时3分钟,共40分)。

1. 我知道的风俗
2. 我向往的地方

注:考生在说话之前需说明自己选择的说话题目。例如:我选择的说话题目是……

考官点评:普通话测试是一项测试普通话实际运用过程中标准程度的考试,所以了解考试目的后,一定要严格按照相关要求进行应试。这位考生语音面貌相对不错,但是过于追求完美的表达,反倒让人听着不自然,这是需要引起考生注意的现象。

五号卷

(考官点评:89.65分 二级甲等)

一、读单音节字词(100个音节,共10分,限时3.5分钟)。请横向朗读!

揉	酸	纳	腐	丝	左	渠	抛	嫩	铃
日	昂	东	辽	嗓	栽	窘	秧	醒	控
寡	焉	棍	谎	坑	染	鳖	审	熊	止
城	亚	返	瘟	媚	声	忌	专	测	赏
俊	栏	错	凝	扯	宋	柳	江	踹	选
您	颇	无	邱	逛	窄	麻	帘	垮	婚
篾	薪	段	瘸	绢	柄	帘	擦	渺	夏
舌	潘	蕊	朱	材	剃	除	岛	佟	顺
裙	曰	女	爬	跟	前	黑	澳	郑	贼
磁	译	波	敌	狗	放	退	而	外	梢

二、读多音节词语(100个音节,共20分,限时2.5分钟)。请横向朗读!

恰巧	疯狂	片刻	撒手	红娘
翅膀	牛顿	能耐	遵循	国王
配合	安慰	最终	土壤	撇开
蒙古包	聪明	如此	汉子	喘息
张贴	对象	家庭	衰老	伴随
耳膜儿	允许	勤快	长臂猿	优待
小翁儿	佛教	抓紧	定律	玩耍
利用	壶盖儿	化肥	健全	村庄

| 掠夺 | 搜罗 | 讴歌 | 公式 | 发育 |
| 绝着儿 | 穷人 | 你们 | 扩展 | |

三、朗读短文(400个音节,共30分,限时4分钟)。

作品51号《一个美丽的故事》

四、命题说话(请在下列话题中任选一个,限时3分钟,共40分)。

1. 我的业余生活
2. 我的愿望(或理想)

注:考生在说话之前需说明自己选择的说话题目。例如:我选择的说话题目是……

考官点评:对于该考生而言,朗读太过仓促,出现很多不必要的扣分项,需要加强朗读练习,不能仓促读文字。普通话考试考的就是语音,需要认真读语音。该考生如果希望能够在整体语言面貌上有更进一步的提高,还需要在字、词、句、章等诸多环节再进一步练习和提高,增强语言的规整程度。

六号卷

(考官点评:87.30分 二级甲等)

扫码听范读

一、读单音节字词(100个音节,共10分,限时3.5分钟)。请横向朗读!

聊	劝	丢	馆	抗	法	昭	乌	箔	雪
涮	砌	壤	猜	煤	胸	笋	下	膘	闽
察	字	穷	搓	讽	愈	睁	次	哑	儿
春	如	氨	钡	军	末	涂	撑	撰	凝
锦	良	徽	申	仄	弯	糖	漏	值	狗
历	尺	最	来	物	狠	探	顶	运	彭
挂	骚	坎	油	广	捐	袄	瘤	我	阳
扩	烦	需	筒	尊	欠	德	秸	容	面
黑	娘	傻	屑	警	迭	踹	偏	剃	脓
陡	鳃	闯	抛	弱	倪	刷	醋	甩	栽

二、读多音节词语(100个音节,共20分,限时2.5分钟)。请横向朗读!

配合	爽快	佛寺	热爱	马车
侵略	蒜瓣儿	频率	篡夺	窘迫
清楚	干脆	透明	加以	灭亡
浪费	螺旋桨	荒谬	虐待	昂然
恰好	因而	妇女	开垦	教训
夸张	唱歌儿	年龄	跳高儿	影响

冬天	主人翁	缘故	洗澡	扇子
怀抱	未曾	随便	日用	群众
拱手	花纹	记事儿	低洼	纳税
区别	牛顿	奔走	先生	

三、朗读短文(400个音节,共30分,限时4分钟)。

作品47号《香港:最贵的一棵树》

四、命题说话(请在下列话题中任选一个,限时3分钟,共40分)。

1. 购物(消费)的感受
2. 谈谈对环境保护的认识

注:考生在说话之前需说明自己选择的说话题目。例如:我选择的说话题目是……

考官点评:该考生还需要在基本的声、韵、调方面再下一些功夫。现在的分数就已经停留在二甲的低分段,如果考试再紧张一些,估计归入二乙也很正常。但是如果积极调整和改变,进入一乙也是很有机会的。

附录一

普通话水平测试用
普通话常见量词、名词搭配表

说　明

本表以量词为条目,共选收常见量词45条。可与表中所列多个量词搭配的名词,以互见形式出现。

1. 把　　bǎ　　　菜刀、剪刀、宝剑(口)、铲子、铁锹、尺子、扫帚、椅子、锁、钥匙
　　　　　　　　　伞(顶)、茶壶、扇子、提琴、手枪(支)

2. 本　　běn　　 书(部、套)、著作(部)、字典(部)、杂志(份)、账

3. 部　　bù　　　书(本、套)、著作(本)、字典(本)
　　　　　　　　　电影(场)、电视剧、交响乐(场)
　　　　　　　　　电话机、摄像机(架、台)
　　　　　　　　　汽车(辆、台)

4. 场　　cháng　雨、雪、冰雹、大风
　　　　　　　　　病、大战、官司

5. 场　　chǎng　电影(部)、演出(台)、话剧(台)、杂技(台)、节目(台、套)、
　　　　　　　　　交响乐(部)、比赛(节、项)、考试(门)

6. 道　　dào　　河(条)、瀑布(条)
　　　　　　　　　山(座)、山脉(条)、闪电、伤痕(条)
　　　　　　　　　门(扇)、墙(面)
　　　　　　　　　命令(项、条)、试题(份、套)、菜(份)

7. 滴　　dī　　　水、血、油、汗水、眼泪

8. 顶　　dǐng　　伞(把)、轿子、帽子、蚊帐、帐篷

9. 对　　duì　　 夫妻、舞伴、耳朵(双、只)、眼睛(双、只)、翅膀(双、只)、球拍(副、只)、
　　　　　　　　　沙发(套)、枕头、电池(节)

10. 朵　 duǒ　　 花、云(片)、蘑菇

11. 份　 fèn　　 菜(道)、午餐、报纸(张)、杂志(本)、文件、礼物(件)、工作(项)、事(件)、
　　　　　　　　　试题(道、套)

12. 幅　 fú　　　布(块、匹)、被面、彩旗(面)、图画(张)、相片(张)

13. 副	fù	对联、手套(双、只)、眼镜、球拍(对、只) 脸(张)、扑克牌(张)、围棋、担架
14. 个	gè	人、孩子 盘子、瓶子 梨、桃儿、橘子、苹果、西瓜、土豆、西红柿 鸡蛋、饺子、馒头 玩具、皮球 太阳、月亮、白天、上午 国家、社会、故事
15. 根	gēn	草(棵)、葱(棵)、藕(节)、甘蔗(节) 胡须、头发、羽毛 冰棍儿、黄瓜(条)、香蕉、油条、竹竿 针、火柴、蜡烛(支)、香(支、盘)、筷子(双、支)、电线、绳子(条)、项链(条)、辫子(条)
16. 家	jiā	人家、亲戚(门) 工厂(座)、公司、饭店、商店、医院(所)、银行(所)
17. 架	jià	飞机、钢琴(台)、摄像机(部、台)、鼓(面)
18. 间	jiān	房子(所、套、座)、屋子、卧室、仓库
19. 件	jiàn	礼物(份)、行李、家具(套) 大衣、衬衣、毛衣、衣服(套)、西装(套) 工作(项)、公文、事(份)
20. 节	jié	甘蔗(根)、藕(根)、电池(对)、车厢、课(门)、比赛(场、项)
21. 棵	kē	树、草(根)、葱(根)、白菜
22. 颗	kē	种子(粒)、珍珠(粒)、宝石(粒)、糖(块)、星星、卫星 牙齿(粒)、心脏 子弹(粒)、炸弹 图钉、图章
23. 口	kǒu	人、猪(头) 大锅、大缸、大钟(座)、井、宝剑(把)
24. 块	kuài	糖(颗)、橡皮、石头、砖、肥皂(条)、手表(只) 肉(片)、蛋糕、大饼(张)、布(幅、匹)、绸缎(匹)、手绢(条)、地(片) 石碑(座)
25. 粒	lì	米、种子(颗)、珍珠(颗)、宝石(颗)、牙齿(颗)、子弹(颗)
26. 辆	liàng	汽车(部、台)、自行车、摩托车、三轮车
27. 门	mén	课(节)、课程、技术(项)、考试(场)

			亲戚(家)、婚姻
			大炮
28.	名	míng	教师(位)、医生(位)、犯人
29.	面	miàn	墙(道)、镜子、彩旗(幅)、鼓(架)、锣
30.	盘	pán	磨(扇)、香(根、支)
			磁带、录像带
31.	匹	pǐ	马
			布(块、幅)、绸缎(块)
32.	片	piàn	树叶、药片、肉(块)
			阴凉、阳光、云(朵)、地(块)
33.	扇	shàn	门(道)、窗户、屏风、磨(盘)
34.	双	shuāng	手(只)、脚(只)、耳朵(对、只)、眼睛(对、只)、翅膀(对、只)
			鞋(只)、袜子(只)、手套(副、只)、筷子(根、支)
35.	所	suǒ	学校、医院(家)、银行(家)、房子(间、套、座)
36.	台	tái	计算机、医疗设备(套)、汽车(部、辆)、钢琴(架)、摄像机(部、架)
			演出(场)、话剧(场)、杂技(场)、节目(场、套)
37.	套	tào	衣服(件)、西装(件)、房子(间、所、座)、家具(件)、沙发(对)、餐具、
			书(本、部)、邮票(张)、医疗设备(台)
			节目(场、台)、试题(道、份)
38.	条	tiáo	绳子(根)、项链(根)、辫子(根)、裤子、毛巾、手绢儿(块)、肥皂(块)、船(只)、游艇(只)
			蛇、鱼、狗(只)、牛(头、只)、驴(头、只)、黄瓜(根)
			河(道)、瀑布(道)、山脉(道)、道路、胡同儿、伤痕(道)
			新闻、信息、措施(项)、命令(道、项)
39.	头	tóu	牛(条、只)、驴(条、只)、骆驼(只)、羊(只)、猪(口)
			蒜
40.	位	wèi	客人、朋友、作家(名)
41.	项	xiàng	措施(条)、制度、工作(份)、任务、技术(门)、运动、命令(道、条)、
			比赛(场、节)
42.	张	zhāng	报纸(份)、图画(幅)、相片(幅)、邮票(套)、扑克牌(副)、光盘
			大饼(块)、脸(副)、嘴
			网、弓
			床、桌子

43. 只	zhī	鸟、鸡、鸭、老鼠、兔子、狗(条)、牛(头、条)、驴(头、条)、羊(头)、骆驼(头)、老虎、蚊子、苍蝇、蜻蜓、蝴蝶
		手表(块)、杯子
		船(条)、游艇(条)
		鞋(双)、袜子(双)、手套(副、双)、袖子、球拍(对、副)、手(双)、脚(双)、耳朵(对、双)、眼睛(对、双)、翅膀(对、双)
44. 支	zhī	笔、手枪(把)、蜡烛(根)、筷子(根、双)、香(根、盘)
		军队、歌
45. 座	zuò	山(道)、岛屿
		城市、工厂(家)、学校(所)、房子(间、所、套)、桥
		石碑(块)、雕塑、大钟(口)

附录二

普通话异读词审音表

中国文字改革委员会普通话审音委员会,于1957年、1959—1962年先后发表了《普通话异读词审音表初稿》正编、续编和三编,1963年公布《普通话异读词三次审音总表初稿》。经过二十多年的实际应用,普通话审音委员会在总结经验的基础上,于1982—1985年组织专家学者进行审核修订,制定了《普通话异读词审音表》,这个审音表经过国家语言文字工作委员会、国家教育委员会(教育部)、国家广播电视总局审核通过,于1985年12月联合发布。

说　明

一、本表所审,主要是普通话有异读的词和有异读的作为"语素"的字。不列出多音多义字的全部读音和全部义项,与字典、词典形式不同。例如:"和"字有多种义项和读音,而本表仅列出原有异读的八条词语,分列于 hè 和 huo 两种读音之下(有多种读音,较常见的在前。下同);其余无异读的音、义均不涉及。

二、在字后注明"统读"的,表示此字不论用于任何词语中只读一音(轻声变读不受此限),本表不再举出词例。例如:"阀"字注明"fá(统读)",原表"军阀"、"学阀"、"财阀"条和原表所无的"阀门"等词均不再举。

三、在字后不注"统读"的,表示此字有几种读音,本表只审订其中有异读的词语的读音。例如"艾"字本有 ài 和 yì 两音,本表只举"自怨自艾"一词,注明此处读 yì 音;至于 ài 音及其义项,并无异读,不再赘列。

四、有些字有文白二读,本表以"文"和"语"作注。前者一般用于书面语言,用于复音词和文言成语中;后者多用于口语中的单音词及少数日常生活事物的复音词中。这种情况在必要时各举词语为例。例如:"杉"字下注"(一)shān(文):紫～、红～、水～;(二)shā(语):～篙、～木"。

五、有些字除附举词例之外,酌加简单说明,以便读者分辨。说明或按具体字义,或按"动作义"、"名物义"等区分,例如:"畜"字下注"(一)chù(名物义):～力、家～、牲～、幼～;(二)xù(动作义):～产、～牧、～养"。

六、有些字的几种读音中某音用处较窄,另音用处甚宽,则注"除××(较少的词)念乙音外,其他都念甲音",以避免列举词条繁而未尽、挂一漏万的缺点。例如:"结"字下注"除'～了个果子'、'开花～果'、'～巴'、'～实'念 jiē 之外,其他都念 jié"。

七、由于轻声问题比较复杂,除初稿涉及的部分轻声词之外,本表一般不予审订,并删去部分原审的轻声词,例如"麻刀(dao)"、"容易(yi)"等。

八、本表酌增少量有异读的字或词,作了审订。

九、除因第二、六、七各条说明中所举原因而删略的词条之外,本表又删汰了部分词条。主要原因是:1.现已无异读(如"队伍"、"理会");2.罕用词语(如"俵分"、"仔密");3.方言土音(如"归里包堆[zuī]"、"告送[song]");4.不常用的文言词语(如"刍荛"、"甗甑");5.音变现象(如"胡里八涂[tū]"、"毛毛腾腾[tēngtēng]");6.重复累赘(如原表"色"字的有关词语分列达23条之多)。删汰条目不再编入。

十、人名、地名的异读审订,除原表已涉及的少量词条外,留待以后再审。

A

阿(一)ā
  ～訇 ～罗汉
  ～木林 ～姨
(二)ē
  ～谀 ～附 ～胶
  ～弥陀佛
挨(一)āi
  ～个 ～近
(二)ái
  ～打 ～说
癌 ái(统读)
霭 ǎi(统读)
蔼 ǎi(统读)
隘 ài(统读)
谙 ān(统读)
埯 ǎn(统读)
昂 áng(统读)
凹 āo(统读)
拗(一)ào
  ～口
(二)niù
  执～ 脾气很～
坳 ào(统读)

B

拔 bá(统读)
把 bà
  印～子
白 bái(统读)
膀 bǎng
  翅～

蚌(一)bàng
  蛤～
(二)bèng
  ～埠
傍 bàng(统读)
磅 bàng
  过～
鲍 bāo(统读)
胞 bāo(统读)
薄(一)báo(语)
  常单用,如"纸很～"。
(二)bó(文)
  多用于复音词。
  ～弱 稀～ 淡～
  尖嘴～舌 单～
  厚～
堡(一)bǎo
  碉～ ～垒
(二)bǔ
  ～子 吴～
  瓦窑～ 柴沟～
(三)pù
  十里～
暴(一)bào
  ～露
(二)pù
  一～(曝)十寒
爆 bào(统读)
焙 bèi(统读)
惫 bèi(统读)
背 bèi
  ～脊 ～静

鄙 bǐ(统读)
俾 bǐ(统读)
笔 bǐ(统读)
比 bǐ(统读)
臂(一)bì
  手～ ～膀
(二)bei
  胳～
庇 bì(统读)
髀 bì(统读)
避 bì(统读)
辟 bì
  复～
裨 bì
  ～补 ～益
婢 bì(统读)
痹 bì(统读)
壁 bì(统读)
蝙 biān(统读)
遍 biàn(统读)
骠(一)biāo
  黄～马
(二)piào
  ～骑 ～勇
傧 bīn(统读)
缤 bīn(统读)
濒 bīn(统读)
殡 bìn(统读)
屏(一)bǐng
  ～除 ～弃
  ～气 ～息
(二)píng
  ～藩 ～风

柄 bǐng(统读)
波 bō(统读)
播 bō(统读)
菠 bō(统读)
剥(一)bō(文)
  ～削
(二)bāo(语)
泊(一)bó
  淡～ 飘～
  停～
(二)pō
  湖～ 血～
帛 bó(统读)
勃 bó(统读)
铂 bó(统读)
伯(一)bó
  ～～(bo) 老～
(二)bǎi
  大～子(丈夫的哥哥)
箔 bó(统读)
簸(一)bǒ
  颠～
(二)bò
  ～箕
膊 bo
  胳～
卜 bo
  萝～
醭 bú(统读)
哺 bǔ(统读)
捕 bǔ(统读)
鹁 bǔ(统读)
埠 bù(统读)

C

残 cán(统读)
惭 cán(统读)
灿 càn(统读)
藏(一)cáng
　矿～
　(二)zàng
　宝～
糙 cāo(统读)
嘈 cáo(统读)
螬 cáo(统读)
厕 cè(统读)
岑 cén(统读)
差(一)chā(文)
　不～累黍 不～什么
　偏～ 色～ ～别
　视～ 误～
　电势～ 一念之～
　～池 ～错
　言～语错 一～二错
　阴错阳～ ～等
　～额 ～价 ～强
　人意 ～数 ～异
　(二)chà(语)
　～不多 ～不离
　～点儿
　(三)cī
　参～
猹 chá(统读)
搽 chá(统读)
阐 chǎn(统读)
羼 chàn(统读)
颤(一)chàn
　～动 发～
　(二)zhàn
　～栗(战栗)
　打～(打战)
韂 chàn(统读)

伥 chāng(统读)
场(一)chǎng
　～合 ～所
　冷～ 捧～
　(二)cháng
　外～ 圩～
　～院 一～雨
　(三)chang
　排～
钞 chāo(统读)
巢 cháo(统读)
嘲 cháo
　～讽 ～骂 ～笑
耖 chào(统读)
车(一)chē
　安步当～ 杯水～薪
　闭门造～ 螳臂当～
　(二)jū
　(象棋棋子名称)
晨 chén(统读)
称 chèn
　～心 ～意 ～职
　对～ 相～
撑 chēng(统读)
乘 chéng(动作义)
　包～制 ～便
　～风破浪 ～客
　～势 ～兴
橙 chéng(统读)
惩 chéng(统读)
澄(一)chéng(文)
　～清(如"～清混
乱"、"～清问题")
　(二)dèng(语)
单用,如"把水～清
了"。
痴 chī(统读)
吃 chī(统读)
弛 chí(统读)

褫 chǐ(统读)
尺 chǐ
　～寸 ～头
　豉 chǐ(统读)
侈 chǐ(统读)
炽 chì(统读)
春 chōng(统读)
冲 chòng
　～床 ～模
臭(一)chòu
　遗～万年
　(二)xiù
　乳～ 铜～
储 chǔ(统读)
处 chǔ(动作义)
　～罚 ～分 ～决
　～理 ～女 ～置
畜(一)chù(名物义)
　～力 家～ 牲～
　幼～
　(二)xù(动作义)
　～产 ～牧 ～养
触 chù(统读)
搐 chù(统读)
绌 chù(统读)
黜 chù(统读)
闯 chuǎng(统读)
创(一)chuàng
　草～ ～举 首～
　～造 ～作
　(二)chuāng
　～伤 重～
绰(一)chuò
　～～有余
　(二)chuo
　宽～
疵 cī(统读)
雌 cí(统读)
赐 cì(统读)

伺 cì
　～候
枞(一)cōng
　～树
　(二)zōng
　～阳[地名]
从 cóng(统读)
丛 cóng(统读)
攒 cuán
　万头～动
　万箭～心
脆 cuì(统读)
撮(一)cuō
　～儿 一～儿盐
　一～儿匪帮
　(二)zuǒ
　一～儿毛
措 cuò(统读)

D

搭 dā(统读)
答(一)dá
　报～ ～复
　(二)dā
　～理 ～应
打 dá
　苏～ 一～(十二个)
大(一)dà
　～夫(古官名)
　～王(如爆破～王、
钢铁～王)
　(二)dài
　～夫(医生) ～黄
　～王(如山～王)
　～城[地名]
呆 dāi(统读)
傣 dǎi(统读)
逮(一)dài(文)
如"～捕"。

(二)dǎi(语)单用，
如"~蚊子"、"~特
务"。
当(一)dāng
~地　~间儿
~年(指过去)
~日(指过去)
~天(指过去)
~时(指过去)
螳臂~车
(二)dàng
一个~俩
安步~车　适~
~年(同一年)
~日(同一时候)
~天(同一天)
档 dàng(统读)
蹈 dǎo(统读)
导 dǎo(统读)
倒(一)dǎo
颠~　颠~是非
颠~黑白　潦~
颠三~四　~戈
倾箱~箧　~嗓
排山~海　~板
~嚼　~仓
(二)dào
~粪(把粪弄碎)
悼 dào(统读)
纛 dào(统读)
凳 dèng(统读)
羝 dī(统读)
氐 dī[古民族名]
堤 dī
提 dī
　~防
的 dí
　~当　~确
抵 dǐ(统读)

蒂 dì(统读)
缔 dì(统读)
谛 dì(统读)
点 dian
　打~(收拾、贿赂)
跌 diē(统读)
蝶 dié(统读)
订 dìng(统读)
都(一)dōu
　~来了
(二)dū
　~市　首~
　大~(大多)
堆 duī(统读)
吨 dūn(统读)
盾 dùn(统读)
多 duō(统读)
咄 duō(统读)
掇(一)duō
　("拾取、采取"义)
(二)duo
　撺~　掂~
裰 duō(统读)
踱 duó(统读)
度 duó(统读)
　忖~　~德量力

E

婀 ē(统读)

F

伐 fá(统读)
阀 fá(统读)
砝 fǎ(统读)
法 fǎ(统读)
发 fà
　理~　脱~　结~
帆 fān(统读)
藩 fān(统读)

梵 fàn(统读)
坊(一)fāng
　牌~　~巷
(二)fáng
　粉~　磨~　碾~
　染~　油~　谷~
妨 fáng(统读)
防 fáng(统读)
肪 fáng(统读)
沸 fèi(统读)
汾 fén(统读)
讽 fěng(统读)
肤 fū(统读)
敷 fū(统读)
俘 fú(统读)
浮 fú(统读)
服 fú
　~毒　~药
拂 fú(统读)
辐 fú(统读)
幅 fú(统读)
甫 fǔ(统读)
复 fù(统读)
缚 fù(统读)

G

噶 gá(统读)
冈 gāng(统读)
刚 gāng(统读)
岗 gǎng
　~楼　~哨　~子
　门~　站~
　山~子
港 gǎng(统读)
葛(一)gé
　~藤　~布　~瓜
(二)gě[姓]
　(包括单、复姓)
隔 gé(统读)

革 gé
　~命　~新　改~
合 gě
　(一升的十分之一)
给(一)gěi(语)单用。
(二)jǐ(文)
　补~　供~　供~
　制　~予　配~
　自~自足
亘 gèn(统读)
更 gēng
　五~　~生
颈 gěng
　脖~子
供(一)gōng
　~给　提~　~销
(二)gòng
　口~　翻~　上~
佝 gōu(统读)
枸 gǒu
　~杞
勾 gòu
　~当
估(除"~衣"读 gù
　外，都读 gū)
骨(除"~碌"、"~朵"
　读 gū 外，都读 gǔ)
谷 gǔ
　~雨
锢 gù(统读)
冠(一)guān(名物义)
　~心病
(二)guàn(动作义)
　沐猴而~　~军
犷 guǎng(统读)
皈 guī(统读)
桧(一)guì(树名)
(二)huì(人名)
　"秦~"。

刿 guì(统读)
聒 guō(统读)
蝈 guō(统读)
过(除姓氏读 guō 外，都读 guò)

H

虾 há
　~蟆
哈(一)hǎ
　~达
　(二)hà
　~什蚂
汗 hán
　可~
巷 hàng
　~道
号 háo
　寒~虫
和(一)hè
　唱~　附~
　曲高~寡
　(二)huo
　搀~　搅~　暖~
　热~　软~
貉(一)hé(文)
　一丘之~
　(二)háo(语)
　~绒　~子
壑 hè(统读)
褐 hè(统读)
喝 hè
　~彩　~道　~令
　~止　呼幺~六
鹤 hè(统读)
黑 hēi(统读)
亨 hēng(统读)
横(一)héng
　~肉　~行霸道

　(二)hèng
　蛮~　~财
訇 hōng(统读)
虹(一)hóng(文)
　~彩　~吸
　(二)jiàng(语)
　单说。
讧 hòng(统读)
囫 hú(统读)
瑚 hú(统读)
蝴 hú(统读)
桦 huà(统读)
徊 huái(统读)
踝 huái(统读)
浣 huàn(统读)
黄 huáng(统读)
荒 huang
　饥~(指经济困难)
海 huì(统读)
贿 huì(统读)
会 huì
　一~儿　多~儿
　~厌(生理名词)
混 hùn
　~合　~乱　~凝土
　~淆　~血儿　~杂
蠖 huò(统读)
霍 huò(统读)
豁 huò
　~亮
获 huò(统读)

J

羁 jī(统读)
击 jī(统读)
奇 jī
　~数
迹 jī(统读)
缉(一)jī

　通~　侦~
　(二)qī
　~鞋口
几 jī
　茶~　条~
圾 jī(统读)
戢 jí(统读)
疾 jí(统读)
汲 jí(统读)
棘 jí(统读)
藉 jí
　狼~(籍)
嫉 jí(统读)
脊 jǐ(统读)
纪(一)jǐ[姓]
　(二)jì
　~念　~律
　纲~　~元
偈 jì
　~语
绩 jì(统读)
迹 jì(统读)
寂 jì(统读)
箕 ji
　簸~
辑 ji
　逻~
茄 jiā
　雪~
夹 jiā
　~带藏掖　~道儿
　~攻　~棍　~生
　~杂　~竹桃
　~注
浃 jiā(统读)
甲 jiǎ
　~鱼
奸 jiān(统读)
鞯 jiān(统读)
间(一)jiān

　~不容发　中~
　(二)jiàn
　中~儿　~道
　~谍　~断
　~或　~接
　~距　~隙
　~续　~阻~作
　挑拨离~
趼 jiǎn(统读)
俭 jiǎn(统读)
缰 jiāng(统读)
膙 jiǎng(统读)
嚼(一)jiáo(语)
　味同~蜡
　咬文~字
　(二)jué(文)
　咀~
　过屠门而大~
　(三)jiào
　倒~(倒噍)
侥 jiǎo
　~幸
角(一)jiǎo
　八~(大茴香)
　~落　独~戏
　~膜　~度　~儿
　(犄~)　~楼
　勾心斗~　号~
　口~(嘴~)　鹿~
　~菜　头~
　(二)jué
　~斗　~儿(脚色)
　口~(吵嘴)
　主~儿　配~儿
　~力　捧~儿
脚(一)jiǎo
　根~
　(二)jué
　~儿(也作"角儿"，

脚色)
剿(一)jiǎo
　围～
(二)chāo
　～说　～袭
校 jiào
　～勘　～样　～正
较 jiào(统读)
酵 jiào(统读)
嗟 jiē(统读)
疖 jiē(统读)
结(除"～了个果子"、"开花～果"、"～巴"、"～实"念 jiē 之外,其他都念 jié)
睫 jié(统读)
芥(一)jiè
　～菜(一般的芥菜)
　～末
(二)gài
　～菜(也作"盖菜")
　～蓝菜
矜 jīn
　～持　自～　～怜
仅 jǐn
　～～　绝无～有
谨 jǐn(统读)
觐 jǐn(统读)
浸 jìn(统读)
斤 jin
　千～(起重的工具)
茎 jīng(统读)
粳 jīng(统读)
鲸 jīng(统读)
境 jìng(统读)
痉 jìng(统读)
劲 jìng
　刚～
窘 jiǒng(统读)

究 jiū(统读)
纠 jiū(统读)
鞠 jū(统读)
鞫 jū(统读)
掬 jū(统读)
苴 jū(统读)
咀 jǔ
　～嚼
矩(一)jǔ
　～形
(二)ju
　规～
俱 jù(统读)
龟 jūn
　～裂(也作"皲裂")
菌(一)jūn
　细～　病～　杆～　霉～
(二)jùn
　香～　～子
俊 jùn(统读)

K

卡(一)kǎ
　～宾枪　～车
　～介苗　～片
　～通
(二)qiǎ
　～子　关～
揩 kāi(统读)
慨 kǎi(统读)
忾 kài(统读)
勘 kān(统读)
看 kān
　～管　～护　～守
慷 kāng(统读)
拷 kǎo(统读)
坷 kē
　～拉(垃)

疴 kē(统读)
壳(一)ké(语)
　～儿　贝～儿
　脑～　驳～枪
(二)qiào(文)
　地～　甲～　躯～
可(一)kě
　～～儿的
(二)kè
　～汗
恪 kè(统读)
刻 kè(统读)
克 kè
　～扣
空(一)kōng
　～心砖　～城计
(二)kòng
　～心吃药
眍 kōu(统读)
矻 kū(统读)
酷 kù(统读)
框 kuàng(统读)
矿 kuàng(统读)
傀 kuǐ(统读)
溃(一)kuì
　～烂
(二)huì
　～脓
篑 kuì(统读)
括 kuò(统读)

L

垃 lā(统读)
邋 lā(统读)
罱 lǎn(统读)
缆 lǎn(统读)
蓝 lan
　苤～
琅 láng(统读)

捞 lāo(统读)
劳 láo(统读)
醪 láo(统读)
烙(一)lào
　～印　～铁　～饼
(二)luò
　炮～(古酷刑)
勒(一)lè(文)
　～逼　～令　～派
　～索　悬崖～马
(二)lēi(语)
　多单用。
擂(除"～台"、"打～"读 lèi 外,都读 léi)
礌 léi(统读)
羸 léi(统读)
蕾 lěi(统读)
累(一)lèi
(辛劳义,如"受～"[受劳～])
(二)léi
(如"～赘")
(三)lěi
(牵连义,如"带～"、"～及"、"连～"、"赔～"、"牵～"、"受～"[受牵～])
蠡(一)lí
　管窥～测
(二)lǐ
　～县　范～
喱 lí(统读)
连 lián(统读)
敛 liǎn(统读)
恋 liàn(统读)
量(一)liàng
　～入为出　忖～
(二)liang

打～ 掂～
踉 liàng
　～跄
潦 liáo
　～草 　～倒
劣 liè(统读)
捩 liè(统读)
趔 liè(统读)
拎 līn(统读)
邻 lín(统读)
淋(一)lín
　～浴 　～漓 　～巴
　(二)lìn
　～硝 　～盐 　～病
蛉 líng(统读)
榴 liú(统读)
馏(一)liú(文)
　如"干～"、"蒸～"
　(二)liù(语)
　如"～馒头"
镏 liú
　～金
碌 liù
　～碡
笼(一)lóng(名物义)
　～子 　牢～
　(二)lǒng(动作义)
　～络 　～括 　～统
　～罩
偻(一)lóu
　佝～
　(二)lǚ
　伛～
瞜 lou
　瞘～
颅 lú(统读)
掳 lǔ(统读)
露 lù(一)(文)
　赤身～体 　～天

～骨 　～头角
藏头～尾
抛头～面 　～头(矿)
(二)lòu(语)
　～富 　～苗 　～光
　～相 　～马脚
　～头
栌 lú(统读)
捋(一)lǚ
　～胡子
　(二)luō
　～袖子
绿(一)lǜ(语)
　(二)lù(文)
　～林 　鸭～江
孪 luán(统读)
挛 luán(统读)
掠 lüè(统读)
囵 lún(统读)
络 luò
　～腮胡子
落(一)luò(文)
　～膘 　～花生
　～魄 涨～ 　～槽
　着～
　(二)lào(语)
　～架 　～色 　～炕
　～枕 　～儿
　～子(一种曲艺)
　(三)là(语)遗落义。
丢三～四
　～在后面

M

脉(除"～～"念 mòmò
外,一律念 mài)
漫 màn(统读)
蔓(一)màn(文)
　～延 　不～不支

(二)wàn(语)
瓜～ 压～
牤 māng(统读)
氓 máng
流～
芒 máng(统读)
铆 mǎo(统读)
瑁 mào(统读)
虻 méng(统读)
盟 méng(统读)
祢 mí(统读)
眯(一)mí
　～了眼(灰尘等入
目,也作"迷")
　(二)mī
　～了一会儿(小睡)
　～缝着眼(微微合
目)
靡(一)mí
　～费
　(二)mǐ
　风～ 委～ 披～
秘(除"～鲁"读 bì 外,
都读 mì)
泌(一)mì(语)
　分～
　(二)bì(文)
　～阳[地名]
娩 miǎn(统读)
渺 miǎo(统读)
皿 mǐn(统读)
闽 mǐn(统读)
茗 míng(统读)
酩 mǐng(统读)
谬 miù(统读)
摸 mō(统读)
模(一)mó
　～范 　～式 　～型
　～糊 　～特儿

～棱两可
(二)mú
　～子 　～具 　～样
膜 mó(统读)
摩 mó
　按～ 抚～
嬷 mó(统读)
墨 mò(统读)
耱 mò(统读)
沫 mò(统读)
缪 móu
　绸～

N

难(一)nán
　困～(或变轻声)
　～兄～弟(难得的
兄弟,现多用作贬
义)
　(二)nàn
　排～解纷 　发～
　刁～ 　责～
　～兄～弟(共患难
或同受苦难的人)
蝻 nǎn(统读)
蛲 náo(统读)
讷 nè(统读)
馁 něi(统读)
嫩 nèn(统读)
恁 nèn(统读)
妮 nī(统读)
拈 niān(统读)
鲇 nián(统读)
酿 niàng(统读)
尿(一)niào
　糖～病
　(二)suī(只用于口
语名词)
尿(niào)～ 　～脬

啮 niè(统读)
宁(一)níng
　安～
　(二)nìng
　～可　无～
　[姓]
忸 niǔ(统读)
脓 nóng(统读)
弄(一)nòng
　玩～
　(二)lòng
　～堂
暖 nuǎn(统读)
衄 nù(统读)
疟(一)nüè(文)
　～疾
　(二)yào(语)
　发～子
娜(一)nuó
　婀～　袅～
　(二)nà
　(人名)

O

殴 ōu(统读)
呕 ǒu(统读)

P

杷 pá(统读)
琶 pá(统读)
牌 pái(统读)
排 pǎi
　～子车
追 pǎi
　～击炮
湃 pài(统读)
爿 pán(统读)
胖 pán
　心广体～

(～为安舒貌)
蹒 pán(统读)
畔 pàn(统读)
乓 pāng(统读)
滂 pāng(统读)
脬 pāo(统读)
胚 pēi(统读)
喷(一)pēn
　～嚏
　(二)pèn
　～香
　(三)pen
　嚏～
澎 péng(统读)
坯 pī(统读)
披 pī(统读)
匹 pǐ(统读)
僻 pì(统读)
譬 pì(统读)
片(一)piàn
　～子　唱～　画～
　相～　影～
　～儿会
　(二)piān(口语一部分词)
　～子　～儿
　唱～儿　画～儿
　相～儿　影～儿
剽 piāo(统读)
缥 piāo
　～缈(飘渺)
撇 piē
　～弃
聘 pìn(统读)
乒 pīng(统读)
颇 pō(统读)
剖 pōu(统读)
仆(一)pū
　前～后继

(二)pú
　～从
扑 pū(统读)
朴(一)pǔ
　俭～　～素　～质
　(二)pō
　～刀
　(三)pò
　～硝　厚～
蹼 pǔ(统读)
瀑 pù
　～布
曝(一)pù
　一～十寒
　(二)bào
　～光　(摄影术语)

Q

栖 qī
　两～
戚 qī(统读)
漆 qī(统读)
期 qī(统读)
蹊 qī
　～跷
蛴 qí(统读)
畦 qí(统读)
其 qí(统读)
骑 qí(统读)
企 qǐ(统读)
绮 qǐ(统读)
杞 qǐ(统读)
械 qì(统读)
洽 qià(统读)
签 qiān(统读)
潜 qián(统读)
荨(一)qián(文)
　～麻
　(二)xún(语)

～麻疹
嵌 qiàn(统读)
欠 qian
　打哈～
戕 qiāng(统读)
锖 qiāng
　～水
强(一)qiáng
　～渡　～取豪夺
　～制　博闻～识
　(二)qiǎng
　勉～　牵～
　～词夺理　～迫
　～颜为笑
　(三)jiàng
　倔～
襁 qiǎng(统读)
跄 qiàng(统读)
悄(一)qiāo
　～～儿的
　(二)qiǎo
　～默声儿的
橇 qiāo(统读)
翘(一)qiào(语)
　～尾巴
　(二)qiáo(文)
　～首　～楚连～
怯 qiè(统读)
挈 qiè(统读)
趄 qie
　趔～
侵 qīn(统读)
衾 qīn(统读)
嗪 qín(统读)
倾 qīng(统读)
亲 qìng
　～家
穹 qióng(统读)
黢 qū(统读)

曲(麯)qū
　大~　红~　神~
渠 qú(统读)
瞿 qú(统读)
蠼 qú(统读)
苣 qǔ
　~荬菜
龋 qǔ(统读)
趣 qù(统读)
雀 què
　~斑　~盲症

R

髯 rán(统读)
攘 rǎng(统读)
桡 ráo(统读)
绕 rào(统读)
任 rén[姓,地名]
妊 rèn(统读)
扔 rēng(统读)
容 róng(统读)
糅 róu(统读)
茹 rú(统读)
孺 rú(统读)
蠕 rú(统读)
辱 rǔ(统读)
挼 ruó(统读)

S

靸 sǎ(统读)
噻 sāi(统读)
散(一)sǎn
　懒~　零零~~
　~漫
　(二)sàn
　零~
丧 sāng
　哭~着脸
扫(一)sǎo

　~兴
　(二)sào
　~帚
埽 sào(统读)
色(一)sè(文)
　(二)shǎi(语)
塞(一)sè(文)动作义。
　(二)sāi(语)名物义,如:"活~"、"瓶~";动作义,如:"把洞~住"。
森 sēn(统读)
煞(一)shā
　~尾　收~
　(二)shà
　~白
啥 shá(统读)
厦(一)shà(语)
　(二)xià(文)
　~门　噶~
杉(一)shān(文)
　紫~　红~　水~
　(二)shā(语)
　~篱　~木
衫 shān(统读)
姗 shān(统读)
苫(一)shàn(动作义,如"~布")
　(二)shān(名物义,如"草~子")
墒 shāng(统读)
猞 shē(统读)
舍 shè
　宿~
慑 shè(统读)
摄 shè(统读)
射 shè(统读)
谁 shéi 又音 shuí

娠 shēn(统读)
什(甚)shén
　~么
蜃 shèn(统读)
葚(一)shèn(文)
　(二)rèn(语)
　桑~儿
胜 shèng(统读)
识 shí
　常~　~货　~字
似 shì
　~的
室 shì(统读)
螫(一)shì(文)
　(二)zhē(语)
匙 shi
　钥~
殊 shū(统读)
蔬 shū(统读)
疏 shū(统读)
叔 shū(统读)
淑 shū(统读)
菽 shū(统读)
熟(一)shú(文)
　(二)shóu(语)
署 shǔ(统读)
曙 shǔ(统读)
漱 shù(统读)
戍 shù(统读)
蟀 shuài(统读)
孀 shuāng(统读)
说 shuì
　游~
数 shuò
　~见不鲜
硕 shuò(统读)
蒴 shuò(统读)
艘 sōu(统读)

嗾 sǒu(统读)
速 sù(统读)
塑 sù(统读)
虽 suī(统读)
绥 suí(统读)
髓 suǐ(统读)
遂(一)suì
　不~　毛~自荐
　(二)suí
　半身不~
隧 suì(统读)
笋 sǔn(统读)
莎 suō
　~草
缩(一)suō
　收~
　(二)sù
　~砂密(一种植物)
唆 suō(统读)
索 suǒ(统读)

T

趿 tā(统读)
鳎 tǎ(统读)
獭 tǎ(统读)
沓(一)tà
　重~
　(二)ta
　疲~
　(三)dá
　一~纸
苔(一)tái(文)
　(二)tāi(语)
探 tàn(统读)
涛 tāo(统读)
悌 tì(统读)
佻 tiāo(统读)
调 tiáo
　~皮

帖(一)tiē
　妥~　伏伏~~
　俯首~耳
　(二)tiě
　请~　字~儿
　(三)tiè
　字~　碑~
听 tīng(统读)
庭 tíng(统读)
骰 tóu(统读)
凸 tū(统读)
突 tū(统读)
颓 tuí(统读)
蜕 tuì(统读)
臀 tún(统读)
唾 tuò(统读)

W

娲 wā(统读)
挖 wā(统读)
瓦 wà
　~刀
喎 wāi(统读)
蜿 wān(统读)
玩 wán(统读)
惋 wǎn(统读)
脘 wǎn(统读)
往 wǎng(统读)
忘 wàng(统读)
微 wēi(统读)
巍 wēi(统读)
薇 wēi(统读)
危 wēi(统读)
韦 wéi(统读)
违 wéi(统读)
唯 wéi(统读)
圩(一)wéi
　~子
　(二)xū

　~(墟)场
纬 wěi(统读)
委 wěi
　~靡
伪 wěi(统读)
萎 wěi(统读)
尾(一)wěi
　~巴
　(二)yǐ
　马~儿
尉 wèi
　~官
文 wén(统读)
闻 wén(统读)
紊 wěn(统读)
喔 wō(统读)
蜗 wō(统读)
龌 wò(统读)
诬 wū(统读)
梧 wú(统读)
牾 wǔ(统读)
乌 wù
　~拉(也作"靰鞡")
　~拉草
杌 wù(统读)
鹜 wù(统读)

X

夕 xī(统读)
汐 xī(统读)
晰 xī(统读)
析 xī(统读)
皙 xī(统读)
昔 xī(统读)
溪 xī(统读)
悉 xī(统读)
熄 xī(统读)
蜥 xī(统读)
螅 xī(统读)

惜 xī(统读)
锡 xī(统读)
樨 xī(统读)
袭 xí(统读)
檄 xí(统读)
峡 xiá(统读)
暇 xiá(统读)
吓 xià
　杀鸡~猴
鲜 xiān
　屡见不~　数见不~
锨 xiān(统读)
纤 xiān
　~维
涎 xián(统读)
弦 xián(统读)
陷 xiàn(统读)
霰 xiàn(统读)
向 xiàng(统读)
相 xiàng
　~机行事
淆 xiáo(统读)
哮 xiào(统读)
些 xiē(统读)
颉 xié
　~颃
携 xié(统读)
偕 xié(统读)
挟 xié(统读)
械 xiè(统读)
馨 xīn(统读)
囟 xìn(统读)
行 xíng
　操~　德~　发~
　品~
省 xǐng
　内~　反~　~亲
　不~人事
苘 xiōng(统读)

朽 xiǔ(统读)
宿 xiù
　星~　二十八~
煦 xù(统读)
蓿 xu
　苜~
癣 xuǎn(统读)
削(一)xuē(文)
　剥~　~减　瘦~
　(二)xiāo(语)
　切~　~铅笔　~球
穴 xué(统读)
学 xué(统读)
雪 xuě(统读)
血(一)xuè(文)用于复音词及成语,如"贫~"、"心~"、"呕心沥~"、"~泪史"、"狗~喷头"等。
　(二)xiě(语)口语多单用,如"流了点儿~"及几个口语常用词,如:"鸡~"、"~晕"、"~块子"等。
谑 xuè(统读)
寻 xún(统读)
驯 xùn(统读)
逊 xùn(统读)
熏 xùn
　煤气~着了
徇 xùn(统读)
殉 xùn(统读)
蕈 xùn(统读)

Y

押 yā(统读)
崖 yá(统读)

哑 yǎ
　～然失笑
亚 yà(统读)
殷 yān
　～红
芫 yán
　～荽
筵 yán(统读)
沿 yán(统读)
焰 yàn(统读)
夭 yāo(统读)
肴 yáo(统读)
杳 yǎo(统读)
窅 yǎo(统读)
钥(一)yào(语)
　～匙
　(二)yuè(文)
　锁～
曜 yào(统读)
耀 yào(统读)
椰 yē(统读)
噎 yē(统读)
叶 yè
　～公好龙
曳 yè
　弃甲～兵　摇～
　～光弹
屹 yì(统读)
轶 yì(统读)
谊 yì(统读)
懿 yì(统读)
诣 yì(统读)
艾 yì
　自怨自～
荫 yìn(统读)
　("树～"、"林～道"
　应作"树阴"、"林阴
　道")
应(一)yīng

　～届　～名儿
　～许　提出的条件
　他都～了　是我～
　下来的任务
　(二)yìng
　～承　～付　～声
　～时　～验　～邀
　～用　～运　～征
　里～外合
萦 yíng(统读)
映 yìng(统读)
佣 yōng
　～工
庸 yōng(统读)
臃 yōng(统读)
壅 yōng(统读)
拥 yōng(统读)
踊 yǒng(统读)
咏 yǒng(统读)
泳 yǒng(统读)
莠 yǒu(统读)
愚 yú(统读)
娱 yú(统读)
愉 yú(统读)
伛 yǔ(统读)
屿 yǔ(统读)
吁 yù
　呼～
跃 yuè(统读)
晕(一)yūn
　～倒　头～
　(二)yùn
　月～　血～　～车
酝 yùn(统读)

Z

匝 zā(统读)
杂 zá(统读)
载(一)zǎi

　登～　记～
　(二)zài
　搭～　怨声～道
　重～　装～
　～歌～舞
簪 zān(统读)
咱 zán(统读)
暂 zàn(统读)
凿 záo(统读)
择(一)zé
　选～
　(二)zhái
　～不开　～菜　～席
贼 zéi(统读)
憎 zēng(统读)
甑 zèng(统读)
喳 zhā
　喳喳～～
轧(除"～钢"、"～辊"
　念 zhá 外,其他都
　念 yà)
　(gá 为方言,不审)
摘 zhāi(统读)
粘 zhān
　～贴
涨 zhǎng
　～落　高～
着(一)zháo
　～慌　～急　～家
　～凉　～忙　～迷
　～水　～雨
　(二)zhuó
　～落　～手　～眼
　～意　～重　不～
　边际
　(三)zhāo
　失～
沼 zhǎo(统读)
召 zhào(统读)

遮 zhē(统读)
蛰 zhé(统读)
辙 zhé(统读)
贞 zhēn(统读)
侦 zhēn(统读)
帧 zhēn(统读)
胗 zhēn(统读)
枕 zhěn(统读)
诊 zhěn(统读)
振 zhèn(统读)
知 zhī(统读)
织 zhī(统读)
脂 zhī(统读)
植 zhí(统读)
殖(一)zhí
　繁～　生～　～民
　(二)shi
　骨～
指 zhǐ(统读)
掷 zhì(统读)
质 zhì(统读)
蛭 zhì(统读)
秩 zhì(统读)
栉 zhì(统读)
炙 zhì(统读)
中 zhōng
　人～(人口上唇当
　中处)
种 zhòng
　点～(义同"点播"。
　动宾结构念 diǎnzhǒng,
　义为点播种子)
诌 zhōu(统读)
骤 zhòu(统读)
轴 zhòu
　大～子戏　压～子
碡 zhou
　碌～
烛 zhú(统读)

逐 zhú(统读)
属 zhǔ
　～望
筑 zhù(统读)
著 zhù
　土～
转 zhuǎn
　运～
撞 zhuàng(统读)
幢(一)zhuàng
　一～楼房
（二）chuáng
　经～（佛教所设刻有经咒的石柱）
拙 zhuō(统读)
茁 zhuó(统读)
灼 zhuó(统读)
卓 zhuó(统读)
综 zōng

　～合
纵 zòng(统读)
粽 zòng(统读)
镞 zú(统读)
组 zǔ(统读)
钻(一)zuān
　～探　～孔
（二）zuàn
　～床　～杆　～具

佐 zuǒ(统读)
唑 zuò(统读)
柞(一)zuò
　～蚕　～绸
（二）zhà
　～水(在陕西)
做 zuò(统读)
作(除"～坊"读 zuō 外,其余都读 zuò)

附录三

普通话水平测试用普通话词语表

说 明

1. 本表参照国家语言文字工作委员会现代汉语语料库和中国社会科学院语言研究所编辑的《现代汉语词典》(1996年7月修订第三版)编制。

2. 本表供普通话水平测试第一项——读单音节字词(100个音节)和第二项——读多音节词语(100个音节)测试使用。

3. 本表共收词语17 041条,由"表一"(6 593条)和"表二"(10 448条)两部分组成,条目按汉语拼音字母顺序排列。"表一"里带"＊"的是按频率在第4 000条以前的最常用词。

4. 本表条目除必读轻声音节外,一律只标本调,不标变调。

5. 条目中的必读轻声音节,注音不标调号,如:"明白 míngbai";一般轻读、间或重读的音节,注音上标调号,注音前再加圆点提示,如:"玻璃 bō·lí"。

6. 条目中儿化音节的注音,只在基本形式后面加r,如:"一会儿 yīhuìr",不标语音上的实际变化。

表 一

	A								
＊阿	ā	＊安全	ānquán	奥秘	àomì	＊百	bǎi	＊办	bàn
阿姨	āyí	＊安慰	ānwèi	奥运会	Àoyùnhuì	百年	bǎinián	＊办法	bànfǎ
挨	āi	安心	ānxīn		B	百姓	bǎixìng	＊办公室	bàngōngshì
挨	ái	安置	ānzhì			＊摆	bǎi	＊办理	bànlǐ
矮	ǎi	安装	ānzhuāng	＊八	bā	摆动	bǎidòng	＊办事	bànshì
＊爱	ài	氨	ān	巴	bā	＊摆脱	bǎituō	＊半	bàn
＊爱国	àiguó	氨基酸	ānjīsuān	扒	bā	败	bài	半导体	bàndǎotǐ
爱好	àihào	岸	àn	拔	bá	拜	bài	半岛	bàndǎo
爱护	àihù	＊按	àn	＊把	bǎ	＊班	bān	＊半径	bànjìng
＊爱情	àiqíng	＊按照	ànzhào	＊把握	bǎwò	＊般	bān	＊半天	bàntiān
＊爱人	àiren	＊案	àn	＊把儿	bàr	颁布	bānbù	半夜	bànyè
＊安	ān	＊案件	ànjiàn	爸	bà	搬	bān	扮演	bànyǎn
安定	āndìng	＊暗	àn	爸爸	bàba	搬家	bānjiā	伴	bàn
安静	ānjìng	暗示	ànshì	＊罢	bà	搬运	bānyùn	伴随	bànsuí
＊安排	ānpái	暗中	ànzhōng	罢工	bàgōng	＊板	bǎn	伴奏	bànzòu
安培	ānpéi	凹	āo	＊白	bái	板凳	bǎndèng	瓣	bàn
		熬	āo	＊白色	báisè	板块	bǎnkuài	＊帮	bāng
		熬	áo	＊白天	bái·tiān	版	bǎn	帮忙	bāngmáng

212

*帮助	bāngzhù	*爆发	bàofā	比价	bǐjià	*变革	biàngé	*冰	bīng
榜样	bǎngyàng	*爆炸	bàozhà	*比较	bǐjiào	变更	biàngēng	冰川	bīngchuān
*棒	bàng	*杯	bēi	*比例	bǐlì	*变化	biànhuà	*兵	bīng
傍晚	bàngwǎn	*背	bēi	*比如	bǐrú	变换	biànhuàn	兵力	bīnglì
*包	bāo	悲哀	bēi'āi	*比赛	bǐsài	变量	biànliàng	丙	bǐng
包袱	bāofu	悲惨	bēicǎn	比喻	bǐyù	变迁	biànqiān	柄	bǐng
包干儿	bāogānr	*悲剧	bēijù	*比重	bǐzhòng	变态	biàntài	饼	bǐng
*包含	bāohán	北	běi	彼	bǐ	变形	biànxíng	屏	bǐng
*包括	bāokuò	*北方	běifāng	*彼此	bǐcǐ	变异	biànyì	*并	bìng
*包围	bāowéi	贝	bèi	*笔	bǐ	*便	biàn	*并且	bìngqiě
包装	bāozhuāng	备	bèi	笔记	bǐjì	便利	biànlì	并用	bìngyòng
孢子	bāozǐ	*背	bèi	笔者	bǐzhě	便于	biànyú	*病	bìng
炮	bāo	*背后	bèihòu	*必	bì	*遍	biàn	病变	bìngbiàn
*薄	báo	*背景	bèijǐng	必定	bìdìng	辨	biàn	病毒	bìngdú
饱	bǎo	*倍	bèi	*必然	bìrán	辨别	biànbié	病理	bìnglǐ
*饱和	bǎohé	被	bèi	必然性	bìránxìng	辨认	biànrèn	病情	bìngqíng
宝	bǎo	被动	bèidòng	*必须	bìxū	辩护	biànhù	病人	bìngrén
宝贝	bǎobèi	被告	bèigào	必需	bìxū	*辩证	biànzhèng	拨	bō
宝贵	bǎoguì	被子	bèizi	*必要	bìyào	辩证法	biànzhèngfǎ	波	bō
宝石	bǎoshí	辈	bèi	*毕竟	bìjìng	标	biāo	*波长	bōcháng
*保	bǎo	奔	bēn	*毕业	bìyè	标本	biāoběn	*波动	bōdòng
*保持	bǎochí	奔跑	bēnpǎo	闭	bì	标题	biāotí	波浪	bōlàng
*保存	bǎocún	*本	běn	闭合	bìhé	标语	biāoyǔ	*玻璃	bō•li
保管	bǎoguǎn	本地	běndì	*壁	bì	标志	biāozhì	剥夺	bōduó
*保护	bǎohù	*本来	běnlái	壁画	bìhuà	标准	biāozhǔn	剥削	bōxuē
*保留	bǎoliú	*本领	běnlǐng	*避	bì	标准化	biāozhǔnhuà	播种	bōzhǒng
保守	bǎoshǒu	本能	běnnéng	*避免	bìmiǎn	*表	biǎo	播种	bōzhòng
*保卫	bǎowèi	*本人	běnrén	臂	bì	表层	biǎocéng	伯	bó
保险	bǎoxiǎn	*本身	běnshēn	*边	biān	*表达	biǎodá	*脖子	bózi
*保障	bǎozhàng	本事	běnshì	边疆	biānjiāng	表面	biǎomiàn	*博士	bóshì
*保证	bǎozhèng	本事	běnshi	边界	biānjiè	*表明	biǎomíng	搏斗	bódòu
*报	bào	本体	běntǐ	边境	biānjìng	表皮	biǎopí	*薄	bó
*报酬	bào•chóu	本性	běnxìng	边区	biānqū	*表情	biǎoqíng	薄弱	bóruò
*报道	bàodào	*本质	běnzhì	边缘	biānyuán	*表示	biǎoshì	*薄	bó
报复	bào•fù	苯	běn	*编	biān	表述	biǎoshù	*补	bǔ
*报告	bàogào	奔	bèn	编辑	biānjí	*表现	biǎoxiàn	补偿	bǔcháng
*报刊	bàokān	笨	bèn	编写	biānxiě	表象	biǎoxiàng	补充	bǔchōng
报名	bàomíng	崩溃	bēngkuì	*编制	biānzhì	表演	biǎoyǎn	补贴	bǔtiē
*报纸	bàozhǐ	蹦	bèng	鞭	biān	表扬	biǎoyáng	捕	bǔ
*抱	bào	逼	bī	鞭子	biānzi	表彰	biǎozhāng	捕捞	bǔlāo
暴动	bàodòng	鼻	bí	扁	biǎn	*别	bié	捕食	bǔshí
暴力	bàolì	鼻孔	bíkǒng	*变	biàn	*别人	bié•rén	捕捉	bǔzhuō
*暴露	bàolù	*鼻子	bízi	*变动	biàndòng	*别	biè	*不	bù
暴雨	bàoyǔ	*比	bǐ	变法	biànfǎ	宾	bīn	*不安	bù'ān

*不必	bùbì	不宜	bùyí	参	cān	差价	chājià	常识	chángshí
不便	bùbiàn	不已	bùyǐ	*参观	cānguān	差距	chājù	常数	chángshù
不曾	bùcéng	*不用	bùyòng	参加	cānjiā	*差异	chāyì	*厂	chǎng
*不错	bùcuò	不止	bùzhǐ	*参考	cānkǎo	*插	chā	厂房	chǎngfáng
*不但	bùdàn	不足	bùzú	参谋	cānmóu	*茶	chá	*场	chǎng
*不当	bùdàng	*布	bù	参数	cānshù	茶馆儿	cháguǎnr	场地	chǎngdì
不等	bùděng	布局	bùjú	*参与	cānyù	茶叶	cháyè	场合	chǎnghé
不定	bùdìng	布置	bùzhì	参照	cānzhào	查	chá	场面	chǎngmiàn
*不断	bùduàn	*步	bù	残	cán	察	chá	*场所	chǎngsuǒ
*不对	bùduì	步伐	bùfá	残酷	cánkù	叉	chǎ	*唱	chàng
不妨	bùfáng	步骤	bùzhòu	残余	cányú	*差	chà	抄	chāo
不服	bùfú	步子	bùzi	蚕	cán	*差不多	chà·bùduō	*超	chāo
*不够	bùgòu	*部	bù	灿烂	cànlàn	差点儿	chàdiǎnr	超出	chāochū
*不顾	bùgù	*部队	bùduì	仓	cāng	拆	chāi	超额	chāo'é
*不管	bùguǎn	*部分	bùfen	仓库	cāngkù	*差	chāi	*超过	chāoguò
不光	bùguāng	部落	bùluò	苍白	cāngbái	柴	chái	超越	chāoyuè
*不过	bùguò	部门	bùmén	苍蝇	cāngying	缠	chán	巢	cháo
不合	bùhé	部署	bùshǔ	舱	cāng	*产	chǎn	*朝	cháo
不及	bùjí	*部位	bùwèi	藏	cáng	产地	chǎndì	朝廷	cháotíng
*不禁	bùjīn			操	cāo	*产量	chǎnliàng	潮	cháo
*不仅	bùjǐn	**C**		操纵	cāozòng	*产品	chǎnpǐn	潮流	cháoliú
不久	bùjiǔ			操作	cāozuò	*产生	chǎnshēng	潮湿	cháoshī
不堪	bùkān	*擦	cā	曹	cáo	*产物	chǎnwù	吵	chǎo
*不可	bùkě	猜	cāi	槽	cáo	*产业	chǎnyè	炒	chǎo
不快	bùkuài	*才	cái	*草	cǎo	产值	chǎnzhí	*车	chē
*不利	bùlì	*才能	cáinéng	草案	cǎo'àn	阐明	chǎnmíng	*车间	chējiān
不良	bùliáng	材	cái	草地	cǎodì	阐述	chǎnshù	车辆	chēliàng
不料	bùliào	*材料	cáiliào	*草原	cǎoyuán	颤抖	chàndǒu	车厢	chēxiāng
*不论	bùlùn	财	cái	册	cè	*长	cháng	车站	chēzhàn
*不满	bùmǎn	*财产	cáichǎn	*侧	cè	长城	chángchéng	车子	chēzi
*不免	bùmiǎn	*财富	cáifù	侧面	cèmiàn	长处	cháng·chù	扯	chě
*不怕	bùpà	财力	cáilì	侧重	cèzhòng	*长度	chángdù	*彻底	chèdǐ
不平	bùpíng	财务	cáiwù	*测	cè	长短	chángduǎn	撤	chè
*不然	bùrán	*财政	cáizhèng	测定	cèdìng	长久	chángjiǔ	撤销	chèxiāo
不容	bùróng	采	cǎi	测量	cèliáng	*长期	chángqī	臣	chén
*不如	bùrú	*采访	cǎifǎng	测验	cèyàn	长远	chángyuǎn	尘	chén
不时	bùshí	采购	cǎigòu	策略	cèlüè	长征	chángzhēng	沉	chén
*不惜	bùxī	采集	cǎijí	*层	céng	*场	cháng	*沉淀	chéndiàn
*不想	bùxiǎng	*采取	cǎiqǔ	层次	céngcì	肠	cháng	沉积	chénjī
*不行	bùxíng	*采用	cǎiyòng	*曾	céng	尝	cháng	*沉默	chénmò
*不幸	bùxìng	彩	cǎi	*曾经	céngjīng	尝试	chángshì	沉思	chénsī
*不许	bùxǔ	彩色	cǎisè	叉	chā	*常	cháng	*沉重	chénzhòng
不幸	bùxìng	踩	cǎi	差	chà	常规	chángguī	沉着	chénzhuó
*不要	bùyào	*菜	cài	差别	chābié	常年	chángnián	*陈	chén
		蔡	cài						

陈旧	chénjiù	*程度	chéngdù	愁	chóu	*畜	chù	*春	chūn
陈述	chénshù	程式	chéngshì	丑	chǒu	触	chù	春季	chūnjì
*称	chèn	*程序	chéngxù	臭	chòu	川	chuān	春节	Chūn Jié
趁	chèn	惩罚	chéngfá	*出	chū	*穿	chuān	春秋	chūnqiū
*称	chēng	秤	chèng	*出版	chūbǎn	穿着	chuānzhuó	*春天	chūntiān
称号	chēnghào	*吃	chī	出产	chūchǎn	*传	chuán	*纯	chún
称呼	chēnghu	*吃饭	chīfàn	*出发	chūfā	*传播	chuánbō	纯粹	chúncuì
称赞	chēngzàn	吃惊	chījīng	出发点	chūfādiǎn	传达	chuándá	纯洁	chúnjié
撑	chēng	吃力	chīlì	出国	chūguó	传导	chuándǎo	唇	chún
*成	chéng	*池	chí	*出口	chūkǒu	*传递	chuándì	*词	cí
*成本	chéngběn	池塘	chítáng	*出来	chū·lái	传教士	chuánjiàoshī	词典	cídiǎn
成虫	chéngchóng	迟	chí	出路	chūlù	传染病	chuánrǎnbìng	*词汇	cíhuì
*成分	chéng·fèn	持	chí	出卖	chūmài			词义	cíyì
*成功	chénggōng	持久	chíjiǔ	出门	chūmén	传授	chuánshòu	词语	cíyǔ
*成果	chéngguǒ	持续	chíxù	*出去	chū·qù	*传说	chuánshuō	词组	cízǔ
*成绩	chéngjì	尺	chǐ	出色	chūsè	*传统	chuántǒng	辞	cí
*成就	chéngjiù	尺度	chǐdù	出身	chūshēn	*船	chuán	辞职	cízhí
成立	chénglì	齿	chǐ	*出生	chūshēng	船舶	chuánbó	*磁	cí
成年	chéngnián	赤	chì	出售	chūshòu	船长	chuánzhǎng	磁场	cíchǎng
*成人	chéngrén	赤道	chìdào	出土	chūtǔ	船只	chuánzhī	磁力	cílì
*成熟	chéngshú	翅	chì	出席	chūxí	喘	chuǎn	磁铁	cítiě
*成为	chéngwéi	*翅膀	chìbǎng	*出现	chūxiàn	*串	chuàn	雌	cí
成效	chéngxiào	*冲	chōng	出血	chūxiě	串联	chuànlián	*此	cǐ
成语	chéngyǔ	冲动	chōngdòng	*初	chū	创	chuāng	此地	cǐdì
*成员	chéngyuán	冲击	chōngjī	*初步	chūbù	创伤	chuāngshāng	此后	cǐhòu
*成长	chéngzhǎng	冲破	chōngpò	初级	chūjí	窗	chuāng	此刻	cǐkè
*呈	chéng	冲突	chōngtū	*初期	chūqī	窗户	chuānghu	*此外	cǐwài
*呈现	chéngxiàn	充	chōng	初中	chūzhōng	窗口	chuāngkǒu	*次	cì
诚	chéng	充当	chōngdāng	*除	chú	窗子	chuāngzi	次数	cìshù
诚恳	chéngkěn	*充分	chōngfèn	除非	chúfēi	*床	chuáng	次序	cìxù
诚实	chéng·shí	充满	chōngmǎn	除了	chúle	幢	chuáng	次要	cìyào
承	chéng	充实	chōngshí	厨房	chúfáng	闯	chuǎng	*刺	cì
承包	chéngbāo	充足	chōngzú	*处	chǔ	创	chuàng	刺激	cì·jī
*承担	chéngdān	虫	chóng	处罚	chǔfá	创办	chuàngbàn	赐	cì
*承认	chéngrèn	*重	chóng	处分	chǔfèn	*创立	chuànglì	*聪明	cōng·míng
承受	chéngshòu	*重复	chóngfù	处境	chǔjìng	创新	chuàngxīn	*从	cóng
*城	chéng	重合	chónghé	处理	chǔlǐ	*创造	chuàngzào	从此	cóngcǐ
*城市	chéngshì	*重新	chóngxīn	处于	chǔyú	*创造性	chuàngzàoxìng	从而	cóng'ér
城镇	chéngzhèn	*崇拜	chóngbài	储备	chǔbèi			从来	cónglái
*乘	chéng	崇高	chónggāo	储存	chǔcún	*创作	chuàngzuò	从前	cóngqián
乘机	chéngjī	*冲	chòng	储量	chǔliàng	*吹	chuī	从事	cóngshì
乘客	chéngkè	抽	chōu	储蓄	chǔxù	垂	chuí	从小	cóngxiǎo
*盛	chéng	*抽象	chōuxiàng	楚	chǔ	垂直	chuízhí	从中	cóngzhōng
程	chéng	仇恨	chóuhèn	*处	chù	锤	chuí	丛	cóng

215

凑	còu	打下	dǎxià	大爷	dàye	*担	dàn	*导致	dǎozhì
*粗	cū	打仗	dǎzhàng	大爷	dàyé	担子	dànzi	*岛	dǎo
粗糙	cūcāo	*大	dà	大衣	dàyī	*诞生	dànshēng	岛屿	dǎoyǔ
促	cù	大伯	dàbó	大雨	dàyǔ	淡	dàn	*倒	dǎo
促成	cùchéng	大臣	dàchén	*大约	dàyuē	淡水	dànshuǐ	倒霉	dǎoméi
*促进	cùjìn	*大胆	dàdǎn	大战	dàzhàn	*弹	dàn	*到	dào
*促使	cùshǐ	*大地	dàdì	*大致	dàzhì	*蛋	dàn	*到处	dàochù
簇	cù	大豆	dàdòu	大众	dàzhòng	蛋白	dànbái	*到达	dàodá
窜	cuàn	*大队	dàduì	大自然	dàzìrán	*蛋白质	dànbáizhì	*到底	dàodǐ
催	cuī	大多	dàduō	*呆	dāi	*氮	dàn	到来	dàolái
摧残	cuīcán	*大多数	dàduōshù	待	dāi	*当	dāng	*倒	dào
摧毁	cuīhuǐ	大风	dàfēng	*大夫	dàifu	当场	dāngchǎng	盗窃	dàoqiè
*村	cūn	大概	dàgài	*代	dài	当初	dāngchū	*道	dào
村庄	cūnzhuāng	大纲	dàgāng	*代表	dàibiǎo	*当代	dāngdài	*道德	dàodé
村子	cūnzi	大哥	dàgē	代价	dàijià	*当地	dāngdì	道教	Dàojiào
*存	cún	大会	dàhuì	代理	dàilǐ	*当即	dāngjí	*道理	dào·lǐ
存款	cúnkuǎn	*大伙儿	dàhuǒr	代理人	dàilǐrén	当今	dāngjīn	*道路	dàolù
*存在	cúnzài	大家	dàjiā	*代替	dàitì	当局	dāngjú	稻	dào
寸	cùn	大街	dàjiē	代谢	dàixiè	*当年	dāngnián	稻谷	dàogǔ
挫折	cuòzhé	大姐	dàjiě	*带	dài	*当前	dāngqián	*得	dé
*措施	cuòshī	*大量	dàliàng	带动	dàidòng	*当然	dāngrán	*得到	dédào
*错	cuò	*大陆	dàlù	带领	dàilǐng	*当时	dāngshí	*得以	déyǐ
*错误	cuò·wù	大妈	dàmā	带头	dàitóu	*当事人	dāngshìrén	得意	déyì
		大门	dàmén	*贷款	dàikuǎn	当选	dāngxuǎn	*德	dé
D		大脑	dànǎo	*待	dài	当中	dāngzhōng	德育	déyù
*搭	dā	大娘	dàniáng	待遇	dàiyù	挡	dǎng	*得	děi
*答应	dāying	大炮	dàpào	袋	dài	*党	dǎng	*灯	dēng
*打	dá	*大气	dàqì	逮捕	dǎibǔ	党委	dǎngwěi	*灯光	dēngguāng
*达	dá	大庆	dàqìng	*戴	dài	党性	dǎngxìng	灯泡儿	dēngpàor
*达到	dádào	大人	dà·rén	*担	dān	*党员	dǎngyuán	登	dēng
*答	dá	大嫂	dàsǎo	担负	dānfù	*当	dàng	*登记	dēngjì
答案	dá'àn	大厦	dàshà	*担任	dānrèn	当成	dàngchéng	蹬	dēng
答复	dá·fù	大婶儿	dàshěnr	*担心	dānxīn	*当年	dàngnián	*等	děng
*打	dǎ	大师	dàshī	*单	dān	*当时	dàngshí	*等待	děngdài
打败	dǎbài	*大事	dàshì	*单纯	dānchún	当天	dàngtiān	*等到	děngdào
打扮	dǎban	大叔	dàshū	单调	dāndiào	当做	dàngzuò	等候	děnghòu
打倒	dǎdǎo	大体	dàtǐ	*单独	dāndú	档案	dàng'àn	*等级	děngjí
*打击	dǎjī	大厅	dàtīng	*单位	dānwèi	*刀	dāo	*等于	děngyú
打架	dǎjià	大王	dàwáng	单一	dānyī	导	dǎo	邓	Dèng
*打开	dǎkāi	*大小	dàxiǎo	耽误	dānwu	导弹	dǎodàn	*瞪	dèng
打量	dǎliang	*大型	dàxíng	胆	dǎn	导管	dǎoguǎn	*低	dī
打破	dǎpò	大学	dàxué	*石	dàn	*导体	dǎotǐ	低级	dījí
*打算	dǎsuan	*大学生	dàxuéshēng	*但	dàn	导线	dǎoxiàn	低头	dītóu
打听	dǎting	大洋	dàyáng	*但是	dànshì	*导演	dǎoyǎn		

低温	dīwēn	帝国	dìguó	吊	diào	*动机	dòngjī	*端	duān
低下	dīxià	递	dì	*调	diào	动静	dòngjing	端正	duānzhèng
*滴	dī	*第	dì	调拨	diàobō	*动力	dònglì	*短	duǎn
*的确	díquè	*典型	diǎnxíng	调查	diàochá	动量	dòngliàng	短期	duǎnqī
*敌	dí	*点	diǎn	调动	diàodòng	动脉	dòngmài	短暂	duǎnzàn
敌对	díduì	点燃	diǎnrán	*掉	diào	动能	dòngnéng	*段	duàn
*敌人	dírén	点头	diǎntóu	*爹	diē	动人	dòngrén	*断	duàn
抵	dǐ	碘	diǎn	跌	diē	*动手	dòngshǒu	断定	duàndìng
抵抗	dǐkàng	*电	diàn	迭	dié	动态	dòngtài	*锻炼	duànliàn
抵制	dǐzhì	电报	diànbào	叠	dié	*动物	dòngwù	*堆	duī
*底	dǐ	电场	diànchǎng	*丁	dīng	动摇	dòngyáo	堆积	duījī
底层	dǐcéng	电池	diànchí	盯	dīng	*动员	dòngyuán	*队	duì
*底下	dǐ·xia	电磁	diàncí	钉	dīng	动作	dòngzuò	*队伍	duìwu
*地	dì	电磁波	diàncíbō	*顶	dǐng	*冻	dòng	*对	duì
地板	dìbǎn	电灯	diàndēng	顶点	dǐngdiǎn	*洞	dòng	*对比	duìbǐ
地表	dìbiǎo	电动	diàndòng	顶端	dǐngduān	*都	dōu	*对不起	duì·buqǐ
地步	dìbù	*电荷	diànhè	订	dìng	兜	dōu	*对称	duìchèn
地层	dìcéng	电话	diànhuà	订货	dìnghuò	*斗	dǒu	*对待	duìdài
*地带	dìdài	电离	diànlí	钉	dìng	抖	dǒu	*对方	duìfāng
*地点	dìdiǎn	电力	diànlì	*定	dìng	*斗	dòu	对付	duìfu
*地方	dìfāng	电量	diànliàng	*定额	dìng'é	*斗争	dòuzhēng	对话	duìhuà
*地方	dìfang	*电流	diànliú	*定理	dìnglǐ	豆	dòu	对抗	duìkàng
*地理	dìlǐ	*电路	diànlù	定量	dìngliàng	豆腐	dòufu	*对立	duìlì
地貌	dìmào	电脑	diànnǎo	定律	dìnglǜ	逗	dòu	对流	duìliú
*地面	dìmiàn	电能	diànnéng	定期	dìngqī	*都	dū	对面	duìmiàn
地壳	dìqiào	电器	diànqì	定向	dìngxiàng	*都会	dūhuì	对手	duìshǒu
地球	dìqiú	电容	diànróng	定型	dìngxíng	都市	dūshì	*对象	duìxiàng
*地区	dìqū	*电视	diànshì	定义	dìngyì	*毒	dú	*对应	duìyìng
地势	dìshì	电视剧	diànshìjù	丢	diū	毒素	dúsù	*对于	duìyú
地图	dìtú	电视台	diànshìtái	东	dōng	独	dú	对照	duìzhào
*地位	dìwèi	电台	diàntái	*东北	dōngběi	*独立	dúlì	*吨	dūn
*地下	dì·xia	电线	diànxiàn	东方	dōngfāng	*独特	dútè	*蹲	dūn
地下	dìxià	电压	diànyā	东南	dōngnán	独占	dúzhàn	*顿	dùn
地下水	dìxiàshuǐ	*电影	diànyǐng	东欧	Dōng Ōu	独自	dúzì	*顿时	dùnshí
*地形	dìxíng	电源	diànyuán	东西	dōngxi	*读	dú	*多	duō
地域	dìyù	*电子	diànzǐ	东西	dōngxī	读书	dúshū	多边形	duōbiānxíng
地震	dìzhèn	*电阻	diànzǔ	冬	dōng	读者	dúzhě	*多么	duōme
*地质	dìzhì	店	diàn	冬季	dōngjì	*肚子	dǔzi	*多少	duō·shao
*地主	dìzhǔ	垫	diàn	冬天	dōngtiān	堵	dǔ	*多数	duōshù
地租	dìzū	淀粉	diànfěn	*懂	dǒng	杜	dù	多余	duōyú
*弟弟	dìdi	奠定	diàndìng	*懂得	dǒng·dé	肚皮	dùpí	夺	duó
弟兄	dìxiong	雕	diāo	*动	dòng	*肚子	dùzi	*夺取	duóqǔ
弟子	dìzǐ	雕刻	diāokè	动词	dòngcí	度	dù	*度	duó
帝	dì	雕塑	diāosù			渡	dù		

*朵	duǒ	*发生	fāshēng	反抗	fǎnkàng	*放	fàng	*分析	fēnxī
*躲	duǒ	*发现	fāxiàn	反馈	fǎnkuì	放大	fàngdà	分支	fēnzhī
	E	*发行	fāxíng	反面	fǎnmiàn	*放弃	fàngqì	*分子	fēnzǐ
		发芽	fāyá	*反射	fǎnshè	放射	fàngshè	*粉	fěn
*阿	ē	发言	fāyán	*反应	fǎnyìng	放射性	fàngshèxìng	粉末	fěnmò
俄	é	*发扬	fāyáng	*反映	fǎnyìng	放松	fàngsōng	粉碎	fěnsuì
鹅	é	发音	fāyīn	*反正	fǎn·zhèng	放心	fàngxīn	*分	fèn
额	é	*发育	fāyù	*反之	fǎnzhī	*飞	fēi	分量	fèn·liàng
*恶	è	*发展	fāzhǎn	返	fǎn	飞船	fēichuán	*分子	fènzǐ
恶化	èhuà	发作	fāzuò	返回	fǎnhuí	飞机	fēijī	*份	fèn
恶劣	èliè	罚	fá	*犯	fàn	飞快	fēikuài	*奋斗	fèndòu
*饿	è	罚款	fákuǎn	犯罪	fànzuì	飞翔	fēixiáng	粪	fèn
恩	ēn	*法	fǎ	*饭	fàn	*飞行	fēixíng	愤怒	fènnù
*儿	ér	法定	fǎdìng	饭店	fàndiàn	飞跃	fēiyuè	丰	fēng
儿女	érnǚ	法官	fǎguān	泛	fàn	*非	fēi	*丰富	fēngfù
*儿童	értóng	*法规	fǎguī	范	fàn	*非常	fēicháng	丰收	fēngshōu
*儿子	érzi	法令	fǎlìng	*范畴	fànchóu	非法	fēifǎ	*风	fēng
*而	ér	*法律	fǎlǜ	*范围	fànwéi	肥	féi	风暴	fēngbào
而后	érhòu	法人	fǎrén	*方	fāng	肥料	féiliào	*风格	fēnggé
*而且	érqiě	法庭	fǎtíng	*方案	fāng'àn	匪	fěi	风光	fēngguāng
尔	ěr	法西斯	fǎxīsī	*方便	fāngbiàn	*肺	fèi	风景	fēngjǐng
*耳	ěr	法学	fǎxué	方才	fāngcái	废	fèi	风力	fēnglì
*耳朵	ěrduo	*法院	fǎyuàn	*方程	fāngchéng	废除	fèichú	风气	fēngqì
饵料	ěrliào	*法则	fǎzé	*方法	fāngfǎ	沸腾	fèiténg	风俗	fēngsú
*二	èr	*法制	fǎzhì	方法论	fāngfǎlùn	*费	fèi	风速	fēngsù
	F	*发	fā	*方面	fāngmiàn	*费用	fèi·yòng	风险	fēngxiǎn
		番	fān	*方式	fāngshì	分	fēn	风雨	fēngyǔ
*发	fā	*翻	fān	*方向	fāngxiàng	分辨	fēnbiàn	*封	fēng
*发表	fābiǎo	翻身	fānshēn	*方言	fāngyán	*分别	fēnbié	封闭	fēngbì
发病	fābìng	*翻译	fānyì	*方针	fāngzhēn	*分布	fēnbù	*封建	fēngjiàn
发布	fābù	凡	fán	防	fáng	*分成	fēnchéng	封锁	fēngsuǒ
*发出	fāchū	凡是	fánshì	防御	fángyù	分割	fēngē	疯狂	fēngkuáng
*发达	fādá	烦恼	fánnǎo	*防止	fángzhǐ	*分工	fēngōng	峰	fēng
发电	fādiàn	繁	fán	*防治	fángzhì	*分化	fēnhuà	锋	fēng
*发动	fādòng	繁多	fánduō	妨碍	fáng'ài	*分解	fēnjiě	蜂	fēng
发动机	fādòngjī	繁荣	fánróng	*房	fáng	*分开	fēnkāi	冯	Féng
发抖	fādǒu	繁殖	fánzhí	*房间	fángjiān	*分类	fēnlèi	缝	féng
*发挥	fāhuī	繁重	fánzhòng	房屋	fángwū	*分离	fēnlí	讽刺	fěngcì
发觉	fājué	*反	fǎn	*房子	fángzi	*分裂	fēnliè	奉	fèng
发掘	fājué	*反动	fǎndòng	仿佛	fǎngfú	*分泌	fēnmì	奉献	fèngxiàn
*发明	fāmíng	*反对	fǎnduì	访	fǎng	分明	fēnmíng	*缝	fèng
发起	fāqǐ	反而	fǎn'ér	访问	fǎngwèn	*分配	fēnpèi	*佛	fó
发热	fārè	反复	fǎnfù	纺织	fǎngzhī	分歧	fēnqí	*佛教	Fójiào
*发射	fāshè					*分散	fēnsàn	否	fǒu

*否定	fǒudìng	附加	fùjiā	*干燥	gānzào	高地	gāodì	*各自	gèzì
否认	fǒurèn	*附近	fùjìn	甘心	gānxīn	*高度	gāodù	*给	gěi
*否则	fǒuzé	附着	fùzhuó	杆	gān	*高级	gāojí	给以	gěiyǐ
*夫	fū	*服	fù	*肝	gān	高空	gāokōng	*根	gēn
夫妇	fūfù	赴	fù	肝脏	gānzàng	高尚	gāoshàng	*根本	gēnběn
*夫妻	fūqī	*复	fù	杆	gǎn	高速	gāosù	*根据	gēnjù
夫人	fū•rén	复辟	fùbì	*赶	gǎn	*高温	gāowēn	*根据地	gēnjùdì
孵化	fūhuà	复合	fùhé	*赶紧	gǎnjǐn	高校	gāoxiào	根系	gēnxì
*伏	fú	*复杂	fùzá	*赶快	gǎnkuài	*高兴	gāoxìng	根源	gēnyuán
伏特	fútè	复制	fùzhì	赶忙	gǎnmáng	高压	gāoyā	*跟	gēn
*扶	fú	*副	fù	*敢	gǎn	*高原	gāoyuán	跟前	gēn•qián
*服	fú	副业	fùyè	敢于	gǎnyú	高涨	gāozhǎng	跟随	gēnsuí
*服从	fúcóng	赋	fù	*感	gǎn	高中	gāozhōng	*更	gēng
*服务	fúwù	赋予	fùyǔ	*感到	gǎndào	*搞	gǎo	*更新	gēngxīn
服务员	fúwùyuán	*富	fù	*感动	gǎndòng	稿	gǎo	耕	gēng
*服装	fúzhuāng	富有	fùyǒu	感官	gǎnguān	告	gào	*耕地	gēngdì
俘虏	fúlǔ	富裕	fùyù	感激	gǎn•jī	告别	gàobié	耕作	gēngzuò
浮	fú	*腹	fù	*感觉	gǎnjué	*告诉	gàosu	*更	gèng
浮动	fúdòng	覆盖	fùgài	感慨	gǎnkǎi	疙瘩	gēda	*更加	gèngjiā
浮游	fúyóu			*感情	gǎnqíng	*哥哥	gēge	*工	gōng
*符号	fúhào	**G**		感染	gǎnrǎn	胳膊	gēbo	*工厂	gōngchǎng
*符合	fúhé	*该	gāi	感受	gǎnshòu	鸽子	gēzi	工场	gōngchǎng
*幅	fú	*改	gǎi	感谢	gǎnxiè	搁	gē	*工程	gōngchéng
幅度	fúdù	改编	gǎibiān	感性	gǎnxìng	割	gē	*工程师	gōngchéngshī
*辐射	fúshè	*改变	gǎibiàn	感应	gǎnyìng	*歌	gē		
福	fú	*改革	gǎigé	感知	gǎnzhī	歌唱	gēchàng	工地	gōngdì
福利	fúlì	*改进	gǎijìn	*干	gàn	歌剧	gējù	工夫	gōngfu
抚摸	fǔmō	改良	gǎiliáng	干部	gànbù	*歌曲	gēqǔ	工会	gōnghuì
府	fǔ	*改善	gǎishàn	*刚	gāng	歌声	gēshēng	*工具	gōngjù
辅助	fǔzhù	*改造	gǎizào	*刚才	gāngcái	歌颂	gēsòng	*工人	gōng•rén
腐败	fǔbài	改正	gǎizhèng	*纲	gāng	歌舞	gēwǔ	工商业	gōngshāngyè
腐蚀	fǔshí	改组	gǎizǔ	纲领	gānglǐng	*革命	gémìng	*工业	gōngyè
腐朽	fǔxiǔ	钙	gài	*钢	gāng	革新	géxīn	工业化	gōngyèhuà
*父母	fùmǔ	*盖	gài	钢琴	gāngqín	*格	gé	*工艺	gōngyì
*父亲	fù•qīn	*概括	gàikuò	钢铁	gāngtiě	格外	géwài	*工资	gōngzī
付	fù	概率	gàilù	*岗位	gǎngwèi	*隔	gé	*工作	gōngzuò
付出	fùchū	概念	gàiniàn	港	gǎng	隔壁	gébì	弓	gōng
*负	fù	*干	gān	港口	gǎngkǒu	隔离	gélí	*公	gōng
*负担	fùdān	干脆	gāncuì	*高	gāo	*个	gè	公安	gōng'ān
*负责	fùzé	干旱	gānhàn	高产	gāochǎn	*个别	gèbié	公布	gōngbù
妇	fù	*干净	gān•jìng	高潮	gāocháo	*个人	gèrén	公公	gōnggong
*妇女	fùnǚ	*干扰	gānrǎo	高大	gāodà	个体	gètǐ	*公共	gōnggòng
附	fù	*干涉	gānshè	高等	gāoděng	个性	gèxìng	*公开	gōngkāi
		干预	gānyù	*高低	gāodī	*各	gè		

*公理	gōnglǐ	*构成	gòuchéng	寡妇	guǎfu	光滑	guānghuá	郭	guō
*公路	gōnglù	构思	gòusī	*挂	guà	*光辉	guānghuī	锅	guō
*公民	gōngmín	*构造	gòuzào	拐	guǎi	光景	guāngjǐng	*国	guó
公平	gōng·píng	购	gòu	*怪	guài	光亮	guāngliàng	国防	guófáng
公认	gōngrèn	购买	gòumǎi	怪物	guàiwu	光芒	guāngmáng	国会	guóhuì
*公社	gōngshè	购销	gòuxiāo	*关	guān	光明	guāngmíng	*国际	guójì
*公式	gōngshì	*够	gòu	关闭	guānbì	光谱	guāngpǔ	*国家	guójiā
*公司	gōngsī	*估计	gūjì	关怀	guānhuái	*光荣	guāngróng	*国民	guómín
公有	gōngyǒu	*姑娘	gūniang	*关键	guānjiàn	*光线	guāngxiàn	国情	guóqíng
*公有制	gōngyǒuzhì	孤独	gūdú	关节	guānjié	光学	guāngxué	国土	guótǔ
*公元	gōngyuán	孤立	gūlì	关联	guānlián	光源	guāngyuán	国王	guówáng
公园	gōngyuán	*古	gǔ	*关系	guānxi	光泽	guāngzé	*国务院	guówùyuàn
公正	gōngzhèng	古代	gǔdài	*关心	guānxīn	光照	guāngzhào	*国营	guóyíng
公主	gōngzhǔ	古典	gǔdiǎn	*关于	guānyú	广	guǎng	国有	guóyǒu
*功	gōng	*古老	gǔlǎo	关注	guānzhù	*广播	guǎngbō	*果	guǒ
功夫	gōngfu	古人	gǔrén	*观	guān	广场	guǎngchǎng	果断	guǒduàn
功课	gōngkè	*谷	gǔ	*观测	guāncè	*广大	guǎngdà	*果然	guǒrán
功率	gōnglǜ	*股	gǔ	*观察	guānchá	*广泛	guǎngfàn	果实	guǒshí
*功能	gōngnéng	股票	gǔpiào	观点	guāndiǎn	*广告	guǎnggào	果树	guǒshù
攻	gōng	*骨	gǔ	观看	guānkàn	*广阔	guǎngkuò	裹	guǒ
*攻击	gōngjī	骨干	gǔgàn	*观念	guānniàn	广义	guǎngyì	*过	guò
供	gōng	骨骼	gǔgé	观众	guānzhòng	逛	guàng	*过程	guòchéng
*供给	gōngjǐ	骨头	gǔtou	*官	guān	*归	guī	过度	guòdù
供求	gōngqiú	*鼓	gǔ	官兵	guānbīng	归结	guījié	*过渡	guòdù
*供应	gōngyìng	鼓吹	gǔchuī	官吏	guānlì	归来	guīlái	*过分	guòfèn
宫	gōng	*鼓励	gǔlì	官僚	guānliáo	归纳	guīnà	过后	guòhòu
宫廷	gōngtíng	鼓舞	gǔwǔ	官员	guānyuán	*规定	guīdìng	*过来	guò·lái
*巩固	gǒnggù	*固	gù	冠	guān	*规范	guīfàn	过年	guònián
汞	gǒng	*固定	gùdìng	馆	guǎn	规格	guīgé	*过去	guòqù
拱	gǒng	*固然	gùrán	*管	guǎn	规划	guīhuà	*过去	guò·qù
*共	gòng	*固体	gùtǐ	管道	guǎndào	规矩	guīju	过于	guòyú
*共产党 gòngchǎndǎng		固有	gùyǒu	*管理	guǎnlǐ	规律	guīlǜ	**H**	
		固执	gù·zhí	管辖	guǎnxiá	*规模	guīmó		
共和国	gònghéguó	*故	gù	观	guàn	规则	guīzé	哈	hā
共鸣	gòngmíng	*故事	gùshi	*贯彻	guànchè	闺女	guīnǚ	*还	hái
*共同	gòngtóng	故乡	gùxiāng	贯穿	guànchuān	*硅	guī	*孩子	háizi
*贡献	gòngxiàn	*故意	gùyì	冠	guàn	轨道	guǐdào	*海	hǎi
*供	gòng	顾	gù	*冠军	guànjūn	*鬼	guǐ	海岸	hǎi'àn
勾结	gōujié	顾客	gùkè	惯	guàn	鬼子	guǐzi	海拔	hǎibá
*沟	gōu	顾虑	gùlǜ	惯性	guànxìng	*贵	guì	海带	hǎidài
沟通	gōutōng	顾问	gùwèn	灌	guàn	*贵族	guìzú	海关	hǎiguān
钩	gōu	雇	gù	*灌溉	guàngài	桂	guì	海军	hǎijūn
*狗	gǒu	瓜	guā	*光	guāng	跪	guì	*海面	hǎimiàn
构	gòu	刮	guā	光彩	guāngcǎi	*滚	gǔn	海区	hǎiqū

海外	hǎiwài	好事	hàoshì	*恨	hèn	*和	hú	*画家	huàjiā
海湾	hǎiwān	耗	hào	恒	héng	弧	hú	*画面	huàmiàn
*海洋	hǎiyáng	耗费	hàofèi	*恒星	héngxīng	*胡	hú	*话	huà
海域	hǎiyù	*呵	hē	*横	héng	壶	hú	话剧	huàjù
*害	hài	*喝	hē	横向	héngxiàng	*核儿	húr	话题	huàtí
害虫	hàichóng	*合	hé	衡量	héngliáng	*湖	hú	话筒	huàtǒng
*害怕	hàipà	合并	hébìng	*横	hèng	湖泊	húpō	话语	huàyǔ
*含	hán	*合成	héchéng	轰	hōng	蝴蝶	húdié	*怀	huái
*含量	hánliàng	合法	héfǎ	哄	hōng	糊涂	hútu	怀抱	huáibào
含义	hányì	合格	hégé	*红	hóng	*虎	hǔ	怀念	huáiniàn
*函数	hánshù	合乎	héhū	*红军	hóngjūn	*互	hù	*怀疑	huáiyí
*寒	hán	合金	héjīn	红旗	hóngqí	*互补	hùbǔ	*坏	huài
寒冷	hánlěng	*合理	hélǐ	*红色	hóngsè	*互相	hùxiāng	坏人	huàirén
罕见	hǎnjiàn	合力	hélì	*宏观	hóngguān	互助	hùzhù	欢乐	huānlè
*喊	hǎn	*合适	héshì	宏伟	hóngwěi	*户	hù	欢喜	huānxǐ
*汉	hàn	合同	hétong	洪	hóng	户口	hùkǒu	*欢迎	huānyíng
汉奸	hànjiān	*合作	hézuò	洪水	hóngshuǐ	护	hù	*还	huán
*汉语	hànyǔ	*合作社	hézuòshè	哄	hǒng	护士	hùshi	还原	huányuán
汉子	hànzi	*何	hé	哄	hòng	沪	hù	*环	huán
汉字	hànzì	何必	hébì	喉咙	hóu·lóng	*花	huā	*环节	huánjié
*汗	hàn	何等	héděng	猴子	hóuzi	花朵	huāduǒ	*环境	huánjìng
汗水	hànshuǐ	何况	hékuàng	*后	hòu	花费	huā·fèi	环流	huánliú
旱	hàn	何以	héyǐ	后边	hòu·biān	花粉	huāfěn	缓	huǎn
*行	háng	*和	hé	后代	hòudài	花色	huāsè	缓和	huǎnhé
行列	hángliè	和平	hépíng	后方	hòufāng	花生	huāshēng	*缓慢	huǎnmàn
*行业	hángyè	和尚	héshang	*后果	hòuguǒ	花纹	huāwén	幻觉	huànjué
航海	hánghǎi	和谐	héxié	后悔	hòuhuǐ	花园	huāyuán	*幻想	huànxiǎng
航空	hángkōng	*河	hé	*后来	hòulái	划	huá	*换	huàn
航行	hángxíng	*河流	héliú	后面	hòu·miàn	*华	huá	唤	huàn
*号	háo	荷	hé	*后期	hòuqī	华北	huáběi	唤起	huànqǐ
*好	hǎo	核	hé	后人	hòurén	华侨	huáqiáo	*患	huàn
好比	hǎobǐ	核算	hésuàn	后世	hòushì	滑	huá	*患者	huànzhě
*好处	hǎo·chù	*核心	héxīn	后天	hòutiān	滑动	huádòng	荒	huāng
好多	hǎoduō	盒	hé	*厚	hòu	*化	huà	慌	huāng
好看	hǎokàn	颌	hé	厚度	hòudù	化肥	huàféi	皇帝	huángdì
好人	hǎorén	*和	hè	候	hòu	化工	huàgōng	*黄	huáng
好事	hǎoshì	荷	hè	*乎	hū	化合	huàhé	黄昏	huánghūn
好听	hǎotīng	*喝	hè	呼喊	hūhǎn	*化合物	huàhéwù	*黄金	huángjīn
*好像	hǎoxiàng	黑	hēi	呼唤	hūhuàn	化石	huàshí	*黄色	huángsè
好转	hǎozhuǎn	*黑暗	hēi'àn	*呼吸	hūxī	*化学	huàxué	黄土	huángtǔ
*号	hào	黑人	hēirén	呼吁	hūyù	划	huà	晃	huǎng
*号召	hàozhào	黑夜	hēiyè	忽略	hūlüè	*划分	huàfēn	晃	huàng
*好	hào	痕迹	hénjì	*忽然	hūrán	*华	Huà	*灰	huī
好奇	hàoqí	*很	hěn	*忽视	hūshì	*画	huà	灰尘	huīchén

灰色	huīsè	*火箭	huǒjiàn	*基层	jīcéng	几何	jǐhé	寂静	jìjìng
挥	huī	火山	huǒshān	*基础	jīchǔ	己	jǐ	寂寞	jìmò
*恢复	huīfù	火星	huǒxīng	*基地	jīdì	*挤	jǐ	*加	jiā
辉煌	huīhuáng	火焰	huǒyàn	*基督教	Jīdūjiào	济济	jǐjǐ	*加工	jiāgōng
*回	huí	伙伴	huǒbàn	基建	jījiàn	*给予	jǐyǔ	加紧	jiājǐn
回避	huíbì	*或	huò	*基金	jījīn	脊	jǐ	加剧	jiājù
*回答	huídá	或许	huòxǔ	*基因	jīyīn	*计	jì	*加快	jiākuài
回顾	huígù	*或者	huòzhě	基于	jīyú	*计划	jìhuà	*加强	jiāqiáng
回归	huíguī	*和	huò	畸形	jīxíng	*计算	jìsuàn	*加热	jiārè
*回来	huí·lái	*货	huò	激	jī	*计算机	jìsuànjī	*加入	jiārù
*回去	huí·qù	货币	huòbì	*激动	jīdòng	*记	jì	加深	jiāshēn
*回头	huítóu	货物	huòwù	*激发	jīfā	记得	jì·dé	*加速	jiāsù
*回忆	huíyì	*获	huò	激光	jīguāng	*记录	jìlù	加速度	jiāsùdù
毁	huǐ	*获得	huòdé	激励	jīlì	记忆	jìyì	*加以	jiāyǐ
毁灭	huǐmiè	获取	huòqǔ	*激烈	jīliè	记载	jìzǎi	加重	jiāzhòng
*汇报	huìbào			激情	jīqíng	记者	jìzhě	*夹	jiā
*会	huì	**J**		激素	jīsù	*纪录	jìlù	*家	jiā
会场	huìchǎng	*几乎	jīhū	*及	jí	*纪律	jìlǜ	家畜	jiāchù
会见	huìjiàn	击	jī	*及时	jíshí	纪念	jìniàn	*家伙	jiāhuo
*会议	huìyì	饥饿	jī'è	*级	jí	*技能	jìnéng	家具	jiā·jù
会员	huìyuán	*机	jī	*极	jí	*技巧	jìqiǎo	家人	jiārén
绘	huì	机场	jīchǎng	极端	jíduān	*技术	jìshù	家属	jiāshǔ
*绘画	huìhuà	机车	jīchē	极力	jílì	技术员	jìshùyuán	*家庭	jiātíng
婚	hūn	*机构	jīgòu	*极其	jíqí	技艺	jìyì	家务	jiāwù
婚礼	hūnlǐ	机关	jīguān	*极为	jíwéi	*系	jì	家乡	jiāxiāng
*婚姻	hūnyīn	机会	jī·huì	*即	jí	季	jì	*家长	jiāzhǎng
*浑身	húnshēn	*机能	jīnéng	即将	jíjiāng	季风	jìfēng	家族	jiāzú
魂	hún	*机器	jī·qì	*即使	jíshǐ	*季节	jìjié	*夹	jiá
*混	hùn	机器人	jī·qìrén	*急	jí	*剂	jì	*甲	jiǎ
*混合	hùnhé	机体	jītǐ	急剧	jíjù	济	jì	甲板	jiǎbǎn
*混乱	hùnluàn	机械	jīxiè	*急忙	jímáng	*既	jì	钾	jiǎ
混淆	hùnxiáo	机械化	jīxièhuà	急性	jíxìng	*既然	jìrán	*假	jiǎ
*和	huó	*机制	jīzhì	急需	jíxū	*既是	jìshì	假定	jiǎdìng
*活	huó	肌	jī	急于	jíyú	*继	jì	*假如	jiǎrú
*活动	huó·dòng	*肌肉	jīròu	*疾病	jíbìng	*继承	jìchéng	*假设	jiǎshè
*活力	huólì	鸡	jī	*集	jí	继承人	jìchéngrén	假使	jiǎshǐ
*活泼	huópo	*积	jī	集合	jíhé	*继续	jìxù	*假说	jiǎshuō
*活跃	huóyuè	*积极	jījí	集会	jíhuì	祭	jì	*价	jià
*火	huǒ	积极性	jījíxìng	*集体	jítǐ	祭祀	jìsì	*价格	jiàgé
火柴	huǒchái	积累	jīlěi	集团	jítuán	寄	jì	价钱	jià·qián
*火车	huǒchē	积压	jīyā	*集中	jízhōng	寄生	jìshēng	*价值	jiàzhí
火光	huǒguāng	*基	jī	集资	jízī	寄生虫	jìshēngchóng	驾驶	jiàshǐ
		*基本	jīběn	*几	jǐ	寄托	jìtuō	*架	jià
						寄主	jìzhǔ	架子	jiàzi

222

*假	jià	*间	jiān	交代	jiāodài	*教训	jiàoxùn	竭力	jiélì
嫁	jià	间隔	jiàngé	*交换	jiāohuàn	教养	jiàoyǎng	*姐姐	jiějie
嫁接	jiàjiē	*间接	jiànjiē	*交际	jiāojì	教义	jiàoyì	姐妹	jiěmèi
*尖	jiān	*建	jiàn	*交流	jiāoliú	*教育	jiàoyù	*解	jiě
*尖锐	jiānruì	*建国	jiànguó	交谈	jiāotán	教员	jiàoyuán	解除	jiěchú
歼灭	jiānmiè	*建立	jiànlì	交替	jiāotì	阶层	jiēcéng	解答	jiědá
*坚持	jiānchí	*建设	jiànshè	*交通	jiāotōng	阶段	jiēduàn	*解放	jiěfàng
*坚定	jiāndìng	*建议	jiànyì	*交往	jiāowǎng	*阶级	jiējí	解放军	jiěfàngjūn
坚固	jiāngù	建造	jiànzào	*交易	jiāoyì	*皆	jiē	*解决	jiějué
*坚决	jiānjué	建筑	jiànzhù	交织	jiāozhī	*结	jiē	解剖	jiěpōu
坚强	jiānqiáng	剑	jiàn	郊区	jiāoqū	*结果	jiēguǒ	*解散	jiěsàn
坚实	jiānshí	*健康	jiànkāng	浇	jiāo	结实	jiēshi	*解释	jiěshì
坚硬	jiānyìng	*健全	jiànquán	骄傲	jiāo'ào	*接	jiē	解脱	jiětuō
*间	jiān	健壮	jiànzhuàng	胶	jiāo	*接触	jiēchù	*介绍	jièshào
肩	jiān	渐渐	jiànjiàn	*教	jiāo	接待	jiēdài	介质	jièzhì
肩膀	jiānbǎng	鉴别	jiànbié	*教学	jiāoxué	*接近	jiējìn	戒	jiè
艰巨	jiānjù	鉴定	jiàndìng	焦	jiāo	接连	jiēlián	*届	jiè
*艰苦	jiānkǔ	键	jiàn	焦点	jiāodiǎn	接收	jiēshōu	*界	jiè
艰难	jiānnán	箭	jiàn	焦急	jiāojí	*接受	jiēshòu	界限	jièxiàn
*监督	jiāndū	*江	jiāng	嚼	jiáo	*揭露	jiēlù	*借	jiè
监视	jiānshì	江南	jiāngnán	*角	jiǎo	*揭示	jiēshì	借鉴	jièjiàn
监狱	jiānyù	*将	jiāng	*角度	jiǎodù	街	jiē	借口	jièkǒu
*兼	jiān	将近	jiāngjìn	角落	jiǎoluò	*街道	jiēdào	借款	jièkuǎn
拣	jiǎn	将军	jiāngjūn	*脚	jiǎo	街头	jiētóu	借用	jièyòng
茧	jiǎn	将来	jiānglái	脚步	jiǎobù	*节	jié	借助	jièzhù
捡	jiǎn	将要	jiāngyào	脚下	jiǎoxià	*节目	jiémù	*解	jiè
检	jiǎn	浆	jiāng	脚印	jiǎoyìn	*节日	jiérì	*斤	jīn
*检查	jiǎnchá	*讲	jiǎng	搅	jiǎo	节省	jiéshěng	*今	jīn
*检验	jiǎnyàn	*讲话	jiǎnghuà	叫	jiào	节约	jiéyuē	*今后	jīnhòu
减	jiǎn	讲究	jiǎng·jiū	叫作	jiàozuò	*节奏	jiézòu	*今年	jīnnián
*减轻	jiǎnqīng	讲述	jiǎngshù	觉	jiào	杰出	jiéchū	*今日	jīnrì
减弱	jiǎnruò	奖	jiǎng	*校	jiào	洁白	jiébái	*今天	jīntiān
*减少	jiǎnshǎo	奖金	jiǎngjīn	*较	jiào	*结	jié	*金	jīn
剪	jiǎn	奖励	jiǎnglì	*较为	jiàowéi	*结构	jiégòu	金额	jīn'é
简	jiǎn	*蒋	jiǎng	*教	jiào	*结果	jiéguǒ	金刚石	jīngāngshí
简称	jiǎnchēng	降	jiàng	*教材	jiàocái	结合	jiéhé	金牌	jīnpái
*简单	jiǎndān	降低	jiàngdī	教导	jiàodǎo	*结婚	jiéhūn	金钱	jīnqián
简化	jiǎnhuà	降落	jiàngluò	教会	jiàohuì	金融	jīnróng
*简直	jiǎnzhí	降水	jiàngshuǐ	教练	jiàoliàn	*结晶	jiéjīng	*金属	jīnshǔ
*碱	jiǎn	*将	jiàng	*教师	jiàoshī	结局	jiéjú	津	jīn
*见	jiàn	强	jiàng	教室	jiàoshì	*结论	jiélùn	*仅	jǐn
*见解	jiànjiě	*交	jiāo	*教授	jiàoshòu	*结束	jiéshù	*尽	jǐn
*见面	jiànmiàn	交叉	jiāochā	教堂	jiàotáng	结算	jiésuàn	*尽管	jǐnguǎn
*件	jiàn	交错	jiāocuò	*教学	jiàoxué	截	jié	尽快	jǐnkuài

*尽量	jǐnliàng	*经历	jīnglì	静止	jìngzhǐ	*句	jù	*军队	jūnduì
*紧	jǐn	经受	jīngshòu	境	jìng	*句子	jùzi	*军阀	jūnfá
*紧急	jǐnjí	*经验	jīngyàn	境地	jìngdì	*拒绝	jùjué	军官	jūnguān
*紧密	jǐnmì	*经营	jīngyíng	*境界	jìngjiè	*具	jù	军舰	jūnjiàn
*紧张	jǐnzhāng	惊	jīng	镜	jìng	*具备	jùbèi	军民	jūnmín
锦标赛	jǐnbiāosài	惊奇	jīngqí	镜头	jìngtóu	*具体	jùtǐ	军区	jūnqū
谨慎	jǐnshèn	惊人	jīngrén	镜子	jìngzi	*具有	jùyǒu	*军人	jūnrén
*尽	jìn	惊喜	jīngxǐ	纠纷	jiūfēn	俱	jù	*军事	jūnshì
尽力	jìnlì	惊醒	jīngxǐng	纠正	jiūzhèng	剧	jù	*均	jūn
*尽量	jìnliàng	惊讶	jīngyà	究	jiū	*剧本	jùběn	均衡	jūnhéng
*进	jìn	惊异	jīngyì	*究竟	jiūjìng	剧场	jùchǎng	*均匀	jūnyún
*进步	jìnbù	*晶	jīng	*九	jiǔ	剧烈	jùliè	君	jūn
*进程	jìnchéng	晶体	jīngtǐ	*久	jiǔ	剧团	jùtuán	君主	jūnzhǔ
进而	jìn'ér	*精	jīng	*酒	jiǔ	剧种	jùzhǒng	*菌	jūn
*进攻	jìngōng	*精力	jīnglì	酒精	jiǔjīng	*据	jù		
*进化	jìnhuà	精密	jīngmì	*旧	jiù	据点	jùdiǎn		K
进化论	jìnhuàlùn	精确	jīngquè	*救	jiù	*据说	jùshuō	咖啡	kāfēi
进军	jìnjūn	*精神	jīngshén	救国	jiùguó	距	jù	卡	kǎ
*进口	jìnkǒu	*精神	jīngshen	救济	jiùjì	*距离	jùlí	*开	kāi
*进来	jìn·lái	精细	jīngxì	*就	jiù	聚	jù	开办	kāibàn
进取	jìnqǔ	精心	jīngxīn	*就是	jiùshì	聚集	jùjí	开采	kāicǎi
*进去	jìn·qù	精子	jīngzǐ	就算	jiùsuàn	捐	juān	开除	kāichú
*进入	jìnrù	鲸	jīng	*就业	jiùyè	*圈	juān	开创	kāichuàng
*进行	jìnxíng	井	jǐng	舅舅	jiùjiu	*卷	juǎn	*开发	kāifā
*进展	jìnzhǎn	颈	jǐng	*车	jū	*卷	juàn	*开放	kāifàng
*近	jìn	景	jǐng	*居	jū	*圈	juàn	开关	kāiguān
*近代	jìndài	景色	jǐngsè	*居民	jūmín	*决	jué	开花	kāihuā
近来	jìnlái	景物	jǐngwù	居然	jūrán	*决策	juécè	*开会	kāihuì
近似	jìnsì	景象	jǐngxiàng	居于	jūyú	*决定	juédìng	开垦	kāikěn
*劲	jìn	*警察	jǐngchá	居住	jūzhù	决定性	juédìngxìng	*开口	kāikǒu
晋	jìn	警告	jǐnggào	*局	jú	*决心	juéxīn	开阔	kāikuò
浸	jìn	警惕	jǐngtì	*局部	júbù	*决议	juéyì	开门	kāimén
*禁止	jìnzhǐ	*劲	jìng	*局面	júmiàn	*角	jué	开幕	kāimù
茎	jīng	径	jìng	局势	júshì	角色	juésè	*开辟	kāipì
*京	jīng	径流	jìngliú	局限	júxiàn	觉	jué	开设	kāishè
京剧	jīngjù	*净	jìng	菊花	júhuā	觉察	juéchá	*开始	kāishǐ
*经	jīng	净化	jìnghuà	咀嚼	jǔjué	*觉得	jué·dé	开水	kāishuǐ
*经常	jīngcháng	竞赛	jìngsài	*举	jǔ	觉悟	juéwù	开头	kāitóu
经典	jīngdiǎn	*竞争	jìngzhēng	*举办	jǔbàn	绝	jué	开拓	kāituò
经费	jīngfèi	*竟	jìng	举动	jǔdòng	*绝对	juéduì	开玩笑	kāiwánxiào
*经过	jīngguò	竟然	jìngrán	*举行	jǔxíng	绝望	juéwàng	*开展	kāizhǎn
*经济	jīngjì	敬	jìng	巨	jù	嚼	jué	开支	kāizhī
*经理	jīnglǐ	*静	jìng	*巨大	jùdà	*军	jūn	刊登	kāndēng
		静脉	jìngmài					刊物	kānwù

*看	kān	可笑	kěxiào	口头	kǒutóu	*拉	lá	老鼠	lǎo·shǔ
勘探	kāntàn	*可以	kěyǐ	口语	kǒuyǔ	喇叭	lǎba	老太太	lǎotàitai
砍	kǎn	渴望	kěwàng	扣	kòu	*落	là	老头子	lǎotóuzi
*看	kàn	*克	kè	*哭	kū	蜡	là	老乡	lǎoxiāng
看待	kàndài	克服	kèfú	苦	kǔ	蜡烛	làzhú	*老爷	lǎoye
*看法	kànfǎ	*刻	kè	苦难	kǔnàn	辣椒	làjiāo	老子	lǎozi
*看见	kàn·jiàn	刻度	kèdù	苦恼	kǔnǎo	*来	lái	*落	lào
看望	kànwàng	刻画	kèhuà	库	kù	来不及	lái·bùjí	*乐	lè
扛	káng	刻苦	kèkǔ	库存	kùcún	来回	láihuí	乐观	lèguān
*抗	kàng	客	kè	裤子	kùzi	来临	láilín	*累	léi
抗议	kàngyì	*客观	kèguān	夸张	kuāzhāng	来往	láiwǎng	雷	léi
*抗战	kàngzhàn	客气	kèqi	跨	kuà	来信	láixìn	雷达	léidá
炕	kàng	客人	kè·rén	*会计	kuài·jì	来源	láiyuán	*累	lěi
*考	kǎo	*客体	kètǐ	*块	kuài	赖	lài	*泪	lèi
*考察	kǎochá	客厅	kètīng	*快	kuài	兰	lán	泪水	lèishuǐ
考古	kǎogǔ	*课	kè	快活	kuàihuo	栏	lán	*类	lèi
考核	kǎohé	课本	kèběn	*快乐	kuàilè	*蓝	lán	*类似	lèisì
*考虑	kǎolǜ	*课程	kèchéng	快速	kuàisù	烂	làn	*类型	lèixíng
*考试	kǎoshì	课堂	kètáng	快要	kuàiyào	狼	láng	*累	lèi
考验	kǎoyàn	*课题	kètí	筷子	kuàizi	浪	làng	*冷	lěng
*靠	kào	肯	kěn	*宽	kuān	*浪费	làngfèi	冷静	lěngjìng
靠近	kàojìn	肯定	kěndìng	宽大	kuāndà	浪花	lànghuā	冷却	lěngquè
*科	kē	啃	kěn	宽阔	kuānkuò	捞	lāo	冷水	lěngshuǐ
*科技	kējì	坑	kēng	款	kuǎn	劳	láo	冷笑	lěngxiào
*科学	kēxué	空	kōng	筐	kuāng	*劳动	láodòng	愣	lèng
*科学家	kēxuéjiā	*空间	kōngjiān	狂	kuáng	劳动力	láodònglì	离	lí
科学院	kēxuéyuàn	空军	kōngjūn	况且	kuàngqiě	劳动日	láodòngrì	*离婚	líhūn
*科研	kēyán	*空气	kōngqì	*矿	kuàng	*劳动者	láodòngzhě	离开	líkāi
*棵	kē	空前	kōngqián	矿产	kuàngchǎn	劳力	láolì	离子	lízǐ
*颗	kē	空虚	kōngxū	矿物	kuàngwù	牢	láo	梨	lí
颗粒	kēlì	空中	kōngzhōng	亏	kuī	牢固	láogù	犁	lí
壳	ké	*孔	kǒng	亏损	kuīsǔn	*老	lǎo	礼	lǐ
咳	ké	孔雀	kǒngquè	*昆虫	kūnchóng	老百姓	lǎobǎixìng	礼貌	lǐmào
咳嗽	késou	恐怖	kǒngbù	捆	kǔn	老板	lǎobǎn	礼物	lǐwù
*可	kě	恐慌	kǒnghuāng	困	kùn	老伴儿	lǎobànr	李	lǐ
*可爱	kě'ài	恐惧	kǒngjù	困境	kùnjìng	老大	lǎodà	*里	lǐ
*可见	kějiàn	恐怕	kǒngpà	*困难	kùn·nán	老汉	lǎohàn	里边	lǐ·biān
*可靠	kěkào	*空	kòng	*扩大	kuòdà	老虎	lǎohǔ	*里面	lǐ·miàn
*可怜	kělián	空白	kòngbái	扩散	kuòsàn	老年	lǎonián	里头	lǐtou
*可能	kěnéng	*控制	kòngzhì	*扩展	kuòzhǎn	老婆	lǎopo	*理	lǐ
*可是	kěshì	口	kǒu	*扩张	kuòzhāng	*老人	lǎorén	*理解	lǐjiě
可谓	kěwèi	口袋	kǒudai	阔	kuò	老人家	lǎo·rén·jiā	*理论	lǐlùn
*可惜	kěxī	*口号	kǒuhào			老师	lǎoshī	*理想	lǐxiǎng
		口腔	kǒuqiāng	*拉	lā	老实	lǎoshi	*理性	lǐxìng

L

*理由	lǐyóu	*联合	liánhé	烈士	lièshì	流露	liúlù	*露	lù
理智	lǐzhì	联合国	Liánhéguó	猎	liè	流氓	liúmáng	驴	lú
*力	lì	联结	liánjié	裂	liè	流派	liúpài	旅	lǚ
*力量	lì·liàng	联络	liánluò	邻	lín	流水	liúshuǐ	旅馆	lǚguǎn
力气	lìqi	联盟	liánméng	邻近	línjìn	流体	liútǐ	旅客	lǚkè
力求	lìqiú	*联系	liánxì	邻居	lín·jū	*流通	liútōng	旅行	lǚxíng
力图	lìtú	*联想	liánxiǎng	*林	lín	流向	liúxiàng	旅游	lǚyóu
*力学	lìxué	联营	liányíng	林木	línmù	*流行	liúxíng	*铝	lǚ
历	lì	廉价	liánjià	林业	línyè	流血	liúxuè	缕	lǚ
历代	lìdài	*脸	liǎn	临	lín	流域	liúyù	*履行	lǚxíng
历来	lìlái	脸色	liǎnsè	*临床	línchuáng	硫	liú	*律	lǜ
*历史	lìshǐ	*练	liàn	*临时	línshí	*硫酸	liúsuān	律师	lǜshī
*厉害	lìhai	练习	liànxí	淋	lín	瘤	liú	*率	lǜ
*立	lì	炼	liàn	淋巴	línbā	柳	liǔ	*绿	lǜ
*立场	lìchǎng	恋爱	liàn'ài	磷	lín	六	liù	绿化	lǜhuà
*立法	lìfǎ	链	liàn	*灵	líng	陆	liù	氯	lǜ
*立即	lìjí	良	liáng	灵感	línggǎn	溜	liù	氯气	lǜqì
*立刻	lìkè	*良好	liánghǎo	灵魂	línghún	龙	lóng	滤	lǜ
立体	lìtǐ	良心	liángxīn	灵活	línghuó	笼	lǒng	*卵	luǎn
*利	lì	良种	liángzhǒng	灵敏	língmǐn	*垄断	lǒngduàn	卵巢	luǎncháo
利害	lìhài	凉	liáng	铃	líng	拢	lǒng	*乱	luàn
利率	lìlǜ	梁	liáng	零	líng	笼	lǒng	掠夺	lüèduó
*利润	lìrùn	*量	liáng	零件	língjiàn	笼罩	lǒngzhào	*略	lüè
利息	lìxī	*粮	liáng	零售	língshòu	搂	lōu	伦理	lúnlǐ
*利益	lìyì	*粮食	liángshi	龄	líng	*楼	lóu	*轮	lún
*利用	lìyòng	*两	liǎng	令	lìng	楼房	lóufáng	轮船	lúnchuán
*利于	lìyú	两岸	liǎng'àn	岭	lǐng	搂	lǒu	轮廓	lúnkuò
*例	lì	两边	liǎngbiān	*领	lǐng	漏	lòu	轮流	lúnliú
*例如	lìrú	两极	liǎngjí	*领导	lǐngdǎo	*露	lòu	*论	lùn
例外	lìwài	两旁	liǎngpáng	领会	lǐnghuì	炉	lú	论点	lùndiǎn
*例子	lìzi	亮	liàng	领事	lǐngshì	炉子	lúzi	*论述	lùnshù
*粒	lì	凉	liàng	领土	lǐngtǔ	卤	lǔ	*论文	lùnwén
粒子	lìzǐ	*辆	liàng	领袖	lǐngxiù	鲁	lǔ	论证	lùnzhèng
俩	liǎ	*量	liàng	领域	lǐngyù	陆	lù	*罗	luó
*连	lián	量子	liàngzǐ	另	lìng	*陆地	lùdì	*逻辑	luó·jí
连队	liánduì	辽阔	liáokuò	另外	lìngwài	陆军	lùjūn	螺旋	luóxuán
*连接	liánjiē	*了	liǎo	*令	lìng	陆续	lùxù	骆驼	luòtuo
*连忙	liánmáng	了不起	liǎo·bùqǐ	溜	liū	录	lù	络	luò
连同	liántóng	*了解	liǎojiě	刘	Liú	鹿	lù	*落	luò
*连续	liánxù	*料	liào	*留	liú	*路	lù	落地	luòdì
莲子	liánzǐ	咧	liě	留学	liúxué	路程	lùchéng	*落后	luòhòu
联	lián	*列	liè	*流	liú	路过	lùguò	*落实	luòshí
联邦	liánbāng	列车	lièchē	流传	liúchuán	*路线	lùxiàn		
		列举	lièjǔ	*流动	liúdòng	路子	lùzi	**M**	
								*妈妈	māma

*抹	mā	*没有	méi·yǒu	*秘密	mìmì	*名词	míngcí	模样	múyàng
麻	má	*枚	méi	秘书	mìshū	名义	míngyì	*母	mǔ
麻烦	máfan	眉	méi	*密	mì	*名字	míngzi	*母亲	mǔ·qīn
麻醉	mázuì	眉毛	méimao	*密度	mìdù	*明	míng	母体	mǔtǐ
*马	mǎ	眉头	méitóu	密集	mìjí	*明白	míngbai	*亩	mǔ
马车	mǎchē	梅	méi	*密切	mìqiè	明亮	míngliàng	*木	mù
*马路	mǎlù	媒介	méijiè	蜜	mì	*明年	míngnián	木材	mùcái
*马上	mǎshàng	*煤	méi	蜜蜂	mìfēng	*明确	míngquè	木头	mùtou
码	mǎ	煤炭	méitàn	*棉	mián	*明天	míngtiān	*目	mù
码头	mǎtou	酶	méi	棉花	mián·huā	明显	míngxiǎn	*目标	mùbiāo
*蚂蚁	mǎyǐ	*每	měi	免	miǎn	鸣	míng	*目的	mùdì
*骂	mà	*每年	měinián	免疫	miǎnyì	*命	mìng	*目光	mùguāng
埋	mái	美	měi	勉强	miǎnqiǎng	命令	mìnglìng	*目前	mùqián
*买	mǎi	美感	měigǎn	*面	miàn	命名	mìngmíng	墓	mù
*买卖	mǎimai	*美好	měihǎo	面积	miànjī	命题	mìngtí	幕	mù
迈	mài	美化	měihuà	面孔	miànkǒng	命运	mìngyùn		
麦	mài	*美丽	měilì	*面临	miànlín	*摸	mō		N
*卖	mài	美妙	měimiào	面貌	miànmào	摸索	mō·suǒ	*拿	ná
脉	mài	美术	měishù	面目	miànmù	模	mó	*哪	nǎ
蛮	mán	美学	měixué	*面前	miànqián	模范	mófàn	*哪里	nǎ·lǐ
馒头	mántou	*美元	měiyuán	*苗	miáo	*模仿	mófǎng	*哪儿	nǎr
瞒	mán	镁	měi	*描绘	miáohuì	模糊	móhu	*哪些	nǎxiē
*满	mǎn	*妹妹	mèimei	描述	miáoshù	模拟	mónǐ	*那	nà
*满意	mǎnyì	魅力	mèilì	*描写	miáoxiě	*模式	móshì	*那里	nà·lǐ
*满足	mǎnzú	闷	mēn	*秒	miǎo	模型	móxíng	那么	nàme
漫长	màncháng	*门	mén	妙	miào	*膜	mó	*那儿	nàr
*慢	màn	门口	ménkǒu	庙	miào	摩	mó	*那些	nàxiē
慢性	mànxìng	闷	mèn	*灭	miè	摩擦	mócā	那样	nàyàng
*忙	máng	蒙	mēng	灭亡	mièwáng	*磨	mó	纳	nà
忙碌	mánglù	萌发	méngfā	*民	mín	*抹	mǒ	纳入	nàrù
*盲目	mángmù	萌芽	méngyá	*民兵	mínbīng	*末	mò	纳税	nàshuì
茫然	mángrán	蒙	méng	民歌	míngē	末期	mòqī	*钠	nà
*猫	māo	*猛	měng	民国	Mínguó	*没	mò	*乃	nǎi
*毛	máo	猛烈	měngliè	*民间	mínjiān	没落	mòluò	乃至	nǎizhì
毛病	máo·bìng	蒙	Měng	民事	mínshì	没收	mòshōu	奶	nǎi
毛巾	máojīn	孟	mèng	民俗	mínsú	*抹	mò	*奶奶	nǎinai
*矛盾	máodùn	*梦	mèng	民众	mínzhòng	陌生	mòshēng	耐	nài
*冒	mào	弥补	míbǔ	*民主	mínzhǔ	*莫	mò	耐心	nàixīn
冒险	màoxiǎn	弥漫	mímàn	*民族	mínzú	墨	mò	*男	nán
*贸易	màoyì	迷	mí	敏感	mǐngǎn	*默默	mòmò	男女	nánnǚ
帽	mào	迷人	mírén	敏捷	mǐnjié	*磨	mò	*男人	nánrén
*帽子	màozi	迷信	míxìn	敏锐	mǐnruì	谋	móu	男性	nánxìng
*没	méi	谜	mí	*名	míng	*某	mǒu	*男子	nánzǐ
没事	méishì	*米	mǐ	*名称	míngchēng				

*南	nán	年初	niánchū	*浓	nóng	*盘	pán	*批判	pīpàn
*南北	nánběi	*年代	niándài	*浓度	nóngdù	判	pàn	*批评	pīpíng
*南方	nánfāng	年底	niándǐ	浓厚	nónghòu	判处	pànchǔ	*批准	pīzhǔn
南极	nánjí	年度	niándù	脓	nóng	判定	pàndìng	披	pī
*难	nán	年级	niánjí	*弄	nòng	*判断	pànduàn	*皮	pí
*难道	nándào	*年纪	niánjì	*奴隶	núlì	判决	pànjué	*皮肤	pífū
难得	nándé	*年间	niánjiān	奴役	núyì	盼	pàn	疲倦	píjuàn
*难怪	nánguài	*年龄	niánlíng	*努力	nǔlì	盼望	pànwàng	疲劳	píláo
难过	nánguò	年青	niánqīng	怒	nù	庞大	pángdà	*脾	pí
难免	nánmiǎn	*年轻	niánqīng	*女	nǚ	*旁	páng	脾气	píqi
难受	nánshòu	年头儿	niántóur	*女儿	nǚ'ér	*旁边	pángbiān	*匹	pǐ
难题	nántí	*念	niàn	女工	nǚgōng	*胖	pàng	屁股	pìgu
*难以	nányǐ	念头	niàntou	女人	nǚrén	抛	pāo	*譬如	pìrú
难于	nányú	*娘	niáng	女士	nǚshì	抛弃	pāoqì	*偏	piān
*难	nàn	*鸟	niǎo	*女性	nǚxìng	*泡	pāo	偏见	piānjiàn
囊	náng	尿	niào	女婿	nǚxu	炮	páo	偏偏	piānpiān
*脑	nǎo	捏	niē	*女子	nǚzǐ	跑	pǎo	偏向	piānxiàng
*脑袋	nǎodai	*您	nín	*暖	nuǎn	*泡	pào	篇	piān
*脑子	nǎozi	宁	níng			炮	pào	便宜	piányi
*闹	nào	宁静	níngjìng	**O**		炮弹	pàodàn	*片	piàn
*内	nèi	拧	níng			胚	pēi	片刻	piànkè
*内部	nèibù	凝	níng	欧	Ōu	胚胎	pēitāi	片面	piànmiàn
内地	nèidì	凝固	nínggù	偶	ǒu	陪	péi	骗	piàn
内涵	nèihán	凝结	níngjié	偶尔	ǒu'ěr	培训	péixùn	飘	piāo
*内容	nèiróng	凝聚	níngjù	*偶然	ǒurán	*培养	péiyǎng	票	piào
内外	nèiwài	凝视	níngshì	偶然性	ǒuránxìng	培育	péiyù	*漂亮	piàoliang
*内心	nèixīn	拧	nǐng			赔偿	péicháng	拼命	pīnmìng
*内在	nèizài	宁	nìng	**P**		佩服	pèi·fú	贫	pín
内脏	nèizàng	拧	nìng	扒	pá	*配	pèi	贫困	pínkùn
嫩	nèn	*牛	niú	*爬	pá	配合	pèihé	贫穷	pínqióng
*能	néng	*牛顿	niúdùn	*怕	pà	配套	pèitào	频繁	pínfán
能动	néngdòng	扭	niǔ	*拍	pāi	配置	pèizhì	*频率	pínlǜ
*能够	nénggòu	扭转	niǔzhuǎn	拍摄	pāishè	喷	pēn	*品	pǐn
*能力	nénglì	*农	nóng	*排	pái	*盆	pén	品德	pǐndé
*能量	néngliàng	*农产品	nóngchǎnpǐn	排斥	páichì	盆地	péndì	*品质	pǐnzhì
*能源	néngyuán	农场	nóngchǎng	排除	páichú	*朋友	péngyou	*品种	pǐnzhǒng
*泥	ní	*农村	nóngcūn	排放	páifàng	彭	Péng	乒乓球	pīngpāngqiú
泥土	nítǔ	农户	nónghù	排列	páiliè	棚	péng	*平	píng
拟	nǐ	农具	nóngjù	*牌	pái	蓬勃	péngbó	*平常	píngcháng
*你	nǐ	*农民	nóngmín	牌子	páizi	膨胀	péngzhàng	*平等	píngděng
*你们	nǐmen	农田	nóngtián	派	pài	捧	pěng	平凡	píngfán
逆	nì	农药	nóngyào	派出所	pàichūsuǒ	*碰	pèng	平分	píngfēn
*年	nián	*农业	nóngyè	派遣	pàiqiǎn	*批	pī	平衡	pínghéng
		农作物	nóngzuòwù	潘	Pān	*批发	pīfā	*平静	píngjìng
				攀	pān				

228

*平均	píngjūn	*妻子	qī·zǐ	*气体	qìtǐ	*钱	qián	亲戚	qīnqi
*平面	píngmiàn	凄凉	qīliáng	气团	qìtuán	潜	qián	*亲切	qīnqiè
平民	píngmín	*期	qī	气味	qìwèi	潜力	qiánlì	亲热	qīnrè
平日	píngrì	期待	qīdài	*气温	qìwēn	潜在	qiánzài	亲人	qīnrén
*平时	píngshí	期货	qīhuò	气息	qìxī	*浅	qiǎn	亲属	qīnshǔ
平坦	píngtǎn	期间	qījiān	*气象	qìxiàng	遣	qiǎn	亲眼	qīnyǎn
*平行	píngxíng	期望	qīwàng	气压	qìyā	欠	qiàn	亲友	qīnyǒu
*平原	píngyuán	期限	qīxiàn	气质	qìzhì	嵌	qiàn	亲自	qīnzì
评	píng	欺骗	qīpiàn	弃	qì	*枪	qiāng	*秦	Qín
*评价	píngjià	漆	qī	*汽车	qìchē	腔	qiāng	琴	qín
*评论	pínglùn	齐	qí	汽油	qìyóu	*强	qiáng	勤	qín
评选	píngxuǎn	*其	qí	契约	qìyuē	*强大	qiángdà	勤劳	qínláo
苹果	píngguǒ	*其次	qícì	砌	qì	强盗	qiángdào	*青	qīng
*凭	píng	其间	qíjiān	*器	qì	*强调	qiángdiào	青春	qīngchūn
凭借	píngjiè	*其实	qíshí	器材	qìcái	*强度	qiángdù	*青年	qīngnián
屏	píng	*其他	qítā	器官	qìguān	强化	qiánghuà	青蛙	qīngwā
屏幕	píngmù	*其余	qíyú	卡	qiǎ	*强烈	qiángliè	*轻	qīng
*瓶	píng	*其中	qízhōng	恰当	qiàdàng	强制	qiángzhì	轻工业	qīnggōngyè
坡	pō	奇	qí	恰好	qiàhǎo	*墙	qiáng	轻声	qīngshēng
*颇	pō	*奇怪	qíguài	*千	qiān	墙壁	qiángbì	轻视	qīngshì
婆婆	pópo	奇迹	qíjì	千方百计	qiānfāng-bǎijì	*抢	qiǎng	轻松	qīngsōng
迫	pò	奇特	qítè			抢救	qiǎngjiù	轻微	qīngwēi
迫害	pòhài	奇异	qíyì	千克	qiānkè	*强	qiǎng	轻易	qīngyì
迫切	pòqiè	*骑	qí	迁	qiān	*悄悄	qiāoqiāo	轻重	qīngzhòng
迫使	pòshǐ	旗	qí	迁移	qiānyí	敲	qiāo	*氢	qīng
*破	pò	旗帜	qízhì	牵	qiān	*桥	qiáo	*氢气	qīngqì
破产	pòchǎn	*企图	qǐtú	铅	qiān	桥梁	qiáoliáng	倾	qīng
*破坏	pòhuài	企业	qǐyè	铅笔	qiānbǐ	*瞧	qiáo	倾听	qīngtīng
破裂	pòliè	*启发	qǐfā	*签订	qiāndìng	巧	qiǎo	*倾向	qīngxiàng
剖面	pōumiàn	启示	qǐshì	*前	qián	巧妙	qiǎomiào	倾斜	qīngxié
扑	pū	*起	qǐ	前边	qián·biān	壳	qiào	*清	qīng
*铺	pū	起初	qǐchū	前方	qiánfāng	*切	qiē	清晨	qīngchén
菩萨	pú·sà	起点	qǐdiǎn	*前后	qiánhòu	*且	qiě	清除	qīngchú
葡萄	pú·táo	起伏	qǐfú	*前进	qiánjìn	*切	qiè	*清楚	qīngchu
葡萄糖	pú·táotáng	*起来	qǐ·lái	前景	qiánjǐng	切实	qièshí	清洁	qīngjié
朴素	pǔsù	*起码	qǐmǎ	*前面	qián·miàn	侵	qīn	清理	qīnglǐ
*普遍	pǔbiàn	起身	qǐshēn	前期	qiánqī	侵犯	qīnfàn	*清晰	qīngxī
普及	pǔjí	*起义	qǐyì	前人	qiánrén	*侵略	qīnlüè	清醒	qīngxǐng
*普通	pǔtōng	起源	qǐyuán	*前提	qiántí	侵权	qīnquán	*情	qíng
普通话	pǔtōnghuà	*气	qì	前头	qiántou	侵入	qīnrù	*情报	qíngbào
谱	pǔ	气氛	qì·fēn	*前途	qiántú	侵蚀	qīnshí	情操	qíngcāo
*铺	pù	气愤	qìfèn	前往	qiánwǎng	侵占	qīnzhàn	情感	qínggǎn
	Q	气候	qìhòu	前夕	qiánxī	*亲	qīn	*情节	qíngjié
*七	qī	气流	qìliú	前线	qiánxiàn	亲密	qīnmì	情景	qíngjǐng

情境	qíngjìng	*权	quán	染色	rǎnsè	人造	rénzào	柔和	róuhé
*情况	qíngkuàng	*权力	quánlì	*染色体	rǎnsètǐ	仁	rén	柔软	róuruǎn
情趣	qíngqù	*权利	quánlì	嚷	rǎng	*任	Rén	揉	róu
*情形	qíng·xíng	权威	quánwēi	*让	ràng	忍	rěn	*肉	ròu
*情绪	qíng·xù	权益	quányì	扰动	rǎodòng	忍耐	rěnnài	肉体	ròutǐ
*请	qǐng			扰乱	rǎoluàn	忍受	rěnshòu	*如	rú
*请求	qǐngqiú	*全	quán	*绕	rào	认	rèn	*如此	rúcǐ
请示	qǐngshì	*全部	quánbù	惹	rě	认定	rèndìng	*如果	rúguǒ
庆祝	qìngzhù	全局	quánjú	*热	rè	*认识	rènshi	*如何	rúhé
*穷	qióng	*全面	quánmiàn	*热爱	rè'ài	认识论	rènshílùn	*如今	rújīn
穷人	qióngrén	全民	quánmín	热带	rèdài	*认为	rènwéi	如同	rútóng
*秋	qiū	全球	quánqiú	*热量	rèliàng	*认真	rènzhēn	如下	rúxià
秋季	qiūjì	*全身	quánshēn	*热烈	rèliè	*任	rèn	儒家	Rújiā
秋天	qiūtiān	*全体	quántǐ	*热闹	rènao	*任何	rènhé	*乳	rǔ
*求	qiú	泉	quán	热能	rènéng	任命	rènmìng	*入	rù
求证	qiúzhèng	拳	quán	*热情	rèqíng	*任务	rèn·wù	入侵	rùqīn
酋长	qiúzhǎng	拳头	quántou	热心	rèxīn	*任意	rènyì	入手	rùshǒu
*球	qiú	*劝	quàn			扔	rēng	入学	rùxué
*区	qū	*缺	quē	*人	rén	*仍	réng	*软	ruǎn
*区别	qūbié	*缺点	quēdiǎn	*人才	réncái	仍旧	réngjiù	*若	ruò
*区分	qūfēn	*缺乏	quēfá	*人格	réngé	*仍然	réngrán	若干	ruògān
*区域	qūyù	*缺少	quēshǎo	*人工	réngōng	*日	rì	若是	ruòshì
*曲	qū	缺陷	quēxiàn	*人家	rénjiā	日报	rìbào	*弱	ruò
*曲线	qūxiàn	*却	què	*人家	rénjia	日常	rìcháng	弱点	ruòdiǎn
曲折	qūzhé	确	què	*人间	rénjiān	日记	rìjì		
驱	qū	确保	quèbǎo	人均	rénjūn	日期	rìqī	**S**	
驱逐	qūzhú	*确定	quèdìng	*人口	rénkǒu	日前	rìqián	撒	sā
屈服	qūfú	*确立	quèlì	*人类	rénlèi	日趋	rìqū	洒	sǎ
趋	qū	确切	quèqiè	*人力	rénlì	日夜	rìyè	撒	sǎ
*趋势	qūshì	确认	quèrèn	*人们	rénmen	*日益	rìyì	鳃	sāi
趋向	qūxiàng	*确实	quèshí	*人民	rénmín	日子	rìzi	塞	sāi
渠	qú	*群	qún	人民币	rénmínbì	荣誉	róngyù	塞	sài
渠道	qúdào	群落	qúnluò	*人群	rénqún	容	róng	赛	sài
*曲	qǔ	*群体	qúntǐ	人身	rénshēn	容量	róngliàng	*三	sān
*取	qǔ	*群众	qúnzhòng	*人生	rénshēng	容纳	róngnà	三角	sānjiǎo
取代	qǔdài			人士	rénshì	容器	róngqì	*三角形	sānjiǎoxíng
*取得	qǔdé	**R**		人事	rénshì	*容易	róng·yì	伞	sǎn
*取消	qǔxiāo	*然	rán	*人体	réntǐ	*溶	róng	*散	sǎn
娶	qǔ	*然而	rán'ér	人为	rénwéi	*溶剂	róngjì	散射	sǎnshè
去	qù	*然后	ránhòu	*人物	rénwù	*溶解	róngjiě	散文	sǎnwén
去年	qùnián	燃	rán	人心	rénxīn	*溶液	róngyè	*散	sàn
去世	qùshì	*燃料	ránliào	人性	rénxìng	熔	róng	散布	sànbù
趣味	qùwèi	*燃烧	ránshāo	人影儿	rényǐngr	熔点	róngdiǎn	散步	sànbù
*圈	quān	染	rǎn	*人员	rényuán	融合	rónghé	散发	sànfā

嗓子	sǎngzi	伤口	shāngkǒu	*少	shào	*深	shēn	*生气	shēngqì
*丧失	sàngshī	伤心	shāngxīn	*少年	shàonián	深沉	shēnchén	生前	shēngqián
扫	sǎo	伤员	shāngyuán	少女	shàonǚ	*深度	shēndù	生态	shēngtài
扫荡	sǎodàng	*商	shāng	少爷	shàoye	深厚	shēnhòu	*生物	shēngwù
嫂子	sǎozi	商标	shāngbiāo	*舌	shé	深化	shēnhuà	生意	shēngyì
*色	sè	*商店	shāngdiàn	舌头	shétou	*深刻	shēnkè	生意	shēngyi
*色彩	sècǎi	商量	shāngliang	*折	shé	深情	shēnqíng	生育	shēngyù
塞	sè	商品	shāngpǐn	*蛇	shé	*深入	shēnrù	*生长	shēngzhǎng
*森林	sēnlín	商人	shāngrén	舍	shě	深夜	shēnyè	*生殖	shēngzhí
僧	sēng	*商业	shāngyè	舍不得	shě·bù·dé	深远	shēnyuǎn	*声	shēng
僧侣	sēnglǚ	*上	shǎng	*设	shè	*什么	shénme	声调	shēngdiào
*杀	shā	赏	shǎng	*设备	shèbèi	*神	shén	声明	shēngmíng
杀害	shāhài	*上	shàng	设法	shèfǎ	*神话	shénhuà	声响	shēngxiǎng
*沙	shā	上班	shàngbān	*设计	shèjì	*神经	shénjīng	*声音	shēngyīn
沙发	shāfā	上边	shàng·biān	设立	shèlì	*神秘	shénmì	牲畜	shēngchù
*沙漠	shāmò	*上层	shàngcéng	*设施	shèshī	神奇	shénqí	牲口	shēngkou
沙滩	shātān	*上帝	shàngdì	设想	shèxiǎng	神气	shén·qì	绳	shéng
纱	shā	*上级	shàngjí	*设置	shèzhì	神情	shénqíng	绳子	shéngzi
砂	shā	上课	shàngkè	*社	shè	神色	shénsè	省	shěng
傻	shǎ	上空	shàngkōng	*社会	shèhuì	神圣	shénshèng	圣	shèng
*色	shǎi	*上来	shàng·lái	社会学	shèhuìxué	神态	shéntài	圣经	Shèngjīng
晒	shài	*上面	shàng·miàn	舍	shè	神学	shénxué	*胜	shèng
*山	shān	*上去	shàng·qù	*射	shè	沈	Shěn	*胜利	shènglì
山地	shāndì	上山	shàngshān	射击	shèjī	审查	shěnchá	*盛	shèng
山峰	shānfēng	*上升	shàngshēng	射线	shèxiàn	审美	shěnměi	盛行	shèngxíng
山谷	shāngǔ	上市	shàngshì	*涉及	shèjí	审判	shěnpàn	剩	shèng
山林	shānlín	*上述	shàngshù	摄	shè	婶	shěn	剩余	shèngyú
山路	shānlù	上诉	shàngsù	摄影	shèyǐng	*肾	shèn	尸体	shītǐ
山脉	shānmài	上午	shàngwǔ	谁	shéi	甚	shèn	*失	shī
*山区	shānqū	上下	shàngxià	申请	shēnqǐng	甚至	shènzhì	*失败	shībài
山水	shānshuǐ	上学	shàngxué	*伸	shēn	*渗透	shèntòu	失掉	shīdiào
山头	shāntóu	上衣	shàngyī	伸手	shēnshǒu	慎重	shènzhòng	*失去	shīqù
*扇	shān	上游	shàngyóu	*身	shēn	*升	shēng	失调	shītiáo
*闪	shǎn	上涨	shàngzhǎng	身边	shēnbiān	*生	shēng	*失望	shīwàng
闪电	shǎndiàn	*尚	shàng	身材	shēncái	生	shēng	失误	shīwù
闪光	shǎnguāng	*烧	shāo	*身份	shēn·fèn	*生产	shēngchǎn	失业	shīyè
闪烁	shǎnshuò	*梢	shāo	身后	shēnhòu	*生产力	shēngchǎnlì	*师	shī
*单	Shàn	*稍	shāo	身躯	shēnqū	生成	shēngchéng	师范	shīfàn
*扇	shàn	稍稍	shāoshāo	*身体	shēntǐ	*生存	shēngcún	师傅	shīfu
*善	shàn	稍微	shāowēi	身心	shēnxīn	*生动	shēngdòng	师长	shīzhǎng
善良	shànliáng	*少	shǎo	身影	shēnyǐng	*生活	shēnghuó	*诗	shī
*善于	shànyú	*少量	shǎoliàng	身子	shēnzi	*生理	shēnglǐ	诗歌	shīgē
*伤	shāng	*少数	shǎoshù	参	shēn	*生命	shēngmìng	诗人	shīrén
伤害	shānghài					生命力	shēngmìnglì	诗意	shīyì

*施	shī	*食品	shípǐn	*事业	shìyè	*手工业	shǒugōngyè	熟练	shúliàn
施肥	shīféi	食堂	shítáng	*势	shì	手脚	shǒujiǎo	*熟悉	shú•xī
施工	shīgōng	*食物	shíwù	势必	shìbì	手榴弹	shǒuliúdàn	*属	shǔ
施行	shīxíng	食盐	shíyán	*势力	shì•lì	*手枪	shǒuqiāng	*属性	shǔxìng
*湿	shī	食用	shíyòng	势能	shìnéng	手势	shǒushì	*属于	shǔyú
湿度	shīdù	*史	shǐ	*试	shì	*手术	shǒushù	鼠	shǔ
湿润	shīrùn	史学	shǐxué	*试管	shìguǎn	手续	shǒuxù	*数	shǔ
*十	shí	*使	shǐ	试图	shìtú	手掌	shǒuzhǎng	术	shù
*石	shí	*使得	shǐ•dé	*试验	shìyàn	*手指	shǒuzhǐ	术语	shùyǔ
石灰	shíhuī	使劲	shǐjìn	试制	shìzhì	*守	shǒu	*束	shù
*石头	shítou	使命	shǐmìng	*视	shì	守恒	shǒuhéng	*束缚	shùfù
*石油	shíyóu	*使用	shǐyòng	视觉	shìjué	*首	shǒu	述	shù
*时	shí	*始	shǐ	视线	shìxiàn	首都	shǒudū	*树	shù
时常	shícháng	*始终	shǐzhōng	视野	shìyě	首领	shǒulǐng	树干	shùgàn
*时代	shídài	士	shì	*是	shì	*首先	shǒuxiān	树立	shùlì
时而	shí'ér	士兵	shìbīng	是非	shìfēi	首要	shǒuyào	树林	shùlín
*时候	shíhou	*氏	shì	*是否	shìfǒu	首长	shǒuzhǎng	树木	shùmù
时机	shíjī	*氏族	shìzú	适	shì	寿命	shòumìng	树种	shùzhǒng
*时间	shíjiān	*示	shì	*适当	shìdàng	*受	shòu	竖	shù
时节	shíjié	示范	shìfàn	*适合	shìhé	受精	shòujīng	*数	shù
*时刻	shíkè	示威	shìwēi	*适宜	shìyí	受伤	shòushāng	*数据	shùjù
时空	shíkōng	*世	shì	*适应	shìyìng	狩猎	shòuliè	*数量	shùliàng
时髦	shímáo	世代	shìdài	*适用	shìyòng	授	shòu	*数目	shùmù
*时期	shíqī	*世纪	shìjì	*室	shì	兽	shòu	*数学	shùxué
识	shí	*世界	shìjiè	逝世	shìshì	*瘦	shòu	数值	shùzhí
识别	shíbié	*世界观	shìjièguān	*释放	shìfàng	*书	shū	*数字	shùzì
识字	shízì	*市	shì	*收	shōu	书包	shūbāo	刷	shuā
*实	shí	*市场	shìchǎng	*收购	shōugòu	书本	shūběn	耍	shuǎ
*实际	shíjì	市民	shìmín	收回	shōuhuí	书籍	shūjí	衰变	shuāibiàn
*实践	shíjiàn	*式	shì	收获	shōuhuò	*书记	shū•jì	衰老	shuāilǎo
实力	shílì	*似的	shìde	*收集	shōují	书面	shūmiàn	摔	shuāi
实例	shílì	*事	shì	*收入	shōurù	书写	shūxiě	甩	shuǎi
*实施	shíshī	事变	shìbiàn	收拾	shōushi	抒情	shūqíng	*率	shuài
实体	shítǐ	*事故	shìgù	收缩	shōusuō	*叔叔	shūshu	*率领	shuàilǐng
*实物	shíwù	事后	shìhòu	收益	shōuyì	梳	shū	拴	shuān
*实现	shíxiàn	事迹	shìjì	收音机	shōuyīnjī	舒服	shūfu	*双	shuāng
*实行	shíxíng	*事件	shìjiàn	*熟	shóu	舒适	shūshì	*双方	shuāngfāng
*实验	shíyàn	事例	shìlì	*手	shǒu	疏	shū	霜	shuāng
实用	shíyòng	*事情	shìqing	手臂	shǒubì	输	shū	*谁	shuí
*实在	shízài	*事实	shìshí	手表	shǒubiǎo	输出	shūchū	*水	shuǐ
*实在	shízai	事务	shìwù	*手段	shǒuduàn	输入	shūrù	水稻	shuǐdào
*实质	shízhì	*事物	shìwù	*手法	shǒufǎ	输送	shūsòng	*水分	shuǐfèn
拾	shí	事先	shìxiān	手工	shǒugōng	蔬菜	shūcài	水果	shuǐguǒ
*食	shí					*熟	shú	水库	shuǐkù

232

水利	shuǐlì	*思想	sīxiǎng	*随便	suíbiàn	台风	táifēng	桃	táo
水流	shuǐliú	思想家	sīxiǎngjiā	*随后	suíhòu	*抬	tái	陶	táo
*水面	shuǐmiàn	斯	sī	随即	suíjí	抬头	táitóu	陶冶	táoyě
水泥	shuǐní	*死	sǐ	*随时	suíshí	淘汰	táotài		
*水平	shuǐpíng	死亡	sǐwáng	随意	suíyì	*太	tài	讨	tǎo
水汽	shuǐqì	死刑	sǐxíng	*遂	suí	太空	tàikōng	*讨论	tǎolùn
水手	shuǐshǒu	*四	sì	髓	suǐ	太平	tàipíng	讨厌	tǎoyàn
水位	shuǐwèi	四边形	sìbiānxíng	*岁	suì	太太	tàitai	套	tào
水文	shuǐwén	四处	sìchù	岁月	suìyuè	*太阳	tài·yáng	特	tè
水银	shuǐyín	四面	sìmiàn	*遂	suì	太阳能	tàiyángnéng	特别	tèbié
水源	shuǐyuán	四肢	sìzhī	碎	suì	太阳系	tàiyángxì	特地	tèdì
水蒸气	shuǐzhēngqì	四周	sìzhōu	穗	suì	*态	tài	*特点	tèdiǎn
*税	shuì	寺	sì	*孙	sūn	*态度	tài·dù	特定	tèdìng
税收	shuìshōu	寺院	sìyuàn	孙子	sūnzi	摊	tān	特权	tèquán
*睡	shuì	*似	sì	*损害	sǔnhài	滩	tān	*特色	tèsè
*睡觉	shuìjiào	*似乎	sìhū	损耗	sǔnhào	*谈	tán	特殊	tèshū
睡眠	shuìmián	*饲料	sìliào	损伤	sǔnshāng	谈话	tánhuà	特务	tèwu
顺	shùn	饲养	sìyǎng	*损失	sǔnshī	谈论	tánlùn	*特性	tèxìng
*顺利	shùnlì	*松	sōng	缩	suō	谈判	tánpàn	特意	tèyì
顺手	shùnshǒu	*宋	Sòng	缩短	suōduǎn	*弹	tán	特征	tèzhēng
*顺序	shùnxù	*送	sòng	缩小	suōxiǎo	弹簧	tánhuáng	疼	téng
瞬间	shùnjiān	搜集	sōují	*所	suǒ	弹性	tánxìng	疼痛	téngtòng
*说	shuō	艘	sōu	所属	suǒshǔ	痰	tán	藤	téng
*说法	shuō·fǎ	*苏	sū	*所谓	suǒwèi	坦克	tǎnkè	踢	tī
说服	shuōfú	俗	sú	*所以	suǒyǐ	*叹	tàn	*提	tí
*说话	shuōhuà	俗称	súchēng	*所有	suǒyǒu	叹息	tànxī	*提倡	tíchàng
*说明	shuōmíng	诉讼	sùsòng	所有制	suǒyǒuzhì	探	tàn	*提高	tígāo
司	sī	*素	sù	*所在	suǒzài	探测	tàncè	*提供	tígōng
司法	sīfǎ	素材	sùcái	索	suǒ	*探索	tànsuǒ	提炼	tíliàn
司机	sījī	*素质	sùzhì	锁	suǒ	*探讨	tàntǎo	*提起	tíqǐ
司令	sīlìng	速	sù			*碳	tàn	提前	tíqián
*丝	sī	*速度	sùdù	**T**		汤	tāng	提取	tíqǔ
丝毫	sīháo	速率	sùlǜ	*他	tā	唐	táng	提醒	tíxǐng
私	sī	宿	sù	*他们	tāmen	堂	táng	提议	tíyì
*私人	sīrén	宿舍	sùshè	他人	tārén	塘	táng	*题	tí
私营	sīyíng	*塑料	sùliào	*它	tā	*糖	táng	*题材	tícái
私有	sīyǒu	*塑造	sùzào	*它们	tāmen	倘若	tǎngruò	题目	tímù
私有制	sīyǒuzhì	*酸	suān	她	tā	躺	tǎng	*体	tǐ
思	sī	*算	suàn	她们	tāmen	烫	tàng	体裁	tǐcái
思潮	sīcháo	*虽	suī	塔	tǎ	*趟	tàng	体操	tǐcāo
*思考	sīkǎo	虽然	suīrán	踏	tà	掏	tāo	*体会	tǐhuì
思路	sīlù	虽说	suīshuō	胎	tāi	逃	táo	*体积	tǐjī
*思索	sīsuǒ	隋	Suí	胎儿	tāi'ér	逃避	táobì	体力	tǐlì
思维	sīwéi	*随	suí	*台	tái	逃跑	táopǎo	体温	tǐwēn

*体系	tǐxì	*跳	tiào	*同意	tóngyì	图纸	túzhǐ	娃娃	wáwa
*体现	tǐxiàn	跳动	tiàodòng	*同志	tóngzhì	徒	tú	瓦	wǎ
*体验	tǐyàn	跳舞	tiàowǔ	*铜	tóng	*途径	tújìng	歪	wāi
*体育	tǐyù	跳跃	tiàoyuè	童话	tónghuà	涂	tú	歪曲	wāiqū
*体制	tǐzhì	*贴	tiē	童年	tóngnián	屠杀	túshā	*外	wài
体质	tǐzhì	*铁	tiě	统	tǒng	*土	tǔ	外边	wài·biān
体重	tǐzhòng	*铁路	tiělù	*统计	tǒngjì	*土地	tǔdì	*外表	wàibiǎo
*替	tì	厅	tīng	*统一	tǒngyī	土匪	tǔfěi	*外部	wàibù
替代	tìdài	*听	tīng	*统治	tǒngzhì	土壤	tǔrǎng	外地	wàidì
*天	tiān	听话	tīnghuà	桶	tǒng	*吐	tǔ	*外国	wàiguó
天才	tiāncái	*听见	tīng·jiàn	筒	tǒng	吐	tù	外汇	wàihuì
*天地	tiāndì	听觉	tīngjué	*通	tòng	兔子	tùzi	外交	wàijiāo
天鹅	tiān'é	听取	tīngqǔ	痛	tòng	湍流	tuānliú	*外界	wàijiè
*天空	tiānkōng	听众	tīngzhòng	*痛苦	tòngkǔ	*团	tuán	外科	wàikē
*天气	tiānqì	*停	tíng	痛快	tòng·kuài	*团结	tuánjié	外来	wàilái
*天然	tiānrán	停顿	tíngdùn	*偷	tōu	*团体	tuántǐ	*外力	wàilì
天然气	tiānránqì	停留	tíngliú	偷偷	tōutōu	团员	tuányuán	外贸	wàimào
天生	tiānshēng	停止	tíngzhǐ	头	tóu	*推	tuī	*外面	wài·miàn
*天体	tiāntǐ	*挺	tǐng	头顶	tóudǐng	推测	tuīcè	外商	wàishāng
天文	tiānwén	*通	tōng	头发	tóufa	*推动	tuīdòng	外形	wàixíng
*天下	tiānxià	*通常	tōngcháng	头脑	tóunǎo	*推翻	tuīfān	外语	wàiyǔ
天真	tiānzhēn	通道	tōngdào	投	tóu	*推广	tuīguǎng	外在	wàizài
天主教	Tiānzhǔjiào	通电	tōngdiàn	投产	tóuchǎn	推荐	tuījiàn	外资	wàizī
添	tiān	通过	tōngguò	投机	tóujī	推进	tuījìn	*弯	wān
*田	tián	通红	tōnghóng	*投入	tóurù	推理	tuīlǐ	弯曲	wānqū
田地	tiándì	通信	tōngxìn	投降	tóuxiáng	推论	tuīlùn	*完	wán
田野	tiányě	通讯	tōngxùn	*投资	tóuzī	推销	tuīxiāo	完备	wánbèi
*甜	tián	通用	tōngyòng	*透	tòu	*推行	tuīxíng	完毕	wánbì
*填	tián	通知	tōngzhī	透镜	tòujìng	腿	tuǐ	*完成	wánchéng
*挑	tiāo	*同	tóng	透露	tòulù	退	tuì	完美	wánměi
挑选	tiāoxuǎn	同伴	tóngbàn	透明	tòumíng	退出	tuìchū	*完全	wánquán
*条	tiáo	同胞	tóngbāo	凸	tū	退化	tuìhuà	*完善	wánshàn
*条件	tiáojiàn	同等	tóngděng	突	tū	退休	tuìxiū	*完整	wánzhěng
条款	tiáokuǎn	同行	tóngháng	突变	tūbiàn	*托	tuō	*玩	wán
*条例	tiáolì	同化	tónghuà	*突出	tūchū	拖	tuō	玩具	wánjù
*条约	tiáoyuē	同类	tónglèi	突击	tūjī	*拖拉机	tuōlājī	玩笑	wánxiào
*调	tiáo	同年	tóngnián	*突破	tūpò	*脱	tuō	顽强	wánqiáng
调和	tiáohé	同期	tóngqī	突然	tūrán	脱离	tuōlí	挽	wǎn
*调节	tiáojié	同情	tóngqíng	图	tú	脱落	tuōluò	*晚	wǎn
调解	tiáojiě	*同时	tóngshí	图案	tú'àn	妥协	tuǒxié	晚饭	wǎnfàn
*调整	tiáozhěng	同事	tóngshì	图画	túhuà			晚期	wǎnqī
*挑	tiāo	同行	tóngxíng	图书	túshū	W		晚上	wǎnshang
挑战	tiǎozhàn	*同学	tóngxué	图书馆	túshūguǎn	*挖	wā	*碗	wǎn
		*同样	tóngyàng	图形	túxíng	挖掘	wājué	*万	wàn

万物	wànwù	唯	wéi	*文化	wénhuà	*无数	wúshù	西瓜	xī·guā
万一	wànyī	惟	wéi	*文件	wénjiàn	*无限	wúxiàn	*西南	xīnán
汪	wāng	*维持	wéichí	文明	wénmíng	无线电	wúxiàndiàn	*西欧	Xī Ōu
亡	wáng	*维护	wéihù	文人	wénrén	无效	wúxiào	*吸	xī
*王	wáng	维生素	wéishēngsù	文物	wénwù	无形	wúxíng	吸附	xīfù
王朝	wángcháo	维新	wéixīn	*文献	wénxiàn	*无疑	wúyí	*吸取	xīqǔ
王国	wángguó	维修	wéixiū	*文学	wénxué	无意	wúyì	*吸收	xīshōu
*网	wǎng	伟大	wěidà	文艺	wényì	无知	wúzhī	*吸引	xīyǐn
网络	wǎngluò	伪	wěi	文章	wénzhāng	*吾	wú	*希望	xīwàng
*往	wǎng	*尾	wěi	文字	wénzì	*吴	Wú	*牺牲	xīshēng
往来	wǎnglái	尾巴	wěiba	纹	wén	五	wǔ	息	xī
*往往	wǎngwǎng	纬	wěi	*闻	wén	武	wǔ	*稀	xī
*忘	wàng	纬度	wěidù	蚊子	wénzi	武力	wǔlì	稀少	xīshǎo
*忘记	wàngjì	委屈	wěiqu	吻	wěn	*武器	wǔqì	锡	xī
旺	wàng	委托	wěituō	稳	wěn	*武装	wǔzhuāng	熄灭	xīmiè
旺盛	wàngshèng	*委员	wěiyuán	*稳定	wěndìng	侮辱	wǔrǔ	习	xí
*望	wàng	*委员会	wěiyuánhuì	*问	wèn	*舞	wǔ	*习惯	xíguàn
望远镜		卫	wèi	问世	wènshì	*舞蹈	wǔdǎo	习俗	xísú
wàngyuǎnjìng		*卫生	wèishēng	*问题	wèntí	舞剧	wǔjù	习性	xíxìng
*危害	wēihài	卫星	wèixīng	窝	wō	*舞台	wǔtái	席	xí
*危机	wēijī	*为	wèi	*我	wǒ	勿	wù	袭击	xíjī
*危险	wēixiǎn	为何	wèihé	我们	wǒmen	务	wù	*媳妇	xífu
威力	wēilì	*为了	wèile	卧	wò	*物	wù	*洗	xǐ
*威胁	wēixié	未	wèi	卧室	wòshì	物化	wùhuà	洗澡	xǐzǎo
威信	wēixìn	未必	wèibì	握	wò	*物价	wùjià	*喜	xǐ
*微	wēi	未曾	wèicéng	握手	wòshǒu	*物理	wùlǐ	*喜爱	xǐ'ài
微观	wēiguān	未来	wèilái	乌龟	wūguī	物力	wùlì	*喜欢	xǐhuan
微粒	wēilì	*位	wèi	*污染	wūrǎn	物品	wùpǐn	喜剧	xǐjù
微弱	wēiruò	位移	wèiyí	屋	wū	*物体	wùtǐ	喜悦	xǐyuè
微生物	wēishēngwù	位置	wèizhi	屋子	wūzi	*物质	wùzhì	*戏	xì
*微微	wēiwēi	*味	wèi	*无	wú	物种	wùzhǒng	*戏剧	xìjù
微小	wēixiǎo	味道	wèi·dào	无比	wúbǐ	*物资	wùzī	戏曲	xìqǔ
*微笑	wēixiào	*胃	wèi	无从	wúcóng	误	wù	*系	xì
*为	wéi	*谓	wèi	*无法	wúfǎ	误差	wùchā	系列	xìliè
为难	wéinán	喂	wèi	无非	wúfēi	误会	wùhuì	系数	xìshù
为人	wéirén	魏	Wèi	无关	wúguān	误解	wùjiě	*系统	xìtǒng
为首	wéishǒu	*温	wēn	无机	wújī	*恶	wù	*细	xì
*为止	wéizhǐ	温带	wēndài	无可奈何		*雾	wù	*细胞	xìbāo
违背	wéibèi	*温度	wēndù	wúkě-nàihé				细节	xìjié
违法	wéifǎ	温度计	wēndùjì	无力	wúlì	X		*细菌	xìjūn
*违反	wéifǎn	温和	wēnhé	*无论	wúlùn			细小	xìxiǎo
*围	wéi	温暖	wēnnuǎn	无情	wúqíng	*西	xī	细心	xìxīn
围剿	wéijiǎo	温柔	wēnróu	无穷	wúqióng	*西北	xīběi	细致	xìzhì
*围绕	wéirào	*文	wén	无声	wúshēng	西方	xīfāng	虾	xiā
						西风	xīfēng		

瞎	xiā	衔	xián	*乡	xiāng	*象征	xiàngzhēng	效力	xiàolì
狭	xiá	嫌	xián	*乡村	xiāngcūn	*像	xiàng	*效率	xiàolǜ
狭隘	xiá'ài	显	xiǎn	乡下	xiāngxia	橡胶	xiàngjiāo	*效益	xiàoyì
狭义	xiáyì	*显得	xiǎn•de	*相	xiāng	橡皮	xiàngpí	*效应	xiàoyìng
狭窄	xiázhǎi	显露	xiǎnlù	*相当	xiāngdāng	削	xiāo	*些	xiē
*下	xià	*显然	xiǎnrán	相等	xiāngděng	消	xiāo	歇	xiē
下班	xiàbān	*显示	xiǎnshì	*相对	xiāngduì	*消除	xiāochú	协定	xiédìng
下边	xià•biān	显微镜	xiǎnwēijìng	相反	xiāngfǎn	消毒	xiāodú	协会	xiéhuì
下层	xiàcéng	显现	xiǎnxiàn	*相关	xiāngguān	*消费	xiāofèi	协商	xiéshāng
下达	xiàdá	*显著	xiǎnzhù	*相互	xiānghù	消费品	xiāofèipǐn	*协调	xiétiáo
下颌	xiàhé	险	xiǎn	相继	xiāngjì	消耗	xiāohào	协同	xiétóng
下级	xiàjí	鲜	xiǎn	相交	xiāngjiāo	*消化	xiāohuà	协议	xiéyì
*下降	xiàjiàng	*县	xiàn	相近	xiāngjìn	*消极	xiāojí	协助	xiézhù
*下来	xià•lái	县城	xiànchéng	相连	xiānglián	消灭	xiāomiè	*协作	xiézuò
*下列	xiàliè	*现	xiàn	相似	xiāngsì	*消失	xiāoshī	邪	xié
*下令	xiàlìng	现场	xiànchǎng	相通	xiāngtōng	消亡	xiāowáng	*斜	xié
下落	xiàluò	现存	xiàncún	相同	xiāngtóng	*消息	xiāoxi	携带	xiédài
*下面	xià•miàn	现代	xiàndài	相信	xiāngxìn	硝酸	xiāosuān	*鞋	xié
*下去	xià•qù	现代化	xiàndàihuà	相应	xiāngyīng	销	xiāo	*写	xiě
下属	xiàshǔ	现今	xiànjīn	*香	xiāng	*销售	xiāoshòu	写作	xiězuò
*下午	xiàwǔ	现金	xiànjīn	香烟	xiāngyān	*小	xiǎo	*血	xiě
下旬	xiàxún	*现实	xiànshí	箱	xiāng	小儿	xiǎo'ér	泄	xiè
下游	xiàyóu	*现象	xiànxiàng	箱子	xiāngzi	*小伙子	xiǎohuǒzi	谢	xiè
*吓	xià	现行	xiànxíng	*详细	xiángxì	小姐	xiǎo•jiě	*谢谢	xièxie
夏	xià	*现在	xiànzài	降	xiáng	小麦	xiǎomài	*解	xiè
夏季	xiàjì	现状	xiànzhuàng	享	xiǎng	小朋友	xiǎopéngyǒu	蟹	xiè
*夏天	xiàtiān	限	xiàn	*享受	xiǎngshòu	小时	xiǎoshí	*心	xīn
仙	xiān	*限度	xiàndù	享有	xiǎngyǒu	*小说儿	xiǎoshuōr	心底	xīndǐ
*先	xiān	限于	xiànyú	*响	xiǎng	小心	xiǎo•xīn	心里	xīn•lǐ
*先后	xiānhòu	限制	xiànzhì	响声	xiǎngshēng	小型	xiǎoxíng	心理	xīnlǐ
*先进	xiānjìn	线	xiàn	响应	xiǎngyīng	*小学	xiǎoxué	心灵	xīnlíng
先前	xiānqián	线段	xiànduàn	*想	xiǎng	小学生	xiǎoxuéshēng	心情	xīnqíng
*先生	xiānsheng	线路	xiànlù	*想法	xiǎng•fǎ			心事	xīnshì
先天	xiāntiān	线圈	xiànquān	想象	xiǎngxiàng	小子	xiǎozi	心思	xīnsi
*纤维	xiānwéi	线索	xiànsuǒ	想象力	xiǎngxiànglì	*小组	xiǎozǔ	心头	xīntóu
掀起	xiānqǐ	线条	xiàntiáo			晓得	xiǎo•de	心血	xīnxuè
鲜	xiān	*宪法	xiànfǎ	*向	xiàng	*校	xiào	*心脏	xīnzàng
鲜花	xiānhuā	陷	xiàn	向来	xiànglái	校长	xiàozhǎng	辛苦	xīnkǔ
*鲜明	xiānmíng	*陷入	xiànrù	向上	xiàngshàng	*笑	xiào	辛勤	xīnqín
鲜血	xiānxuè	陷于	xiànyú	向往	xiàngwǎng	笑话	xiàohua	*欣赏	xīnshǎng
鲜艳	xiānyàn	羡慕	xiànmù	*项	xiàng	笑话儿	xiàohuar	锌	xīn
闲	xián	献	xiàn	*项目	xiàngmù	笑容	xiàoróng	*新	xīn
*弦	xián	献身	xiànshēn	*相	xiàng	效	xiào	新陈代谢	xīnchén-dàixiè
咸	xián	腺	xiàn	*象	xiàng	效果	xiàoguǒ		

新娘	xīnniáng	行走	xíngzǒu	宿	xiǔ	*学说	xuéshuō	延续	yánxù
新奇	xīnqí	*形	xíng	臭	xiù	学堂	xuétáng	严	yán
新人	xīnrén	*形成	xíngchéng	袖	xiù	学徒	xuétú	*严格	yángé
新式	xīnshì	形容	xíngróng	绣	xiù	学问	xuéwen	严寒	yánhán
*新闻	xīnwén	*形式	xíngshì	宿	xiù	*学习	xuéxí	严峻	yánjùn
*新鲜	xīn•xiān	*形势	xíngshì	嗅	xiù	*学校	xuéxiào	严厉	yánlì
*新兴	xīnxīng	*形态	xíngtài	*须	xū	学员	xuéyuán	严密	yánmì
新型	xīnxíng	形体	xíngtǐ	*虚	xū	学院	xuéyuàn	*严肃	yánsù
新颖	xīnyǐng	*形象	xíngxiàng	*需	xū	*学者	xuézhě	严重	yánzhòng
*信	xìn	*形状	xíngzhuàng	需求	xūqiú	*雪	xuě	*言	yán
信贷	xìndài	型	xíng	*需要	xūyào	雪白	xuěbái	言论	yánlùn
*信号	xìnhào	省	xíng	*徐	xú	雪花	xuěhuā	*言语	yányǔ
信念	xìnniàn	醒	xǐng	许	xǔ	*血	xuè	岩	yán
信任	xìnrèn	兴	xìng	*许多	xǔduō	*血管	xuèguǎn	*岩石	yánshí
信徒	xìntú	*兴趣	xìngqù	许可	xǔkě	*血液	xuèyè	炎	yán
*信息	xìnxī	*幸福	xìngfú	序	xù	寻	xún	*沿	yán
*信心	xìnxīn	*性	xìng	*叙述	xùshù	寻求	xúnqiú	沿岸	yán'àn
信仰	xìnyǎng	性别	xìngbié	畜	xù	*寻找	xúnzhǎo	沿海	yánhǎi
信用	xìnyòng	*性格	xìnggé	*宣布	xuānbù	询问	xúnwèn	*研究	yánjiū
兴	xīng	*性能	xìngnéng	*宣传	xuānchuán	循环	xúnhuán	研究生	yánjiūshēng
*兴奋	xīngfèn	性情	xìngqíng	宣告	xuāngào	训	xùn	*研制	yánzhì
兴建	xīngjiàn	*性质	xìngzhì	宣言	xuānyán	*训练	xùnliàn	*盐	yán
兴起	xīngqǐ	性状	xìngzhuàng	宣扬	xuānyáng	*迅速	xùnsù	盐酸	yánsuān
*星	xīng	*姓	xìng	悬	xuán			*颜色	yánsè
星际	xīngjì	姓名	xìngmíng	悬挂	xuánguà	**Y**		掩盖	yǎngài
*星期	xīngqī	凶	xiōng	旋	xuán			掩护	yǎnhù
星球	xīngqiú	兄	xiōng	旋律	xuánlǜ	*压	yā	眼	yǎn
星系	xīngxì	*兄弟	xiōngdì	*旋转	xuánzhuǎn	*压力	yālì	*眼光	yǎnguāng
星星	xīngxing	兄弟	xiōngdi	*选	xuǎn	*压迫	yāpò	*眼睛	yǎnjing
星云	xīngyún	*胸	xiōng	选拔	xuǎnbá	压强	yāqiáng	眼镜	yǎnjìng
刑	xíng	胸脯	xiōngpú	*选举	xuǎnjǔ	压缩	yāsuō	眼看	yǎnkàn
刑罚	xíngfá	*雄	xióng	选手	xuǎnshǒu	压抑	yāyì	*眼泪	yǎnlèi
刑法	xíngfǎ	雄伟	xióngwěi	选用	xuǎnyòng	压制	yāzhì	*眼前	yǎnqián
刑事	xíngshì	熊	xióng	*选择	xuǎnzé	押	yā	眼神	yǎnshén
*行	xíng	*休眠	xiūmián	旋	xuàn	鸦片	yāpiàn	*演	yǎn
*行动	xíngdòng	*休息	xiūxi	削	xuē	鸭	yā	演变	yǎnbiàn
行军	xíngjūn	修	xiū	削弱	xuēruò	*牙	yá	演唱	yǎnchàng
行李	xíngli	修辞	xiūcí	穴	xué	牙齿	yáchǐ	*演出	yǎnchū
行人	xíngrén	修复	xiūfù	*学	xué	芽	yá	演化	yǎnhuà
*行使	xíngshǐ	修改	xiūgǎi	*学会	xuéhuì	亚	yà	演讲	yǎnjiǎng
行驶	xíngshǐ	修建	xiūjiàn	学科	xuékē	*咽	yān	演说	yǎnshuō
*行为	xíngwéi	修理	xiūlǐ	学派	xuépài	烟	yān	演绎	yǎnyì
行星	xíngxīng	修养	xiūyǎng	学生	xuésheng	烟囱	yān•cōng	*演员	yǎnyuán
*行政	xíngzhèng	修正	xiūzhèng	学术	xuéshù	*延长	yáncháng	*演奏	yǎnzòu
						延伸	yánshēn		

厌	yàn	钥匙	yàoshi	一齐	yīqí	遗留	yíliú	*易	yì
厌恶	yànwù	耶稣	Yēsū	*一起	yīqǐ	遗址	yízhǐ	易于	yìyú
咽	yàn	*爷爷	yéye	*一切	yīqiè	遗嘱	yízhǔ	益	yì
宴会	yànhuì	*也	yě	*一时	yīshí	疑	yí	*意	yì
验	yàn	*也许	yěxǔ	一体	yītǐ	疑惑	yíhuò	*意见	yì·jiàn
验证	yànzhèng	冶金	yějīn	一同	yītóng	疑问	yíwèn	意境	yìjìng
秧	yāng	冶炼	yěliàn	一线	yīxiàn	*乙	yǐ	*意识	yì·shí
扬	yáng	野	yě	一向	yīxiàng	*已	yǐ	*意思	yìsi
*羊	yáng	野蛮	yěmán	一心	yīxīn	*已经	yǐ·jīng	意图	yìtú
羊毛	yángmáo	野生	yěshēng	一再	yīzài	*以	yǐ	*意外	yìwài
*阳	yáng	野兽	yěshòu	一早	yīzǎo	*以便	yǐbiàn	*意味	yìwèi
*阳光	yángguāng	野外	yěwài	*一直	yīzhí	*以后	yǐhòu	意象	yìxiàng
*杨	yáng	*业	yè	一致	yīzhì	*以及	yǐjí	意义	yìyì
洋	yáng	*业务	yèwù	*衣	yī	*以来	yǐlái	*意志	yìzhì
仰	yǎng	业余	yèyú	*衣服	yīfu	以免	yǐmiǎn	毅然	yìrán
*养	yǎng	*叶	yè	衣裳	yīshang	以内	yǐnèi	翼	yì
养分	yǎngfèn	叶片	yèpiàn	医	yī	*以前	yǐqián	*因	yīn
养料	yǎngliào	*叶子	yèzi	医疗	yīliáo	*以外	yǐwài	*因此	yīncǐ
养殖	yǎngzhí	*页	yè	医生	yīshēng	*以往	yǐwǎng	因地制宜	yīndì-zhìyí
*氧	yǎng	*夜	yè	*医学	yīxué	*以为	yǐwéi	*因而	yīn'ér
*氧化	yǎnghuà	夜间	yèjiān	医药	yīyào	*以下	yǐxià	因果	yīnguǒ
*氧气	yǎngqì	夜里	yè·lǐ	医院	yīyuàn	*以至	yǐzhì	因素	yīnsù
*样	yàng	*夜晚	yèwǎn	*依	yī	*以致	yǐzhì	*因为	yīn·wèi
样本	yàngběn	*液	yè	依次	yīcì	*矣	yǐ	因子	yīnzǐ
样品	yàngpǐn	液态	yètài	依法	yīfǎ	蚁	yǐ	*阴	yīn
样式	yàngshì	*液体	yètǐ	依附	yīfù	倚	yǐ	阴谋	yīnmóu
*样子	yàngzi	一	yī	依旧	yījiù	椅子	yǐzi	阴阳	yīnyáng
*约	yāo	*一般	yībān	*依据	yījù	亿	yì	阴影	yīnyǐng
*要	yāo	*一半	yībàn	*依靠	yīkào	*义	yì	*音	yīn
*要求	yāoqiú	一辈子	yībèizi	依赖	yīlài	*义务	yìwù	音调	yīndiào
*腰	yāo	*一边	yībiān	依然	yīrán	艺	yì	音阶	yīnjiē
邀请	yāoqǐng	一带	yīdài	依照	yīzhào	*艺术	yìshù	音节	yīnjié
*摇	yáo	*一旦	yīdàn	仪	yí	*艺术家	yìshùjiā	音响	yīnxiǎng
摇晃	yáo·huàng	*一定	yīdìng	*仪器	yíqì	议	yì	*音乐	yīnyuè
摇头	yáotóu	一度	yīdù	*仪式	yíshì	*议会	yìhuì	*银	yín
遥感	yáogǎn	一端	yīduān	宜	yí	*议论	yìlùn	*银行	yínháng
遥远	yáoyuǎn	一共	yīgòng	*移	yí	议员	yìyuán	引	yǐn
*咬	yǎo	一贯	yīguàn	*移动	yídòng	*亦	yì	*引导	yǐndǎo
*药	yào	*一会儿	yīhuìr	移民	yímín	*异	yì	*引进	yǐnjìn
药品	yàopǐn	一块儿	yīkuàir	移植	yízhí	*异常	yìcháng	引力	yǐnlì
*药物	yàowù	一连	yīlián	遗	yí	*抑制	yìzhì	*引起	yǐnqǐ
*要	yào	*一律	yīlǜ	遗产	yíchǎn	役	yì	引用	yǐnyòng
要紧	yàojǐn	*一面	yīmiàn	*遗传	yíchuán	译	yì	饮	yǐn
*要素	yàosù	一旁	yīpáng	遗憾	yíhàn				

饮食	yǐnshí	勇于	yǒngyú	*友谊	yǒuyì	*语	yǔ	原子核	yuánzǐhé
隐	yǐn	涌	yǒng	*有	yǒu	*语法	yǔfǎ	*圆	yuán
隐蔽	yǐnbì	涌现	yǒngxiàn	*有关	yǒuguān	语句	yǔjù	圆心	yuánxīn
隐藏	yǐncáng	*用	yòng	*有机	yǒujī	语气	yǔqì	援助	yuánzhù
*印	yìn	用处	yòng•chù	*有力	yǒulì	语文	yǔwén	缘	yuán
印刷	yìnshuā	用户	yònghù	*有利	yǒulì	*语言	yǔyán	*缘故	yuángù
*印象	yìnxiàng	用力	yònglì	有名	yǒumíng	*语音	yǔyīn	*源	yuán
饮	yìn	用品	yòngpǐn	*有趣	yǒuqù	玉	yù	源泉	yuánquán
*应	yīng	用途	yòngtú	有如	yǒurú	*玉米	yùmǐ	*远	yuǎn
*应当	yīngdāng	优	yōu	*有时	yǒushí	育	yù	远方	yuǎnfāng
*应该	yīnggāi	*优点	yōudiǎn	有限	yǒuxiàn	育种	yùzhǒng	怨	yuàn
*英	yīng	优惠	yōuhuì	有效	yǒuxiào	*预报	yùbào	*院	yuàn
*英雄	yīngxióng	优良	yōuliáng	有益	yǒuyì	*预备	yùbèi	*院子	yuànzi
英勇	yīngyǒng	*优美	yōuměi	有意	yǒuyì	*预测	yùcè	*愿	yuàn
*婴儿	yīng'ér	*优势	yōushì	*又	yòu	预定	yùdìng	*愿望	yuànwàng
鹰	yīng	优先	yōuxiān	*右	yòu	*预防	yùfáng	愿意	yuàn•yì
迎	yíng	*优秀	yōuxiù	右边	yòu•biān	预计	yùjì	*曰	yuē
迎接	yíngjiē	优越	yōuyuè	*右手	yòushǒu	预料	yùliào	*约	yuē
荧光屏	yíngguāngpíng	优质	yōuzhì	*幼	yòu	预期	yùqī	*约束	yuēshù
盈利	yínglì	忧郁	yōuyù	*幼虫	yòuchóng	预算	yùsuàn	*月	yuè
*营	yíng	幽默	yōumò	幼儿	yòu'ér	预先	yùxiān	月初	yuèchū
*营养	yíngyǎng	悠久	yōujiǔ	幼苗	yòumiáo	预言	yùyán	*月份	yuèfèn
营业	yíngyè	尤	yóu	幼年	yòunián	域	yù	月光	yuèguāng
赢得	yíngdé	*尤其	yóuqí	诱导	yòudǎo	*欲	yù	*月亮	yuèliang
影	yǐng	尤为	yóuwéi	*于	yú	欲望	yùwàng	*月球	yuèqiú
影片	yǐngpiàn	*由	yóu	*于是	yúshì	遇	yù	*乐	yuè
*影响	yǐngxiǎng	*由于	yóuyú	予	yú	遇见	yù•jiàn	乐队	yuèduì
*影子	yǐngzi	邮票	yóupiào	*余	yú	*愈	yù	乐器	yuèqì
*应	yìng	犹	yóu	余地	yúdì	*元	yuán	*乐曲	yuèqǔ
应付	yìng•fù	犹如	yóurú	*鱼	yú	*元素	yuánsù	*阅读	yuèdú
*应用	yìngyòng	犹豫	yóuyù	娱乐	yúlè	园	yuán	跃	yuè
映	yìng	*油	yóu	渔	yú	*员	yuán	*越	yuè
*硬	yìng	油画	yóuhuà	渔业	yúyè	袁	Yuán	越冬	yuèdōng
拥	yōng	油田	yóutián	*愉快	yúkuài	*原	yuán	越过	yuèguò
拥护	yōnghù	铀	yóu	舆论	yúlùn	原材料	yuáncáiliào	粤	Yuè
拥挤	yōngjǐ	*游	yóu	*与	yǔ	*原来	yuánlái	*云	yún
*拥有	yōngyǒu	游击	yóujī	与其	yǔqí	*原理	yuánlǐ	匀	yún
永	yǒng	游击队	yóujīduì	予	yǔ	原谅	yuánliàng	*允许	yǔnxǔ
永恒	yǒnghéng	游戏	yóuxì	*予以	yǔyǐ	*原料	yuánliào	*运	yùn
永久	yǒngjiǔ	游行	yóuxíng	*宇宙	yǔzhòu	原始	yuánshǐ	*运动	yùndòng
*永远	yǒngyuǎn	游泳	yóuyǒng	羽	yǔ	原先	yuánxiān	*运动员	yùndòngyuán
*勇敢	yǒnggǎn	友好	yǒuhǎo	羽毛	yǔmáo	*原因	yuányīn	*运输	yùnshū
勇气	yǒngqì	友人	yǒurén	雨水	yǔshuǐ	*原则	yuánzé	运算	yùnsuàn

239

*运行	yùnxíng	早上	zǎoshang	展示	zhǎnshì	*着	zháo	枕头	zhěntou
*运用	yùnyòng	*早已	zǎoyǐ	展现	zhǎnxiàn	*着急	zháojí	*阵	zhèn
运转	yùnzhuǎn	藻	zǎo	崭新	zhǎnxīn	*找	zhǎo	*阵地	zhèndì
韵	yùn	灶	zào	*占	zhàn	召集	zhàojí	*振	zhèn
蕴藏	yùncáng	*造	zào	占据	zhànjù	*召开	zhàokāi	振荡	zhèndàng
		造就	zàojiù	*占领	zhànlǐng	*赵	Zhào	*振动	zhèndòng
Z		造型	zàoxíng	占用	zhànyòng	*照	zhào	振奋	zhènfèn
扎	zā	*则	zé	占有	zhànyǒu	*照顾	zhào•gù	振兴	zhènxīng
杂	zá	责	zé	*战	zhàn	照例	zhàolì	震	zhèn
杂交	zájiāo	*责任	zérèn	*战场	zhànchǎng	照明	zhàomíng	震动	zhèndòng
杂志	zázhì	责任感	zérèngǎn	*战斗	zhàndòu	*照片	zhàopiàn	震惊	zhènjīng
杂质	zázhì	贼	zéi	战国	zhànguó	照射	zhàoshè	*镇	zhèn
砸	zá	怎	zěn	*战略	zhànlüè	照相	zhàoxiàng	镇压	zhènyā
灾难	zāinàn	*怎么	zěnme	*战胜	zhànshèng	照相机	zhàoxiàngjī	*争	zhēng
栽	zāi	*怎么样	zěnmeyàng	战士	zhànshì	照样	zhàoyàng	争夺	zhēngduó
栽培	zāipéi	*怎样	zěnyàng	战术	zhànshù	照耀	zhàoyào	*争论	zhēnglùn
*再	zài	*曾	zēng	战线	zhànxiàn	遮	zhē	*争取	zhēngqǔ
再见	zàijiàn	*增	zēng	战役	zhànyì	*折	zhé	征	zhēng
再现	zàixiàn	*增产	zēngchǎn	战友	zhànyǒu	折磨	zhé•mó	征服	zhēngfú
*在	zài	*增多	zēngduō	*战争	zhànzhēng	折射	zhéshè	征求	zhēngqiú
在场	zàichǎng	增高	zēnggāo	*站	zhàn	*哲学	zhéxué	征收	zhēngshōu
在家	zàijiā	*增加	zēngjiā	张	zhāng	*者	zhě	挣	zhēng
*在于	zàiyú	增进	zēngjìn	*章	zhāng	这	zhè	睁	zhēng
*载	zài	增强	zēngqiáng	章程	zhāngchéng	*这个	zhège	蒸	zhēng
*咱	zán	增添	zēngtiān	*长	zhǎng	*这里	zhè•lǐ	蒸发	zhēngfā
*咱们	zánmen	*增长	zēngzhǎng	长官	zhǎngguān	*这么	zhème	蒸气	zhēngqì
暂	zàn	增殖	zēngzhí	涨	zhǎng	*这儿	zhèr	*整	zhěng
*暂时	zànshí	扎	zhā	掌	zhǎng	*这些	zhèxiē	*整顿	zhěngdùn
赞成	zànchéng	炸	zhá	*掌握	zhǎngwò	*这样	zhèyàng	整个	zhěnggè
赞美	zànměi	眨	zhǎ	丈	zhàng	*针	zhēn	*整理	zhěnglǐ
赞叹	zàntàn	炸	zhà	*丈夫	zhàngfu	*针对	zhēnduì	整齐	zhěngqí
赞扬	zànyáng	炸弹	zhàdàn	仗	zhàng	针灸	zhēnjiǔ	*整体	zhěngtǐ
赃	zāng	摘	zhāi	帐	zhàng	侦查	zhēnchá	*正	zhèng
脏	zàng	窄	zhǎi	帐篷	zhàngpeng	侦察	zhēnchá	*正常	zhèngcháng
葬	zàng	债	zhài	账	zhàng	珍贵	zhēnguì	*正当	zhèngdāng
*藏	zàng	债务	zhàiwù	胀	zhàng	珍珠	zhēnzhū	*正当	zhèngdàng
*遭	zāo	寨	zhài	涨	zhàng	*真	zhēn	正规	zhèngguī
*遭受	zāoshòu	*占	zhān	*障碍	zhàng'ài	真诚	zhēnchéng	*正好	zhènghǎo
遭遇	zāoyù	沾	zhān	招	zhāo	真空	zhēnkōng	正面	zhèngmiàn
糟	zāo	粘	zhān	招待	zhāodài	*真理	zhēnlǐ	*正确	zhèngquè
*早	zǎo	盏	zhǎn	*招呼	zhāohu	*真实	zhēnshí	*正式	zhèngshì
*早晨	zǎo•chén	展	zhǎn	招生	zhāoshēng	*真正	zhēnzhèng	正义	zhèngyì
*早期	zǎoqī	*展开	zhǎnkāi	*着	zhāo	真正	zhēnzhèng	*正在	zhèngzài
早日	zǎorì	展览	zhǎnlǎn	*朝	zhāo	*诊断	zhěnduàn	*证	zhèng

240

证据	zhèngjù	*直接	zhíjiē	至此	zhìcǐ	中性	zhōngxìng	*周期	zhōuqī
*证明	zhèngmíng	*直径	zhíjìng	*至今	zhìjīn	*中学	zhōngxué	*周围	zhōuwéi
*证实	zhèngshí	直觉	zhíjué	*至少	zhìshǎo	中学生	zhōngxuéshēng	周转	zhōuzhuǎn
证书	zhèngshū	直立	zhílì	*至于	zhìyú			*轴	zhóu
郑	Zhèng	直辖市	zhíxiáshì	志	zhì	中旬	zhōngxún	昼夜	zhòuyè
政	zhèng	*直线	zhíxiàn	*制	zhì	*中央	zhōngyāng	皱	zhòu
*政策	zhèngcè	直至	zhízhì	*制订	zhìdìng	中叶	zhōngyè	朱	zhū
*政党	zhèngdǎng	*值	zhí	*制定	zhìdìng	中医	zhōngyī	珠	zhū
*政府	zhèngfǔ	值班	zhíbān	*制度	zhìdù	中原	zhōngyuán	*株	zhū
*政权	zhèngquán	*值得	zhí·dé	制品	zhìpǐn	中子	zhōngzǐ	*诸	zhū
*政委	zhèngwěi	职	zhí	*制约	zhìyuē	忠诚	zhōngchéng	诸如	zhūrú
*政治	zhèngzhì	*职工	zhígōng	*制造	zhìzào	忠实	zhōngshí	猪	zhū
挣	zhèng	*职能	zhínéng	制止	zhìzhǐ	*终	zhōng	*竹	zhú
*症	zhèng	职权	zhíquán	*制作	zhìzuò	终究	zhōngjiū	逐	zhú
*症状	zhèngzhuàng	职务	zhíwù	*质	zhì	终年	zhōngnián	*逐步	zhúbù
*之	zhī	职业	zhíyè	质变	zhìbiàn	终身	zhōngshēn	*逐渐	zhújiàn
*之后	zhīhòu	职员	zhíyuán	*质量	zhìliàng	*终于	zhōngyú	逐年	zhúnián
*之前	zhīqián	职责	zhízé	质子	zhìzǐ	*钟	zhōng	*主	zhǔ
*支	zhī	植	zhí	*治	zhì	钟头	zhōngtóu	主编	zhǔbiān
支部	zhībù	*植物	zhíwù	治安	zhì'ān	肿	zhǒng	*主持	zhǔchí
支撑	zhīchēng	植株	zhízhū	治理	zhìlǐ	肿瘤	zhǒngliú	*主导	zhǔdǎo
*支持	zhīchí	殖	zhí	治疗	zhìliáo	*种	zhǒng	*主动	zhǔdòng
*支出	zhīchū	殖民	zhímín	*致	zhì	*种类	zhǒnglèi	*主观	zhǔguān
支队	zhīduì	*殖民地	zhímíndì	致富	zhìfù	种群	zhǒngqún	主管	zhǔguǎn
支付	zhīfù	止	zhǐ	致使	zhìshǐ	*种子	zhǒngzi	主教	zhǔjiào
*支配	zhīpèi	*只	zhǐ	秩序	zhìxù	种族	zhǒngzú	主力	zhǔlì
*支援	zhīyuán	*只得	zhǐdé	智	zhì	*中	zhòng	主权	zhǔquán
*只	zhī	只顾	zhǐgù	*智慧	zhìhuì	中毒	zhòngdú	*主人	zhǔ·rén
汁	zhī	*只好	zhǐhǎo	*智力	zhìlì	*众	zhòng	主人公	zhǔréngōng
*枝	zhī	*只是	zhǐshì	智能	zhìnéng	*众多	zhòngduō	*主任	zhǔrèn
枝条	zhītiáo	*只要	zhǐyào	滞	zhì	众人	zhòngrén	*主题	zhǔtí
枝叶	zhīyè	*只有	zhǐyǒu	置	zhì	*种	zhòng	*主体	zhǔtǐ
*知	zhī	*纸	zhǐ	*中	zhōng	*种植	zhòngzhí	*主席	zhǔxí
*知道	zhī·dào	*指	zhǐ	中等	zhōngděng	重	zhòng	*主要	zhǔyào
知觉	zhījué	*指标	zhǐbiāo	中断	zhōngduàn	*重大	zhòngdà	*主义	zhǔyì
*知识	zhīshi	指导	zhǐdǎo	中华	zhōnghuá	*重点	zhòngdiǎn	*主意	zhǔyi(zhúyi)
肢	zhī	指定	zhǐdìng	*中间	zhōngjiān	重工业	zhònggōngyè	主语	zhǔyǔ
织	zhī	*指挥	zhǐhuī	中年	zhōngnián	*重力	zhònglì	*主张	zhǔzhāng
脂肪	zhīfáng	指令	zhǐlìng	中期	zhōngqī	重量	zhòngliàng	煮	zhǔ
*执行	zhíxíng	指明	zhǐmíng	中世纪	zhōngshìjì	*重视	zhòngshì	*属	zhǔ
*直	zhí	*指示	zhǐshì	中枢	zhōngshū	*重要	zhòngyào	嘱咐	zhǔ·fù
直观	zhíguān	指数	zhǐshù	中外	zhōngwài	*州	zhōu	助	zhù
直角	zhíjiǎo	指责	zhǐzé	中午	zhōngwǔ	*周	zhōu	助手	zhùshǒu
		*至	zhì	*中心	zhōngxīn	周年	zhōunián		

词	拼音	词	拼音	词	拼音	词	拼音	词	拼音
*住	zhù	庄	zhuāng	*子	zǐ	*总	zǒng	*最	zuì
住房	zhùfáng	庄稼	zhuāngjia	子弹	zǐdàn	总额	zǒng'é	*最初	zuìchū
住宅	zhùzhái	庄严	zhuāngyán	子弟	zǐdì	总和	zǒnghé	*最后	zuìhòu
贮藏	zhùcáng	桩	zhuāng	子宫	zǐgōng	*总结	zǒngjié	*最近	zuìjìn
贮存	zhùcún	*装	zhuāng	*子女	zǐnǚ	*总理	zǒnglǐ	*最为	zuìwéi
注	zhù	装备	zhuāngbèi	子孙	zǐsūn	总数	zǒngshù	*最终	zuìzhōng
注射	zhùshè	装饰	zhuāngshì	*仔细	zǐxì	总算	zǒngsuàn	罪	zuì
注视	zhùshì	*装置	zhuāngzhì	姊妹	zǐmèi	*总体	zǒngtǐ	罪恶	zuì'è
*注意	zhùyì	壮	zhuàng	紫	zǐ	*总统	zǒngtǒng	罪犯	zuìfàn
注重	zhùzhòng	壮大	zhuàngdà	*自	zì	总之	zǒngzhī	罪行	zuìxíng
*驻	zhù	*状	zhuàng	自称	zìchēng	纵	zòng	醉	zuì
*柱	zhù	*状况	zhuàngkuàng	自从	zìcóng	纵队	zòngduì	尊	zūn
祝	zhù	*状态	zhuàngtài	*自动	zìdòng	*走	zǒu	尊敬	zūnjìng
祝贺	zhùhè	撞	zhuàng	自动化	zìdònghuà	走廊	zǒuláng	尊严	zūnyán
著	zhù	幢	zhuàng	自发	zìfā	*走向	zǒuxiàng	*尊重	zūnzhòng
*著名	zhùmíng	*追	zhuī	自豪	zìháo	奏	zòu	*遵守	zūnshǒu
*著作	zhùzuò	追究	zhuījiū	*自己	zìjǐ	租	zū	遵循	zūnxún
筑	zhù	追求	zhuīqiú	*自觉	zìjué	租界	zūjiè	昨天	zuótiān
抓	zhuā	追逐	zhuīzhú	自力更生	zìlì-gēngshēng	*足	zú	琢磨	zuómo
抓紧	zhuājǐn	准	zhǔn	*自然	zìrán	*足够	zúgòu	*左	zuǒ
*专	zhuān	*准备	zhǔnbèi	*自然界	zìránjiè	足球	zúqiú	左边	zuǒ·biān
*专家	zhuānjiā	准确	zhǔnquè	自杀	zìshā	足以	zúyǐ	左手	zuǒshǒu
专利	zhuānlì	准则	zhǔnzé	自身	zìshēn	*族	zú	*左右	zuǒyòu
*专门	zhuānmén	*捉	zhuō	*自卫	zìwèi	阻	zǔ	*作	zuò
专题	zhuāntí	桌	zhuō	自我	zìwǒ	*阻碍	zǔ'ài	作法	zuòfǎ
*专业	zhuānyè	桌子	zhuōzi	自信	zìxìn	阻力	zǔlì	作风	zuòfēng
专用	zhuānyòng	卓越	zhuóyuè	自行	zìxíng	阻止	zǔzhǐ	作家	zuòjiā
*专政	zhuānzhèng	啄木鸟	zhuómùniǎo	自行车	zìxíngchē	*组	zǔ	*作品	zuòpǐn
专制	zhuānzhì	*着	zhuó	*自由	zìyóu	组合	zǔhé	作为	zuòwéi
砖	zhuān	着手	zhuóshǒu	自愿	zìyuàn	*组织	zǔzhī	*作物	zuòwù
*转	zhuǎn	*着重	zhuózhòng	自在	zìzài	祖	zǔ	*作业	zuòyè
*转变	zhuǎnbiàn	琢磨	zhuómó	自在	zìzai	祖父	zǔfù	*作用	zuòyòng
*转动	zhuǎndòng	咨询	zīxún	*祖国	zǔguó	*作战	zuòzhàn
*转化	zhuǎnhuà	姿势	zīshì	自治	zìzhì	祖母	zǔmǔ	*作者	zuòzhě
*转换	zhuǎnhuàn	*姿态	zītài	*自治区	zìzhìqū	祖先	zǔxiān	*坐	zuò
*转身	zhuǎnshēn	资	zī	自主	zìzhǔ	祖宗	zǔzong	坐标	zuòbiāo
*转向	zhuǎnxiàng	资本	zīběn	自转	zìzhuàn	*钻	zuān	座	zuò
*转移	zhuǎnyí	资产	zīchǎn	*字	zì	钻研	zuānyán	座位	zuò·wèi
*传	zhuàn	资格	zī·gé	字母	zìmǔ	*钻	zuàn	*做	zuò
*转	zhuàn	资金	zījīn	宗	zōng	*嘴	zuǐ	*做法	zuòfǎ
*转动	zhuàndòng	*资料	zīliào	宗教	zōngjiào	嘴巴	zuǐba	做梦	zuòmèng
*转向	zhuànxiàng	资源	zīyuán	宗旨	zōngzhǐ	*嘴唇	zuǐchún		
赚	zhuàn	滋味	zīwèi	*综合	zōnghé				

表 二

A

哀	āi
哀愁	āichóu
哀悼	āidào
哀求	āiqiú
哀伤	āishāng
哀怨	āiyuàn
哀乐	āiyuè
皑皑	ái'ái
癌	ái
矮小	ǎixiǎo
艾	ài
爱戴	àidài
爱抚	àifǔ
爱慕	àimù
爱惜	àixī
碍	ài
碍事	àishì
安插	ānchā
安顿	āndùn
安放	ānfàng
安分	ānfèn
安抚	ānfǔ
安家	ānjiā
安居乐业	ānjū-lèyè
安理会	Ānlǐhuì
安宁	ānníng
安生	ānshēng
安稳	ānwěn
安息	ānxī
安闲	ānxián
安详	ānxiáng
安逸	ānyì
安葬	ānzàng
庵	ān
按摩	ànmó
按捺	ànnà
按钮	ànniǔ
按期	ànqī
按时	ànshí
按说	ànshuō
案例	ànlì
案情	ànqíng
案头	àntóu
案子	ànzi
暗藏	àncáng
暗淡	àndàn
暗号	ànhào
暗杀	ànshā
暗自	ànzì
黯	àn
黯然	ànrán
昂	áng
昂贵	ángguì
昂然	ángrán
昂首	ángshǒu
昂扬	ángyáng
盎然	àngrán
凹陷	āoxiàn
遨游	áoyóu
鳌	áo
翱翔	áoxiáng
袄	ǎo
拗	ào
傲	ào
傲慢	àomàn
傲然	àorán
奥	ào
奥妙	àomiào
澳	ào
懊悔	àohuǐ
懊恼	àonǎo
懊丧	àosàng

B

八股	bāgǔ
八卦	bāguà
八仙桌	bāxiānzhuō
八字	bāzì
巴掌	bāzhang
芭蕉	bājiāo
芭蕾舞	bālěiwǔ
疤	bā
疤痕	bāhén
拔除	báchú
拔节	bájié
拔腿	bátuǐ
跋涉	báshè
把柄	bǎbǐng
把持	bǎchí
把门儿	bǎménr
把手	bǎ·shǒu
把守	bǎshǒu
把戏	bǎxì
把子	bǎzi
靶	bǎ
靶场	bǎchǎng
坝	bà
把子	bàzi
耙	bà
罢官	bàguān
罢课	bàkè
罢免	bàmiǎn
罢休	bàxiū
霸	bà
霸权	bàquán
霸王	bàwáng
霸占	bàzhàn
掰	bāi
白菜	báicài
白费	báifèi
白骨	báigǔ
白果	báiguǒ
白话	báihuà
白话文	báihuàwén
白桦	báihuà
白净	báijing
白酒	báijiǔ
白人	báirén
白日	báirì
白薯	báishǔ
白糖	báitáng
白皙	báixī
白眼	báiyǎn
白蚁	báiyǐ
白银	báiyín
白昼	báizhòu
百般	bǎibān
百分比	bǎifēnbǐ
百合	bǎihé
百花齐放	bǎihuā-qífàng
百货	bǎihuò
百家争鸣	bǎijiā-zhēngmíng
百科全书	bǎikē-quánshū
百灵	bǎilíng
柏	bǎi
柏油	bǎiyóu
摆布	bǎi·bù
摆弄	bǎi·nòng
摆设	bǎi·shè
败坏	bàihuài
败仗	bàizhàng
拜访	bàifǎng
拜年	bàinián
扳	bān
班车	bānchē
班级	bānjí
班主任	bānzhǔrèn
班子	bānzi
颁发	bānfā
斑	bān
斑白	bānbái
斑驳	bānbó
斑点	bāndiǎn
斑斓	bānlán
斑纹	bānwén
搬迁	bānqiān
搬用	bānyòng
板栗	bǎnlì
板子	bǎnzi
版本	bǎnběn
版画	bǎnhuà
版面	bǎnmiàn
版权	bǎnquán
版图	bǎntú
办案	bàn'àn
办公	bàngōng
办学	bànxué
半边	bànbiān
半成品	bànchéngpǐn
半截	bànjié
半空	bànkōng
半路	bànlù
半途	bàntú
半圆	bànyuán
扮	bàn
伴侣	bànlǚ
拌	bàn
绊	bàn
邦	bāng
帮办	bāngbàn
帮工	bānggōng
帮手	bāngshou
帮凶	bāngxiōng
梆	bāng
梆子	bāngzi
绑	bǎng
绑架	bǎngjià
榜	bǎng
膀	bǎng
膀子	bǎngzi
蚌	bàng
棒槌	bàngchui
棒球	bàngqiú
棒子	bàngzi
傍	bàng
磅	bàng
包办	bāobàn
包庇	bāobì
包工	bāogōng
包裹	bāoguǒ
包涵	bāohan
包揽	bāolǎn
包罗万象	bāoluó-wànxiàng
包容	bāoróng

包销	bāoxiāo	报信	bàoxìn	北极星	běijíxīng	笨拙	bènzhuō	闭塞	bìsè
包扎	bāozā	报应	bào•yìng	贝壳	bèiké	崩	bēng	庇护	bìhù
包子	bāozi	刨	bào	备案	bèi'àn	绷	bēng	陛下	bìxià
苞	bāo	抱不平	bàobùpíng	备课	bèikè	绷带	bēngdài	毙	bì
胞	bāo	抱负	bàofù	备用	bèiyòng	绷	běng	敝	bì
剥	bāo	抱歉	bàoqiàn	备战	bèizhàn	泵	bèng	婢女	bìnǚ
褒贬	bāo•biǎn	抱怨	bào•yuàn	背包	bèibāo	迸	bèng	痹	bì
雹	báo	豹	bào	背道而驰	bèidào'érchí	迸发	bèngfā	辟	bì
饱含	bǎohán	豹子	bàozi	背风	bèifēng	蹦	bèng	碧	bì
饱满	bǎomǎn	鲍鱼	bàoyú	背脊	bèijǐ	逼近	bījìn	碧波	bìbō
宝剑	bǎojiàn	暴	bào	背离	bèilí	逼迫	bīpò	碧绿	bìlǜ
宝库	bǎokù	暴发	bàofā	背面	bèimiàn	逼真	bīzhēn	蔽	bì
宝塔	bǎotǎ	暴风雪	bàofēngxuě	背叛	bèipàn	鼻尖	bíjiān	弊	bì
宝物	bǎowù	暴风雨	bàofēngyǔ	背诵	bèisòng	鼻梁	bíliáng	弊端	bìduān
宝藏	bǎozàng	暴君	bàojūn	背心	bèixīn	鼻腔	bíqiāng	弊病	bìbìng
宝座	bǎozuò	暴乱	bàoluàn	背影	bèiyǐng	鼻涕	bí•tì	壁垒	bìlěi
保安	bǎo'ān	暴徒	bàotú	钡	bèi	鼻音	bíyīn	避雷针	bìléizhēn
保护色	bǎohùsè	暴行	bàoxíng	倍数	bèishù	匕首	bǐshǒu	避风	bìfēng
保健	bǎojiàn	暴躁	bàozào	倍增	bèizēng	比方	bǐfang	避难	bìnàn
保密	bǎomì	暴涨	bàozhǎng	被单	bèidān	比分	bǐfēn	臂膀	bìbǎng
保姆	bǎomǔ	爆	bào	被褥	bèirù	比例尺	bǐlìchǐ	壁	bì
保全	bǎoquán	爆裂	bàoliè	奔波	bēnbō	比率	bǐlǜ	边陲	biānchuí
保温	bǎowēn	爆破	bàopò	奔驰	bēnchí	比拟	bǐnǐ	边防	biānfáng
保险丝	bǎoxiǎnsī	爆竹	bàozhú	奔放	bēnfàng	比热	bǐrè	边际	biānjì
保养	bǎoyǎng	杯子	bēizi	奔赴	bēnfù	比武	bǐwǔ	边沿	biānyán
保佑	bǎoyòu	卑	bēi	奔流	bēnliú	比值	bǐzhí	边远	biānyuǎn
保证金	bǎozhèngjīn	卑鄙	bēibǐ	奔腾	bēnténg	彼岸	bǐ'àn	编导	biāndǎo
保证人	bǎozhèngrén	卑劣	bēiliè	奔涌	bēnyǒng	笔触	bǐchù	编号	biānhào
保重	bǎozhòng	卑微	bēiwēi	奔走	bēnzǒu	笔法	bǐfǎ	编码	biānmǎ
堡	bǎo	卑下	bēixià	本部	běnbù	笔画	bǐhuà	编排	biānpái
堡垒	bǎolěi	悲	bēi	本分	běnfèn	笔迹	bǐjì	编造	biānzào
报表	bàobiǎo	悲愤	bēifèn	本行	běnháng	笔尖	bǐjiān	编者	biānzhě
报仇	bàochóu	悲观	bēiguān	本家	běnjiā	笔名	bǐmíng	编织	biānzhī
报答	bàodá	悲苦	bēikǔ	本科	běnkē	笔墨	bǐmò	编撰	biānzhuàn
报导	bàodǎo	悲凉	bēiliáng	本钱	běn•qián	笔直	bǐzhí	编纂	biānzuǎn
报到	bàodào	悲伤	bēishāng	本色	běnsè	鄙	bǐ	鞭策	biāncè
报废	bàofèi	悲痛	bēitòng	本土	běntǔ	鄙视	bǐshì	鞭打	biāndǎ
报馆	bàoguǎn	悲壮	bēizhuàng	本位	běnwèi	鄙夷	bǐyí	鞭炮	biānpào
报警	bàojǐng	碑	bēi	本义	běnyì	币	bì	贬	biǎn
报考	bàokǎo	碑文	bēiwén	本意	běnyì	币制	bìzhì	贬低	biǎndī
报请	bàoqǐng	北半球	běibànqiú	本原	běnyuán	必需品	bìxūpǐn	贬义	biǎnyì
报社	bàoshè	北边	běi•biān	本源	běnyuán	毕	bì	贬值	biǎnzhí
报喜	bàoxǐ	北国	běiguó	本子	běnzi	毕生	bìshēng	扁担	biǎndan
报销	bàoxiāo	北极	běijí	笨重	bènzhòng	闭幕	bìmù	匾	biǎn

变故	biàngù	别具一格	biéjù-yīgé	并肩	bìngjiān	播放	bōfàng	不法	bùfǎ
变幻	biànhuàn		biéjù-yīgé	并进	bìngjìn	播送	bōsòng	不凡	bùfán
变卖	biànmài	别开生面	biékāi-shēngmiàn	并举	bìngjǔ	伯父	bófù	不符	bùfú
变色	biànsè		biékāi-shēngmiàn	并联	bìnglián	伯乐	Bólè	不甘	bùgān
变数	biànshù	别墅	biéshù	并列	bìngliè	伯母	bómǔ	不敢当	bùgǎndāng
变通	biàntōng	别名	biémíng	并排	bìngpái	驳	bó	不计其数	bùjì-qíshù
变相	biànxiàng	别有用心	biéyǒu-yòngxīn	并行	bìngxíng	驳斥	bóchì	不见得	bùjiàn·dé
变性	biànxìng		biéyǒu-yòngxīn	并重	bìngzhòng	驳回	bóhuí	不胫而走	bùjìng'érzǒu
变压器	biànyāqì	别致	bié·zhì	病程	bìngchéng	帛	bó	不可思议	bùkě-sīyì
变样	biànyàng	瘪	biě	病床	bìngchuáng	泊	bó	不可一世	bùkě-yīshì
变质	biànzhì	别扭	bièniu	病房	bìngfáng	铂	bó	不力	bùlì
变种	biànzhǒng	宾馆	bīnguǎn	病根	bìnggēn	脖	bó	不妙	bùmiào
便秘	biànmì	宾客	bīnkè	病故	bìnggù	脖颈儿	bógěngr	不配	bùpèi
便衣	biànyī	宾语	bīnyǔ	病害	bìnghài	博	bó	不屈	bùqū
遍布	biànbù	宾主	bīnzhǔ	病号	bìnghào	博爱	bó'ài	不忍	bùrěn
遍地	biàndì	滨	bīn	病菌	bìngjūn	博大	bódà	不善	bùshàn
遍及	biànjí	濒临	bīnlín	病例	bìnglì	博得	bódé	不适	bùshì
辨正	biànzhèng	濒于	bīnyú	病魔	bìngmó	博览会	bólǎnhuì	不速之客	bùsùzhīkè
辩	biàn	摈弃	bìnqì	病史	bìngshǐ	博物馆	bówùguǎn	不祥	bùxiáng
辩驳	biànbó	鬓	bìn	病榻	bìngtà	搏	bó	不像话	bùxiànghuà
辩护人	biànhùrén	冰雹	bīngbáo	病态	bìngtài	搏击	bójī	不孝	bùxiào
辩解	biànjiě	冰点	bīngdiǎn	病痛	bìngtòng	膊	bó	不屑	bùxiè
辩论	biànlùn	冰冻	bīngdòng	病因	bìngyīn	箔	bó	不懈	bùxiè
辫	biàn	冰窖	bīngjiào	病员	bìngyuán	跛	bǒ	不休	bùxiū
辫子	biànzi	冰晶	bīngjīng	病原体	bìngyuántǐ	簸箕	bòji	不朽	bùxiǔ
标榜	biāobǎng	冰冷	bīnglěng	病灶	bìngzào	卜	bǔ	不锈钢	bùxiùgāng
标兵	biāobīng	冰凉	bīngliáng	病症	bìngzhèng	补丁	bǔding	不言而喻	bùyán'éryù
标尺	biāochǐ	冰山	bīngshān	摒弃	bìngqì	补给	bǔjǐ	不一	bùyī
标的	biāodì	冰天雪地	bīngtiān-xuědì	拨款	bōkuǎn	补救	bǔjiù	不依	bùyī
标记	biāojì		bīngtiān-xuědì	拨弄	bōnong	补课	bǔkè	不以为然	bùyǐwéirán
标明	biāomíng	冰箱	bīngxiāng	波段	bōduàn	补习	bǔxí		bùyǐwéirán
标签	biāoqiān	兵法	bīngfǎ	波峰	bōfēng	补助	bǔzhù	不由得	bùyóude
标新立异	biāoxīn-lìyì	兵家	bīngjiā	波谷	bōgǔ	补足	bǔzú	不约而同	bùyuē'értóng
膘	biāo	兵器	bīngqì	波及	bōjí	捕获	bǔhuò		bùyuē'értóng
表白	biǎobái	兵团	bīngtuán	波澜	bōlán	捕杀	bǔshā	不在乎	bùzàihu
表格	biǎogé	兵役	bīngyì	波涛	bōtāo	哺乳	bǔrǔ	不只	bùzhǐ
表决	biǎojué	兵营	bīngyíng	波纹	bōwén	哺育	bǔyù	不至于	bùzhìyú
表露	biǎolù	兵站	bīngzhàn	波折	bōzhé	不啻	bùchì	布告	bùgào
表率	biǎoshuài	兵种	bīngzhǒng	钵	bō	不得了	bùdéliǎo	布景	bùjǐng
表态	biǎotài	饼干	bǐnggān	剥离	bōlí	不得已	bùdéyǐ	布匹	bùpǐ
憋	biē	饼子	bǐngzi	剥蚀	bōshí	不动产	bùdòngchǎn	布衣	bùyī
鳖	biē	屏息	bǐngxī	菠菜	bōcài	不动声色	bùdòng-shēngsè	步兵	bùbīng
别出心裁	biéchū-xīncái	禀	bǐng	菠萝	bōluó	不乏	bùfá	步履	bùlǚ
	biéchū-xīncái	并发	bìngfā	播	bō			步枪	bùqiāng

步行	bùxíng	彩旗	cǎiqí	仓促	cāngcù	叉腰	chāyāo	搀扶	chānfú
部件	bùjiàn	彩塑	cǎisù	仓皇	cānghuáng	权	chā	馋	chán
部属	bùshǔ	彩陶	cǎitáo	苍	cāng	差错	chācuò	禅	chán
部委	bùwěi	睬	cǎi	苍翠	cāngcuì	差额	chā'é	禅宗	chánzōng
部下	bùxià	菜场	càichǎng	苍老	cānglǎo	插队	chāduì	缠绵	chánmián
埠	bù	菜刀	càidāo	苍茫	cāngmáng	插话	chāhuà	缠绕	chánrào
簿	bù	菜蔬	càishū	苍穹	cāngqióng	插曲	chāqǔ	蝉	chán
		菜肴	càiyáo	苍天	cāngtiān	插手	chāshǒu	潺潺	chánchán
C		菜园	càiyuán	沧桑	cāngsāng	插图	chātú	蟾蜍	chánchú
擦拭	cāshì	参见	cānjiàn	藏身	cángshēn	插秧	chāyāng	产妇	chǎnfù
猜测	cāicè	参军	cānjūn	藏书	cángshū	插嘴	chāzuǐ	产权	chǎnquán
猜想	cāixiǎng	参看	cānkàn	操办	cāobàn	茬	chá	产销	chǎnxiāo
猜疑	cāiyí	参赛	cānsài	操场	cāochǎng	茶点	chádiǎn	铲	chǎn
才干	cáigàn	参天	cāntiān	操持	cāochí	茶花	cháhuā	铲除	chǎnchú
才华	cáihuá	参议院	cānyìyuàn	操劳	cāoláo	茶几	chájī	阐发	chǎnfā
才智	cáizhì	参阅	cānyuè	操练	cāoliàn	茶具	chájù	阐释	chǎnshì
财经	cáijīng	参展	cānzhǎn	操心	cāoxīn	茶水	cháshuǐ	忏悔	chànhuǐ
财会	cáikuài	参战	cānzhàn	嘈杂	cáozá	茶园	cháyuán	颤	chàn
财贸	cáimào	参政	cānzhèng	草本	cǎoběn	查处	cháchǔ	颤动	chàndòng
财权	cáiquán	餐	cān	草场	cǎochǎng	查对	cháduì	昌	chāng
财团	cáituán	餐具	cānjù	草丛	cǎocóng	查获	cháhuò	猖獗	chāngjué
财物	cáiwù	餐厅	cāntīng	草帽	cǎomào	查禁	chájìn	猖狂	chāngkuáng
财源	cáiyuán	餐桌	cānzhuō	草莓	cǎoméi	查看	chákàn	娼妓	chāngjì
财主	cáizhu	残暴	cánbào	草拟	cǎonǐ	查问	cháwèn	长臂猿	chángbìyuán
裁	cái	残存	cáncún	草皮	cǎopí	查询	cháxún	长波	chángbō
裁定	cáidìng	残废	cánfèi	草坪	cǎopíng	查阅	cháyuè	长笛	chángdí
裁缝	cáifeng	残害	cánhài	草率	cǎoshuài	查找	cházhǎo	长方形	chángfāngxíng
裁减	cáijiǎn	残疾	cán•jí	草图	cǎotú	察觉	chájué	长工	chánggōng
裁剪	cáijiǎn	残留	cánliú	草屋	cǎowū	查看	chákàn	长颈鹿	chángjǐnglù
裁决	cáijué	残破	cánpò	草鞋	cǎoxié	杈	chà	长空	chángkōng
裁军	cáijūn	残缺	cánquē	草药	cǎoyào	岔	chà	长年	chángnián
裁判	cáipàn	残忍	cánrěn	厕所	cèsuǒ	刹	chà	长袍	chángpáo
采伐	cǎifá	残杀	cánshā	侧耳	cè'ěr	刹那	chànà	长跑	chángpǎo
采掘	cǎijué	蚕豆	cándòu	侧身	cèshēn	诧异	chàyì	长篇	chángpiān
采矿	cǎikuàng	蚕食	cánshí	测绘	cèhuì	拆除	chāichú	长衫	chángshān
采纳	cǎinà	蚕丝	cánsī	测试	cèshì	拆毁	chāihuǐ	长寿	chángshòu
采写	cǎixiě	惭愧	cánkuì	测算	cèsuàn	拆迁	chāiqiān	长叹	chángtàn
采样	cǎiyàng	惨	cǎn	策	cè	拆卸	chāixiè	长途	chángtú
采油	cǎiyóu	惨案	cǎn'àn	策动	cèdòng	差使	chāishǐ	长线	chángxiàn
采摘	cǎizhāi	惨白	cǎnbái	策划	cèhuà	差事	chāishi	长夜	chángyè
彩电	cǎidiàn	惨败	cǎnbài	层出不穷	céngchū-bùqióng	柴火	cháihuo	长于	chángyú
彩虹	cǎihóng	惨死	cǎnsǐ	层面	céngmiàn	柴油	cháiyóu	长足	chángzú
彩绘	cǎihuì	惨痛	cǎntòng	蹭	cèng	掺	chān	肠胃	chángwèi
彩礼	cǎilǐ	惨重	cǎnzhòng			搀	chān		

肠子	chángzi	超然	chāorán	沉沦	chénlún	成行	chéngxíng	迟疑	chíyí
尝新	chángxīn	超人	chāorén	沉闷	chénmèn	成形	chéngxíng	迟早	chízǎo
常人	chángrén	超声波	chāoshēngbō	沉没	chénmò	成因	chéngyīn	持之以恒	chízhīyǐhéng
常设	chángshè	超脱	chāotuō	沉睡	chénshuì	丞	chéng	持重	chízhòng
常态	chángtài	剿	chāo	沉痛	chéntòng	丞相	chéngxiàng	尺寸	chǐ·cùn
常委	chángwěi	巢穴	cháoxué	沉吟	chényín	诚然	chéngrán	尺子	chǐzi
常温	chángwēn	朝拜	cháobài	沉郁	chényù	诚心	chéngxīn	齿轮	chǐlún
常务	chángwù	朝代	cháodài	沉醉	chénzuì	诚挚	chéngzhì	齿龈	chǐyín
常住	chángzhù	朝向	cháoxiàng	陈腐	chénfǔ	承办	chéngbàn	耻辱	chǐrǔ
偿	cháng	朝阳	cháoyáng	陈规	chénguī	承继	chéngjì	斥	chì
偿付	chángfù	朝野	cháoyě	陈迹	chénjì	承建	chéngjiàn	斥责	chìzé
偿还	chánghuán	朝政	cháozhèng	陈列	chénliè	承袭	chéngxí	赤诚	chìchéng
厂家	chǎngjiā	嘲讽	cháofěng	陈设	chénshè	城堡	chéngbǎo	赤裸	chìluǒ
厂矿	chǎngkuàng	嘲弄	cháonòng	晨	chén	城郊	chéngjiāo	赤手空拳	chìshǒu-kōngquán
厂商	chǎngshāng	嘲笑	cháoxiào	晨光	chénguāng	城楼	chénglóu		
厂子	chǎngzi	潮水	cháoshuǐ	晨曦	chénxī	城墙	chéngqiáng	赤字	chìzì
场景	chǎngjǐng	潮汐	cháoxī	衬	chèn	城区	chéngqū	炽烈	chìliè
场子	chǎngzi	吵架	chǎojià	衬衫	chènshān	乘法	chéngfǎ	炽热	chìrè
敞	chǎng	吵闹	chǎonào	衬托	chèntuō	乘方	chéngfāng	冲淡	chōngdàn
敞开	chǎngkāi	吵嘴	chǎozuǐ	衬衣	chènyī	乘积	chéngjī	冲锋	chōngfēng
怅惘	chàngwǎng	车床	chēchuáng	称职	chènzhí	乘凉	chéngliáng	冲积	chōngjī
畅	chàng	车队	chēduì	趁机	chènjī	乘务员	chéngwùyuán	冲刷	chōngshuā
畅快	chàngkuài	车夫	chēfū	趁势	chènshì	乘坐	chéngzuò	冲天	chōngtiān
畅所欲言	chàngsuǒyùyán	车祸	chēhuò	趁早	chènzǎo	惩	chéng	冲洗	chōngxǐ
		车门	chēmén	称霸	chēngbà	惩办	chéngbàn	冲撞	chōngzhuàng
畅谈	chàngtán	车身	chēshēn	称道	chēngdào	惩处	chéngchǔ	充斥	chōngchì
畅通	chàngtōng	车头	chētóu	称颂	chēngsòng	惩戒	chéngjiè	充电	chōngdiàn
畅销	chàngxiāo	扯皮	chěpí	称谓	chēngwèi	惩治	chéngzhì	充饥	chōngjī
倡	chàng	彻	chè	撑腰	chēngyāo	澄清	chéngqīng	充沛	chōngpèi
倡导	chàngdǎo	撤换	chèhuàn	成败	chéngbài	橙	chéng	充塞	chōngsè
倡议	chàngyì	撤回	chèhuí	成才	chéngcái	逞	chěng	充血	chōngxuè
唱词	chàngcí	撤离	chèlí	成材	chéngcái	吃不消	chī·bùxiāo	充溢	chōngyì
唱片	chàngpiàn	撤退	chètuì	成风	chéngfēng	吃苦	chīkǔ	充裕	chōngyù
唱腔	chàngqiāng	撤职	chèzhí	成活	chénghuó	吃亏	chīkuī	春	chōng
唱戏	chàngxì	撤	chè	成家	chéngjiā	吃水	chīshuǐ	憧憬	chōngjǐng
抄袭	chāoxí	抻	chēn	成见	chéngjiàn	吃香	chīxiāng	虫害	chónghài
抄写	chāoxiě	臣民	chénmín	成交	chéngjiāo	嗤	chī	虫子	chóngzi
钞	chāo	尘埃	chén'āi	成名	chéngmíng	痴	chī	重叠	chóngdié
钞票	chāopiào	尘土	chéntǔ	成品	chéngpǐn	痴呆	chīdāi	重逢	chóngféng
超产	chāochǎn	辰	chén	成亲	chéngqīn	池子	chízi	重申	chóngshēn
超常	chāocháng	沉寂	chénjì	成全	chéngquán	驰骋	chíchěng	重围	chóngwéi
超导体	chāodǎotǐ	沉降	chénjiàng	成书	chéngshū	驰名	chímíng	重行	chóngxíng
超级	chāojí	沉浸	chénjìn	成套	chéngtào	迟到	chídào	重修	chóngxiū
超前	chāoqián	沉静	chénjìng	成天	chéngtiān	迟缓	chíhuǎn	重演	chóngyǎn

· 247 ·

崇敬	chóngjìng	出海	chūhǎi	初夏	chūxià	川流不息	chuānliú-bùxī	创建	chuàngjiàn
崇尚	chóngshàng	出击	chūjī	初学	chūxué			创举	chuàngjǔ
宠	chǒng	出家	chūjiā	除尘	chúchén	穿插	chuānchā	创刊	chuàngkān
宠爱	chǒng'ài	出嫁	chūjià	除法	chúfǎ	穿刺	chuāncì	创设	chuàngshè
宠儿	chǒng'ér	出境	chūjìng	除外	chúwài	穿戴	chuāndài	创始	chuàngshǐ
抽查	chōuchá	出类拔萃	chūlèi-bácuì	除夕	chúxī	穿孔	chuānkǒng	创业	chuàngyè
抽搐	chōuchù	出力	chūlì	厨	chú	穿山甲	chuānshānjiǎ	创制	chuàngzhì
抽打	chōudǎ	出马	chūmǎ	厨师	chúshī	穿梭	chuānsuō	炊烟	chuīyān
抽调	chōudiào	出面	chūmiàn	锄	chú	穿行	chuānxíng	吹拂	chuīfú
抽空	chōukòng	出苗	chūmiáo	锄头	chútou	穿越	chuānyuè	吹牛	chuīniú
抽泣	chōuqì	出名	chūmíng	雏	chú	传布	chuánbù	吹捧	chuīpěng
抽签	chōuqiān	出没	chūmò	雏形	chúxíng	传承	chuánchéng	吹嘘	chuīxū
抽取	chōuqǔ	出品	chūpǐn	橱	chú	传单	chuándān	吹奏	chuīzòu
抽穗	chōusuì	出其不意	chūqíbùyì	橱窗	chúchuāng	传道	chuándào	垂钓	chuídiào
抽屉	chōu•ti	出奇	chūqí	处方	chǔfāng	传教	chuánjiào	垂柳	chuíliǔ
抽样	chōuyàng	出气	chūqì	处决	chǔjué	传令	chuánlìng	垂死	chuísǐ
仇	chóu	出勤	chūqín	处女	chǔnǚ	传奇	chuánqí	垂危	chuíwēi
仇敌	chóudí	出人意料	chūrényìliào	处世	chǔshì	传染	chuánrǎn	捶	chuí
仇人	chóurén	出任	chūrèn	处事	chǔshì	传人	chuánrén	锤炼	chuíliàn
仇视	chóushì	出入	chūrù	处死	chǔsǐ	传神	chuánshén	锤子	chuízi
惆怅	chóuchàng	出山	chūshān	处置	chǔzhì	传输	chuánshū	春分	chūnfēn
绸	chóu	出神	chūshén	储	chǔ	传送	chuánsòng	春风	chūnfēng
绸缎	chóuduàn	出生率	chūshēnglǜ	储藏	chǔcáng	传诵	chuánsòng	春耕	chūngēng
绸子	chóuzi	出师	chūshī	处所	chùsuǒ	传闻	chuánwén	春光	chūnguāng
稠	chóu	出使	chūshǐ	畜力	chùlì	传真	chuánzhēn	春雷	chūnléi
稠密	chóumì	出示	chūshì	畜生	chùsheng	船舱	chuáncāng	春色	chūnsè
愁苦	chóukǔ	出世	chūshì	触电	chùdiàn	船夫	chuánfū	纯度	chúndù
筹	chóu	出事	chūshì	触动	chùdòng	船家	chuánjiā	纯净	chúnjìng
筹办	chóubàn	出手	chūshǒu	触发	chùfā	船台	chuántái	纯真	chúnzhēn
筹备	chóubèi	出台	chūtái	触犯	chùfàn	船舷	chuánxián	纯正	chúnzhèng
筹措	chóucuò	出头	chūtóu	触及	chùjí	船员	chuányuán	淳朴	chúnpǔ
筹划	chóuhuà	出外	chūwài	触角	chùjiǎo	船闸	chuánzhá	醇	chún
筹集	chóují	出院	chūyuàn	触觉	chùjué	喘气	chuǎnqì	蠢	chǔn
筹建	chóujiàn	出征	chūzhēng	触摸	chùmō	喘息	chuǎnxī	蠢事	chǔnshì
踌躇	chóuchú	出众	chūzhòng	触目惊心	chùmù-jīngxīn	创口	chuāngkǒu	戳	chuō
丑恶	chǒu'è	出资	chūzī			疮	chuāng	戳穿	chuōchuān
丑陋	chǒulòu	出走	chūzǒu	触手	chùshǒu	疮疤	chuāngbā	啜泣	chuòqì
臭氧	chòuyǎng	出租	chūzū	触须	chùxū	窗帘	chuānglián	绰号	chuòhào
出兵	chūbīng	初春	chūchūn	矗立	chùlì	窗台	chuāngtái	词句	cíjù
出差	chūchāi	初等	chūděng	揣	chuāi	床单	chuángdān	祠	cí
出厂	chūchǎng	初冬	chūdōng	揣测	chuǎicè	床铺	chuángpù	祠堂	cítáng
出场	chūchǎng	初恋	chūliàn	揣摩	chuǎimó	床位	chuángwèi	瓷	cí
出动	chūdòng	初年	chūnián	踹	chuài	创汇	chuànghuì	瓷器	cíqì
出工	chūgōng	初秋	chūqiū	川剧	chuānjù	创见	chuàngjiàn	瓷砖	cízhuān

辞典	cídiǎn	凑近	còujìn	存留	cúnliú	打字	dǎzì	大同小异	dàtóng-xiǎoyì
辞退	cítuì	凑巧	còuqiǎo	存亡	cúnwáng	大白	dàbái	大腿	dàtuǐ
慈	cí	粗暴	cūbào	存心	cúnxīn	大本营	dàběnyíng	大喜	dàxǐ
慈爱	cí'ài	粗笨	cūbèn	存折	cúnzhé	大便	dàbiàn	大显身手	dàxiǎn-shēnshǒu
慈悲	cíbēi	粗布	cūbù	搓	cuō	大不了	dà•bùliǎo	大相径庭	dàxiāng-jìngtíng
慈善	císhàn	粗大	cūdà	磋商	cuōshāng	大肠	dàcháng		
慈祥	cíxiáng	粗放	cūfàng	撮	cuō	大潮	dàcháo		
磁带	cídài	粗犷	cūguǎng	挫	cuò	大车	dàchē	大修	dàxiū
磁化	cíhuà	粗鲁	cūlǔ	挫败	cuòbài	大抵	dàdǐ	大选	dàxuǎn
磁极	cíjí	粗略	cūlüè	挫伤	cuòshāng	大殿	dàdiàn	大雪	dàxuě
磁体	cítǐ	粗俗	cūsú	锉	cuò	大度	dàdù	大雁	dàyàn
磁头	cítóu	粗细	cūxì	错过	cuòguò	大法	dàfǎ	大业	dàyè
磁性	cíxìng	粗心	cūxīn	错觉	cuòjué	大凡	dàfán	大义	dàyì
雌蕊	círuǐ	粗野	cūyě	错位	cuòwèi	大方	dàfāng	大专	dàzhuān
雌性	cíxìng	粗壮	cūzhuàng	错综复杂		大方	dàfang	大宗	dàzōng
雌雄	cíxióng	醋	cù	cuòzōng-fùzá		大副	dàfù	大作	dàzuò
此间	cǐjiān	簇拥	cùyōng			大公无私	dàgōng-wúsī	呆板	dāibǎn
此起彼伏	cǐqǐ-bǐfú	蹿	cuān	**D**		大鼓	dàgǔ	呆滞	dāizhì
次第	cìdì	攒	cuán	耷拉	dāla	大褂	dàguà	歹徒	dǎitú
次品	cìpǐn	篡夺	cuànduó	搭救	dājiù	大汉	dàhàn	逮	dǎi
次日	cìrì	篡改	cuàngǎi	搭配	dāpèi	大号	dàhào	代办	dàibàn
刺刀	cìdāo	崔	Cuī	搭讪	dā•shàn	大户	dàhù	代表作	dàibiǎozuò
刺耳	cì'ěr	催促	cuīcù	答辩	dábiàn	大计	dàjì	代词	dàicí
刺骨	cìgǔ	催化	cuīhuà	答话	dáhuà	大将	dàjiàng	代号	dàihào
刺客	cìkè	催化剂	cuīhuàjì	打岔	dǎchà	大惊小怪		代数	dàishù
刺杀	cìshā	催眠	cuīmián	打点	dǎdian	dàjīng-xiǎoguài		玳瑁	dàimào
刺猬	cìwei	摧	cuī	打动	dǎdòng	大局	dàjú	带电	dàidiàn
刺绣	cìxiù	璀璨	cuǐcàn	打赌	dǎdǔ	大举	dàjǔ	带劲	dàijìn
刺眼	cìyǎn	脆	cuì	打盹儿	dǎdǔnr	大理石	dàlǐshí	带路	dàilù
赐予	cìyǔ	脆弱	cuìruò	打发	dǎfa	大陆架	dàlùjià	带子	dàizi
匆忙	cōngmáng	萃取	cuìqǔ	打火机	dǎhuǒjī	大路	dàlù	贷	dài
葱	cōng	啐	cuì	打交道	dǎjiāo•dào	大略	dàlüè	待命	dàimìng
聪慧	cōnghuì	淬火	cuìhuǒ	打搅	dǎjiǎo	大麻	dàmá	待业	dàiyè
从容	cóngróng	翠	cuì	打垮	dǎkuǎ	大麦	dàmài	怠工	dàigōng
从军	cóngjūn	翠绿	cuìlǜ	打捞	dǎlāo	大米	dàmǐ	怠慢	dàimàn
从属	cóngshǔ	村落	cūnluò	打猎	dǎliè	大气层	dàqìcéng	袋子	dàizi
从头	cóngtóu	村民	cūnmín	打趣	dǎqù	大气压	dàqìyā	逮	dài
从新	cóngxīn	村寨	cūnzhài	打扰	dǎrǎo	大权	dàquán	丹	dān
从业	cóngyè	村镇	cūnzhèn	打扫	dǎsǎo	大人物	dàrénwù	丹顶鹤	dāndǐnghè
从众	cóngzhòng	皴	cūn	打铁	dǎtiě	大赛	dàsài	担保	dānbǎo
丛林	cónglín	存储	cúnchǔ	打通	dǎtōng	大使	dàshǐ	担当	dāndāng
丛生	cóngshēng	存放	cúnfàng	打消	dǎxiāo	大势	dàshì	担架	dānjià
丛书	cóngshū	存活	cúnhuó	打印	dǎyìn	大肆	dàsì	担忧	dānyōu
凑合	còuhé	存货	cúnhuò	打颤	dǎzhàn	大同小异		单薄	dānbó

单产	dānchǎn	挡	dǎng	倒转	dàozhuǎn	瞪眼	dèngyǎn	地基	dìjī
单词	dāncí	党籍	dǎngjí	倒转	dàozhuàn	低层	dīcéng	地窖	dìjiào
单方	dānfāng	党纪	dǎngjì	盗	dào	低潮	dīcháo	地雷	dìléi
单干	dāngàn	党派	dǎngpài	盗贼	dàozéi	低沉	dīchén	地力	dìlì
单价	dānjià	党团	dǎngtuán	悼念	dàoniàn	低估	dīgū	地幔	dìmàn
单据	dānjù	党务	dǎngwù	道家	Dàojiā	低空	dīkōng	地盘	dìpán
单身	dānshēn	党校	dǎngxiào	道具	dàojù	低廉	dīlián	地皮	dìpí
单项	dānxiàng	党章	dǎngzhāng	道歉	dàoqiàn	低劣	dīliè	地平线	dìpíngxiàn
单衣	dānyī	当铺	dàng•pù	道士	dàoshi	低落	dīluò	地热	dìrè
单元	dānyuán	当日	dàngrì	道喜	dàoxǐ	低能	dīnéng	地毯	dìtǎn
单子	dānzi	当晚	dàngwǎn	道谢	dàoxiè	低洼	dīwā	地下室	dìxiàshì
耽搁	dānge	当夜	dàngyè	道义	dàoyì	低微	dīwēi	地衣	dìyī
胆固醇	dǎngùchún	当真	dàngzhēn	稻草	dàocǎo	低压	dīyā	地狱	dìyù
胆量	dǎnliàng	荡	dàng	稻子	dàozi	堤	dī	地址	dìzhǐ
胆略	dǎnlüè	荡漾	dàngyàng	得逞	déchěng	堤坝	dībà	弟妹	dìmèi
胆囊	dǎnnáng	档	dàng	得当	dédàng	提防	dīfang	帝王	dìwáng
胆怯	dǎnqiè	档次	dàngcì	得分	défēn	滴灌	dīguàn	帝制	dìzhì
胆小鬼	dǎnxiǎoguǐ	刀枪	dāoqiāng	得救	déjiù	敌国	díguó	递减	dìjiǎn
胆汁	dǎnzhī	刀子	dāozi	得力	délì	敌后	díhòu	递增	dìzēng
胆子	dǎnzi	导电	dǎodiàn	得失	déshī	敌寇	díkòu	谛听	dìtīng
掸	dǎn	导航	dǎoháng	得体	détǐ	敌情	díqíng	蒂	dì
旦	dàn	导热	dǎorè	得天独厚	détiān-dúhòu	敌视	díshì	缔	dì
旦角儿	dànjuér	导师	dǎoshī	得心应手	déxīn-yìngshǒu	敌意	díyì	缔结	dìjié
诞辰	dànchén	导向	dǎoxiàng	得罪	dé•zuì	涤纶	dílún	缔约	dìyuē
淡薄	dànbó	导游	dǎoyóu	灯火	dēnghuǒ	笛	dí	掂	diān
淡化	dànhuà	导语	dǎoyǔ	灯笼	dēnglong	笛子	dízi	滇	Diān
淡漠	dànmò	捣	dǎo	灯塔	dēngtǎ	嫡	dí	颠	diān
淡然	dànrán	捣鬼	dǎoguǐ	登场	dēngcháng	诋毁	dǐhuǐ	颠簸	diānbǒ
弹片	dànpiàn	捣毁	dǎohuǐ	登场	dēngchǎng	抵偿	dǐcháng	颠倒	diāndǎo
弹头	dàntóu	捣乱	dǎoluàn	登高	dēnggāo	抵触	dǐchù	颠覆	diānfù
弹药	dànyào	倒闭	dǎobì	登陆	dēnglù	抵达	dǐdá	巅	diān
蛋糕	dàngāo	倒伏	dǎofú	登门	dēngmén	抵挡	dǐdǎng	典	diǎn
氮肥	dànféi	倒卖	dǎomài	登山	dēngshān	抵消	dǐxiāo	典范	diǎnfàn
氮气	dànqì	倒塌	dǎotā	登台	dēngtái	抵押	dǐyā	典故	diǎngù
当差	dāngchāi	祷告	dǎogào	登载	dēngzǎi	抵御	dǐyù	典籍	diǎnjí
当归	dāngguī	蹈	dǎo	等号	děnghào	底片	dǐpiàn	典礼	diǎnlǐ
当家	dāngjiā	到家	dàojiā	等价	děngjià	底细	dǐ•xì	典雅	diǎnyǎ
当量	dāngliàng	倒挂	dàoguà	等式	děngshì	底子	dǐzi	点滴	diǎndī
当面	dāngmiàn	倒立	dàolì	等同	děngtóng	地产	dìchǎn	点火	diǎnhuǒ
当权	dāngquán	倒数	dàoshǔ	凳	dèng	地磁	dìcí	点名	diǎnmíng
当日	dāngrì	倒数	dàoshù	凳子	dèngzi	地道	dìdào	点心	diǎnxin
当下	dāngxià	倒退	dàotuì	澄	dèng	地道	dìdao	点缀	diǎn•zhuì
当心	dāngxīn	倒影	dàoyǐng			地段	dìduàn	电表	diànbiǎo
当众	dāngzhòng	倒置	dàozhì			地核	dìhé	电波	diànbō

电车	diànchē	调度	diàodù	东边	dōng·biān	逗乐儿	dòulèr	妒忌	dùjì
电磁场	diàncíchǎng	调换	diàohuàn	东道主	dōngdàozhǔ	逗留	dòuliú	度量	dùliàng
电镀	diàndù	调集	diàojí	东风	dōngfēng	痘	dòu	度日	dùrì
电工	diàngōng	调配	diàopèi	东家	dōngjia	窦	dòu	渡船	dùchuán
电光	diànguāng	调遣	diàoqiǎn	东经	dōngjīng	都城	dūchéng	渡口	dùkǒu
电焊	diànhàn	调运	diàoyùn	东正教	Dōngzhèngjiào	督	dū	镀	dù
电机	diànjī	调子	diàozi	冬眠	dōngmián	督办	dūbàn	端午	Duānwǔ
电极	diànjí	掉队	diàoduì	冬至	dōngzhì	督促	dūcù	端详	duānxiáng
电解	diànjiě	掉头	diàotóu	董	dǒng	督军	dūjūn	端庄	duānzhuāng
电解质	diànjiězhì	跌落	diēluò	董事	dǒngshì	嘟囔	dūnang	短波	duǎnbō
电缆	diànlǎn	碟	dié	董事会	dǒngshìhuì	毒草	dúcǎo	短处	duǎn·chù
电铃	diànlíng	蝶	dié	懂事	dǒngshì	毒打	dúdǎ	短促	duǎncù
电炉	diànlú	叮	dīng	动产	dòngchǎn	毒害	dúhài	短工	duǎngōng
电气	diànqì	叮咛	dīngníng	动荡	dòngdàng	毒剂	dújì	短路	duǎnlù
电气化	diànqìhuà	叮嘱	dīngzhǔ	动工	dònggōng	毒品	dúpǐn	短跑	duǎnpǎo
电扇	diànshàn	钉子	dīngzi	动画片	dònghuàpiàn	毒气	dúqì	短缺	duǎnquē
电梯	diàntī	顶峰	dǐngfēng	动乱	dòngluàn	毒蛇	dúshé	短线	duǎnxiàn
电筒	diàntǒng	顶替	dǐngtì	动情	dòngqíng	毒物	dúwù	短小	duǎnxiǎo
电网	diànwǎng	鼎	dǐng	动身	dòngshēn	毒药	dúyào	短语	duǎnyǔ
电文	diànwén	鼎盛	dǐngshèng	动弹	dòngtan	独霸	dúbà	段落	duànluò
电信	diànxìn	订购	dìnggòu	动听	dòngtīng	独白	dúbái	断层	duàncéng
电讯	diànxùn	订婚	dìnghūn	动物园	dòngwùyuán	独裁	dúcái	断绝	duànjué
电影院	diànyǐngyuàn	订立	dìnglì	动向	dòngxiàng	独唱	dúchàng	断然	duànrán
佃	diàn	订阅	dìngyuè	动心	dòngxīn	独创	dúchuàng	断送	duànsòng
店铺	diànpù	订正	dìngzhèng	动用	dòngyòng	独到	dúdào	断言	duànyán
店堂	diàntáng	定点	dìngdiǎn	动辄	dòngzhé	独断	dúduàn	缎	duàn
店员	diànyuán	定都	dìngdū	动物园		独家	dújiā	缎子	duànzi
垫圈	diànquān	订购	dìnggòu	冻疮	dòngchuāng	独身	dúshēn	煅	duàn
惦记	diàn·jì	定价	dìngjià	冻结	dòngjié	独舞	dúwǔ	锻	duàn
惦念	diànniàn	定居	dìngjū	栋	dòng	独一无二	dúyī-wú'èr	堆放	duīfàng
奠	diàn	定论	dìnglùn	洞察	dòngchá	独奏	dúzòu	堆砌	duīqì
奠基	diànjī	定名	dìngmíng	洞房	dòngfáng	读数	dúshù	队列	duìliè
殿	diàn	定神	dìngshén	洞穴	dòngxué	读物	dúwù	对岸	duì'àn
殿堂	diàntáng	定时	dìngshí	斗笠	dǒulì	读音	dúyīn	对策	duìcè
殿下	diànxià	定位	dìngwèi	抖动	dǒudòng	犊	dú	对答	duìdá
刁	diāo	定性	dìngxìng	抖擞	dǒusǒu	笃信	dǔxìn	对等	duìděng
刁难	diāonàn	定语	dìngyǔ	陡	dǒu	堵截	dǔjié	对接	duìjiē
叼	diāo	定员	dìngyuán	陡坡	dǒupō	堵塞	dǔsè	对口	duìkǒu
貂	diāo	定罪	dìngzuì	陡峭	dǒuqiào	赌	dǔ	对联	duìlián
碉堡	diāobǎo	锭	dìng	陡然	dǒurán	赌博	dǔbó	对路	duìlù
雕琢	diāozhuó	丢掉	diūdiào	斗志	dòuzhì	赌气	dǔqì	对门	duìmén
吊环	diàohuán	丢脸	diūliǎn	豆浆	dòujiāng	睹	dǔ	对偶	duì'ǒu
钓	diào	丢人	diūrén	豆芽儿	dòuyár	杜鹃	dùjuān	对数	duìshù
钓竿	diàogān	丢失	diūshī	豆子	dòuzi	杜绝	dùjué	对头	duìtou

251

对虾	duìxiā	恶霸	èbà	发狂	fākuáng	翻动	fāndòng	饭厅	fàntīng
对峙	duìzhì	恶臭	èchòu	发愣	fālèng	翻滚	fāngǔn	饭碗	fànwǎn
兑	duì	恶毒	èdú	发毛	fāmáo	翻腾	fān·téng	饭桌	fànzhuō
兑换	duìhuàn	恶棍	ègùn	发霉	fāméi	翻阅	fānyuè	泛滥	fànlàn
兑现	duìxiàn	恶果	èguǒ	发怒	fānù	凡人	fánrén	范例	fànlì
敦促	dūncù	恶魔	èmó	发配	fāpèi	凡事	fánshì	贩	fàn
墩	dūn	恶人	èrén	发票	fāpiào	烦	fán	贩卖	fànmài
囤	dùn	恶习	èxí	发情	fāqíng	烦闷	fánmèn	贩运	fànyùn
炖	dùn	恶性	èxìng	发球	fāqiú	烦躁	fánzào	贩子	fànzi
钝	dùn	恶意	èyì	发散	fāsàn	繁复	fánfù	梵文	fànwén
盾	dùn	恶作剧	èzuòjù	发烧	fāshāo	繁华	fánhuá	方剂	fāngjì
顿悟	dùnwù	鄂	È	发誓	fāshì	繁忙	fánmáng	方略	fānglüè
多寡	duōguǎ	萼片	èpiàn	发售	fāshòu	繁茂	fánmào	方位	fāngwèi
多亏	duōkuī	遏止	èzhǐ	发送	fāsòng	繁盛	fánshèng	方向盘	fāngxiàngpán
多情	duōqíng	遏制	èzhì	发文	fāwén	繁琐	fánsuǒ	方兴未艾	fāngxīng-wèi'ài
多事	duōshì	愕然	èrán	发问	fāwèn	繁星	fánxīng		
多谢	duōxiè	腭	è	发笑	fāxiào	繁衍	fányǎn	方圆	fāngyuán
多嘴	duōzuǐ	恩赐	ēncì	发泄	fāxiè	繁育	fányù	方桌	fāngzhuō
夺目	duómù	恩情	ēnqíng	发言人	fāyánrén	繁杂	fánzá	芳香	fāngxiāng
踱	duó	恩人	ēnrén	发源	fāyuán	反比	fǎnbǐ	防备	fángbèi
垛	duǒ	儿科	érkē	乏	fá	反驳	fǎnbó	防毒	fángdú
躲避	duǒbì	儿孙	érsūn	乏力	fálì	反常	fǎncháng	防范	fángfàn
躲藏	duǒcáng	儿戏	érxì	乏味	fáwèi	反刍	fǎnchú	防寒	fánghán
躲闪	duǒshǎn	而今	érjīn	伐	fá	反倒	fǎndào	防洪	fánghóng
剁	duò	尔后	ěrhòu	伐木	fámù	反感	fǎngǎn	防护	fánghù
垛	duò	耳光	ěrguāng	罚金	fájīn	反攻	fǎngōng	防护林	fánghùlín
舵	duò	耳环	ěrhuán	阀	fá	反光	fǎnguāng	防空	fángkōng
堕	duò	耳机	ěrjī	筏	fá	反击	fǎnjī	防守	fángshǒu
堕落	duòluò	耳鸣	ěrmíng	法案	fǎ'àn	反叛	fǎnpàn	防卫	fángwèi
惰性	duòxìng	耳目	ěrmù	法宝	fǎbǎo	反扑	fǎnpū	防务	fángwù
跺	duò	耳语	ěryǔ	法典	fǎdiǎn	反思	fǎnsī	防线	fángxiàn
跺脚	duòjiǎo	饵	ěr	法纪	fǎjì	反问	fǎnwèn	防汛	fángxùn
		二胡	èrhú	法权	fǎquán	反响	fǎnxiǎng	防疫	fángyì
E				法师	fǎshī	反省	fǎnxǐng	妨害	fánghài
鹅卵石	éluǎnshí	**F**		法术	fǎshù	反义词	fǎnyìcí	房产	fángchǎn
蛾子	ézi	发报	fābào	法医	fǎyī	反证	fǎnzhèng	房东	fángdōng
额定	édìng	发财	fācái	法治	fǎzhì	返航	fǎnháng	房租	fángzū
额角	éjiǎo	发愁	fāchóu	发型	fàxíng	返还	fǎnhuán	仿	fǎng
额头	étóu	发呆	fādāi	帆	fān	返青	fǎnqīng	仿效	fǎngxiào
额外	éwài	发放	fāfàng	帆布	fānbù	犯法	fànfǎ	仿照	fǎngzhào
厄运	èyùn	发疯	fāfēng	帆船	fānchuán	犯人	fànrén	仿制	fǎngzhì
扼	è	发还	fāhuán	番茄	fānqié	饭菜	fàncài	纺	fǎng
扼杀	èshā	发火	fāhuǒ	藩镇	fānzhèn	饭馆儿	fànguǎnr	纺织品	fǎngzhīpǐn
扼要	èyào	发酵	fājiào	翻案	fān'àn	饭盒	fànhé		

放大镜	fàngdàjìng	肥力	féilì	分娩	fēnmiǎn	愤慨	fènkǎi	峰峦	fēngluán
放电	fàngdiàn	肥胖	féipàng	分蘖	fēnniè	愤然	fènrán	烽火	fēnghuǒ
放火	fànghuǒ	肥水	féishuǐ	分派	fēnpài	丰产	fēngchǎn	锋利	fēnglì
放假	fàngjià	肥沃	féiwò	分清	fēnqīng	丰厚	fēnghòu	锋芒	fēngmáng
放宽	fàngkuān	肥效	féixiào	分手	fēnshǒu	丰满	fēngmǎn	蜂巢	fēngcháo
放牧	fàngmù	肥皂	féizào	分数	fēnshù	丰年	fēngnián	蜂房	fēngfáng
放炮	fàngpào	匪帮	fěibāng	分水岭	fēnshuǐlǐng	丰盛	fēngshèng	蜂蜜	fēngmì
放任	fàngrèn	匪徒	fěitú	分摊	fēntān	丰硕	fēngshuò	蜂王	fēngwáng
放哨	fàngshào	诽谤	fěibàng	分头	fēntóu	丰腴	fēngyú	蜂窝	fēngwō
放射线	fàngshèxiàn	翡翠	fěicuì	分享	fēnxiǎng	风波	fēngbō	逢	féng
放声	fàngshēng	吠	fèi	芬芳	fēnfāng	风采	fēngcǎi	缝合	fénghé
放手	fàngshǒu	肺病	fèibìng	纷繁	fēnfán	风潮	fēngcháo	缝纫	féngrèn
放肆	fàngsì	肺活量	fèihuóliàng	纷飞	fēnfēi	风车	fēngchē	讽	fěng
放行	fàngxíng	肺结核	fèijiéhé	纷乱	fēnluàn	风驰电掣	fēngchí-diànchè	凤	fèng
放学	fàngxué	肺炎	fèiyán	纷纭	fēnyún	风度	fēngdù	凤凰	fèng·huáng
放眼	fàngyǎn	废话	fèihuà	纷争	fēnzhēng	风帆	fēngfān	奉命	fèngmìng
放养	fàngyǎng	废旧	fèijiù	氛围	fēnwéi	风寒	fēnghán	奉行	fèngxíng
放映	fàngyìng	废料	fèiliào	酚	fēn	风化	fēnghuà	缝隙	fèngxì
放置	fàngzhì	废品	fèipǐn	坟	fén	风浪	fēnglàng	佛典	fódiǎn
放纵	fàngzòng	废气	fèiqì	坟地	féndì	风流	fēngliú	佛法	fófǎ
飞驰	fēichí	废弃	fèiqì	坟墓	fénmù	风貌	fēngmào	佛经	fójīng
飞碟	fēidié	废水	fèishuǐ	坟头	féntóu	风靡	fēngmǐ	佛寺	fósì
飞溅	fēijiàn	废物	fèiwù	焚	fén	风起云涌	fēngqǐ-yúnyǒng	佛像	fóxiàng
飞禽	fēiqín	废物	fèiwu	焚毁	fénhuǐ	风起云涌	fēngqǐ-yúnyǒng	佛学	fóxué
飞速	fēisù	废渣	fèizhā	焚烧	fénshāo	风情	fēngqíng	否决	fǒujué
飞腾	fēiténg	废止	fèizhǐ	粉笔	fěnbǐ	风趣	fēngqù	夫子	fūzǐ
飞天	fēitiān	沸	fèi	粉尘	fěnchén	风沙	fēngshā	肤浅	fūqiǎn
飞艇	fēitǐng	沸点	fèidiǎn	粉刺	fěncì	风尚	fēngshàng	肤色	fūsè
飞舞	fēiwǔ	沸水	fèishuǐ	粉红	fěnhóng	风声	fēngshēng	孵	fū
飞行器	fēixíngqì	费解	fèijiě	粉剂	fěnjì	风水	fēng·shuǐ	敷	fū
飞行员	fēixíngyuán	费劲	fèijìn	粉饰	fěnshì	风味	fēngwèi	敷衍	fūyǎn
飞扬	fēiyáng	费力	fèilì	分外	fènwài	风箱	fēngxiāng	弗	fú
飞越	fēiyuè	分辨	fēnbiàn	份额	fèn'é	风向	fēngxiàng	伏击	fújī
飞涨	fēizhǎng	分兵	fēnbīng	份儿	fènr	风行	fēngxíng	伏帖	fútiē
妃	fēi	分寸	fēn·cùn	份子	fènzi	风雅	fēngyǎ	芙蓉	fúróng
非得	fēiděi	分担	fēndān	奋不顾身	fènbùgùshēn	风云	fēngyún	扶持	fúchí
非凡	fēifán	分队	fēnduì	奋发	fènfā	风韵	fēngyùn	扶贫	fúpín
非难	fēinàn	分发	fēnfā	奋力	fènlì	风筝	fēngzheng	扶桑	fúsāng
非同小可	fēitóngxiǎokě	分隔	fēngé	奋起	fènqǐ	风姿	fēngzī	扶手	fú·shǒu
非议	fēiyì	分管	fēnguǎn	奋勇	fènyǒng	枫	fēng	扶养	fúyǎng
绯红	fēihóng	分红	fēnhóng	奋战	fènzhàn	封面	fēngmiàn	扶植	fúzhí
肥大	féidà	分家	fēnjiā	粪便	fènbiàn	疯	fēng	扶助	fúzhù
肥厚	féihòu	分居	fēnjū	愤	fèn	疯子	fēngzi	拂	fú
		分流	fēnliú	愤恨	fènhèn			拂晓	fúxiǎo

服侍	fú·shi	附带	fùdài	改动	gǎidòng	感化	gǎnhuà	高龄	gāolíng
服饰	fúshì	附和	fùhè	改观	gǎiguān	感冒	gǎnmào	高明	gāomíng
服药	fúyào	附件	fùjiàn	改行	gǎiháng	感人	gǎnrén	高能	gāonéng
服役	fúyì	附录	fùlù	改换	gǎihuàn	感伤	gǎnshāng	高强	gāoqiáng
氟	fú	附设	fùshè	改悔	gǎihuǐ	感叹	gǎntàn	高热	gāorè
俘	fú	附属	fùshǔ	改嫁	gǎijià	感想	gǎnxiǎng	高烧	gāoshāo
俘获	fúhuò	附庸	fùyōng	改建	gǎijiàn	橄榄	gǎnlǎn	高深	gāoshēn
浮雕	fúdiāo	复查	fùchá	改口	gǎikǒu	擀	gǎn	高手	gāoshǒu
浮力	fúlì	复仇	fùchóu	改写	gǎixiě	干劲	gànjìn	高耸	gāosǒng
浮现	fúxiàn	复发	fùfā	改选	gǎixuǎn	干流	gànliú	高下	gāoxià
浮云	fúyún	复古	fùgǔ	改制	gǎizhì	干事	gànshi	高效	gāoxiào
浮肿	fúzhǒng	复核	fùhé	改装	gǎizhuāng	干线	gànxiàn	高血压	gāoxuèyā
符	fú	复活	fùhuó	盖子	gàizi	赣	Gàn	高雅	gāoyǎ
辐	fú	复述	fùshù	概	gài	刚好	gānghǎo	羔	gāo
福气	fúqi	复苏	fùsū	概况	gàikuàng	刚健	gāngjiàn	羔皮	gāopí
福音	fúyīn	复习	fùxí	概论	gàilùn	刚劲	gāngjìng	羔羊	gāoyáng
甫	fǔ	复兴	fùxīng	概述	gàishù	刚强	gāngqiáng	膏	gāo
抚	fǔ	复眼	fùyǎn	干杯	gānbēi	肛门	gāngmén	膏药	gāoyao
抚摩	fǔmó	复议	fùyì	干瘪	gānbiě	纲要	gāngyào	篙	gāo
抚慰	fǔwèi	复员	fùyuán	干冰	gānbīng	钢板	gāngbǎn	糕	gāo
抚养	fǔyǎng	复原	fùyuán	干草	gāncǎo	钢笔	gāngbǐ	糕点	gāodiǎn
抚育	fǔyù	副本	fùběn	干涸	gānhé	钢材	gāngcái	镐	gǎo
斧头	fǔ·tóu	副词	fùcí	干枯	gānkū	钢筋	gāngjīn	稿费	gǎofèi
斧子	fǔzi	副官	fùguān	干粮	gān·liáng	钢盔	gāngkuī	稿件	gǎojiàn
俯	fǔ	副刊	fùkān	甘	gān	缸	gāng	稿纸	gǎozhǐ
俯冲	fǔchōng	副食	fùshí	甘草	gāncǎo	岗	gǎng	稿子	gǎozi
俯瞰	fǔkàn	副作用	fùzuòyòng	甘露	gānlù	港币	gǎngbì	告辞	gàocí
俯视	fǔshì	赋税	fùshuì	甘薯	gānshǔ	港湾	gǎngwān	告发	gàofā
俯首	fǔshǒu	富贵	fùguì	甘愿	gānyuàn	杠	gàng	告急	gàojí
辅	fǔ	富丽	fùlì	甘蔗	gānzhe	杠杆	gànggǎn	告诫	gàojiè
辅导	fǔdǎo	富强	fùqiáng	杆子	gānzi	杠子	gàngzi	告示	gào·shi
腐化	fǔhuà	富饶	fùráo	坩埚	gānguō	高昂	gāo'áng	告知	gàozhī
腐烂	fǔlàn	富庶	fùshù	柑	gān	高傲	gāo'ào	告终	gàozhōng
父辈	fùbèi	富翁	fùwēng	柑橘	gānjú	高倍	gāobèi	告状	gàozhuàng
父老	fùlǎo	富足	fùzú	竿	gān	高层	gāocéng	膏	gào
负电	fùdiàn	腹地	fùdì	杆菌	gǎnjūn	高超	gāochāo	戈壁	gēbì
负荷	fùhè	腹膜	fùmó	竿子	gānzi	高档	gāodàng	哥们儿	gēmenr
负极	fùjí	腹腔	fùqiāng	秆	gǎn	高贵	gāoguì	搁置	gēzhì
负离子	fùlízǐ	腹泻	fùxiè	赶场	gǎnchǎng	高寒	gāohán	割断	gēduàn
负伤	fùshāng	缚	fù	赶车	gǎnchē	高价	gāojià	割据	gējù
负载	fùzài	覆	fù	赶集	gǎnjí	高举	gāojǔ	割裂	gēliè
负债	fùzhài	覆灭	fùmiè	赶路	gǎnlù	高亢	gāokàng	割让	gēràng
负重	fùzhòng			感触	gǎnchù	高考	gāokǎo	歌词	gēcí
妇科	fùkē	**G**		感光	gǎnguāng	高粱	gāoliang	歌喉	gēhóu
		改道	gǎidào						

歌手	gēshǒu	工匠	gōngjiàng	公寓	gōngyù	共性	gòngxìng	古音	gǔyīn
歌星	gēxīng	工矿	gōngkuàng	公约	gōngyuē	共振	gòngzhèn	谷地	gǔdì
歌咏	gēyǒng	工龄	gōnglíng	公债	gōngzhài	贡	gòng	谷物	gǔwù
革	gé	工期	gōngqī	公证	gōngzhèng	供奉	gòngfèng	谷子	gǔzi
革除	géchú	工钱	gōng•qián	公职	gōngzhí	供养	gòngyǎng	股东	gǔdōng
阁	gé	工时	gōngshí	公众	gōngzhòng	勾	gōu	股份	gǔfèn
阁楼	gélóu	工事	gōngshì	公转	gōngzhuàn	勾画	gōuhuà	股金	gǔjīn
阁下	géxià	工头	gōngtóu	公子	gōngzǐ	勾勒	gōulè	股息	gǔxī
格调	gédiào	工效	gōngxiào	功臣	gōngchén	勾引	gōuyǐn	骨灰	gǔhuī
格局	géjú	工序	gōngxù	功德	gōngdé	沟谷	gōugǔ	骨架	gǔjià
格律	gélǜ	工艺品	gōngyìpǐn	功绩	gōngjì	沟渠	gōuqú	骨盆	gǔpén
格式	gé•shì	工友	gōngyǒu	功劳	gōng•láo	钩子	gōuzi	骨气	gǔqì
格言	géyán	工种	gōngzhǒng	功力	gōnglì	篝火	gōuhuǒ	骨肉	gǔròu
格子	gézi	工作日	gōngzuòrì	功利	gōnglì	苟且	gǒuqiě	骨髓	gǔsuǐ
隔断	géduàn	弓子	gōngzi	功名	gōngmíng	狗熊	gǒuxióng	骨折	gǔzhé
隔阂	géhé	公案	gōng'àn	功效	gōngxiào	勾当	gòu•dàng	鼓动	gǔdòng
隔绝	géjué	公报	gōngbào	功勋	gōngxūn	构件	gòujiàn	鼓膜	gǔmó
隔膜	gémó	公差	gōngchāi	功用	gōngyòng	构图	gòutú	鼓掌	gǔzhǎng
膈	gé	公道	gōng•dào	攻打	gōngdǎ	构想	gòuxiǎng	固守	gùshǒu
葛	Gě	公法	gōngfǎ	攻读	gōngdú	构筑	gòuzhù	固态	gùtài
个子	gèzi	公费	gōngfèi	攻关	gōngguān	购置	gòuzhì	故此	gùcǐ
个别	gèbié	公告	gōnggào	攻克	gōngkè	垢	gòu	故而	gù'ér
根除	gēnchú	公关	gōngguān	攻破	gōngpò	估	gū	故宫	gùgōng
根基	gēnjī	公馆	gōngguǎn	攻势	gōngshì	估价	gūjià	故国	gùguó
根深蒂固	gēnshēn-dìgù	公海	gōnghǎi	攻陷	gōngxiàn	估量	gū•liáng	故土	gùtǔ
		公害	gōnghài	攻占	gōngzhàn	估算	gūsuàn	故障	gùzhàng
根治	gēnzhì	公函	gōnghán	供销	gōngxiāo	姑姑	gugu	顾及	gùjí
根子	gēnzi	工会	gōnghuì	供需	gōngxū	姑且	gūqiě	顾忌	gùjì
跟头	gēntou	公积金	gōngjījīn	供养	gōngyǎng	姑息	gūxī	顾名思义	gùmíng-sīyì
跟踪	gēnzōng	公家	gōng•jiā	宫殿	gōngdiàn	孤	gū	顾盼	gùpàn
更改	gēnggǎi	公款	gōngkuǎn	宫女	gōngnǚ	孤单	gūdān	雇工	gùgōng
更换	gēnghuàn	公墓	gōngmù	恭敬	gōngjìng	孤儿	gū'ér	雇佣	gùyōng
更替	gēngtì	公婆	gōngpó	恭维	gōng•wéi	孤寂	gūjì	雇用	gùyòng
更正	gēngzhèng	公仆	gōngpú	恭喜	gōngxǐ	孤军	gūjūn	雇员	gùyuán
庚	gēng	公然	gōngrán	躬	gōng	孤僻	gūpì	雇主	gùzhǔ
耕耘	gēngyún	公使	gōngshǐ	龚	Gōng	辜负	gūfù	瓜分	guāfēn
耕种	gēngzhòng	公事	gōngshì	拱桥	gǒngqiáo	古董	gǔdǒng	瓜子	guāzǐ
羹	gēng	公私	gōngsī	拱手	gǒngshǒu	古怪	gǔguài	寡	guǎ
埂	gěng	公诉	gōngsù	共存	gòngcún	古籍	gǔjí	卦	guà
耿	gěng	公文	gōngwén	共和	gònghé	古迹	gǔjì	挂钩	guàgōu
哽咽	gěngyè	公务	gōngwù	共计	gòngjì	古兰经	Gǔlánjīng	挂念	guàniàn
梗	gěng	公务员	gōngwùyuán	共生	gòngshēng	古朴	gǔpǔ	挂帅	guàshuài
工段	gōngduàn	公益	gōngyì	共事	gòngshì	古书	gǔshū	褂子	guàzi
工分	gōngfēn	公用	gōngyòng	共通	gòngtōng	古文	gǔwén	乖	guāi

拐棍	guǎigùn	光洁	guāngjié	桂花	guìhuā	过关	guòguān	海啸	hǎixiào
拐弯	guǎiwān	光临	guānglín	桂圆	guìyuán	过火	guòhuǒ	海员	hǎiyuán
拐杖	guǎizhàng	光能	guāngnéng	滚动	gǔndòng	过境	guòjìng	海运	hǎiyùn
怪事	guàishì	光年	guāngnián	滚烫	gǔntàng	过量	guòliàng	海蜇	hǎizhé
怪异	guàiyì	光束	guāngshù	棍	gùn	过路	guòlù	骇	hài
关口	guānkǒu	光速	guāngsù	棍棒	gùnbàng	过滤	guòlǜ	氦	hài
关门	guānmén	光阴	guāngyīn	棍子	gùnzi	过敏	guòmǐn	害处	hài•chù
关卡	guānqiǎ	广博	guǎngbó	锅炉	guōlú	过热	guòrè	害羞	hàixiū
关切	guānqiè	广度	guǎngdù	锅台	guōtái	过人	guòrén	蚶	hān
关税	guānshuì	广袤	guǎngmào	锅子	guōzi	过剩	guòshèng	酣睡	hānshuì
关头	guāntóu	广漠	guǎngmò	国策	guócè	过失	guòshī	憨	hān
关押	guānyā	归队	guīduì	国产	guóchǎn	过时	guòshí	憨厚	hānhòu
关照	guānzhào	归附	guīfù	国度	guódù	过头	guòtóu	鼾声	hānshēng
观光	guānguāng	归还	guīhuán	国法	guófǎ	过往	guòwǎng	含糊	hánhu
观摩	guānmó	归侨	guīqiáo	国歌	guógē	过问	guòwèn	含混	hánhùn
观赏	guānshǎng	归属	guīshǔ	国画	guóhuà	过夜	guòyè	含笑	hánxiào
观望	guānwàng	归宿	guīsù	国货	guóhuò	过瘾	guòyǐn	含蓄	hánxù
官办	guānbàn	归途	guītú	国籍	guójí	过硬	guòyìng	含意	hányì
官场	guānchǎng	归于	guīyú	国界	guójiè			函	hán
官方	guānfāng	龟	guī	国境	guójìng	**H**		函授	hánshòu
官府	guānfǔ	规	guī	国君	guójūn	哈密瓜	hāmìguā	涵义	hányì
官司	guānsi	规程	guīchéng	国库	guókù	蛤蟆	háma	韩	hán
官职	guānzhí	规范化	guīfànhuà	国力	guólì	孩提	háití	寒潮	háncháo
管家	guǎnjiā	规劝	guīquàn	国立	guólì	海岸线	hǎi'ànxiàn	寒带	hándài
管教	guǎnjiào	规章	guīzhāng	国难	guónàn	海报	hǎibào	寒假	hánjià
管事	guǎnshì	皈依	guīyī	国旗	guóqí	海滨	hǎibīn	寒噤	hánjìn
管弦乐	guǎnxiányuè	瑰丽	guīlì	国庆	guóqìng	海潮	hǎicháo	寒流	hánliú
管用	guǎnyòng	轨	guǐ	国人	guórén	海岛	hǎidǎo	寒气	hánqì
管制	guǎnzhì	轨迹	guǐjì	国事	guóshì	海盗	hǎidào	寒热	hánrè
贯通	guàntōng	诡辩	guǐbiàn	国势	guóshì	海防	hǎifáng	寒暑	hánshǔ
惯例	guànlì	诡秘	guǐmì	国体	guótǐ	海风	hǎifēng	寒暄	hánxuān
惯用	guànyòng	鬼魂	guǐhún	国务	guówù	海港	hǎigǎng	寒意	hányì
灌木	guànmù	鬼脸	guǐliǎn	国语	guóyǔ	海口	hǎikǒu	寒颤	hánzhàn
灌区	guànqū	鬼神	guǐshén	果木	guǒmù	海里	hǎilǐ	罕	hǎn
灌输	guànshū	柜	guì	果皮	guǒpí	海流	hǎiliú	喊叫	hǎnjiào
灌注	guànzhù	柜台	guìtái	果品	guǒpǐn	海轮	hǎilún	汗流浃背	hànliú-jiābèi
罐	guàn	柜子	guìzi	果肉	guǒròu	海绵	hǎimián	汗毛	hànmáo
罐头	guàntou	贵宾	guìbīn	果园	guǒyuán	海参	hǎishēn	汗衫	hànshān
罐子	guànzi	贵妃	guìfēi	果真	guǒzhēn	海市蜃楼	hǎishì-shènlóu	旱地	hàndì
光波	guāngbō	贵贱	guìjiàn	果子	guǒzi			旱烟	hànyān
光度	guāngdù	贵人	guìrén	过场	guòchǎng	海滩	hǎitān	旱灾	hànzāi
光复	guāngfù	贵姓	guìxìng	过错	guòcuò	海棠	hǎitáng	捍卫	hànwèi
光顾	guānggù	贵重	guìzhòng	过道	guòdào	海豚	hǎitún	悍然	hànrán
光环	guānghuán	桂冠	guìguān	过冬	guòdōng	海峡	hǎixiá	焊	hàn

焊接	hànjiē	好恶	hàowù	贺	hè	宏大	hóngdà	胡须	húxū
憾	hàn	耗资	hàozī	贺喜	hèxǐ	虹	hóng	糊	hú
行当	hángdang	浩大	hàodà	喝彩	hècǎi	洪亮	hóngliàng	唬	hǔ
行会	hánghuì	浩劫	hàojié	赫	hè	洪流	hóngliú	互利	hùlì
行家	háng•jiā	呵斥	hēchì	赫然	hèrán	鸿沟	hónggōu	户主	hùzhǔ
行情	hángqíng	禾	hé	褐	hè	侯	hóu	护理	hùlǐ
杭	háng	合唱	héchàng	鹤	hè	喉	hóu	护送	hùsòng
航	háng	合伙	héhuǒ	壑	hè	喉舌	hóushé	护照	hùzhào
航程	hángchéng	合击	héjī	黑白	hēibái	吼	hǒu	花白	huābái
航船	hángchuán	合计	héjì	黑板	hēibǎn	吼叫	hǒujiào	花瓣	huābàn
航道	hángdào	合流	héliú	黑洞	hēidòng	吼声	hǒushēng	花边	huābiān
航路	hánglù	合算	hésuàn	黑体	hēitǐ	后备	hòubèi	花草	huācǎo
航天	hángtiān	合体	hétǐ	痕	hén	后盾	hòudùn	花丛	huācóng
航线	hángxiàn	合营	héyíng	狠	hěn	后顾之忧	hòugùzhīyōu	花旦	huādàn
航运	hángyùn	合影	héyǐng	狠心	hěnxīn	后继	hòujì	花萼	huā'è
巷道	hàngdào	合用	héyòng	恒定	héngdìng	后劲	hòujìn	花岗岩	huāgāngyán
毫	háo	合资	hézī	恒温	héngwēn	后门	hòumén	花冠	huāguān
豪	háo	合奏	hézòu	恒心	héngxīn	后台	hòutái	花卉	huāhuì
豪放	háofàng	何尝	hécháng	横渡	héngdù	后头	hòutou	花轿	huājiào
豪华	háohuá	何苦	hékǔ	横亘	hénggèn	后退	hòutuì	花蕾	huālěi
豪迈	háomài	何止	hézhǐ	横贯	héngguàn	后卫	hòuwèi	花脸	huāliǎn
豪情	háoqíng	和蔼	hé'ǎi	横扫	héngsǎo	后续	hòuxù	花蜜	huāmì
豪爽	háoshuǎng	和缓	héhuǎn	横行	héngxíng	后裔	hòuyì	花木	huāmù
壕	háo	和解	héjiě	衡	héng	后院	hòuyuàn	花鸟	huāniǎo
壕沟	háogōu	和睦	hémù	轰动	hōngdòng	厚薄	hòubó	花瓶	huāpíng
嚎	háo	和气	hé•qì	轰击	hōngjī	厚道	hòudao	花圃	huāpǔ
嚎啕	háotáo	和声	héshēng	轰鸣	hōngmíng	候补	hòubǔ	花期	huāqī
好歹	hǎodǎi	和约	héyuē	轰然	hōngrán	候鸟	hòuniǎo	花圈	huāquān
好感	hǎogǎn	河床	héchuáng	轰响	hōngxiǎng	候审	hòushěn	花蕊	huāruǐ
好汉	hǎohàn	河道	hédào	轰炸	hōngzhà	呼号	hūháo	花坛	huātán
好评	hǎopíng	河谷	hégǔ	烘	hōng	呼叫	hūjiào	花厅	huātīng
好受	hǎoshòu	河口	hékǒu	烘托	hōngtuō	呼救	hūjiù	花样	huāyàng
好说	hǎoshuō	河山	héshān	弘扬	hóngyáng	呼声	hūshēng	华贵	huáguì
好似	hǎosì	河滩	hétān	红火	hónghuo	呼啸	hūxiào	华丽	huálì
好玩儿	hǎowánr	河豚	hétún	红利	hónglì	呼应	hūyìng	华美	huáměi
好笑	hǎoxiào	荷包	hé•bāo	红领巾	hónglǐngjīn	忽而	hū'ér	华人	huárén
好心	hǎoxīn	核定	hédìng	红木	hóngmù	狐狸	húli	华夏	huáxià
好意	hǎoyì	核对	héduì	红娘	hóngniáng	狐疑	húyí	哗然	huárán
郝	Hǎo	核能	héněng	红润	hóngrùn	弧光	húguāng	滑稽	huá•jī
号称	hàochēng	核实	héshí	红烧	hóngshāo	胡乱	húluàn	滑轮	huálún
号角	hàojiǎo	核桃	hétao	红外线	hóngwàixiàn	胡萝卜	húluóbo	滑行	huáxíng
号令	hàolìng	核准	hézhǔn	红星	hóngxīng	胡闹	húnào	滑雪	huáxuě
号码	hàomǎ	核子	hézǐ	红叶	hóngyè	胡琴	húqin	化脓	huànóng
好客	hàokè	盒子	hézi	红晕	hóngyùn	胡同儿	hútóngr	化身	huàshēn

化纤	huàxiān	缓刑	huǎnxíng	黄连	huánglián	回味	huíwèi	昏迷	hūnmí
化验	huàyàn	幻	huàn	黄鼠狼	huángshǔláng	回响	huíxiǎng	昏睡	hūnshuì
化妆	huàzhuāng	幻灯	huàndēng	黄莺	huángyīng	回想	huíxiǎng	荤	hūn
化妆品	huàzhuāngpǐn	幻象	huànxiàng	惶惑	huánghuò	回信	huíxìn	婚配	hūnpèi
		幻影	huànyǐng	惶恐	huángkǒng	回旋	huíxuán	婚事	hūnshì
化装	huàzhuāng	宦官	huànguān	蝗虫	huángchóng	回忆录	huíyìlù	浑	hún
画报	huàbào	换取	huànqǔ	簧	huáng	回音	huíyīn	浑厚	húnhòu
画笔	huàbǐ	换算	huànsuàn	恍惚	huǎng·hū	回应	huíyìng	浑浊	húnzhuó
画册	huàcè	唤醒	huànxǐng	恍然	huǎngrán	回转	huízhuǎn	魂魄	húnpò
画卷	huàjuàn	涣散	huànsàn	谎	huǎng	洄游	huíyóu	混沌	hùndùn
画廊	huàláng	患难	huànnàn	谎话	huǎnghuà	蛔虫	huíchóng	混合物	hùnhéwù
画片	huàpiàn	焕发	huànfā	谎言	huǎngyán	悔	huǐ	混凝土	hùnníngtǔ
画师	huàshī	焕然一新	huànrán-yīxīn	幌子	huǎngzi	悔改	huǐgǎi	混同	hùntóng
画室	huàshì			晃动	huàngdòng	悔恨	huǐhèn	混杂	hùnzá
画坛	huàtán	豢养	huànyǎng	灰暗	huī'àn	毁坏	huǐhuài	混战	hùnzhàn
画图	huàtú	荒诞	huāngdàn	灰白	huībái	汇	huì	混浊	hùnzhuó
画外音	huàwàiyīn	荒地	huāngdì	灰烬	huījìn	汇编	huìbiān	豁	huō
画院	huàyuàn	荒废	huāngfèi	灰心	huīxīn	汇合	huìhé	豁口	huōkǒu
画展	huàzhǎn	荒凉	huāngliáng	诙谐	huīxié	汇集	huìjí	活命	huómìng
话音	huàyīn	荒谬	huāngmiù	挥动	huīdòng	汇率	huìlǜ	活期	huóqī
桦	huà	荒漠	huāngmò	挥发	huīfā	汇总	huìzǒng	活塞	huósāi
怀孕	huáiyùn	荒僻	huāngpì	挥霍	huīhuò	会合	huìhé	活体	huótǐ
淮	huái	荒唐	huāng·táng	挥手	huīshǒu	会话	huìhuà	活捉	huózhuō
槐	huái	荒芜	huāngwú	挥舞	huīwǔ	会聚	huìjù	火把	huǒbǎ
坏蛋	huàidàn	荒野	huāngyě	辉	huī	会面	huìmiàn	火海	huǒhǎi
坏事	huàishì	荒原	huāngyuán	辉映	huīyìng	会师	huìshī	火红	huǒhóng
坏死	huàisǐ	慌乱	huāngluàn	徽	huī	会谈	huìtán	火候	huǒhou
欢	huān	慌忙	huāngmáng	回报	huíbào	会堂	huìtáng	火花	huǒhuā
欢呼	huānhū	慌张	huāngzhāng	回荡	huídàng	会晤	huìwù	火化	huǒhuà
欢快	huānkuài	皇	huáng	回复	huífù	会心	huìxīn	火炬	huǒjù
欢送	huānsòng	皇宫	huánggōng	回归线	huíguīxiàn	会意	huìyì	火坑	huǒkēng
欢腾	huānténg	皇冠	huángguān	回合	huíhé	会战	huìzhàn	火力	huǒlì
欢笑	huānxiào	皇后	huánghòu	回话	huíhuà	讳言	huìyán	火炉	huǒlú
欢心	huānxīn	皇家	huángjiā	回环	huíhuán	荟萃	huìcuì	火苗	huǒmiáo
欢欣	huānxīn	皇权	huángquán	回击	huíjī	绘制	huìzhì	火炮	huǒpào
还击	huánjī	皇上	huángshang	回敬	huíjìng	贿赂	huìlù	火气	huǒ·qì
环抱	huánbào	皇室	huángshì	回流	huíliú	彗星	huìxīng	火器	huǒqì
环顾	huángù	黄疸	huángdǎn	回路	huílù	晦气	huì·qì	火热	huǒrè
环球	huánqiú	黄澄澄	huángdēngdēng	回身	huíshēn	惠	huì	火速	huǒsù
环绕	huánrào	黄帝	huángdì	回升	huíshēng	喙	huì	火线	huǒxiàn
环视	huánshì	黄豆	huángdòu	回声	huíshēng	慧	huì	火药	huǒyào
环行	huánxíng	黄瓜	huáng·guā	回师	huíshī	昏	hūn	火灾	huǒzāi
缓冲	huǎnchōng	黄花	huánghuā	回收	huíshōu	昏暗	hūn'àn	火葬	huǒzàng
缓解	huǎnjiě			回首	huíshǒu	昏黄	hūnhuáng	火种	huǒzhǒng

伙	huǒ	肌腱	jījiàn	急遽	jíjù	记述	jìshù	家访	jiāfǎng
伙房	huǒfáng	肌体	jītǐ	急流	jíliú	记性	jìxing	家教	jiājiào
伙计	huǒji	积存	jīcún	急迫	jípò	记忆力	jìyìlì	家境	jiājìng
伙食	huǒ•shí	积分	jīfēn	急切	jíqiè	伎俩	jìliǎng	家眷	jiājuàn
货场	huòchǎng	积聚	jījù	急事	jíshì	纪年	jìnián	家禽	jiāqín
货车	huòchē	积蓄	jīxù	急速	jísù	纪实	jìshí	家业	jiāyè
货款	huòkuǎn	姬	jī	急中生智	jízhōng-shēngzhì	纪要	jìyào	家用	jiāyòng
货轮	huòlún	基本功	jīběngōng	疾	jí	技法	jìfǎ	家喻户晓	jiāyù-hùxiǎo
货色	huòsè	基调	jīdiào	疾驰	jíchí	技工	jìgōng	家园	jiāyuán
货源	huòyuán	基石	jīshí	疾患	jíhuàn	技师	jìshī	嘉奖	jiājiǎng
货运	huòyùn	基数	jīshù	疾苦	jíkǔ	忌	jì	荚	jiá
获悉	huòxī	激昂	jī'áng	棘手	jíshǒu	忌讳	jì•huì	颊	jiá
祸	huò	激荡	jīdàng	集成	jíchéng	妓女	jìnǚ	甲虫	jiǎchóng
祸害	huò•hài	激愤	jīfèn	集结	jíjié	季度	jìdù	甲骨文	jiǎgǔwén
惑	huò	激化	jīhuà	集聚	jíjù	剂量	jìliàng	甲壳	jiǎqiào
霍	huò	激活	jīhuó	集权	jíquán	迹象	jìxiàng	甲鱼	jiǎyú
霍乱	huòluàn	激进	jījìn	集市	jíshì	继承权	jìchéngquán	甲状腺	jiǎzhuàngxiàn
豁免	huòmiǎn	激流	jīliú	集训	jíxùn	继而	jì'ér	贾	jiǎ
		激怒	jīnù	集邮	jíyóu	继母	jìmǔ	钾肥	jiǎféi
J		激增	jīzēng	集约	jíyuē	继任	jìrèn	假借	jiǎjiè
几率	jīlǜ	激战	jīzhàn	集镇	jízhèn	祭礼	jìlǐ	假冒	jiǎmào
讥讽	jīfěng	羁绊	jībàn	集装箱	jízhuāngxiāng	祭坛	jìtán	假若	jiǎruò
讥笑	jīxiào	及格	jígé	辑	jí	寄居	jìjū	假想	jiǎxiǎng
击败	jībài	及早	jízǎo	嫉妒	jídù	寄予	jìyǔ	假象	jiǎxiàng
击毙	jībì	吉	jí	瘠	jí	寂	jì	假意	jiǎyì
击毁	jīhuǐ	吉利	jílì	几经	jǐjīng	暨	jì	假装	jiǎzhuāng
击落	jīluò	吉普车	jípǔchē	几时	jǐshí	冀	jì	驾	jià
饥	jī	吉他	jítā	纪	Jǐ	加班	jiābān	驾驭	jiàyù
机舱	jīcāng	吉祥	jíxiáng	给养	jǐyǎng	加倍	jiābèi	架空	jiàkōng
机床	jīchuáng	汲取	jíqǔ	级别	jíbié	加法	jiāfǎ	架设	jiàshè
机电	jīdiàn	级差	jíchā	脊背	jǐbèi	加固	jiāgù	架势	jiàshi
机动	jīdòng	极地	jídì	脊梁	jǐliang	加油	jiāyóu	假期	jiàqī
机井	jījǐng	极点	jídiǎn	脊髓	jǐsuǐ	夹攻	jiāgōng	假日	jiàrì
机警	jījǐng	极度	jídù	脊柱	jǐzhù	夹击	jiājī	嫁妆	jiàzhuang
机理	jīlǐ	极限	jíxiàn	脊椎	jǐzhuī	夹杂	jiāzá	尖刀	jiāndāo
机灵	jīling	即便	jíbiàn	戟	jǐ	夹子	jiāzi	尖端	jiānduān
机密	jīmì	即刻	jíkè	麂	jǐ	佳话	jiāhuà	尖利	jiānlì
机敏	jīmǐn	即日	jírì	计价	jìjià	佳节	jiājié	尖子	jiānzi
机枪	jīqiāng	即时	jíshí	计较	jìjiào	佳肴	jiāyáo	奸	jiān
机遇	jīyù	即位	jíwèi	计量	jìliàng	佳作	jiāzuò	奸商	jiānshāng
机缘	jīyuán	即兴	jíxìng	计数	jìshù	枷锁	jiāsuǒ	歼	jiān
机智	jīzhì	急促	jícù	记号	jìhao	家产	jiāchǎn	坚	jiān
机组	jīzǔ	急救	jíjiù	记事	jìshì	家常	jiācháng	坚韧	jiānrèn
肌肤	jīfū								

坚守	jiānshǒu	简便	jiǎnbiàn	腱	jiàn	酱油	jiàngyóu	饺子	jiǎozi
坚信	jiānxìn	简短	jiǎnduǎn	溅	jiàn	犟	jiàng	绞	jiǎo
坚毅	jiānyì	简洁	jiǎnjié	鉴赏	jiànshǎng	交待	jiāodài	矫	jiǎo
坚贞	jiānzhēn	简介	jiǎnjiè	鉴于	jiànyú	交道	jiāodào	矫健	jiǎojiàn
间距	jiānjù	简练	jiǎnliàn	箭头	jiàntóu	交点	jiāodiǎn	矫揉造作	jiǎoróu-zàozuò
肩负	jiānfù	简陋	jiǎnlòu	江湖	jiānghú	交锋	jiāofēng		
肩胛	jiānjiǎ	简略	jiǎnlüè	江山	jiāngshān	交付	jiāofù	矫正	jiǎozhèng
肩头	jiāntóu	简明	jiǎnmíng	将就	jiāngjiu	交互	jiāohù	矫治	jiǎozhì
艰险	jiānxiǎn	简朴	jiǎnpǔ	姜	jiāng	交还	jiāohuán	皎洁	jiǎojié
艰辛	jiānxīn	简要	jiǎnyào	僵	jiāng	交汇	jiāohuì	脚背	jiǎobèi
监	jiān	简易	jiǎnyì	僵化	jiānghuà	交加	jiāojiā	脚跟	jiǎogēn
监测	jiāncè	见长	jiàncháng	僵死	jiāngsǐ	交接	jiāojiē	脚尖	jiǎojiān
监察	jiānchá	见地	jiàndì	僵硬	jiāngyìng	交界	jiāojiè	脚手架	jiǎoshǒujià
监工	jiāngōng	见识	jiànshi	缰	jiāng	交纳	jiāonà	脚掌	jiǎozhǎng
监管	jiānguǎn	见闻	jiànwén	缰绳	jiāng·shéng	交配	jiāopèi	脚趾	jiǎozhǐ
监禁	jiānjìn	见效	jiànxiào	疆	jiāng	交情	jiāoqing	搅拌	jiǎobàn
监牢	jiānláo	见于	jiànyú	疆域	jiāngyù	交融	jiāoróng	搅动	jiǎodòng
兼备	jiānbèi	见证	jiànzhèng	讲解	jiǎngjiě	交涉	jiāoshè	剿	jiǎo
兼并	jiānbìng	间谍	jiàndié	讲理	jiǎnglǐ	交尾	jiāowěi	缴	jiǎo
兼顾	jiāngù	间断	jiànduàn	讲求	jiǎngqiú	交响乐	jiāoxiǎngyuè	缴获	jiǎohuò
兼任	jiānrèn	间或	jiànhuò	讲师	jiǎngshī	交易所	jiāoyìsuǒ	缴纳	jiǎonà
兼职	jiānzhí	间隙	jiànxì	讲授	jiǎngshòu	交战	jiāozhàn	叫喊	jiàohǎn
缄默	jiānmò	间歇	jiànxiē	讲台	jiǎngtái	郊	jiāo	叫好	jiàohǎo
煎	jiān	间作	jiànzuò	讲坛	jiǎngtán	郊外	jiāowài	叫唤	jiàohuan
煎熬	jiān'áo	建材	jiàncái	讲学	jiǎngxué	郊野	jiāoyě	叫卖	jiàomài
茧子	jiǎnzi	建交	jiànjiāo	讲演	jiǎngyǎn	浇灌	jiāoguàn	叫嚷	jiàorǎng
拣	jiǎn	建树	jiànshù	讲义	jiǎngyì	娇	jiāo	叫嚣	jiàoxiāo
检测	jiǎncè	建制	jiànzhì	讲座	jiǎngzuò	娇嫩	jiāonèn	校对	jiàoduì
检察	jiǎnchá	荐	jiàn	奖惩	jiǎngchéng	娇艳	jiāoyàn	校样	jiàoyàng
检举	jiǎnjǔ	贱	jiàn	奖品	jiǎngpǐn	胶布	jiāobù	校正	jiàozhèng
检索	jiǎnsuǒ	涧	jiàn	奖券	jiǎngquàn	胶片	jiāopiàn	轿	jiào
检讨	jiǎntǎo	健儿	jiàn'ér	奖赏	jiǎngshǎng	教书	jiāoshū	轿车	jiàochē
检修	jiǎnxiū	健将	jiànjiàng	奖章	jiǎngzhāng	椒	jiāo	轿子	jiàozi
检疫	jiǎnyì	健美	jiànměi	奖状	jiǎngzhuàng	焦距	jiāojù	较量	jiàoliàng
检阅	jiǎnyuè	健身	jiànshēn	浆	jiāng	焦虑	jiāolǜ	教案	jiào'àn
减产	jiǎnchǎn	舰	jiàn	匠	jiàng	焦炭	jiāotàn	教程	jiàochéng
减低	jiǎndī	舰队	jiànduì	降价	jiàngjià	焦躁	jiāozào	教官	jiàoguān
减免	jiǎnmiǎn	舰艇	jiàntǐng	降临	jiànglín	焦灼	jiāozhuó	教规	jiàoguī
减速	jiǎnsù	渐变	jiànbiàn	降生	jiàngshēng	跤	jiāo	教化	jiàohuà
减退	jiǎntuì	渐次	jiàncì	降温	jiàngwēn	礁	jiāo	教皇	jiàohuáng
剪裁	jiǎncái	渐进	jiànjìn	将领	jiànglǐng	礁石	jiāoshí	教诲	jiàohuì
剪刀	jiǎndāo	谏	jiàn	将士	jiàngshì	角膜	jiǎomó	教科书	jiàokēshū
剪纸	jiǎnzhǐ	践踏	jiàntà	绛	jiàng	角质	jiǎozhì	教士	jiàoshì
剪子	jiǎnzi	毽子	jiànzi	酱	jiàng	狡猾	jiǎohuá	教条	jiàotiáo

教徒	jiàotú	结石	jiéshí	金石	jīnshí	近郊	jìnjiāo	惊险	jīngxiǎn
教务	jiàowù	结识	jiéshí	金丝猴	jīnsīhóu	近邻	jìnlín	惊疑	jīngyí
教益	jiàoyì	结尾	jiéwěi	金文	jīnwén	近旁	jìnpáng	晶莹	jīngyíng
窖	jiào	结业	jiéyè	金星	jīnxīng	近期	jìnqī	睛	jīng
酵母	jiàomǔ	结余	jiéyú	金鱼	jīnyú	近亲	jìnqīn	精彩	jīngcǎi
阶	jiē	捷	jié	金子	jīnzi	近视	jìn•shì	精干	jīnggàn
阶梯	jiētī	捷报	jiébào	金字塔	jīnzìtǎ	劲头	jìntóu	精光	jīngguāng
接管	jiēguǎn	捷径	jiéjìng	津贴	jīntiē	晋级	jìnjí	精华	jīnghuá
接合	jiēhé	睫毛	jiémáo	津液	jīnyè	晋升	jìnshēng	精简	jīngjiǎn
接济	jiējì	截断	jiéduàn	矜持	jīnchí	浸泡	jìnpào	精练	jīngliàn
接见	jiējiàn	截面	jiémiàn	筋	jīn	浸润	jìnrùn	精灵	jīnglíng
接纳	jiēnà	截取	jiéqǔ	筋骨	jīngǔ	浸透	jìntòu	精美	jīngměi
接洽	jiēqià	截然	jiérán	禁	jīn	靳	Jìn	精明	jīngmíng
接壤	jiērǎng	截止	jiézhǐ	禁不住	jīn•bùzhù	禁	jìn	精辟	jīngpì
接生	jiēshēng	截至	jiézhì	襟	jīn	禁锢	jìngù	精品	jīngpǐn
接替	jiētì	竭	jié	尽早	jǐnzǎo	禁忌	jìnjì	精巧	jīngqiǎo
接头	jiētóu	姐夫	jiěfu	紧凑	jǐncòu	禁令	jìnlìng	精锐	jīngruì
接吻	jiēwěn	解冻	jiědòng	紧迫	jǐnpò	禁区	jìnqū	精髓	jīngsuǐ
接线	jiēxiàn	解毒	jiědú	紧俏	jǐnqiào	京城	jīngchéng	精通	jīngtōng
接种	jiēzhòng	解雇	jiěgù	紧缺	jǐnquē	京师	jīngshī	精微	jīngwēi
秸	jiē	解救	jiějiù	紧缩	jǐnsuō	京戏	jīngxì	精益求精	jīngyì-qiújīng
秸秆	jiēgǎn	解渴	jiěkě	紧要	jǐnyào	经度	jīngdù	精英	jīngyīng
揭	jiē	解说	jiěshuō	锦	jǐn	经纪人	jīngjìrén	精湛	jīngzhàn
揭穿	jiēchuān	解体	jiětǐ	锦旗	jǐnqí	经久	jīngjiǔ	精制	jīngzhì
揭发	jiēfā	介	jiè	锦绣	jǐnxiù	经络	jīngluò	精致	jīngzhì
揭晓	jiēxiǎo	介入	jièrù	谨	jǐn	经脉	jīngmài	颈椎	jīngzhuī
街坊	jiēfang	介意	jièyì	尽情	jìnqíng	经贸	jīngmào	景观	jǐngguān
街市	jiēshì	戒备	jièbèi	尽头	jìntóu	经商	jīngshāng	景况	jǐngkuàng
节俭	jiéjiǎn	戒律	jièlǜ	尽心	jìnxīn	经书	jīngshū	景致	jǐngzhì
节律	jiélǜ	戒严	jièyán	进逼	jìnbī	经线	jīngxiàn	警	jǐng
节能	jiénéng	戒指	jièzhi	进餐	jìncān	经销	jīngxiāo	警报	jǐngbào
节拍	jiépāi	届时	jièshí	进出	jìnchū	经由	jīngyóu	警备	jǐngbèi
节余	jiéyú	界定	jièdìng	进度	jìndù	荆	jīng	警车	jǐngchē
节制	jiézhì	界面	jièmiàn	进发	jìnfā	荆棘	jīngjí	警官	jǐngguān
劫	jié	界线	jièxiàn	进犯	jìnfàn	惊诧	jīngchà	警戒	jǐngjiè
劫持	jiéchí	诫	jiè	进贡	jìngòng	惊动	jīngdòng	警觉	jǐngjué
杰作	jiézuò	借贷	jièdài	进货	jìnhuò	惊愕	jīng'è	警犬	jǐngquǎn
洁	jié	借以	jièyǐ	进食	jìnshí	惊骇	jīnghài	警卫	jǐngwèi
洁净	jiéjìng	借重	jièzhòng	进退	jìntuì	惊慌	jīnghuāng	劲旅	jìnglǚ
结伴	jiébàn	巾	jīn	进位	jìnwèi	惊惶	jīnghuáng	径直	jìngzhí
结核	jiéhé	金刚	Jīngāng	进行曲	jìnxíngqǔ	惊恐	jīngkǒng	净土	jìngtǔ
结集	jiéjí	金龟子	jīnguīzǐ	进修	jìnxiū	惊扰	jīngrǎo	竟	jìng
结膜	jiémó	金黄	jīnhuáng	进驻	jìnzhù	惊叹	jīngtàn	竞技	jìngjì
结社	jiéshè	金库	jīnkù	近海	jìnhǎi	惊吓	jīngxià	竞相	jìngxiāng

竞选	jìngxuǎn	救助	jiùzhù	剧院	jùyuàn	厥	jué	开刀	kāidāo
敬爱	jìng'ài	就餐	jiùcān	据悉	jùxī	蕨	jué	开导	kāidǎo
敬礼	jìnglǐ	就此	jiùcǐ	惧	jù	爵	jué	开动	kāidòng
敬佩	jìngpèi	就地	jiùdì	惧怕	jùpà	爵士	juéshì	开端	kāiduān
敬畏	jìngwèi	就读	jiùdú	锯	jù	爵士乐	juéshìyuè	开饭	kāifàn
敬仰	jǐngyǎng	就近	jiùjìn	锯齿	jùchǐ	攫	jué	开赴	kāifù
敬意	jìngyì	就任	jiùrèn	聚变	jùbiàn	攫取	juéqǔ	开工	kāigōng
敬重	jìngzhòng	就绪	jiùxù	聚餐	jùcān	倔	juè	开荒	kāihuāng
静电	jìngdiàn	就学	jiùxué	聚合	jùhé	军备	jūnbèi	开火	kāihuǒ
静谧	jìngmì	就职	jiùzhí	聚会	jùhuì	军费	jūnfèi	开机	kāijī
静默	jìngmò	就座	jiùzuò	聚积	jùjī	军服	jūnfú	开掘	kāijué
静穆	jìngmù	舅妈	jiùmā	聚居	jùjū	军工	jūngōng	开朗	kāilǎng
静态	jìngtài	拘	jū	踞	jù	军火	jūnhuǒ	开明	kāimíng
境况	jìngkuàng	拘谨	jūjǐn	捐款	juānkuǎn	军机	jūnjī	开炮	kāipào
境遇	jìngyù	拘留	jūliú	捐税	juānshuì	军礼	jūnlǐ	开启	kāiqǐ
镜框	jìngkuàng	拘泥	jūnì	捐赠	juānzèng	军粮	jūnliáng	开窍	kāiqiào
镜片	jìngpiàn	拘束	jūshù	卷烟	juǎnyān	军属	jūnshǔ	开山	kāishān
炯炯	jiǒngjiǒng	拘留	jūliú	卷子	juànzi	军务	jūnwù	开庭	kāitíng
窘	jiǒng	居室	jūshì	倦	juàn	军校	jūnxiào	开通	kāitōng
窘迫	jiǒngpò	驹	jū	绢	juàn	军需	jūnxū	开脱	kāituō
纠	jiū	鞠躬	jūgōng	眷恋	juànliàn	军训	jūnxùn	开外	kāiwài
纠缠	jiūchán	鞠躬尽瘁	jūgōng-jìncuì	撅	juē	军医	jūnyī	开销	kāixiāo
纠葛	jiūgé	局促	júcù	决断	juéduàn	军营	jūnyíng	开心	kāixīn
纠集	jiūjí	菊	jú	决裂	juéliè	军用	jūnyòng	开学	kāixué
揪	jiū	橘子	júzi	决赛	juésài	军装	jūnzhuāng	开业	kāiyè
久远	jiǔyuǎn	沮丧	jǔsàng	决死	juésǐ	均等	jūnděng	开凿	kāizáo
灸	jiǔ	矩	jǔ	决算	juésuàn	君权	jūnquán	开战	kāizhàn
韭菜	jiǔcài	矩形	jǔxíng	决意	juéyì	君子	jūnzǐ	开张	kāizhāng
酒吧	jiǔbā	举例	jǔlì	决战	juézhàn	钧	jūn	揩	kāi
酒店	jiǔdiàn	举目	jǔmù	诀	jué	俊	jùn	凯歌	kǎigē
酒会	jiǔhuì	举止	jǔzhǐ	诀别	juébié	俊美	jùnměi	凯旋	kǎixuán
酒家	jiǔjiā	举重	jǔzhòng	诀窍	juéqiào	俊俏	jùnqiào	慨然	kǎirán
酒席	jiǔxí	举足轻重		抉择	juézé	郡	jùn	慨叹	kǎitàn
旧历	jiùlì	举足轻重	jǔzú-qīngzhòng	角逐	juézhú	峻	jùn	楷模	kǎimó
旧式	jiùshì	巨额	jù'é	觉醒	juéxǐng	骏马	jùnmǎ	刊	kān
旧址	jiùzhǐ	巨人	jùrén	绝迹	juéjì	竣工	jùngōng	刊载	kānzǎi
臼齿	jiùchǐ	巨星	jùxīng	绝技	juéjì			看管	kānguǎn
厩	jiù	巨著	jùzhù	绝境	juéjìng	**K**		看护	kānhù
救护	jiùhù	句法	jùfǎ	绝妙	juémiào			看守	kānshǒu
救火	jiùhuǒ	拒	jù	绝食	juéshí	卡车	kǎchē	勘测	kāncè
救命	jiùmìng	俱乐部	jùlèbù	绝缘	juéyuán	卡片	kǎpiàn	勘察	kānchá
救亡	jiùwáng	剧变	jùbiàn	倔强	juéjiàng	咯	kǎ	堪	kān
救援	jiùyuán	剧目	jùmù	掘	jué	开场	kāichǎng	坎	kǎn
救灾	jiùzāi	剧情	jùqíng	崛起	juéqǐ	开车	kāichē	坎坷	kǎnkě
						开春	kāichūn		

砍伐	kǎnfá	科室	kēshì	空旷	kōngkuàng	枯萎	kūwěi	宽广	kuānguǎng
看病	kànbìng	磕	kē	空谈	kōngtán	枯燥	kūzào	宽厚	kuānhòu
看不起	kàn·bùqǐ	磕头	kētóu	空投	kōngtóu	哭泣	kūqì	宽容	kuānróng
看穿	kànchuān	瞌睡	kēshuì	空袭	kōngxí	哭诉	kūsù	宽恕	kuānshù
看好	kànhǎo	蝌蚪	kēdǒu	空想	kōngxiǎng	窟	kū	宽慰	kuānwèi
看台	kàntái	可悲	kěbēi	空心	kōngxīn	窟窿	kūlong	宽裕	kuānyù
看透	kàntòu	可耻	kěchǐ	孔洞	kǒngdòng	苦果	kǔguǒ	款待	kuǎndài
看中	kànzhòng	可观	kěguān	孔隙	kǒngxì	苦力	kǔlì	款式	kuǎnshì
看重	kànzhòng	可贵	kěguì	恐	kǒng	苦闷	kǔmèn	款项	kuǎnxiàng
看做	kànzuò	可恨	kěhèn	恐吓	kǒnghè	苦涩	kǔsè	狂奔	kuángbēn
康	kāng	可口	kěkǒu	恐龙	kǒnglóng	苦痛	kǔtòng	狂风	kuángfēng
康复	kāngfù	可取	kěqǔ	空地	kòngdì	苦头	kǔ·tóu	狂欢	kuánghuān
慷慨	kāngkǎi	可恶	kěwù	空隙	kòngxì	苦笑	kǔxiào	狂热	kuángrè
糠	kāng	可喜	kěxǐ	空闲	kòngxián	苦心	kǔxīn	狂妄	kuángwàng
亢奋	kàngfèn	可行	kěxíng	空子	kòngzi	苦于	kǔyú	狂喜	kuángxǐ
亢进	kàngjìn	可疑	kěyí	控	kòng	苦战	kǔzhàn	狂笑	kuángxiào
抗旱	kànghàn	渴	kě	控告	kònggào	苦衷	kǔzhōng	旷	kuàng
抗衡	kànghéng	渴求	kěqiú	控诉	kòngsù	库房	kùfáng	旷工	kuànggōng
抗击	kàngjī	克己	kèjǐ	抠	kōu	裤	kù	旷野	kuàngyě
抗拒	kàngjù	克制	kèzhì	口岸	kǒu'àn	裤脚	kùjiǎo	况	kuàng
抗体	kàngtǐ	刻板	kèbǎn	口服	kǒufú	裤腿	kùtuǐ	矿藏	kuàngcáng
抗原	kàngyuán	刻薄	kèbó	口角	kǒujiǎo	酷	kù	矿床	kuàngchuáng
抗灾	kàngzāi	刻不容缓	kèbùrónghuǎn	口径	kǒujìng	酷爱	kù'ài	矿工	kuànggōng
抗争	kàngzhēng	恪守	kèshǒu	口诀	kǒujué	酷热	kùrè	矿井	kuàngjǐng
考查	kǎochá	客车	kèchē	口粮	kǒuliáng	酷暑	kùshǔ	矿区	kuàngqū
考场	kǎochǎng	客房	kèfáng	口令	kǒulìng	酷似	kùsì	矿山	kuàngshān
考究	kǎo·jiū	客户	kèhù	口琴	kǒuqín	夸	kuā	矿石	kuàngshí
考据	kǎojù	客机	kèjī	口哨	kǒushào	夸大	kuādà	矿业	kuàngyè
考取	kǎoqǔ	客轮	kèlún	口水	kǒushuǐ	夸奖	kuājiǎng	框	kuàng
考生	kǎoshēng	客商	kèshāng	口味	kǒuwèi	夸耀	kuāyào	框架	kuàngjià
考问	kǎowèn	客运	kèyùn	口吻	kǒuwěn	垮	kuǎ	框子	kuàngzi
考证	kǎozhèng	课外	kèwài	口音	kǒuyīn	垮台	kuǎtái	眶	kuàng
烤	kǎo	课文	kèwén	口罩	kǒuzhào	挎	kuà	亏本	kuīběn
烤火	kǎohuǒ	课余	kèyú	口子	kǒuzi	挎包	kuàbāo	盔	kuī
靠不住	kào·bùzhù	垦	kěn	叩	kòu	跨度	kuàdù	窥	kuī
靠拢	kàolǒng	垦荒	kěnhuāng	叩头	kòutóu	跨越	kuàyuè	窥见	kuījiàn
靠山	kàoshān	恳切	kěnqiè	扣除	kòuchú	快感	kuàigǎn	窥探	kuītàn
苛刻	kēkè	恳求	kěnqiú	扣留	kòuliú	快慢	kuàimàn	奎	kuí
苛求	kēqiú	坑道	kēngdào	扣押	kòuyā	快艇	kuàitǐng	葵花	kuíhuā
柯	kē	坑	kēng	扣子	kòuzi	快意	kuàiyì	魁梧	kuí·wú
科班	kēbān	吭声	kēngshēng	寇	kòu	脍炙人口	kuàizhì-rénkǒu	傀儡	kuǐlěi
科举	kējǔ	铿锵	kēngqiāng	枯	kū			匮乏	kuìfá
科目	kēmù	空洞	kōngdòng	枯黄	kūhuáng	宽敞	kuān·chǎng	溃	kuì
科普	kēpǔ	空话	kōnghuà	枯竭	kūjié	宽度	kuāndù	溃烂	kuìlàn

溃疡	kuìyáng	篮	lán	老式	lǎoshì	冷不防	lěng·bùfáng	理事	lǐ·shì
愧	kuì	篮球	lánqiú	老天爷	lǎotiānyé	冷藏	lěngcáng	理应	lǐyīng
坤	kūn	篮子	lánzi	老头儿	lǎotóur	冷淡	lěngdàn	理直气壮	
昆曲	kūnqǔ	览	lǎn	老鹰	lǎoyīng	冷冻	lěngdòng	lǐzhí-qìzhuàng	
困惑	kùnhuò	揽	lǎn	老者	lǎozhě	冷风	lěngfēng	锂	lǐ
困苦	kùnkǔ	缆	lǎn	老总	lǎozǒng	冷汗	lěnghàn	鲤	lǐ
困扰	kùnrǎo	懒	lǎn	姥姥	lǎolao	冷峻	lěngjùn	力度	lìdù
扩	kuò	懒得	lǎnde	烙	lào	冷酷	lěngkù	力争	lìzhēng
扩充	kuòchōng	懒惰	lǎnduò	烙印	làoyìn	冷落	lěngluò	历程	lìchéng
扩建	kuòjiàn	懒汉	lǎnhàn	涝	lào	冷漠	lěngmò	历次	lìcì
括	kuò	懒散	lǎnsǎn	乐趣	lèqù	冷凝	lěngníng	历法	lìfǎ
括号	kuòhào	烂泥	lànní	乐意	lèyì	冷暖	lěngnuǎn	历届	lìjiè
阔气	kuòqi	滥	làn	乐于	lèyú	冷气	lěngqì	历尽	lìjìn
廓	kuò	滥用	lànyòng	乐园	lèyuán	冷清	lěng·qīng	历经	lìjīng
		郎	láng	勒	lè	冷眼	lěngyǎn	历年	lìnián
L		狼狈	lángbèi	勒令	lèlìng	冷饮	lěngyǐn	历书	lìshū
拉力	lālì	廊	láng	勒索	lèsuǒ	冷遇	lěngyù	历声	lìshēng
拉拢	lā·lǒng	朗读	lǎngdú	勒	lēi	厘	lí	立案	lì'àn
喇嘛	lǎma	朗诵	lǎngsòng	累赘	léizhui	离别	líbié	立方	lìfāng
腊	là	浪潮	làngcháo	雷暴	léibào	离奇	líqí	立功	lìgōng
腊梅	làméi	浪漫	làngmàn	雷电	léidiàn	离散	lísàn	立国	lìguó
腊月	làyuè	浪涛	làngtāo	雷鸣	léimíng	离心	líxīn	立论	lìlùn
辣	là	浪头	làngtou	雷同	léitóng	离心力	líxīnlì	立宪	lìxiàn
来宾	láibīn	劳工	láogōng	雷雨	léiyǔ	离休	líxiū	立意	lìyì
来电	láidiàn	劳驾	láojià	擂	léi	离异	líyì	立正	lìzhèng
来访	láifǎng	劳教	láojiào	镭	léi	离职	lízhí	立志	lìzhì
来客	láikè	劳苦	láokǔ	垒	lěi	梨园	líyuán	立足	lìzú
来历	láilì	劳累	láolèi	累积	lěijī	黎明	límíng	吏	lì
来龙去脉		劳模	láomó	累及	lěijí	篱笆	líba	利弊	lìbì
láilóng-qùmài		劳务	láowù	累计	lěijì	礼拜	lǐbài	利落	lìluo
来年	láinián	劳役	láoyì	肋	lèi	礼法	lǐfǎ	利尿	lìniào
来去	láiqù	劳资	láozī	肋骨	lèigǔ	礼教	lǐjiào	利索	lìsuo
来世	láishì	劳作	láozuò	泪痕	lèihén	礼节	lǐjié	沥青	lìqīng
来势	láishì	牢房	láofáng	泪花	lèihuā	礼品	lǐpǐn	例证	lìzhèng
来意	láiyì	牢记	láojì	泪眼	lèiyǎn	礼让	lǐràng	隶	lì
来者	láizhě	牢笼	láolóng	泪珠	lèizhū	礼堂	lǐtáng	隶属	lìshǔ
癞	lài	牢骚	láo·sāo	类比	lèibǐ	礼仪	lǐyí	荔枝	lìzhī
兰花	lánhuā	牢狱	láoyù	类别	lèibié	里程	lǐchéng	栗子	lìzi
拦	lán	老伯	lǎobó	类群	lèiqún	里程碑	lǐchéngbēi	砾石	lìshí
拦截	lánjié	老化	lǎohuà	类推	lèituī	理财	lǐcái	痢疾	lìji
拦腰	lányāo	老家	lǎojiā	擂	lèi	理睬	lǐcǎi	连带	liándài
拦阻	lánzǔ	老练	lǎoliàn	棱	léng	理发	lǐfà	连贯	liánguàn
栏杆	lángān	老少	lǎoshào	棱角	léngjiǎo	理会	lǐhuì	连环	liánhuán
蓝图	lántú	老生	lǎoshēng	棱镜	léngjìng	理科	lǐkē	连环画	liánhuánhuà

连累	liánlei	凉鞋	liángxié	列席	lièxí	磷脂	línzhī	另行	lìngxíng
连绵	liánmián	粮仓	liángcāng	劣	liè	鳞	lín	溜达	liūda
连年	liánnián	两口子	liǎngkǒuzi	劣等	lièděng	鳞片	línpiàn	溜	liū
连日	liánrì	两栖	liǎngqī	劣势	lièshì	吝啬	lìnsè	浏览	liúlǎn
连声	liánshēng	两性	liǎngxìng	劣质	lièzhì	伶	líng	留成	liúchéng
连锁	liánsuǒ	两样	liǎngyàng	烈	liè	伶俐	líng·lì	留存	liúcún
连通	liántōng	两翼	liǎngyì	烈火	lièhuǒ	灵巧	língqiǎo	留恋	liúliàn
连夜	liányè	亮度	liàngdù	烈日	lièrì	灵堂	língtáng	留神	liúshén
连衣裙	liányīqún	亮光	liàngguāng	烈性	lièxìng	灵通	língtōng	留声机	liúshēngjī
怜	lián	亮相	liàngxiàng	烈焰	lièyàn	灵性	língxìng	留守	liúshǒu
怜悯	liánmǐn	谅解	liàngjiě	猎狗	liègǒu	灵芝	língzhī	留心	liúxīn
帘	lián	量变	liàngbiàn	猎枪	lièqiāng	玲珑	línglóng	留意	liúyì
帘子	liánzi	量词	liàngcí	猎取	lièqǔ	凌	líng	流产	liúchǎn
莲	lián	量刑	liàngxíng	猎犬	lièquǎn	凌晨	língchén	流畅	liúchàng
莲花	liánhuā	踉	liàng	猎人	lièrén	凌空	língkōng	流程	liúchéng
涟漪	liányī	踉跄	liàngqiàng	猎手	lièshǒu	凌乱	língluàn	流毒	liúdú
联欢	liánhuān	撩	liāo	猎物	lièwù	陵	líng	流放	liúfàng
联名	liánmíng	辽	liáo	裂变	lièbiàn	陵墓	língmù	流浪	liúlàng
联赛	liánsài	疗	liáo	裂缝	lièfèng	陵园	língyuán	流利	liúlì
联姻	liányīn	疗程	liáochéng	裂痕	lièhén	聆听	língtīng	流量	liúliàng
廉	lián	疗效	liáoxiào	裂纹	lièwén	菱形	língxíng	流落	liúluò
廉洁	liánjié	疗养	liáoyǎng	裂隙	lièxì	翎子	língzi	流失	liúshī
镰	lián	疗养院	liáoyǎngyuàn	拎	līn	羚羊	língyáng	流逝	liúshì
镰刀	liándāo	聊	liáo	邻里	línlǐ	绫	líng	流水线	liúshuǐxiàn
敛	liǎn	聊天儿	liáotiānr	邻舍	línshè	零点	língdiǎn	流速	liúsù
脸红	liǎnhóng	撩	liáo	林带	líndài	零乱	língluàn	流淌	liútǎng
脸颊	liǎnjiá	嘹亮	liáoliàng	林地	líndì	零散	língsǎn	流亡	liúwáng
脸面	liǎnmiàn	潦倒	liáodǎo	林立	línlì	零碎	língsuì	流星	liúxīng
脸庞	liǎnpáng	缭绕	liáorào	林阴道	línyīndào	零星	língxīng	流言	liúyán
脸皮	liǎnpí	燎	liáo	林子	línzi	领带	lǐngdài	流转	liúzhuǎn
脸谱	liǎnpǔ	燎	liáo	临别	línbié	领地	lǐngdì	琉璃	liú·li
练兵	liànbīng	了不得	liǎo·bù·dé	临到	líndào	领队	lǐngduì	硫磺	liúhuáng
练功	liàngōng	了结	liǎojié	临界	línjiè	领海	lǐnghǎi	绺	liǔ
练武	liànwǔ	了然	liǎorán	临近	línjìn	领教	lǐngjiào	遛	liù
恋	liàn	了如指掌	liǎorúzhǐzhǎng	临摹	línmó	领口	lǐngkǒu	龙船	lóngchuán
恋人	liànrén	燎	liáo	临终	línzhōng	领略	lǐnglüè	龙灯	lóngdēng
链条	liàntiáo	燎	liáo	淋巴结	línbājié	领取	lǐngqǔ	龙骨	lónggǔ
良机	liángjī	料理	liàolǐ	淋漓	línlí	领事馆	lǐngshìguǎn	龙卷风	lóngjuǎnfēng
良久	liángjiǔ	料想	liàoxiǎng	淋漓尽致	línlí-jìnzhì	领受	lǐngshòu	龙王	Lóngwáng
良田	liángtián	料子	liàozi	琳琅满目	línláng-mǎnmù	领头	lǐngtóu	龙眼	lóngyǎn
良性	liángxìng	撂	liào	嶙峋	línxún	领悟	lǐngwù	聋	lóng
凉快	liángkuai	廖	Liào	嶙峋	línxún	领先	lǐngxiān	聋子	lóngzi
凉爽	liángshuǎng	瞭望	liàowàng	霖	lín	领主	lǐngzhǔ	笼子	lóngzi
凉水	liángshuǐ	列强	lièqiáng	磷肥	línféi	领子	lǐngzi	隆冬	lóngdōng

隆重	lóngzhòng	露珠	lùzhū	萝卜	luóbo	埋藏	máicáng	忙活	mánghuo
陇	Lǒng	吕	Lǚ	锣	luó	埋伏	mái·fú	忙乱	mángluàn
垄	lǒng	捋	lǚ	锣鼓	luógǔ	埋没	máimò	盲	máng
笼络	lǒngluò	旅伴	lǚbàn	箩	luó	埋头	máitóu	盲肠	mángcháng
笼统	lǒngtǒng	旅程	lǚchéng	箩筐	luókuāng	埋葬	máizàng	盲从	mángcóng
楼阁	lóugé	旅店	lǚdiàn	骡子	luózi	买主	mǎizhǔ	盲流	mángliú
楼台	lóutái	旅途	lǚtú	螺	luó	迈步	màibù	盲人	mángrén
楼梯	lóutī	屡	lǚ	螺丝	luósī	迈进	màijìn	蟒	mǎng
篓	lǒu	屡次	lǚcì	螺旋桨	luóxuánjiǎng	麦收	màishōu	猫头鹰	māotóuyīng
陋	lòu	屡见不鲜	lǚjiàn-bùxiān	裸	luǒ	麦子	màizi	毛笔	máobǐ
漏洞	lòudòng	履	lǚ	裸露	luǒlù	卖国	màiguó	毛虫	máochóng
漏斗	lòudǒu	虑	lǜ	裸体	luǒtǐ	卖力	màilì	毛发	máofà
卢	Lú	绿灯	lǜdēng	洛	Luò	卖命	màimìng	毛骨悚然	máogǔ-sǒngrán
芦笙	lúshēng	绿地	lǜdì	落差	luòchā	卖弄	mài·nòng	
芦苇	lúwěi	绿豆	lǜdòu	落成	luòchéng	卖主	màizhǔ	毛料	máoliào
炉灶	lúzào	绿肥	lǜféi	落户	luòhù	脉搏	màibó	毛驴	máolǘ
颅	lú	绿洲	lǜzhōu	落脚	luòjiǎo	脉冲	màichōng	毛囊	máonáng
卤水	lǔshuǐ	峦	luán	落空	luòkōng	脉络	màiluò	毛皮	máopí
卤素	lǔsù	孪生	luánshēng	落日	luòrì	蛮干	mángàn	毛毯	máotǎn
虏	lǔ	卵石	luǎnshí	落水	luòshuǐ	蛮横	mánhèng	毛线	máoxiàn
掳	lǔ	卵子	luǎnzǐ	落伍	luòwǔ	鳗	mán	毛衣	máoyī
鲁莽	lǔmǎng	掠	lüè	摞	luò	满腹	mǎnfù	矛	máo
陆路	lùlù	略微	lüèwēi			满怀	mǎnhuái	矛头	máotóu
录取	lùqǔ	抡	lūn	**M**		满口	mǎnkǒu	茅草	máocǎo
录像	lùxiàng	沦陷	lúnxiàn	抹布	mābù	满面	mǎnmiàn	茅屋	máowū
录像机	lùxiàngjī	轮班	lúnbān	麻痹	mábì	满目	mǎnmù	锚	máo
录音	lùyīn	轮番	lúnfān	麻袋	mádài	满腔	mǎnqiāng	卯	mǎo
录音机	lùyīnjī	轮换	lúnhuàn	麻将	májiàng	满心	mǎnxīn	铆	mǎo
录用	lùyòng	轮回	lúnhuí	麻利	málì	满月	mǎnyuè	茂密	màomì
录制	lùzhì	轮胎	lúntāi	麻木	mámù	满载	mǎnzài	茂盛	màoshèng
绿林	lùlín	轮椅	lúnyǐ	麻雀	máquè	满嘴	mǎnzuǐ	冒充	màochōng
禄	lù	轮子	lúnzi	麻疹	mázhěn	螨	mǎn	冒火	màohuǒ
路标	lùbiāo	论调	lùndiào	麻子	mázi	曼	màn	冒昧	màomèi
路灯	lùdēng	论断	lùnduàn	马达	mǎdá	谩骂	mànmà	冒失	màoshi
路费	lùfèi	论据	lùnjù	马灯	mǎdēng	蔓	màn	贸然	màorán
路径	lùjìng	论理	lùnlǐ	马褂	mǎguà	蔓延	mànyán	貌	mào
路口	lùkǒu	论说	lùnshuō	马虎	mǎhu	漫	màn	貌似	màosì
路面	lùmiàn	论坛	lùntán	马力	mǎlì	漫不经心	mànbùjīngxīn	没劲	méijìn
路人	lùrén	论战	lùnzhàn	马铃薯	mǎlíngshǔ			没命	méimìng
路途	lùtú	论著	lùnzhù	马匹	mǎpǐ	漫步	mànbù	没趣	méiqù
麓	lù	捋	luō	马蹄	mǎtí	漫画	mànhuà	没准儿	méizhǔnr
露骨	lùgǔ	罗汉	luóhàn	马桶	mǎtǒng	漫天	màntiān	玫瑰	méi·guī
露水	lù·shuǐ	罗列	luóliè	马戏	mǎxì	漫游	mànyóu	眉飞色舞	méifēi-sèwǔ
露天	lùtiān	罗盘	luópán	玛瑙	mǎnǎo	慢条斯理	màntiáo-sīlǐ	眉开眼笑	

	méikāi-yǎnxiào	萌	méng	幂	mì	灭绝	mièjué	名言	míngyán
眉目	méi·mù	萌动	méngdòng	蜜月	mìyuè	蔑视	mièshì	名誉	míngyù
眉眼	méiyǎn	萌生	méngshēng	眠	mián	蔑	miè	名著	míngzhù
眉宇	méiyǔ	蒙蔽	méngbì	绵	mián	民办	mínbàn	明矾	míngfán
梅花	méihuā	蒙昧	méngmèi	绵延	miányán	民法	mínfǎ	明净	míngjìng
梅雨	méiyǔ	蒙受	méngshòu	绵羊	miányáng	民房	mínfáng	明镜	míngjìng
媒	méi	盟	méng	棉布	miánbù	民工	míngōng	明快	míngkuài
媒人	méiren	盟国	méngguó	棉纱	miánshā	民航	mínháng	明朗	mínglǎng
煤气	méiqì	猛然	měngrán	棉田	miántián	民警	mínjǐng	明了	míngliǎo
煤油	méiyóu	猛兽	měngshòu	棉絮	miánxù	民情	mínqíng	明媚	míngmèi
霉	méi	蒙古包	ménggǔbāo	免除	miǎnchú	民权	mínquán	明日	míngrì
霉菌	méijūn	锰	měng	免得	miǎn·dé	民生	mínshēng	明晰	míngxī
霉烂	méilàn	梦幻	mènghuàn	免费	miǎnfèi	民心	mínxīn	明星	míngxīng
美德	měidé	梦境	mèngjìng	免税	miǎnshuì	民谣	mínyáo	明珠	míngzhū
美观	měiguān	梦寐以求		勉	miǎn	民意	mínyì	鸣叫	míngjiào
美景	měijǐng	mèngmèiyǐqiú		勉励	miǎnlì	民营	mínyíng	冥想	míngxiǎng
美酒	měijiǔ	梦乡	mèngxiāng	缅怀	miǎnhuái	民用	mínyòng	铭	míng
美满	měimǎn	梦想	mèngxiǎng	面额	miàn'é	民政	mínzhèng	铭文	míngwén
美貌	měimào	梦呓	mèngyì	面粉	miànfěn	皿	mǐn	命脉	mìngmài
美女	měinǚ	眯	mī	面颊	miànjiá	泯	mǐn	命中	mìngzhòng
美人	měirén	眯缝	mīfeng	面具	miànjù	泯灭	mǐnmiè	谬	miù
美容	měiróng	弥	mí	面庞	miànpáng	闽	Mǐn	谬论	miùlùn
美谈	měitán	弥散	mísàn	面容	miànróng	名次	míngcì	谬误	miùwù
美味	měiwèi	迷宫	mígōng	面色	miànsè	名单	míngdān	摹	mó
美育	měiyù	迷糊	míhu	面纱	miànshā	名额	míng'é	模特儿	mótèr
昧	mèi	迷惑	míhuò	面谈	miàntán	名副其实	míngfùqíshí	摩登	módēng
媚	mèi	迷离	mílí	面条儿	miàntiáor	名贵	mínggùi	摩托	mótuō
闷热	mēnrè	迷恋	míliàn	面子	miànzi	名家	míngjiā	磨练	móliàn
门板	ménbǎn	迷路	mílù	苗木	miáomù	名利	mínglì	磨难	mónàn
门道	méndao	迷茫	mímáng	苗圃	miáopǔ	名列前茅		磨损	mósǔn
门第	méndì	迷蒙	míméng	苗条	miáotiao	mínglièqiánmáo		蘑菇	mógu
门洞儿	méndòngr	迷失	míshī	苗头	miáotou	名流	míngliú	魔	mó
门户	ménhù	迷惘	míwǎng	描	miáo	名目	míngmù	魔法	mófǎ
门槛	ménkǎn	迷雾	míwù	描画	miáohuà	名牌	míngpái	魔鬼	móguǐ
门框	ménkuàng	猕猴	míhóu	描摹	miáomó	名片	míngpiàn	魔力	mólì
门类	ménlèi	糜烂	mílàn	瞄	miáo	名气	míngqì	魔术	móshù
门帘	ménlián	米饭	mǐfàn	瞄准	miáozhǔn	名人	míngrén	魔王	mówáng
门铃	ménlíng	觅	mì	渺	miǎo	名山	míngshān	魔爪	mózhǎo
门面	mén·miàn	秘	mì	渺茫	miǎománg	名声	míngshēng	抹杀	mǒshā
门票	ménpiào	秘诀	mìjué	渺小	miǎoxiǎo	名胜	míngshèng	末日	mòrì
门生	ménshēng	密闭	mìbì	藐视	miǎoshì	名师	míngshī	末梢	mòshāo
门徒	méntú	密布	mìbù	庙会	miàohuì	名堂	míngtang	末尾	mòwěi
门牙	ményá	密封	mìfēng	庙宇	miàoyǔ	名望	míngwàng	沫	mò
门诊	ménzhěn	密码	mìmǎ	灭火	mièhuǒ	名下	míngxià	莫大	mòdà

莫非	mòfēi	牧	mù	难说	nánshuō	能手	néngshǒu	酿	niàng
蓦然	mòrán	牧草	mùcǎo	难听	nántīng	尼	ní	鸟瞰	niǎokàn
漠然	mòrán	牧场	mùchǎng	难为	nánwei	尼姑	nígū	袅袅	niǎoniǎo
漠视	mòshì	牧民	mùmín	难为情	nánwéiqíng	尼龙	nílóng	尿布	niàobù
墨水	mòshuǐ	牧区	mùqū	难民	nànmín	呢绒	níróng	尿素	niàosù
默	mò	募	mù	难友	nànyǒu	泥浆	níjiāng	捏造	niēzào
默念	mòniàn	募捐	mùjuān	囊括	nángkuò	泥坑	níkēng	聂	Niè
默契	mòqì	墓碑	mùbēi	挠	náo	泥泞	nínìng	涅槃	nièpán
默然	mòrán	墓地	mùdì	恼	nǎo	泥鳅	ní·qiū	啮	niè
眸	móu	墓室	mùshì	恼火	nǎohuǒ	泥塑	nísù	镊子	nièzi
谋害	móuhài	墓葬	mùzàng	恼怒	nǎonù	泥炭	nítàn	镍	niè
谋略	móulüè	幕后	mùhòu	脑海	nǎohǎi	倪	ní	孽	niè
谋求	móuqiú	暮	mù	脑际	nǎojì	霓虹灯	níhóngdēng	狞笑	níngxiào
谋取	móuqǔ	暮色	mùsè	脑筋	nǎojīn	拟订	nǐdìng	凝神	níngshén
谋杀	móushā	穆	mù	脑力	nǎolì	拟定	nǐdìng	凝望	níngwàng
谋生	móushēng	穆斯林	mùsīlín	脑髓	nǎosuǐ	拟人	nǐrén	宁可	nìngkě
模板	múbǎn			闹市	nàoshì	逆差	nìchā	宁肯	nìngkěn
母爱	mǔ'ài	**N**		闹事	nàoshì	逆境	nìjìng	宁愿	nìngyuàn
母本	mǔběn	纳粹	Nàcuì	闹钟	nàozhōng	逆流	nìliú	牛犊	niúdú
母系	mǔxì	纳闷儿	nàmènr	内阁	nèigé	逆向	nìxiàng	牛皮	niúpí
母校	mǔxiào	娜	nà	内海	nèihǎi	逆转	nìzhuǎn	牛仔裤	niúzǎikù
母语	mǔyǔ	捺	nà	内行	nèiháng	腻	nì	扭曲	niǔqǔ
牡丹	mǔ·dān	奶粉	nǎifěn	内疚	nèijiù	溺	nì	纽带	niǔdài
牡蛎	mǔlì	奶牛	nǎiniú	内科	nèikē	溺爱	nì'ài	纽扣	niǔkòu
拇指	mǔzhǐ	奶油	nǎiyóu	内力	nèilì	拈	niān	拗	niù
木本	mùběn	氖	nǎi	内陆	nèilù	蔫	niān	农夫	nóngfū
木柴	mùchái	奈何	nàihé	内乱	nèiluàn	年份	niánfèn	农妇	nóngfù
木耳	mù'ěr	耐力	nàilì	内幕	nèimù	年华	niánhuá	农耕	nónggēng
木筏	mùfá	耐用	nàiyòng	内情	nèiqíng	年画	niánhuà	农机	nóngjī
木工	mùgōng	男方	nánfāng	内燃机	nèiránjī	年会	niánhuì	农家	nóngjiā
木匠	mùjiang	男生	nánshēng	内伤	nèishāng	年景	niánjǐng	农垦	nóngkěn
木刻	mùkè	南半球	nánbànqiú	内务	nèiwù	年轮	niánlún	农历	nónglì
木料	mùliào	南边	nán·biān	内线	nèixiàn	年迈	niánmài	农忙	nóngmáng
木偶	mù'ǒu	南瓜	nán·guā	内向	nèixiàng	年岁	niánsuì	农事	nóngshì
木炭	mùtàn	南面	nán·miàn	内销	nèixiāo	年限	niánxiàn	农闲	nóngxián
木星	mùxīng	南洋	Nányáng	内省	nèixǐng	年终	niánzhōng	浓淡	nóngdàn
目不转睛	mùbùzhuǎnjīng	难保	nánbǎo	内衣	nèiyī	黏	nián	浓烈	nóngliè
目瞪口呆	mùdèng-kǒudāi	难产	nánchǎn	内因	nèiyīn	捻	niǎn	浓眉	nóngméi
		难处	nán·chù	内政	nèizhèng	碾	niǎn	浓密	nóngmì
		难点	nándiǎn	嫩绿	nènlǜ	撵	niǎn	浓缩	nóngsuō
目睹	mùdǔ	难度	nándù	能干	nénggàn	廿	niàn	浓郁	nóngyù
目录	mùlù	难关	nánguān	能耐	néngnai	念白	niànbái	浓重	nóngzhòng
目送	mùsòng	难堪	nánkān	能人	néngrén	念叨	niàndao	弄虚作假	nòngxū-zuòjiǎ
沐浴	mùyù	难看	nánkàn	能事	néngshì	娘家	niángjia		

奴	nú	拍子	pāizi	膀胱	pángguāng	喷涂	pēntú	癖	pǐ
奴才	núcai	排场	pái·chǎng	磅礴	pángbó	盆景	pénjǐng	屁	pì
奴仆	núpú	排队	páiduì	胖子	pàngzi	盆栽	pénzāi	辟	pì
怒放	nùfàng	排挤	páijǐ	刨	páo	盆子	pénzi	媲美	pìměi
怒吼	nùhǒu	排练	páiliàn	咆哮	páoxiào	抨击	pēngjī	僻静	pìjìng
怒火	nùhuǒ	排卵	páiluǎn	狍子	páozi	烹饪	pēngrèn	片子	piānzi
怒气	nùqì	排球	páiqiú	炮制	páozhì	烹调	pēngtiáo	偏爱	piān'ài
女方	nǚfāng	排戏	páixì	袍	páo	棚子	péngzi	偏差	piānchā
女皇	nǚhuáng	排泄	páixiè	跑步	pǎobù	蓬	péng	偏激	piānjī
女郎	nǚláng	排演	páiyǎn	跑道	pǎodào	蓬乱	péngluàn	偏离	piānlí
女神	nǚshén	排忧解难	páiyōu-jiěnàn	泡菜	pàocài	蓬松	péngsōng	偏旁	piānpáng
女生	nǚshēng			泡沫	pàomò	硼	péng	偏僻	piānpì
女王	nǚwáng	牌坊	pái·fāng	炮兵	pàobīng	蓬	péng	偏颇	piānpō
暖和	nuǎnhuo	牌价	páijià	炮火	pàohuǒ	膨大	péngdà	偏心	piānxīn
暖流	nuǎnliú	牌楼	páilou	炮击	pàojī	碰见	pèng·jiàn	偏重	piānzhòng
暖瓶	nuǎnpíng	派别	pàibié	炮楼	pàolóu	碰巧	pèngqiǎo	篇幅	piān·fú
暖气	nuǎnqì	派生	pàishēng	炮台	pàotái	碰头	pèngtóu	篇章	piānzhāng
疟疾	nüèji	派头	pàitóu	胚芽	pēiyá	碰撞	pèngzhuàng	片段	piànduàn
虐待	nüèdài	派系	pàixì	陪伴	péibàn	批驳	pībó	片断	piànduàn
挪	nuó	派性	pàixìng	陪衬	péichèn	批量	pīliàng	骗局	piànjú
挪动	nuó·dòng	攀登	pāndēng	陪同	péitóng	批示	pīshì	骗取	piànqǔ
挪用	nuóyòng	攀谈	pāntán	培	péi	坯	pī	骗子	piànzi
诺言	nuòyán	攀援	pānyuán	培土	péitǔ	披露	pīlù	漂	piāo
懦弱	nuòruò	盘剥	pánbō	培植	péizhí	劈	pī	漂泊	piāobó
糯米	nuòmǐ	盘踞	pánjù	赔	péi	霹雳	pīlì	漂浮	piāofú
		盘算	pánsuan	赔款	péikuǎn	皮包	píbāo	漂流	piāoliú
O		盘问	pánwèn	赔钱	péiqián	皮层	pícéng	漂移	piāoyí
讴歌	ōugē	盘旋	pánxuán	裴	Péi	皮带	pídài	飘带	piāodài
鸥	ōu	盘子	pánzi	佩	pèi	皮革	pígé	飘荡	piāodàng
殴打	ōudǎ	判别	pànbié	佩戴	pèidài	皮毛	pímáo	飘动	piāodòng
呕	ǒu	判决书	pànjuéshū	配备	pèibèi	皮球	píqiú	飘浮	piāofú
呕吐	ǒutù	判明	pànmíng	配对	pèiduì	皮肉	píròu	飘忽	piāohū
偶像	ǒuxiàng	判刑	pànxíng	配方	pèifāng	皮子	pízi	飘零	piāolíng
藕	ǒu	叛	pàn	配件	pèijiàn	毗邻	pílín	飘落	piāoluò
		叛变	pànbiàn	配角	pèijué	疲	pí	飘然	piāorán
P		叛乱	pànluàn	配偶	pèi'ǒu	疲惫	píbèi	飘散	piāosàn
趴	pā	叛逆	pànnì	配伍	pèiwǔ	疲乏	pífá	飘扬	piāoyáng
爬行	páxíng	叛徒	pàntú	配制	pèizhì	啤酒	píjiǔ	飘逸	piāoyì
耙	pá	畔	pàn	配种	pèizhǒng	琵琶	pí·pá	朴	Piáo
帕	pà	膀	pāng	喷发	pēnfā	脾胃	píwèi	瓢	piáo
拍板	pāibǎn	庞	páng	喷泉	pēnquán	脾脏	pízàng	漂	piǎo
拍卖	pāimài	旁白	pángbái	喷洒	pēnsǎ	匹配	pǐpèi	漂白粉	piǎobáifěn
拍手	pāishǒu	旁人	pángrén	喷射	pēnshè	痞子	pǐzi	瞟	piǎo
拍照	pāizhào	旁听	pángtīng	喷嚏	pēn·tì	劈	pǐ	票据	piàojù

票子	piàozi	平息	píngxī	剖析	pōuxī	齐名	qímíng	起立	qǐlì
撇	piē	平移	píngyí	仆	pū	齐全	qíquán	起落	qǐluò
撇开	piē·kāi	平庸	píngyōng	扑鼻	pūbí	齐整	qízhěng	起事	qǐshì
瞥	piē	平整	píngzhěng	扑克	pūkè	奇观	qíguān	起诉	qǐsù
瞥见	piējiàn	评比	píngbǐ	扑灭	pūmiè	奇妙	qímiào	起先	qǐxiān
撇	piě	评定	píngdìng	铺盖	pūgai	奇闻	qíwén	起因	qǐyīn
拼	pīn	评分	píngfēn	铺设	pūshè	歧视	qíshì	绮丽	qǐlì
拼搏	pīnbó	评估	pínggū	仆	pú	歧途	qítú	气喘	qìchuǎn
拼凑	pīncòu	评奖	píngjiǎng	仆人	púrén	歧义	qíyì	气垫	qìdiàn
拼死	pīnsǐ	评剧	píngjù	仆役	púyì	祈	qí	气度	qìdù
拼音	pīnyīn	评判	píngpàn	葡萄	pú	祈祷	qídǎo	气概	qìgài
贫乏	pínfá	评审	píngshěn	葡萄酒	pú·táojiǔ	祈求	qíqiú	气功	qìgōng
贫寒	pínhán	评述	píngshù	蒲公英	púgōngyīng	畦	qí	气管	qìguǎn
贫瘠	pínjí	评弹	píngtán	蒲扇	púshàn	崎岖	qíqū	气急	qìjí
贫苦	pínkǔ	评议	píngyì	朴实	pǔshí	骑兵	qíbīng	气节	qìjié
贫民	pínmín	评语	píngyǔ	圃	pǔ	棋	qí	气孔	qìkǒng
贫血	pínxuè	坪	píng	浦	pǔ	棋盘	qípán	气力	qìlì
频	pín	凭吊	píngdiào	普	pǔ	旗子	qízǐ	气囊	qìnáng
频道	píndào	凭空	píngkōng	普查	pǔchá	旗号	qíhào	气恼	qìnǎo
品尝	pǐncháng	凭证	píngzhèng	普法	pǔfǎ	旗袍	qípáo	气馁	qìněi
品格	pǐngé	屏风	píngfēng	普选	pǔxuǎn	旗子	qízi	气派	qìpài
品评	pǐnpíng	屏障	píngzhàng	谱写	pǔxiě	鳍	qí	气泡	qìpào
品位	pǐnwèi	瓶子	píngzi	堡	pù	乞丐	qǐgài	气魄	qìpò
品味	pǐnwèi	萍	píng	瀑	pù	乞求	qǐqiú	气球	qìqiú
品行	pǐnxíng	坡地	pōdì	瀑布	pùbù	乞讨	qǐtǎo	气色	qìsè
聘	pìn	坡度	pōdù			岂有此理	qǐyǒu-cǐlǐ	气势	qìshì
聘请	pìnqǐng	泊	pō		Q	企鹅	qǐ'é	气态	qìtài
平安	píng'ān	泼	pō	沏	qī	启	qǐ	气虚	qìxū
平板	píngbǎn	泼辣	pō·là	栖息	qīxī	启程	qǐchéng	气旋	qìxuán
平淡	píngdàn	婆家	pójia	凄惨	qīcǎn	启迪	qǐdí	气焰	qìyàn
平地	píngdì	迫不及待	pòbùjídài	凄楚	qīchǔ	启动	qǐdòng	迄	qì
平定	píngdìng	破案	pò'àn	凄厉	qīlì	启蒙	qǐméng	迄今	qìjīn
平反	píngfǎn	破除	pòchú	凄然	qīrán	启事	qǐshì	汽	qì
平方	píngfāng	破格	pògé	戚	qī	起兵	qǐbīng	汽笛	qìdí
平房	píngfáng	破获	pòhuò	期刊	qīkān	起步	qǐbù	汽缸	qìgāng
平衡木	pínghéngmù	破旧	pòjiù	欺	qī	起草	qǐcǎo	汽化	qìhuà
平滑	pínghuá	破烂	pòlàn	欺负	qīfu	起床	qǐchuáng	汽水	qìshuǐ
平缓	pínghuǎn	破例	pòlì	欺凌	qīlíng	起飞	qǐfēi	汽艇	qìtǐng
平价	píngjià	破灭	pòmiè	欺侮	qīwǔ	起哄	qǐhòng	泣	qì
平米	píngmǐ	破碎	pòsuì	欺压	qīyā	起火	qǐhuǒ	契	qì
平生	píngshēng	破绽	pò·zhàn	欺诈	qīzhà	起家	qǐjiā	契机	qìjī
平素	píngsù	魄	pò	漆黑	qīhēi	起见	qǐjiàn	器件	qìjiàn
平台	píngtái	魄力	pò·lì	漆器	qīqì	起劲	qǐjìn	器具	qìjù
平稳	píngwěn	剖	pōu	齐备	qíbèi	起居	qǐjū	器皿	qìmǐn

器物	qìwù	前身	qiánshēn	强加	qiángjiā	鞘	qiào	勤俭	qínjiǎn
器械	qìxiè	前世	qiánshì	强健	qiángjiàn	切除	qiēchú	勤快	qínkuai
器乐	qìyuè	前天	qiántiān	强劲	qiángjìng	切磋	qiēcuō	擒	qín
器重	qìzhòng	前卫	qiánwèi	强力	qiánglì	切点	qiēdiǎn	噙	qín
掐	qiā	前沿	qiányán	强盛	qiángshèng	切割	qiēgē	寝	qǐn
洽	qià	前夜	qiányè	强行	qiángxíng	切口	qiēkǒu	寝室	qǐnshì
洽谈	qiàtán	前肢	qiánzhī	强硬	qiángyìng	切面	qiēmiàn	沁	qìn
恰	qià	前奏	qiánzòu	强占	qiángzhàn	切片	qiēpiàn	青菜	qīngcài
恰巧	qiàqiǎo	虔诚	qiánchéng	强壮	qiángzhuàng	切线	qiēxiàn	青草	qīngcǎo
恰如	qiàrú	钱包	qiánbāo	墙根	qiánggēn	茄子	qiézi	青翠	qīngcuì
恰似	qiàsì	钱币	qiánbì	墙角	qiángjiǎo	切合	qièhé	青稞	qīngkē
千古	qiāngǔ	钱财	qiáncái	墙头	qiángtóu	切忌	qièjì	青睐	qīnglài
千金	qiānjīn	钳工	qiángōng	抢夺	qiǎngduó	切身	qièshēn	青霉素	qīngméisù
千钧一发	qiānjūn-yīfà	钳子	qiánzi	抢购	qiǎnggòu	妾	qiè	青苔	qīngtái
千卡	qiānkǎ	乾	qián	抢劫	qiǎngjié	怯	qiè	青天	qīngtiān
千瓦	qiānwǎ	乾坤	qiánkūn	抢先	qiǎngxiān	怯懦	qiènuò	青铜	qīngtóng
扦	qiān	潜藏	qiáncáng	抢险	qiǎngxiǎn	窃	qiè	青衣	qīngyī
迁就	qiānjiù	潜伏	qiánfú	抢修	qiǎngxiū	窃取	qièqǔ	轻便	qīngbiàn
迁居	qiānjū	潜入	qiánrù	抢占	qiǎngzhàn	惬意	qièyì	轻而易举	qīng'éryìjǔ
牵动	qiāndòng	潜水	qiánshuǐ	强求	qiǎngqiú	钦差	qīnchāi	轻浮	qīngfú
牵挂	qiānguà	潜艇	qiántǐng	呛	qiàng	钦佩	qīnpèi	轻快	qīngkuài
牵连	qiānlián	潜移默化	qiányí-mòhuà	跷	qiāo	侵害	qīnhài	轻描淡写	qīngmiáo-dànxiě
牵涉	qiānshè			锹	qiāo	侵吞	qīntūn		
牵引	qiānyǐn	黔	Qián	敲打	qiāo·dǎ	侵袭	qīnxí	轻蔑	qīngmiè
牵制	qiānzhì	浅薄	qiǎnbó	乔	qiáo	亲爱	qīn'ài	轻骑	qīngqí
谦虚	qiānxū	浅海	qiǎnhǎi	乔木	qiáomù	亲笔	qīnbǐ	轻巧	qīng·qiǎo
谦逊	qiānxùn	浅滩	qiǎntān	侨胞	qiáobāo	亲近	qīnjìn	轻柔	qīngróu
签	qiān	浅显	qiǎnxiǎn	侨眷	qiáojuàn	亲口	qīnkǒu	轻率	qīngshuài
签发	qiānfā	谴责	qiǎnzé	侨民	qiáomín	亲临	qīnlín	轻信	qīngxìn
签名	qiānmíng	欠缺	qiànquē	侨务	qiáowù	亲昵	qīnnì	轻音乐	qīngyīnyuè
签署	qiānshǔ	纤	qiàn	桥头	qiáotóu	亲朋	qīnpéng	轻盈	qīngyíng
签约	qiānyuē	歉	qiàn	翘	qiáo	亲身	qīnshēn	氢弹	qīngdàn
签证	qiānzhèng	歉收	qiànshōu	瞧见	qiáo·jiàn	亲生	qīnshēng	倾倒	qīngdǎo
签字	qiānzì	歉意	qiànyì	巧合	qiǎohé	亲事	qīn·shì	倾倒	qīngdào
前辈	qiánbèi	呛	qiāng	悄然	qiǎorán	亲手	qīnshǒu	倾角	qīngjiǎo
前臂	qiánbì	枪毙	qiāngbì	悄声	qiǎoshēng	亲王	qīnwáng	倾诉	qīngsù
前程	qiánchéng	枪弹	qiāngdàn	俏	qiào	亲吻	qīnwěn	倾吐	qīngtǔ
前额	qián'é	枪杀	qiāngshā	俏皮	qiào·pí	亲信	qīnxìn	倾销	qīngxiāo
前锋	qiánfēng	枪支	qiāngzhī	峭壁	qiàobì	亲缘	qīnyuán	倾泻	qīngxiè
前列	qiánliè	腔调	qiāngdiào	窍	qiào	亲子	qīnzǐ	倾心	qīngxīn
前年	qiánnián	强渡	qiángdù	窍门	qiàomén	禽	qín	倾注	qīngzhù
前仆后继	qiánpū-hòujì	强攻	qiánggōng	翘	qiào	禽兽	qínshòu	卿	qīng
前哨	qiánshào	强国	qiángguó	橇	qiāo	勤奋	qínfèn	清白	qīngbái

清查	qīngchá	擎	qíng	裘皮	qiúpí	权势	quánshì	染料	rǎnliào
清偿	qīngcháng	顷	qǐng	区划	qūhuà	权限	quánxiàn	让步	ràngbù
清澈	qīngchè	顷刻	qǐngkè	区间	qūjiān	全集	quánjí	让位	ràngwèi
清脆	qīngcuì	请假	qǐngjià	曲解	qūjiě	全力	quánlì	饶	ráo
清单	qīngdān	请教	qǐngjiào	曲面	qūmiàn	全貌	quánmào	饶恕	ráoshù
清淡	qīngdàn	请客	qǐngkè	曲轴	qūzhóu	全能	quánnéng	扰	rǎo
清风	qīngfēng	请愿	qǐngyuàn	驱车	qūchē	全盘	quánpán	绕道	ràodào
清高	qīnggāo	庆	qìng	驱除	qūchú	全权	quánquán	热潮	rècháo
清官	qīngguān	庆贺	qìnghè	驱赶	qūgǎn	全文	quánwén	热忱	rèchén
清净	qīngjìng	庆幸	qìngxìng	驱散	qūsàn	全线	quánxiàn	热诚	rèchéng
清静	qīngjìng	亲家	qìngjia	驱使	qūshǐ	泉水	quánshuǐ	热度	rèdù
清冷	qīnglěng	磬	qìng	屈	qū	泉源	quányuán	热浪	rèlàng
清凉	qīngliáng	穷尽	qióngjìn	屈从	qūcóng	拳击	quánjī	热泪	rèlèi
清明	qīngmíng	穷苦	qióngkǔ	屈辱	qūrǔ	痊愈	quányù	热力	rèlì
清扫	qīngsǎo	穷困	qióngkùn	祛	qū	蜷	quán	热恋	rèliàn
清瘦	qīngshòu	琼	qióng	蛆	qū	蜷缩	quánsuō	热流	rèliú
清爽	qīngshuǎng	丘陵	qiūlíng	躯	qū	犬	quǎn	热门	rèmén
清算	qīngsuàn	邱	Qiū	躯干	qūgàn	犬齿	quǎnchǐ	热气	rèqì
清洗	qīngxǐ	秋风	qiūfēng	躯壳	qūqiào	劝导	quàndǎo	热切	rèqiè
清闲	qīngxián	秋收	qiūshōu	躯体	qūtǐ	劝告	quàngào	热望	rèwàng
清香	qīngxiāng	仇	Qiú	曲调	qǔdiào	劝解	quànjiě	热血	rèxuè
清新	qīngxīn	囚	qiú	曲目	qǔmù	劝说	quànshuō	热源	rèyuán
清秀	qīngxiù	囚犯	qiúfàn	曲牌	qǔpái	劝慰	quànwèi	人称	rénchēng
清早	qīngzǎo	囚禁	qiújìn	曲艺	qǔyì	劝阻	quànzǔ	人次	réncì
清真寺	qīngzhēnsì	囚徒	qiútú	曲子	qǔzi	券	quàn	人道	réndào
蜻蜓	qīngtíng	求爱	qiú'ài	取材	qǔcái	缺德	quēdé	人丁	réndīng
情不自禁	qíngbùzìjīn	求婚	qiúhūn	取缔	qǔdì	缺憾	quēhàn	人和	rénhé
情调	qíngdiào	求救	qiújiù	取经	qǔjīng	缺口	quēkǒu	人际	rénjì
情怀	qínghuái	求解	qiújiě	取乐	qǔlè	缺损	quēsǔn	人迹	rénjì
情理	qínglǐ	求教	qiújiào	取暖	qǔnuǎn	瘸	qué	人流	rénliú
情侣	qínglǚ	求人	qiúrén	取舍	qǔshě	雀	què	人伦	rénlún
情人	qíngrén	求生	qiúshēng	取胜	qǔshèng	确信	quèxìn	人马	rénmǎ
情势	qíngshì	求实	qiúshí	取笑	qǔxiào	确凿	quèzáo(quèzuò)	人命	rénmìng
情书	qíngshū	求学	qiúxué	取样	qǔyàng			人品	rénpǐn
情思	qíngsī	求援	qiúyuán	取悦	qǔyuè	确证	quèzhèng	人情	rénqíng
情态	qíngtài	求知	qiúzhī	去处	qù·chù	阙	què	人权	rénquán
情谊	qíngyì	求助	qiúzhù	去路	qùlù	裙	qún	人参	rénshēn
情意	qíngyì	球场	qiúchǎng	去向	qùxiàng	裙子	qúnzi	人声	rénshēng
情欲	qíngyù	球迷	qiúmí	趣	qù	群岛	qúndǎo	人世	rénshì
情愿	qíngyuàn	球面	qiúmiàn	圈套	quāntào	群居	qúnjū	人手	rénshǒu
晴	qíng	球赛	qiúsài	圈子	quānzi		**R**	人文	rénwén
晴空	qíngkōng	球体	qiútǐ	权贵	quánguì			人像	rénxiàng
晴朗	qínglǎng	裘	qiú	权衡	quánhéng	冉冉	rǎnrǎn	人行道	rénxíngdào

人选	rénxuǎn	容许	róngxǔ	褥子	rùzi	丧气	sàngqì	筛	shāi
人烟	rényān	容颜	róngyán	软骨	ruǎngǔ	搔	sāo	筛选	shāixuǎn
人中	rénzhōng	溶洞	róngdòng	软化	ruǎnhuà	骚	sāo	山坳	shān'ào
人种	rénzhǒng	溶化	rónghuà	软件	ruǎnjiàn	骚动	sāodòng	山茶	shānchá
仁慈	réncí	溶血	róngxuè	软禁	ruǎnjìn	骚扰	sāorǎo	山川	shānchuān
仁义	rényì	熔化	rónghuà	软弱	ruǎnruò	缫	sāo	山村	shāncūn
忍痛	rěntòng	融	róng	蕊	ruǐ	臊	sāo	山歌	shāngē
忍心	rěnxīn	融化	rónghuà	锐	ruì	扫除	sǎochú	山沟	shāngōu
刃	rèn	融洽	róngqià	锐角	ruìjiǎo	扫地	sǎodì	山河	shānhé
认错	rèncuò	融资	róngzī	锐利	ruìlì	扫盲	sǎománg	山洪	shānhóng
认购	rèngòu	冗长	rǒngcháng	瑞	ruì	扫描	sǎomiáo	山涧	shānjiàn
认可	rènkě	柔	róu	闰	rùn	扫射	sǎoshè	山脚	shānjiǎo
认同	rèntóng	柔道	róudào	润	rùn	扫视	sǎoshì	山梁	shānliáng
认罪	rènzuì	柔美	róuměi	润滑	rùnhuá	扫兴	sǎoxìng	山岭	shānlǐng
任教	rènjiào	柔情	róuqíng	若无其事	ruòwúqíshì	扫帚	sàozhou	山麓	shānlù
任免	rènmiǎn	柔弱	róuruò	弱小	ruòxiǎo	臊	sào	山峦	shānluán
任凭	rènpíng	柔顺	róushùn			色调	sèdiào	山门	shānmén
任期	rènqī	蹂躏	róulìn	**S**		色光	sèguāng	山系	shānxì
任性	rènxìng	肉食	ròushí			色盲	sèmáng	山崖	shānyá
任用	rènyòng	肉眼	ròuyǎn	仨	sā	色情	sèqíng	山羊	shānyáng
任职	rènzhí	肉质	ròuzhì	撒谎	sāhuǎng	色素	sèsù	山腰	shānyāo
韧	rèn	如期	rúqī	撒娇	sājiāo	色泽	sèzé	山野	shānyě
韧带	rèndài	如实	rúshí	撒手	sāshǒu	涩	sè	山岳	shānyuè
韧性	rènxìng	如释重负	rúshìzhòngfù	洒脱	sǎ·tuō	瑟	sè	山楂	shānzhā
妊娠	rènshēn	如意	rúyì	卅	sà	森严	sēnyán	杉	shān
日程	rìchéng	儒	rú	腮	sāi	僧尼	sēngní	衫	shān
日光	rìguāng	儒学	rúxué	塞子	sāizi	杀菌	shājūn	珊瑚	shānhú
日后	rìhòu	蠕动	rúdòng	赛场	sàichǎng	杀戮	shālù	扇动	shāndòng
日见	rìjiàn	汝	rǔ	赛跑	sàipǎo	杀伤	shāshāng	煽动	shāndòng
日渐	rìjiàn	乳白	rǔbái	赛事	sàishì	杉木	shāmù	闪现	shǎnxiàn
日历	rìlì	乳房	rǔfáng	三角洲	sānjiǎozhōu	沙丘	shāqiū	闪耀	shǎnyào
日食	rìshí	乳牛	rǔniú	三轮车	sānlúnchē	沙土	shātǔ	陕	Shǎn
日用	rìyòng	乳汁	rǔzhī	散漫	sǎnmàn	沙哑	shāyǎ	扇贝	shànbèi
荣	róng	辱	rǔ	散场	sànchǎng	沙子	shāzi	扇子	shànzi
荣获	rónghuò	入股	rùgǔ	散会	sànhuì	刹	shā	善后	shànhòu
荣幸	róngxìng	入境	rùjìng	散伙	sànhuǒ	刹车	shāchē	善意	shànyì
荣耀	róngyào	入口	rùkǒu	散落	sànluò	纱布	shābù	善战	shànzhàn
绒	róng	入门	rùmén	散失	sànshī	纱锭	shādìng	禅	shàn
绒毛	róngmáo	入迷	rùmí	丧事	sāngshì	煞	shā	擅长	shàncháng
绒线	róngxiàn	入睡	rùshuì	丧葬	sāngzàng	傻瓜	shǎguā	擅自	shànzì
容积	róngjī	入伍	rùwǔ	桑	sāng	傻子	shǎzi	膳	shàn
容貌	róngmào	入夜	rùyè	嗓门儿	sǎngménr	煞	shà	膳食	shànshí
容忍	róngrěn	入座	rùzuò	嗓音	sǎngyīn	霎时	shàshí	赡养	shànyǎng

伤疤	shāngbā	上书	shàngshū	涉	shè	神明	shénmíng	生息	shēngxī
伤感	shānggǎn	上司	shàngsi	涉外	shèwài	神速	shénsù	生肖	shēngxiào
伤寒	shānghán	上台	shàngtái	涉足	shèzú	神通	shéntōng	生效	shēngxiào
伤痕	shānghén	上头	shàngtou	赦	shè	神童	shéntóng	生性	shēngxìng
伤势	shāngshì	上行	shàngxíng	赦免	shèmiǎn	神往	shénwǎng	生涯	shēngyá
伤亡	shāngwáng	上旬	shàngxún	摄取	shèqǔ	神仙	shén·xiān	生硬	shēngyìng
商场	shāngchǎng	上演	shàngyǎn	摄食	shèshí	神像	shénxiàng	生字	shēngzì
商船	shāngchuán	上阵	shàngzhèn	摄制	shèzhì	神韵	shényùn	声波	shēngbō
商定	shāngdìng	上肢	shàngzhī	麝	shè	神志	shénzhì	声部	shēngbù
商贩	shāngfàn	上座	shàngzuò	申	shēn	神州	shénzhōu	声称	shēngchēng
商贾	shānggǔ	尚且	shàngqiě	申报	shēnbào	审	shěn	声带	shēngdài
商会	shānghuì	捎	shāo	申明	shēnmíng	审定	shěndìng	声浪	shēnglàng
商检	shāngjiǎn	烧杯	shāobēi	申诉	shēnsù	审核	shěnhé	声名	shēngmíng
商榷	shāngquè	烧饼	shāobing	伸缩	shēnsuō	审理	shěnlǐ	声势	shēngshì
商谈	shāngtán	烧毁	shāohuǐ	伸展	shēnzhǎn	审批	shěnpī	声速	shēngsù
商讨	shāngtǎo	烧火	shāohuǒ	伸张	shēnzhāng	审慎	shěnshèn	声望	shēngwàng
商务	shāngwù	烧酒	shāojiǔ	身长	shēncháng	审视	shěnshì	声息	shēngxī
商议	shāngyì	烧瓶	shāopíng	身段	shēnduàn	审问	shěnwèn	声学	shēngxué
晌	shǎng	烧伤	shāoshāng	身高	shēngāo	审讯	shěnxùn	声言	shēngyán
晌午	shǎngwu	烧香	shāoxiāng	身价	shēnjià	审议	shěnyì	声誉	shēngyù
赏赐	shǎngcì	勺	sháo	身世	shēnshì	婶子	shěnzi	声援	shēngyuán
赏识	shǎngshí	勺子	sháozi	呻吟	shēnyín	肾脏	shènzàng	声乐	shēngyuè
上报	shàngbào	少见	shǎojiàn	绅士	shēnshì	甚而	shèn'ér	笙	shēng
上臂	shàngbì	少儿	shào'ér	砷	shēn	渗	shèn	绳索	shéngsuǒ
上场	shàngchǎng	少妇	shàofù	深奥	shēn'ào	渗入	shènrù	省城	shěngchéng
上当	shàngdàng	少将	shàojiàng	深层	shēncéng	慎	shèn	省份	shěngfèn
上等	shàngděng	哨	shào	深海	shēnhǎi	升华	shēnghuá	省会	shěnghuì
上吊	shàngdiào	哨兵	shàobīng	深浅	shēnqiǎn	升级	shēngjí	省略	shěnglüè
上风	shàngfēng	哨所	shàosuǒ	深切	shēnqiè	升降	shēngjiàng	省事	shěngshì
上工	shànggōng	哨子	shàozi	深秋	shēnqiū	升任	shēngrèn	圣诞节	Shèngdàn Jié
上古	shànggǔ	奢侈	shēchǐ	深山	shēnshān	升腾	shēngténg	圣地	shèngdì
上好	shànghǎo	舌苔	shétāi	深思	shēnsī	升学	shēngxué	圣母	shèngmǔ
上将	shàngjiàng	舍弃	shěqì	深邃	shēnsuì	生病	shēngbìng	圣人	shèngrén
上缴	shàngjiǎo	舍身	shěshēn	深信	shēnxìn	生发	shēngfā	圣旨	shèngzhǐ
上进	shàngjìn	设防	shèfáng	深渊	shēnyuān	生根	shēnggēn	胜地	shèngdì
上列	shàngliè	社交	shèjiāo	深造	shēnzào	生机	shēngjī	胜任	shèngrèn
上流	shàngliú	社论	shèlùn	深重	shēnzhòng	生计	shēngjì	胜仗	shèngzhàng
上路	shànglù	社区	shèqū	神采	shéncǎi	生路	shēnglù	盛产	shèngchǎn
上马	shàngmǎ	社团	shètuán	神化	shénhuà	生怕	shēngpà	盛大	shèngdà
上门	shàngmén	射程	shèchéng	神经病	shénjīngbìng	生平	shēngpíng	盛会	shènghuì
上品	shàngpǐn	射箭	shèjiàn	神经质	shénjīngzhì	生日	shēng·rì	盛开	shèngkāi
上任	shàngrèn	射门	shèmén	神龛	shénkān	生疏	shēngshū	盛况	shèngkuàng
上身	shàngshēn	射手	shèshǒu	神灵	shénlíng	生死	shēngsǐ		

盛名	shèngmíng	施舍	shīshě	实习	shíxí	世事	shìshì	恃	shì
盛怒	shèngnù	施展	shīzhǎn	实效	shíxiào	世俗	shìsú	逝	shì
盛夏	shèngxià	施政	shīzhèng	实心	shíxīn	世袭	shìxí	舐	shì
盛装	shèngzhuāng	湿热	shīrè	实业	shíyè	仕	shì	嗜	shì
尸	shī	十足	shízú	实战	shízhàn	市价	shìjià	嗜好	shìhào
尸骨	shīgǔ	什	shí	实证	shízhèng	市郊	shìjiāo	誓	shì
尸首	shī•shǒu	石板	shíbǎn	拾掇	shíduo	市面	shìmiàn	誓言	shìyán
失常	shīcháng	石雕	shídiāo	食道	shídào	市镇	shìzhèn	噬	shì
失传	shīchuán	石膏	shígāo	食管	shíguǎn	市政	shìzhèng	螫	shì
失地	shīdì	石匠	shíjiang	食粮	shíliáng	式样	shìyàng	收藏	shōucáng
失火	shīhuǒ	石刻	shíkè	食谱	shípǔ	事理	shìlǐ	收场	shōuchǎng
失控	shīkòng	石窟	shíkū	食物链	shíwùliàn	事态	shìtài	收成	shōucheng
失礼	shīlǐ	石料	shíliào	食性	shíxìng	事项	shìxiàng	收发	shōufā
失利	shīlì	石榴	shíliu	食欲	shíyù	事宜	shìyí	收复	shōufù
失恋	shīliàn	石棉	shímián	食指	shízhǐ	势头	shì•tóu	收割	shōugē
失灵	shīlíng	石墨	shímò	蚀	shí	侍	shì	收工	shōugōng
失落	shīluò	石笋	shísǔn	史册	shǐcè	侍从	shìcóng	收缴	shōujiǎo
失眠	shīmián	石英	shíyīng	史籍	shǐjí	侍奉	shìfèng	收看	shōukàn
失明	shīmíng	石子儿	shízǐr	史料	shǐliào	侍候	shìhòu	收敛	shōuliǎn
失散	shīsàn	时分	shífèn	史前	shǐqián	侍卫	shìwèi	收留	shōuliú
失神	shīshén	时光	shíguāng	史诗	shǐshī	饰	shì	收录	shōulù
失声	shīshēng	时局	shíjú	史实	shǐshí	试点	shìdiǎn	收买	shōumǎi
失实	shīshí	时区	shíqū	史书	shǐshū	试剂	shìjì	收取	shōuqǔ
失守	shīshǒu	时日	shírì	矢	shǐ	试卷	shìjuàn	收容	shōuróng
失陷	shīxiàn	时尚	shíshàng	使馆	shǐguǎn	试看	shìkàn	收听	shōutīng
失效	shīxiào	时事	shíshì	使唤	shǐhuan	试探	shìtàn	收效	shōuxiào
失血	shīxuè	时势	shíshì	使节	shǐjié	试题	shìtí	收养	shōuyǎng
失意	shīyì	时务	shíwù	使者	shǐzhě	试问	shìwèn	手背	shǒubèi
失真	shīzhēn	时效	shíxiào	始祖	shǐzǔ	试想	shìxiǎng	手册	shǒucè
失职	shīzhí	时兴	shíxīng	驶	shǐ	试行	shìxíng	手稿	shǒugǎo
失重	shīzhòng	时针	shízhēn	屎	shǐ	试用	shìyòng	手巾	shǒu•jīn
失踪	shīzōng	时钟	shízhōng	士气	shìqì	试纸	shìzhǐ	手绢儿	shǒujuànr
失足	shīzú	时装	shízhuāng	士族	shìzú	视察	shìchá	手铐	shǒukào
师父	shīfu	识破	shípò	示弱	shìruò	视角	shìjiǎo	手帕	shǒupà
师母	shīmǔ	实测	shícè	示意	shìyì	视力	shìlì	手软	shǒuruǎn
师资	shīzī	实地	shídì	示众	shìzhòng	视图	shìtú	手套	shǒutào
诗集	shījí	实话	shíhuà	世道	shìdào	视网膜	shìwǎngmó	手腕	shǒuwàn
诗句	shījù	实惠	shíhuì	世故	shìgu	柿子	shì•zi	手下	shǒuxià
诗篇	shīpiān	实况	shíkuàng	世故	shìgù	拭	shì	手心	shǒuxīn
虱子	shīzi	实情	shíqíng	世家	shìjiā	适度	shìdù	手艺	shǒuyì
狮子	shīzi	实权	shíquán	世间	shìjiān	适量	shìliàng	手杖	shǒuzhàng
施放	shīfàng	实事	shíshì	世面	shìmiàn	适时	shìshí	手足	shǒuzú
施加	shījiā	实数	shíshù	世人	shìrén	适中	shìzhōng	守备	shǒubèi

守法	shǒufǎ	瘦小	shòuxiǎo	述说	shùshuō	水井	shuǐjǐng	瞬时	shùnshí
守候	shǒuhòu	书法	shūfǎ	树丛	shùcóng	水力	shuǐlì	说唱	shuōchàng
守护	shǒuhù	书房	shūfáng	树冠	shùguān	水龙头	shuǐlóngtóu	说穿	shuōchuān
守旧	shǒujiù	书画	shūhuà	树苗	shùmiáo	水陆	shuǐlù	说谎	shuōhuǎng
守卫	shǒuwèi	书架	shūjià	树脂	shùzhī	水路	shuǐlù	说教	shuōjiào
守则	shǒuzé	书局	shūjú	竖立	shùlì	水鸟	shuǐniǎo	说理	shuōlǐ
首创	shǒuchuàng	书卷	shūjuàn	恕	shù	水牛	shuǐniú	说笑	shuōxiào
首府	shǒufǔ	书刊	shūkān	庶民	shùmín	水情	shuǐqíng	硕大	shuòdà
首届	shǒujiè	书目	shūmù	数额	shù'é	水渠	shuǐqú	硕士	shuòshì
首脑	shǒunǎo	书生	shūshēng	数码	shùmǎ	水势	shuǐshì	司空见惯	sīkōng-jiànguàn
首饰	shǒushi	书信	shūxìn	刷新	shuāxīn	水塔	shuǐtǎ	丝绸	sīchóu
首尾	shǒuwěi	书院	shūyuàn	衰	shuāi	水獭	shuǐtǎ	丝绒	sīróng
首席	shǒuxí	书桌	shūzhuō	衰败	shuāibài	水土	shuǐtǔ	丝线	sīxiàn
首相	shǒuxiàng	抒发	shūfā	衰减	shuāijiǎn	水系	shuǐxì	私产	sīchǎn
寿	shòu	枢	shū	衰竭	shuāijié	水仙	shuǐxiān	私法	sīfǎ
受挫	shòucuò	枢纽	shūniǔ	衰落	shuāiluò	水乡	shuǐxiāng	私立	sīlì
受害	shòuhài	倏然	shūrán	衰弱	shuāiruò	水箱	shuǐxiāng	私利	sīlì
受贿	shòuhuì	梳理	shūlǐ	衰退	shuāituì	水星	shuǐxīng	私事	sīshì
受奖	shòujiǎng	梳子	shūzi	衰亡	shuāiwáng	水性	shuǐxìng	私塾	sīshú
受戒	shòujiè	舒	shū	摔跤	shuāijiāo	水域	shuǐyù	私下	sīxià
受惊	shòujīng	舒畅	shūchàng	帅	shuài	水运	shuǐyùn	私心	sīxīn
受苦	shòukǔ	舒坦	shūtan	率先	shuàixiān	水灾	shuǐzāi	私语	sīyǔ
受累	shòulěi	舒展	shūzhǎn	栓	shuān	水闸	shuǐzhá	私自	sīzì
受累	shòulèi	舒张	shūzhāng	涮	shuàn	水质	shuǐzhì	思辨	sībiàn
受理	shòulǐ	疏导	shūdǎo	双边	shuāngbiān	水肿	shuǐzhǒng	思忖	sīcǔn
受命	shòumìng	疏忽	shūhu	双重	shuāngchóng	水准	shuǐzhǔn	思量	sīliang
受难	shòunàn	疏散	shūsàn	双亲	shuāngqīn	税额	shuì'é	思虑	sīlǜ
受骗	shòupiàn	疏松	shūsōng	双向	shuāngxiàng	税法	shuìfǎ	思念	sīniàn
受气	shòuqì	疏通	shūtōng	双语	shuāngyǔ	税利	shuìlì	思绪	sīxù
受热	shòurè	疏远	shūyuǎn	霜冻	shuāngdòng	税率	shuìlǜ	斯文	sīwén
受训	shòuxùn	孰	shú	霜期	shuāngqī	税务	shuìwù	厮杀	sīshā
受益	shòuyì	赎	shú	爽	shuǎng	睡梦	shuìmèng	撕	sī
受灾	shòuzāi	赎罪	shúzuì	爽快	shuǎngkuai	睡意	shuìyì	撕毁	sīhuǐ
受制	shòuzhì	熟人	shúrén	爽朗	shuǎnglǎng	吮	shǔn	嘶哑	sīyǎ
受阻	shòuzǔ	熟睡	shúshuì	水泵	shuǐbèng	顺便	shùnbiàn	死板	sǐbǎn
受罪	shòuzuì	熟知	shúzhī	水兵	shuǐbīng	顺从	shùncóng	死活	sǐhuó
授粉	shòufěn	暑	shǔ	水波	shuǐbō	顺风	shùnfēng	死寂	sǐjì
授课	shòukè	暑假	shǔjià	水草	shuǐcǎo	顺口	shùnkǒu	死伤	sǐshāng
授权	shòuquán	署	shǔ	水产	shuǐchǎn	顺势	shùnshì	死神	sǐshén
授予	shòuyǔ	署名	shǔmíng	水车	shuǐchē	顺心	shùnxīn	死守	sǐshǒu
售	shòu	蜀	shǔ	水花	shuǐhuā	顺眼	shùnyǎn	四季	sìjì
兽医	shòuyī	曙光	shǔguāng	水火	shuǐhuǒ	顺应	shùnyìng	四散	sìsàn
瘦弱	shòuruò	述评	shùpíng	水晶	shuǐjīng	舜	Shùn		

四时	sìshí	俗语	súyǔ	索取	suǒqǔ	弹力	tánlì	桃子	táozi
四外	sìwài	诉	sù	索性	suǒxìng	弹跳	tántiào	陶瓷	táocí
四围	sìwéi	诉苦	sùkǔ	琐事	suǒshì	谭	Tán	陶器	táoqì
寺庙	sìmiào	诉说	sùshuō	琐碎	suǒsuì	潭	tán	陶醉	táozuì
似是而非	sìshì'érfēi	肃穆	sùmù	锁链	suǒliàn	坦白	tǎnbái	淘	táo
伺机	sìjī	肃清	sùqīng			坦然	tǎnrán	淘气	táoqì
祀	sì	素来	sùlái	**T**		坦率	tǎnshuài	讨伐	tǎofá
饲	sì	素描	sùmiáo	他乡	tāxiāng	毯子	tǎnzi	讨饭	tǎofàn
俟	sì	素养	sùyǎng	塌	tā	叹气	tànqì	讨好	tǎohǎo
肆无忌惮	sìwújìdàn	速成	sùchéng	拓	tà	炭	tàn	套用	tàoyòng
肆意	sìyì	速写	sùxiě	榻	tà	探究	tànjiū	特产	tèchǎn
嗣	sì	宿营	sùyíng	踏步	tàbù	探亲	tànqīn	特长	tècháng
松动	sōngdòng	粟	sù	胎盘	tāipán	探求	tànqiú	特技	tèjì
松软	sōngruǎn	塑	sù	胎生	tāishēng	探视	tànshì	特例	tèlì
松散	sōngsǎn	塑像	sùxiàng	台词	táicí	探听	tàntīng	特派	tèpài
松手	sōngshǒu	溯	sù	台灯	táidēng	探头	tàntóu	特区	tèqū
松鼠	sōngshǔ	酸痛	suāntòng	台阶	táijiē	探望	tànwàng	特赦	tèshè
松懈	sōngxiè	酸雨	suānyǔ	台子	táizi	探问	tànwèn	特写	tèxiě
怂恿	sǒngyǒng	酸枣	suānzǎo	抬升	táishēng	探险	tànxiǎn	特许	tèxǔ
耸	sǒng	蒜	suàn	太后	tàihòu	探寻	tànxún	特异	tèyì
耸立	sǒnglì	算计	suànji	太监	tài·jiàn	探询	tànxún	特约	tèyuē
讼	sòng	算命	suànmìng	太子	tàizǐ	堂皇	tánghuáng	特制	tèzhì
送别	sòngbié	算盘	suàn·pán	汰	tài	搪瓷	tángcí	特质	tèzhì
送礼	sònglǐ	算术	suànshù	态势	tàishì	搪塞	tángsè	特种	tèzhǒng
送气	sòngqì	算账	suànzhàng	钛	tài	糖果	tángguǒ	疼爱	téng'ài
送行	sòngxíng	绥	suí	泰	tài	糖尿病		腾飞	téngfēi
送葬	sòngzàng	随处	suíchù	泰山	tàishān		tángniàobìng	腾空	téngkōng
诵	sòng	随从	suícóng	坍塌	tāntā	螳螂	tángláng	藤	Téng
诵读	sòngdú	随军	suíjūn	贪	tān	倘使	tǎngshǐ	藤萝	téngluó
颂	sòng	随身	suíshēn	贪婪	tānlán	淌	tǎng	剔除	tīchú
颂扬	sòngyáng	随同	suítóng	贪图	tāntú	烫伤	tàngshāng	梯	tī
搜	sōu	随心所欲	suíxīnsuǒyù	贪污	tānwū	涛	tāo	梯田	tītián
搜捕	sōubǔ	岁数	suìshu	摊贩	tānfàn	绦虫	tāochóng	梯形	tīxíng
搜查	sōuchá	隧道	suìdào	摊派	tānpài	滔滔	tāotāo	梯子	tīzi
搜刮	sōuguā	孙女	sūn·nǚ	摊子	tānzi	逃兵	táobīng	提案	tí'àn
搜罗	sōuluó	损	sǔn	滩涂	tāntú	逃窜	táocuàn	提拔	tí·bá
搜索	sōusuǒ	损坏	sǔnhuài	瘫痪	tānhuàn	逃荒	táohuāng	提包	tíbāo
搜寻	sōuxún	笋	sǔn	坛	tán	逃命	táomìng	提成	tíchéng
苏醒	sūxǐng	唆使	suōshǐ	坛子	tánzi	逃难	táonàn	提纯	tíchún
酥	sū	梭	suō	谈天	tántiān	逃脱	táotuō	提纲	tígāng
俗话	súhuà	蓑衣	suōyī	谈吐	tántǔ	逃亡	táowáng	提货	tíhuò
俗名	súmíng	缩减	suōjiǎn	谈心	tánxīn	逃学	táoxué	提交	tíjiāo
俗人	súrén	缩影	suōyǐng	弹劾	tánhé	桃李	táolǐ	提留	tíliú

提名	tímíng	天理	tiānlǐ	调控	tiáokòng	停息	tíngxī	同姓	tóngxìng
提琴	tíqín	天亮	tiānliàng	调配	tiáopèi	停歇	tíngxiē	佟	Tóng
提请	tíqǐng	天明	tiānmíng	调皮	tiáopí	停业	tíngyè	铜板	tóngbǎn
提升	tíshēng	天命	tiānmìng	调试	tiáoshì	停战	tíngzhàn	铜臭	tóngxiù
提示	tíshì	天幕	tiānmù	调停	tiáotíng	停滞	tíngzhì	铜钱	tóngqián
提问	tíwèn	天平	tiānpíng	调制	tiáozhì	挺拔	tǐngbá	童	tóng
提携	tíxié	天色	tiānsè	挑拨	tiǎobō	挺进	tǐngjìn	童工	tónggōng
提早	tízǎo	天时	tiānshí	挑衅	tiǎoxìn	挺立	tǐnglì	童心	tóngxīn
啼	tí	天使	tiānshǐ	眺望	tiàowàng	挺身	tǐngshēn	童子	tóngzǐ
啼哭	tíkū	天书	tiānshū	跳板	tiàobǎn	艇	tǐng	瞳孔	tóngkǒng
啼笑皆非	tíxiào-jiēfēi	天堂	tiāntáng	跳高	tiàogāo	通报	tōngbào	统称	tǒngchēng
题词	tící	天外	tiānwài	跳水	tiàoshuǐ	通畅	tōngchàng	统筹	tǒngchóu
蹄	tí	天线	tiānxiàn	跳蚤	tiàozao	通车	tōngchē	统购	tǒnggòu
蹄子	tízi	天象	tiānxiàng	贴近	tiējìn	通称	tōngchēng	统领	tǒnglǐng
体察	tǐchá	天性	tiānxìng	贴切	tiēqiè	通达	tōngdá	统帅	tǒngshuài
体罚	tǐfá	天涯	tiānyá	帖	tiě	通风	tōngfēng	统率	tǒngshuài
体格	tǐgé	天灾	tiānzāi	铁道	tiědào	通告	tōnggào	统辖	tǒngxiá
体检	tǐjiǎn	天职	tiānzhí	铁轨	tiěguǐ	通航	tōngháng	统一体	tǒngyītǐ
体谅	tǐ·liàng	天资	tiānzī	铁匠	tiějiang	通话	tōnghuà	统制	tǒngzhì
体面	tǐ·miàn	天子	tiānzǐ	铁青	tiěqīng	通婚	tōnghūn	捅	tǒng
体魄	tǐpò	添置	tiānzhì	铁丝	tiěsī	通货	tōnghuò	痛斥	tòngchì
体态	tǐtài	田赋	tiánfù	铁索	tiěsuǒ	通令	tōnglìng	痛楚	tòngchǔ
体贴	tǐtiē	田埂	tiángěng	铁蹄	tiětí	通路	tōnglù	痛恨	tònghèn
体味	tǐwèi	田亩	tiánmǔ	铁锹	tiěxiān	通气	tōngqì	痛觉	tòngjué
体形	tǐxíng	田鼠	tiánshǔ	帖	tiè	通融	tōng·róng	痛哭	tòngkū
体型	tǐxíng	田园	tiányuán	厅堂	tīngtáng	通商	tōngshāng	痛心	tòngxīn
体液	tǐyè	恬静	tiánjìng	听从	tīngcóng	通俗	tōngsú	偷懒	tōulǎn
体育场	tǐyùchǎng	甜菜	tiáncài	听候	tīnghòu	通宵	tōngxiāo	偷窃	tōuqiè
体育馆	tǐyùguǎn	甜美	tiánměi	听讲	tīngjiǎng	通晓	tōngxiǎo	偷袭	tōuxí
体征	tǐzhēng	甜蜜	tiánmì	听课	tīngkè	通行	tōngxíng	头等	tóuděng
剃	tì	填补	tiánbǔ	听任	tīngrèn	通则	tōngzé	头骨	tóugǔ
剃头	tìtóu	填充	tiánchōng	听筒	tīngtǒng	同班	tóngbān	头号	tóuhào
替换	tì·huàn	填空	tiánkòng	听信	tīngxìn	同辈	tóngbèi	头巾	tóujīn
天边	tiānbiān	填塞	tiánsè	廷	tíng	同步	tóngbù	头盔	tóukuī
天窗	tiānchuāng	填写	tiánxiě	亭	tíng	同感	tónggǎn	头颅	tóulú
天敌	tiāndí	舔	tiǎn	亭子	tíngzi	同居	tóngjū	头目	tóumù
天赋	tiānfù	挑剔	tiāoti	庭审	tíngshěn	同龄	tónglíng	头疼	tóuténg
天国	tiānguó	挑子	tiāozi	庭院	tíngyuàn	同盟	tóngméng	头痛	tóutòng
天花	tiānhuā	条理	tiáolǐ	停办	tíngbàn	同名	tóngmíng	头衔	tóuxián
天花板	tiānhuābǎn	条文	tiáowén	停泊	tíngbó	同位素	tóngwèisù	头绪	tóuxù
天际	tiānjì	条子	tiáozi	停车	tíngchē	同乡	tóngxiāng	头子	tóuzi
天经地义	tiānjīng-dìyì	调剂	tiáojì	停放	tíngfàng	同心	tóngxīn	投案	tóu'àn
天井	tiānjǐng	调价	tiáojià	停刊	tíngkān	同性	tóngxìng	投保	tóubǎo

投奔	tóubèn	土语	tǔyǔ	蜕化	tuìhuà	挖潜	wāqián	湾	wān
投标	tóubiāo	土质	tǔzhì	蜕皮	tuìpí	洼	wā	丸	wán
投递	tóudì	土著	tǔzhù	褪	tuì	洼地	wādì	完工	wángōng
投放	tóufàng	吐露	tǔlù	吞	tūn	蛙	wā	完好	wánhǎo
投考	tóukǎo	吐血	tùxiě	吞并	tūnbìng	瓦解	wǎjiě	完结	wánjié
投靠	tóukào	湍急	tuānjí	吞没	tūnmò	瓦砾	wǎlì	完满	wánmǎn
投票	tóupiào	团队	tuánduì	吞食	tūnshí	瓦斯	wǎsī	玩弄	wánnòng
投射	tóushè	团伙	tuánhuǒ	吞噬	tūnshì	袜	wà	玩赏	wánshǎng
投身	tóushēn	团聚	tuánjù	吞吐	tūntǔ	袜子	wàzi	玩耍	wánshuǎ
投诉	tóusù	团圆	tuányuán	吞咽	tūnyàn	外币	wàibì	玩味	wánwèi
投影	tóuyǐng	推迟	tuīchí	屯	tún	外宾	wàibīn	玩物	wánwù
投掷	tóuzhì	推崇	tuīchóng	囤	tún	外出	wàichū	玩意儿	wányìr
透彻	tòuchè	推辞	tuīcí	囤积	túnjī	外感	wàigǎn	顽固	wángù
透亮	tòu·liàng	推导	tuīdǎo	臀	tún	外公	wàigōng	顽皮	wánpí
透气	tòuqì	推倒	tuīdǎo	拖车	tuōchē	外观	wàiguān	宛如	wǎnrú
透视	tòushì	推定	tuīdìng	拖累	tuōlěi	外海	wàihǎi	挽回	wǎnhuí
秃顶	tūdǐng	推断	tuīduàn	拖欠	tuōqiàn	外行	wàiháng	挽救	wǎnjiù
突起	tūqǐ	推举	tuījǔ	拖鞋	tuōxié	外号	wàihào	挽留	wǎnliú
突围	tūwéi	推力	tuīlì	拖延	tuōyán	外籍	wàijí	晚报	wǎnbào
突袭	tūxí	推敲	tuīqiāo	托管	tuōguǎn	外加	wàijiā	晚辈	wǎnbèi
图表	túbiǎo	推算	tuīsuàn	托盘	tuōpán	外流	wàiliú	晚会	wǎnhuì
图解	tújiě	推想	tuīxiǎng	脱节	tuōjié	外露	wàilù	晚婚	wǎnhūn
图景	tújǐng	推卸	tuīxiè	脱口	tuōkǒu	外貌	wàimào	晚年	wǎnnián
图谋	túmóu	推选	tuīxuǎn	脱身	tuōshēn	外婆	wàipó	晚霞	wǎnxiá
图片	túpiàn	推演	tuīyǎn	脱水	tuōshuǐ	外人	wàirén	惋惜	wǎnxī
图腾	túténg	推移	tuīyí	脱胎	tuōtāi	外伤	wàishāng	婉转	wǎnzhuǎn
图像	túxiàng	颓废	tuífèi	脱险	tuōxiǎn	外省	wàishěng	皖	Wǎn
图样	túyàng	颓然	tuírán	脱销	tuōxiāo	外事	wàishì	万恶	wàn'è
徒步	túbù	颓丧	tuísàng	驮	tuó	外套	wàitào	万国	wànguó
徒弟	tú·dì	腿脚	tuǐjiǎo	陀螺	tuóluó	外围	wàiwéi	万能	wànnéng
徒工	túgōng	退步	tuìbù	驼	tuó	外文	wàiwén	万岁	wànsuì
徒然	túrán	退还	tuìhuán	驼背	tuóbèi	外线	wàixiàn	万紫千红	wànzǐ-qiānhóng
徒手	túshǒu	退回	tuìhuí	妥	tuǒ	外销	wàixiāo		
徒刑	túxíng	退路	tuìlù	妥当	tuǒdang	外延	wàiyán	腕	wàn
途	tú	退却	tuìquè	妥善	tuǒshàn	外衣	wàiyī	蔓	wàn
涂料	túliào	退让	tuìràng	椭圆	tuǒyuán	外因	wàiyīn	汪洋	wāngyáng
涂抹	túmǒ	退守	tuìshǒu	拓	tuò	外债	wàizhài	亡灵	wánglíng
屠	tú	退缩	tuìsuō	唾	tuò	外长	wàizhǎng	王府	wángfǔ
屠刀	túdāo	退位	tuìwèi	唾沫	tuòmo	外族	wàizú	王宫	wánggōng
屠宰	túzǎi	退伍	tuìwǔ	唾液	tuòyè	外祖父	wàizǔfù	王冠	wángguān
土产	tǔchǎn	退学	tuìxué			外祖母	wàizǔmǔ	王后	wánghòu
土豆	tǔdòu	蜕	tuì	**W**		弯路	wānlù	王室	wángshì
土星	tǔxīng	蜕变	tuìbiàn	挖苦	wāku	剜	wān	王位	wángwèi

王子	wángzǐ	违犯	wéifàn	畏	wèi	闻名	wénmíng	无耻	wúchǐ
网点	wǎngdiǎn	违抗	wéikàng	畏惧	wèijù	蚊虫	wénchóng	无端	wúduān
网罗	wǎngluó	违心	wéixīn	畏缩	wèisuō	蚊帐	wénzhàng	无辜	wúgū
网球	wǎngqiú	违约	wéiyuē	胃口	wèikǒu	吻合	wěnhé	无故	wúgù
枉	wǎng	违章	wéizhāng	胃液	wèiyè	紊乱	wěnluàn	无尽	wújìn
往常	wǎngcháng	围攻	wéigōng	谓语	wèiyǔ	稳步	wěnbù	无赖	wúlài
往返	wǎngfǎn	围观	wéiguān	喂养	wèiyǎng	稳产	wěnchǎn	无理	wúlǐ
往复	wǎngfù	围巾	wéijīn	蔚蓝	wèilán	稳当	wěndang	无量	wúliàng
往年	wǎngnián	围困	wéikùn	慰藉	wèijiè	稳固	wěngù	无聊	wúliáo
往日	wǎngrì	围棋	wéiqí	慰劳	wèiláo	稳健	wěnjiàn	无奈	wúnài
往事	wǎngshì	围墙	wéiqiáng	慰问	wèiwèn	稳妥	wěntuǒ	无能	wúnéng
往昔	wǎngxī	围裙	wéi•qún	温饱	wēnbǎo	稳重	wěnzhòng	无视	wúshì
妄	wàng	桅杆	wéigān	温差	wēnchā	问答	wèndá	无私	wúsī
妄图	wàngtú	帷幕	wéimù	温存	wēncún	问号	wènhào	无损	wúsǔn
妄想	wàngxiǎng	唯恐	wéikǒng	温情	wēnqíng	问候	wènhòu	无望	wúwàng
忘恩负义	wàng'ēn-fùyì	唯一	wéiyī	温泉	wēnquán	问卷	wènjuàn	无畏	wúwèi
		唯有	wéiyǒu	温室	wēnshì	翁	wēng	无谓	wúwèi
忘怀	wànghuái	维	wéi	温顺	wēnshùn	瓮	wèng	无误	wúwù
忘情	wàngqíng	维系	wéixì	温馨	wēnxīn	涡	wō	无暇	wúxiá
忘却	wàngquè	伟	wěi	瘟	wēn	涡流	wōliú	无心	wúxīn
忘我	wàngwǒ	伟人	wěirén	瘟疫	wēnyì	窝头	wōtóu	无须	wúxū
旺季	wàngjì	伪善	wěishàn	文本	wénběn	蜗牛	wōniú	无需	wúxū
危	wēi	伪造	wěizào	文笔	wénbǐ	卧床	wòchuáng	无遗	wúyí
危及	wēijí	伪装	wěizhuāng	文法	wénfǎ	乌	wū	无益	wúyì
危急	wēijí	苇	wěi	文风	wénfēng	乌黑	wūhēi	无垠	wúyín
危难	wēinàn	尾声	wěishēng	文官	wénguān	乌鸦	wūyā	无缘	wúyuán
危亡	wēiwáng	尾随	wěisuí	文集	wénjí	乌云	wūyún	毋	wú
威	wēi	纬线	wěixiàn	文教	wénjiào	乌贼	wūzéi	梧桐	wútóng
威风	wēifēng	委	wěi	文静	wénjìng	污秽	wūhuì	五谷	wǔgǔ
威吓	wēihè	委派	wěipài	文具	wénjù	污蔑	wūmiè	五行	wǔxíng
威望	wēiwàng	委任	wěirèn	文科	wénkē	侮辱	wǔrǔ	五脏	wǔzàng
威武	wēiwǔ	委婉	wěiwǎn	文盲	wénmáng	污浊	wūzhuó	午	wǔ
威严	wēiyán	萎	wěi	文凭	wénpíng	巫	wū	午餐	wǔcān
微波	wēibō	萎缩	wěisuō	文书	wénshū	巫师	wūshī	午饭	wǔfàn
微风	wēifēng	卫兵	wèibīng	文坛	wéntán	呜咽	wūyè	午睡	wǔshuì
微机	wēijī	卫队	wèiduì	文体	wéntǐ	诬告	wūgào	午夜	wǔyè
微妙	wēimiào	卫士	wèishì	文武	wénwǔ	污蔑	wūmiè	伍	wǔ
微细	wēixì	未尝	wèicháng	文选	wénxuǎn	诬陷	wūxiàn	武打	wǔdǎ
微型	wēixíng	未免	wèimiǎn	文雅	wényǎ	屋脊	wūjǐ	武断	wǔduàn
魏峨	wēi'é	未遂	wèisuì	文言	wényán	屋檐	wūyán	武功	wǔgōng
韦	wéi	未能	wèinéng	文娱	wényú	无边	wúbiān	武生	wǔshēng
为害	wéihài	位子	wèizi	纹理	wénlǐ	无常	wúcháng	武士	wǔshì
违	wéi	味觉	wèijué	纹饰	wénshì	无偿	wúcháng	武术	wǔshù

武艺	wǔyì	稀薄	xībó	瞎子	xiāzi	掀	xiān	乡亲	xiāngqīn
捂	wǔ	稀饭	xīfàn	匣	xiá	鲜红	xiānhóng	乡土	xiāngtǔ
舞弊	wǔbì	稀罕	xīhan	匣子	xiázi	鲜美	xiānměi	乡音	xiāngyīn
舞步	wǔbù	稀奇	xīqí	峡	xiá	鲜嫩	xiānnèn	乡镇	xiāngzhèn
舞场	wǔchǎng	稀释	xīshì	峡谷	xiágǔ	闲话	xiánhuà	相称	xiāngchèn
舞动	wǔdòng	稀疏	xīshū	狭长	xiácháng	闲人	xiánrén	相持	xiāngchí
舞会	wǔhuì	稀有	xīyǒu	狭小	xiáxiǎo	闲散	xiánsǎn	相处	xiāngchǔ
舞女	wǔnǚ	犀利	xīlì	遐想	xiáxiǎng	闲谈	xiántán	相传	xiāngchuán
舞曲	wǔqǔ	溪	xī	辖	xiá	闲暇	xiánxiá	相得益彰	
舞厅	wǔtīng	溪流	xīliú	辖区	xiáqū	闲置	xiánzhì	xiāngdé-yìzhāng	
舞姿	wǔzī	蜥蜴	xīyì	霞	xiá	贤	xián	相仿	xiāngfǎng
务必	wùbì	熄	xī	下巴	xiàba	咸菜	xiáncài	相逢	xiāngféng
务农	wùnóng	熄灯	xīdēng	下笔	xiàbǐ	涎	xián	相符	xiāngfú
物产	wùchǎn	膝	xī	下等	xiàděng	娴熟	xiánshú	相干	xiānggān
物件	wùjiàn	嬉戏	xīxì	下跌	xiàdiē	衔接	xiánjiē	相隔	xiānggé
物象	wùxiàng	习气	xíqì	下海	xiàhǎi	舷窗	xiánchuāng	相间	xiāngjiàn
悟	wù	习题	xítí	下课	xiàkè	嫌弃	xiánqì	相距	xiāngjù
悟性	wùxìng	习作	xízuò	下流	xiàliú	嫌疑	xiányí	相识	xiāngshí
晤	wù	席卷	xíjuǎn	下马	xiàmǎ	显赫	xiǎnhè	相思	xiāngsī
雾气	wùqì	席位	xíwèi	下手	xiàshǒu	显明	xiǎnmíng	相宜	xiāngyí
		席子	xízi	下台	xiàtái	显眼	xiǎnyǎn	相约	xiāngyuē
X		袭	xí	下文	xiàwén	险恶	xiǎn'è	香火	xiānghuǒ
夕	xī	洗涤	xǐdí	下行	xiàxíng	险峻	xiǎnjùn	香蕉	xiāngjiāo
夕阳	xīyáng	洗礼	xǐlǐ	下野	xiàyě	险情	xiǎnqíng	香料	xiāngliào
兮	xī	洗刷	xǐshuā	下肢	xiàzhī	险要	xiǎnyào	香炉	xiānglú
西服	xīfú	铣	xǐ	吓唬	xiàhu	现成	xiànchéng	香水	xiāngshuǐ
西红柿	xīhóngshì	喜好	xǐhào	吓人	xiàrén	现货	xiànhuò	香甜	xiāngtián
西天	xītiān	喜庆	xǐqìng	夏令	xiàlìng	现款	xiànkuǎn	厢	xiāng
西医	xīyī	喜鹊	xǐ·què	仙鹤	xiānhè	现任	xiànrèn	厢房	xiāngfáng
西域	xīyù	喜人	xǐrén	仙境	xiānjìng	现役	xiànyì	湘	xiāng
西装	xīzhuāng	喜事	xǐshì	仙女	xiānnǚ	限定	xiàndìng	镶	xiāng
吸毒	xīdú	喜讯	xǐxùn	仙人	xiānrén	限额	xiàn'é	镶嵌	xiāngqiàn
吸盘	xīpán	戏弄	xìnòng	先辈	xiānbèi	限期	xiànqī	详	xiáng
吸食	xīshí	戏台	xìtái	先导	xiāndǎo	宪兵	xiànbīng	详尽	xiángjìn
吸吮	xīshǔn	戏谑	xìxuè	先锋	xiānfēng	宪章	xiànzhāng	详情	xiángqíng
希冀	xījì	戏院	xìyuàn	先例	xiānlì	宪政	xiànzhèng	祥	xiáng
昔	xī	细胞核	xìbāohé	先驱	xiānqū	陷害	xiànhài	翔	xiáng
昔日	xīrì	细密	xìmì	先人	xiānrén	陷阱	xiànjǐng	享福	xiǎngfú
析出	xīchū	细腻	xìnì	先行	xiānxíng	陷落	xiànluò	享乐	xiǎnglè
唏嘘	xīxū	细弱	xìruò	先知	xiānzhī	馅儿	xiànr	享用	xiǎngyòng
奚落	xīluò	细碎	xìsuì	纤	xiān	霰	xiàn	响动	xiǎngdòng
悉	xī	细微	xìwēi	纤毛	xiānmáo	乡间	xiāngjiān	响亮	xiǎngliàng
惜	xī	细则	xìzé	纤细	xiānxì	乡里	xiānglǐ	饷	xiǎng

想必	xiǎngbì	小吃	xiǎochī	歇脚	xiējiǎo	心慌	xīnhuāng	新诗	xīnshī
想见	xiǎngjiàn	小丑	xiǎochǒu	协	xié	心急	xīnjí	新书	xīnshū
想来	xiǎnglái	小调	xiǎodiào	协和	xiéhé	心计	xīnjì	新星	xīnxīng
想念	xiǎngniàn	小贩	xiǎofàn	协力	xiélì	心悸	xīnjì	新秀	xīnxiù
向导	xiàngdǎo	小褂	xiǎoguà	协约	xiéyuē	心境	xīnjìng	新学	xīnxué
向日葵	xiàngrìkuí	小鬼	xiǎoguǐ	协奏曲	xiézòuqǔ	心坎	xīnkǎn	新意	xīnyì
向阳	xiàngyáng	小节	xiǎojié	邪恶	xié'è	心口	xīnkǒu	新月	xīnyuè
项链	xiàngliàn	小结	xiǎojié	邪路	xiélù	心旷神怡	xīnkuàng-shényí	薪	xīn
巷	xiàng	小看	xiǎokàn	邪气	xiéqì			薪金	xīnjīn
相机	xiàngjī	小米	xiǎomǐ	胁	xié	心力	xīnlì	薪水	xīn·shuǐ
相貌	xiàngmào	小脑	xiǎonǎo	胁迫	xiépò	心律	xīnlǜ	信步	xìnbù
相片	xiàngpiàn	小品	xiǎopǐn	挟	xié	心率	xīnlǜ	信风	xìnfēng
相声	xiàngsheng	小气	xiǎoqi	偕	xié	心切	xīnqiè	信封	xìnfēng
象棋	xiàngqí	小巧	xiǎoqiǎo	斜面	xiémiàn	心神	xīnshén	信奉	xìnfèng
象形	xiàngxíng	小区	xiǎoqū	斜坡	xiépō	心声	xīnshēng	信服	xìnfú
象牙	xiàngyá	小人	xiǎorén	协调	xiétiáo	心室	xīnshì	信函	xìnhán
像样	xiàngyàng	小生	xiǎoshēng	携	xié	心酸	xīnsuān	信件	xìnjiàn
肖	Xiāo	小数	xiǎoshù	携手	xiéshǒu	心态	xīntài	信赖	xìnlài
逍遥	xiāoyáo	小偷	xiǎotōu	写法	xiěfǎ	心疼	xīnténg	信使	xìnshǐ
消沉	xiāochén	小腿	xiǎotuǐ	写生	xiěshēng	心田	xīntián	信条	xìntiáo
消防	xiāofáng	小雪	xiǎoxuě	写实	xiěshí	心跳	xīntiào	信托	xìntuō
消磨	xiāomó	小夜曲	xiǎoyèqǔ	写意	xiěyì	心弦	xīnxián	信誉	xìnyù
消遣	xiāoqiǎn	晓	xiǎo	写照	xiězhào	心胸	xīnxiōng	信纸	xìnzhǐ
消融	xiāoróng	孝	xiào	写字台	xiězìtái	心虚	xīnxū	兴办	xīngbàn
消散	xiāosàn	孝敬	xiàojìng	泄漏	xièlòu	心绪	xīnxù	兴盛	xīngshèng
消逝	xiāoshì	孝顺	xiàoshùn	泄露	xièlòu	心眼儿	xīnyǎnr	兴衰	xīngshuāi
消瘦	xiāoshòu	孝子	xiàozǐ	泄气	xièqì	心意	xīnyì	兴亡	xīngwáng
消退	xiāotuì	肖	xiào	泻	xiè	心愿	xīnyuàn	兴旺	xīngwàng
消长	xiāozhǎng	肖像	xiàoxiàng	卸	xiè	芯	xīn	兴修	xīngxiū
萧	xiāo	校风	xiàofēng	屑	xiè	辛	xīn	星辰	xīngchén
萧条	xiāotiáo	校舍	xiàoshè	械	xiè	辛辣	xīnlà	星光	xīngguāng
硝	xiāo	校园	xiàoyuán	械斗	xièdòu	辛劳	xīnláo	星空	xīngkōng
硝烟	xiāoyān	哮喘	xiàochuǎn	亵渎	xièdú	辛酸	xīnsuān	星体	xīngtǐ
销毁	xiāohuǐ	笑脸	xiàoliǎn	谢绝	xièjué	欣然	xīnrán	星座	xīngzuò
销路	xiāolù	笑语	xiàoyǔ	心爱	xīn'ài	欣慰	xīnwèi	猩猩	xīngxing
箫	xiāo	效法	xiàofǎ	心病	xīnbìng	欣喜	xīnxǐ	腥	xīng
潇	xiāo	效劳	xiàoláo	心不在焉	xīnbùzàiyān	新潮	xīncháo	刑场	xíngchǎng
潇洒	xiāosǎ	效能	xiàonéng	心肠	xīncháng	新房	xīnfáng	刑期	xíngqī
嚣张	xiāozhāng	效验	xiàoyàn	心得	xīndé	新婚	xīnhūn	刑侦	xíngzhēn
小便	xiǎobiàn	效用	xiàoyòng	心地	xīndì	新近	xīnjìn	邢	Xíng
小菜	xiǎocài	效忠	xiàozhōng	心烦	xīnfán	新居	xīnjū	行车	xíngchē
小肠	xiǎocháng	啸	xiào	心房	xīnfáng	新郎	xīnláng	行程	xíngchéng
小车	xiǎochē	楔	xiē	心肝	xīngān	新年	xīnnián	行船	xíngchuán

行将	xíngjiāng	胸腔	xiōngqiāng	袖珍	xiùzhēn	宣读	xuāndú	学年	xuénián
行进	xíngjìn	胸膛	xiōngtáng	袖子	xiùzi	宣讲	xuānjiǎng	学期	xuéqī
行径	xíngjìng	胸有成竹		绣花	xiùhuā	宣誓	xuānshì	学识	xuéshí
行礼	xínglǐ	xiōngyǒuchéngzhú		锈	xiù	宣泄	xuānxiè	学士	xuéshì
行文	xíngwén	嗅觉	xiùjué	宣战	xuānzhàn	学位	xuéwèi
行销	xíngxiāo	雄辩	xióngbiàn	戌	xū	喧哗	xuānhuá	学业	xuéyè
行凶	xíngxiōng	雄厚	xiónghòu	须要	xūyào	喧闹	xuānnào	学制	xuézhì
行医	xíngyī	雄浑	xiónghún	须臾	xūyú	喧嚷	xuānrǎng	雪茄	xuějiā
行装	xíngzhuāng	雄蕊	xióngruǐ	须知	xūzhī	喧嚣	xuānxiāo	雪亮	xuěliàng
形容词	xíngróngcí	雄心	xióngxīn	虚构	xūgòu	玄	xuán	雪片	xuěpiàn
型号	xínghào	雄性	xióngxìng	虚幻	xūhuàn	悬浮	xuánfú	雪山	xuěshān
醒目	xǐngmù	雄壮	xióngzhuàng	虚假	xūjiǎ	悬空	xuánkōng	雪线	xuěxiàn
醒悟	xǐngwù	雄姿	xióngzī	虚拟	xūnǐ	悬念	xuánniàn	雪原	xuěyuán
兴高采烈		熊猫	xióngmāo	虚弱	xūruò	悬殊	xuánshū	血汗	xuèhàn
xìnggāo-cǎiliè		休	xiū	虚实	xūshí	悬崖	xuányá	血红	xuèhóng
兴致	xìngzhì	休假	xiūjià	虚妄	xūwàng	旋即	xuánjí	血迹	xuèjì
杏儿	xìngr	休想	xiūxiǎng	虚伪	xūwěi	旋涡	xuánwō	血浆	xuèjiāng
杏仁	xìngrén	休养	xiūyǎng	虚无	xūwú	选集	xuǎnjí	血泪	xuèlèi
幸	xìng	休整	xiūzhěng	虚线	xūxiàn	选民	xuǎnmín	血脉	xuèmài
幸存	xìngcún	休止	xiūzhǐ	虚心	xūxīn	选派	xuǎnpài	血泊	xuèpō
幸而	xìng'ér	修补	xiūbǔ	嘘	xū	选票	xuǎnpiào	血气	xuèqì
幸好	xìnghǎo	修长	xiūcháng	许久	xǔjiǔ	选取	xuǎnqǔ	血亲	xuèqīn
幸亏	xìngkuī	修订	xiūdìng	许诺	xǔnuò	选送	xuǎnsòng	血清	xuèqīng
幸免	xìngmiǎn	修好	xiūhǎo	许愿	xǔyuàn	选种	xuǎnzhǒng	血肉	xuèròu
幸运	xìngyùn	修剪	xiūjiǎn	旭日	xùrì	癣	xuǎn	血色	xuèsè
性爱	xìng'ài	修配	xiūpèi	序列	xùliè	炫耀	xuànyào	血糖	xuètáng
性病	xìngbìng	修缮	xiūshàn	序幕	xùmù	绚丽	xuànlì	血统	xuètǒng
性急	xìngjí	修饰	xiūshì	序曲	xùqǔ	眩晕	xuànyùn	血腥	xuèxīng
性命	xìngmìng	修行	xiū·xíng	序数	xùshù	旋风	xuànfēng	血型	xuèxíng
性子	xìngzi	修整	xiūzhěng	序言	xùyán	渲染	xuànrǎn	血压	xuèyā
姓氏	xìngshì	修筑	xiūzhù	叙	xù	削价	xuējià	血缘	xuèyuán
凶残	xiōngcán	羞	xiū	叙事	xùshì	削减	xuējiǎn	勋章	xūnzhāng
凶恶	xiōng'è	羞耻	xiūchǐ	叙说	xùshuō	靴	xuē	熏	xūn
凶犯	xiōngfàn	羞愧	xiūkuì	畜牧	xùmù	靴子	xuēzi	熏陶	xūntáo
凶狠	xiōnghěn	羞怯	xiūqiè	绪	xù	薛	xuē	薰	xūn
凶猛	xiōngměng	羞辱	xiūrǔ	续	xù	穴位	xuéwèi	循	xún
凶手	xiōngshǒu	羞涩	xiūsè	絮	xù	学报	xuébào	旬	xún
匈奴	xiōngnú	朽	xiǔ	蓄	xù	学费	xuéfèi	寻常	xúncháng
汹涌	xiōngyǒng	秀	xiù	蓄电池	xùdiànchí	学风	xuéfēng	寻根	xúngēn
胸骨	xiōnggǔ	秀才	xiùcai	蓄积	xùjī	学府	xuéfǔ	寻觅	xúnmì
胸怀	xiōnghuái	秀丽	xiùlì	蓄意	xùyì	学界	xuéjiè	巡	xún
胸襟	xiōngjīn	秀美	xiùměi	宣	xuān	学历	xuélì	巡回	xúnhuí
胸口	xiōngkǒu	秀气	xiùqi	宣称	xuānchēng	学龄	xuélíng	巡警	xúnjǐng

巡逻	xúnluó	咽喉	yānhóu	沿线	yánxiàn	厌烦	yànfán	夭折	yāozhé
巡视	xúnshì	殷红	yānhóng	沿用	yányòng	厌倦	yànjuàn	吆喝	yāohe
循	xún	胭脂	yānzhi	研读	yándú	厌世	yànshì	妖	yāo
训斥	xùnchì	烟草	yāncǎo	研究员	yánjiūyuán	砚	yàn	妖怪	yāo·guài
训话	xùnhuà	烟尘	yānchén	研讨	yántǎo	艳	yàn	妖精	yāojing
讯	xùn	烟袋	yāndài	盐场	yánchǎng	艳丽	yànlì	要挟	yāoxié
讯号	xùnhào	烟斗	yāndǒu	盐分	yánfèn	宴	yàn	腰带	yāodài
汛	xùn	烟花	yānhuā	盐田	yántián	宴席	yànxí	腰身	yāoshēn
汛期	xùnqī	烟灰	yānhuī	阎	Yán	验收	yànshōu	邀	yāo
迅	xùn	烟火	yānhuǒ	筵席	yánxí	谚语	yànyǔ	尧	Yáo
迅猛	xùnměng	烟幕	yānmù	颜	yán	堰	yàn	姚	Yáo
驯	xùn	烟筒	yāntong	颜料	yánliào	雁	yàn	窑	yáo
驯服	xùnfú	烟雾	yānwù	颜面	yánmiàn	焰	yàn	窑洞	yáodòng
驯化	xùnhuà	烟叶	yānyè	檐	yán	燕	yàn	谣言	yáoyán
驯鹿	xùnlù	焉	yān	俨然	yǎnrán	燕麦	yànmài	摇摆	yáobǎi
驯养	xùnyǎng	淹	yān	衍	yǎn	燕子	yànzi	摇动	yáodòng
逊	xùn	淹没	yānmò	掩	yǎn	央求	yāngqiú	摇篮	yáolán
逊色	xùnsè	腌	yān	掩蔽	yǎnbì	秧歌	yāngge	摇曳	yáoyè
		湮没	yānmò	掩埋	yǎnmái	秧苗	yāngmiáo	徭役	yáoyì
Y		燕	Yān	掩饰	yǎnshì	秧田	yāngtián	遥控	yáokòng
丫头	yātou	延	yán	掩映	yǎnyìng	扬弃	yángqì	遥望	yáowàng
压倒	yādǎo	延迟	yánchí	眼底	yǎndǐ	扬言	yángyán	瑶	yáo
压低	yādī	延缓	yánhuǎn	眼红	yǎnhóng	羊羔	yánggāo	杳	yǎo
压榨	yāzhà	延期	yánqī	眼花	yǎnhuā	阳历	yánglì	窈窕	yǎotiǎo
押送	yāsòng	延误	yánwù	眼睑	yǎnjiǎn	阳台	yángtái	药材	yàocái
押韵	yāyùn	严惩	yánchéng	眼见	yǎnjiàn	阳性	yángxìng	药店	yàodiàn
鸭子	yāzi	严冬	yándōng	眼角	yǎnjiǎo	杨柳	yángliǔ	药方	yàofāng
牙膏	yágāo	严谨	yánjǐn	眼界	yǎnjiè	杨梅	yángméi	药剂	yàojì
牙关	yáguān	严禁	yánjìn	眼眶	yǎnkuàng	佯	yáng	药水	yàoshuǐ
牙刷	yáshuā	严酷	yánkù	眼力	yǎnlì	洋葱	yángcōng	要道	yàodào
牙龈	yáyín	严守	yánshǒu	眼帘	yǎnlián	洋流	yángliú	要地	yàodì
蚜虫	yáchóng	严正	yánzhèng	眼皮	yǎnpí	洋溢	yángyì	要点	yàodiǎn
崖	yá	言传	yánchuán	眼球	yǎnqiú	仰慕	yǎngmù	要害	yàohài
衙门	yámen	言辞	yáncí	眼圈	yǎnquān	仰望	yǎngwàng	要好	yàohǎo
哑	yǎ	言谈	yántán	眼色	yǎnsè	养病	yǎngbìng	要件	yàojiàn
哑巴	yǎba	岩层	yáncéng	眼窝	yǎnwō	养护	yǎnghù	要领	yàolǐng
哑剧	yǎjù	岩洞	yándòng	演技	yǎnjì	养活	yǎnghuo	要命	yàomìng
雅	yǎ	岩浆	yánjiāng	演进	yǎnjìn	养老	yǎnglǎo	要人	yàorén
雅致	yǎzhì	炎热	yánrè	演示	yǎnshì	养生	yǎngshēng	要职	yàozhí
轧	yà	炎症	yánzhèng	演算	yǎnsuàn	养育	yǎngyù	耀	yào
亚军	yàjūn	沿路	yánlù	演习	yǎnxí	痒	yǎng	耀眼	yàoyǎn
亚麻	yàmá	沿途	yántú	演戏	yǎnxì	样板	yàngbǎn	掖	yē
亚热带	yàrèdài	沿袭	yánxí	演义	yǎnyì	漾	yàng	椰子	yēzi

噎	yē	医师	yīshī	议价	yìjià	熠熠	yìyì	引擎	yǐnqíng
冶	yě	医务	yīwù	议决	yìjué	臆造	yìzào	引申	yǐnshēn
野菜	yěcài	医治	yīzhì	议题	yìtí	因袭	yīnxí	引水	yǐnshuǐ
野地	yědì	依存	yīcún	屹立	yìlì	阴暗	yīn'àn	引文	yǐnwén
野心	yěxīn	依恋	yīliàn	异彩	yìcǎi	阴沉	yīnchén	引诱	yǐnyòu
野性	yěxìng	依托	yītuō	异端	yìduān	阴极	yīnjí	引证	yǐnzhèng
业绩	yèjì	依偎	yīwēi	异国	yìguó	阴间	yīnjiān	饮料	yǐnliào
业已	yèyǐ	依稀	yīxī	异化	yìhuà	阴冷	yīnlěng	饮水	yǐnshuǐ
业主	yèzhǔ	依仗	yīzhàng	异己	yìjǐ	阴历	yīnlì	隐患	yǐnhuàn
叶柄	yèbǐng	仪表	yíbiǎo	异体	yìtǐ	阴凉	yīnliáng	隐居	yǐnjū
叶绿素	yèlǜsù	夷	yí	异同	yìtóng	阴霾	yīnmái	隐瞒	yǐnmán
叶脉	yèmài	宜人	yírén	异物	yìwù	阴森	yīnsēn	隐秘	yǐnmì
曳	yè	贻误	yíwù	异乡	yìxiāng	阴险	yīnxiǎn	隐没	yǐnmò
夜班	yèbān	姨	yí	异性	yìxìng	阴性	yīnxìng	隐士	yǐnshì
夜空	yèkōng	姨妈	yímā	异样	yìyàng	阴雨	yīnyǔ	隐约	yǐnyuē
夜幕	yèmù	胰岛素	yídǎosù	异议	yìyì	阴郁	yīnyù	瘾	yǐn
夜色	yèsè	胰腺	yíxiàn	异族	yìzú	阴云	yīnyún	印发	yìnfā
夜市	yèshì	移交	yíjiāo	抑	yì	音标	yīnbiāo	印花	yìnhuā
夜校	yèxiào	移居	yíjū	抑或	yìhuò	音程	yīnchéng	印记	yìnjì
液	yè	遗存	yícún	抑扬顿挫		音符	yīnfú	印染	yìnrǎn
液化	yèhuà	遗风	yífēng	yìyáng-dùncuò		音高	yīngāo	印行	yìnxíng
液晶	yèjīng	遗迹	yíjì	抑郁	yìyù	音量	yīnliàng	印章	yìnzhāng
腋	yè	遗漏	yílòu	邑	yì	音律	yīnlǜ	印证	yìnzhèng
一筹莫展		遗弃	yíqì	役使	yìshǐ	音色	yīnsè	荫庇	yìnbì
yīchóu-mòzhǎn		遗失	yíshī	译本	yìběn	音讯	yīnxùn	应届	yīngjiè
一点儿	yīdiǎnr	遗体	yítǐ	译文	yìwén	音译	yīnyì	应允	yīngyǔn
一帆风顺		遗忘	yíwàng	驿站	yìzhàn	音韵	yīnyùn	英镑	yīngbàng
yīfān-fēngshùn		遗物	yíwù	疫	yì	姻缘	yīnyuán	英俊	yīngjùn
一概	yīgài	遗像	yíxiàng	疫苗	yìmiáo	殷	yīn	英明	yīngmíng
一举	yījǔ	遗言	yíyán	益虫	yìchóng	殷切	yīnqiè	英武	yīngwǔ
一流	yīliú	疑虑	yílǜ	益处	yì·chù	殷勤	yīnqín	婴	yīng
一目了然 yīmù-liǎorán		疑难	yínán	逸	yì	吟	yín	樱花	yīnghuā
一瞥	yīpiē	疑团	yítuán	翌日	yìrì	银河	yínhé	樱桃	yīng·táo
一气	yīqì	疑心	yíxīn	意会	yìhuì	银幕	yínmù	鹦鹉	yīngwǔ
一瞬	yīshùn	已然	yǐrán	意料	yìliào	银杏	yínxìng	膺	yīng
一丝不苟 yīsī-bùgǒu		已往	yǐwǎng	意念	yìniàn	银元	yínyuán	迎风	yíngfēng
伊	yī	倚靠	yǐkào	意想	yìxiǎng	银子	yínzi	迎合	yínghé
衣襟	yījīn	义气	yì·qì	意向	yìxiàng	淫	yín	迎面	yíngmiàn
衣料	yīliào	艺人	yìrén	意愿	yìyuàn	淫秽	yínhuì	迎亲	yíngqīn
衣衫	yīshān	忆	yì	意蕴	yìyùn	寅	yín	迎头	yíngtóu
衣食	yīshí	议案	yì'àn	意旨	yìzhǐ	尹	yǐn	迎战	yíngzhàn
衣物	yīwù	议程	yìchéng	溢	yì	引发	yǐnfā	荧光	yíngguāng
衣着	yīzhuó	议定	yìdìng	毅力	yìlì	引路	yǐnlù	荧屏	yíngpíng

盈	yíng	勇猛	yǒngměng	油茶	yóuchá	佑	yòu	雨伞	yǔsǎn
盈亏	yíngkuī	勇士	yǒngshì	油井	yóujǐng	柚子	yòuzi	雨衣	yǔyī
盈余	yíngyú	蛹	yǒng	油轮	yóulún	诱	yòu	禹	Yǔ
萤	yíng	踊跃	yǒngyuè	油门	yóumén	诱发	yòufā	语词	yǔcí
营地	yíngdì	用场	yòngchǎng	油墨	yóumò	诱惑	yòuhuò	语调	yǔdiào
营房	yíngfáng	用法	yòngfǎ	油腻	yóunì	诱因	yòuyīn	语汇	yǔhuì
营救	yíngjiù	用工	yònggōng	油漆	yóuqī	釉	yòu	语录	yǔlù
营垒	yínglěi	用功	yònggōng	油条	yóutiáo	迂	yū	语重心长	
营造	yíngzào	用劲	yòngjìn	油污	yóuwū	迂回	yūhuí	yǔzhòng-xīncháng	
萦绕	yíngrào	用具	yòngjù	油脂	yóuzhī	淤	yū	与会	yùhuì
蝇	yíng	用心	yòngxīn	游荡	yóudàng	淤积	yūjī	郁	yù
赢	yíng	用意	yòngyì	游记	yóujì	淤泥	yūní	郁闷	yùmèn
赢利	yínglì	佣金	yòngjīn	游客	yóukè	余额	yú'é	育才	yùcái
影射	yǐngshè	优待	yōudài	游览	yóulǎn	余粮	yúliáng	育苗	yùmiáo
影像	yǐngxiàng	优厚	yōuhòu	游乐	yóulè	余年	yúnián	狱	yù
影院	yǐngyuàn	优化	yōuhuà	游离	yóulí	鱼雷	yúléi	浴	yù
应变	yìngbiàn	优生	yōushēng	游历	yóulì	鱼鳞	yúlín	浴场	yùchǎng
应酬	yìngchou	优胜	yōushèng	游牧	yóumù	鱼苗	yúmiáo	浴池	yùchí
应对	yìngduì	优雅	yōuyǎ	游人	yóurén	俞	Yú	浴室	yùshì
应急	yìngjí	优异	yōuyì	游玩	yóuwán	渔场	yúchǎng	预感	yùgǎn
应考	yìngkǎo	忧	yōu	游艺	yóuyì	渔船	yúchuán	预见	yùjiàn
应邀	yìngyāo	忧愁	yōuchóu	游子	yóuzǐ	渔村	yúcūn	预示	yùshì
应战	yìngzhàn	忧虑	yōulǜ	友爱	yǒu'ài	渔夫	yúfū	预想	yùxiǎng
应征	yìngzhēng	忧伤	yōushāng	友邦	yǒubāng	渔民	yúmín	预约	yùyuē
映照	yìngzhào	幽暗	yōu'àn	友情	yǒuqíng	渔网	yúwǎng	预兆	yùzhào
硬币	yìngbì	幽静	yōujìng	有偿	yǒucháng	隅	yú	预知	yùzhī
硬度	yìngdù	幽灵	yōulíng	有待	yǒudài	逾	yú	欲念	yùniàn
硬化	yìnghuà	幽深	yōushēn	有的放矢		逾期	yúqī	谕	yù
硬件	yìngjiàn	幽雅	yōuyǎ	yǒudì-fàngshǐ		逾越	yúyuè	遇难	yùnàn
硬性	yìngxìng	悠长	yōucháng	有理	yǒulǐ	愉悦	yúyuè	喻	yù
拥抱	yōngbào	悠然	yōurán	有心	yǒuxīn	榆	yú	御	yù
拥戴	yōngdài	悠闲	yōuxián	有形	yǒuxíng	虞	yú	寓	yù
痈	yōng	悠扬	yōuyáng	有幸	yǒuxìng	愚	yú	寓所	yùsuǒ
庸俗	yōngsú	由来	yóulái	有余	yǒuyú	愚蠢	yúchǔn	寓言	yùyán
雍	yōng	由衷	yóuzhōng	酉	yǒu	愚昧	yúmèi	寓意	yùyì
臃肿	yōngzhǒng	邮	yóu	黝黑	yǒuhēi	愚弄	yúnòng	寓于	yùyú
永别	yǒngbié	邮电	yóudiàn	右面	yòu·miàn	与日俱增	yǔrì-jùzēng	愈合	yùhé
永生	yǒngshēng	邮寄	yóujì	右倾	yòuqīng	宇航	yǔháng	愈加	yùjiā
甬道	yǒngdào	邮件	yóujiàn	右翼	yòuyì	羽毛球	yǔmáoqiú	愈益	yùyì
咏	yǒng	邮局	yóujú	幼儿园	yòu'éryuán	羽绒	yǔróng	豫	yù
咏叹调	yǒngtàndiào	邮政	yóuzhèng	幼体	yòutǐ	雨点儿	yǔdiǎnr	誉	yù
泳	yǒng	犹疑	yóuyí	幼小	yòuxiǎo	雨季	yǔjì	鸳鸯	yuān·yāng
勇	yǒng	油菜	yóucài	幼稚	yòuzhì	雨量	yǔliàng	冤	yuān

286

冤案	yuān'àn	圆柱	yuánzhù	阅	yuè	杂剧	zájù	赞助	zànzhù
冤枉	yuānwang	圆锥	yuánzhuī	阅兵	yuèbīng	杂粮	záliáng	脏腑	zàngfǔ
渊	yuān	圆桌	yuánzhuō	阅历	yuèlì	杂乱	záluàn	葬礼	zànglǐ
渊博	yuānbó	援	yuán	悦	yuè	杂事	záshì	葬身	zàngshēn
渊源	yuānyuán	援兵	yuánbīng	悦耳	yuè'ěr	杂文	záwén	葬送	zàngsòng
元宝	yuánbǎo	缘由	yuányóu	越发	yuèfā	杂音	záyīn	遭殃	zāoyāng
元旦	yuándàn	猿	yuán	越轨	yuèguǐ	灾	zāi	糟糕	zāogāo
元件	yuánjiàn	猿猴	yuánhóu	晕	yūn	灾害	zāihài	糟粕	zāopò
元老	yuánlǎo	猿人	yuánrén	云彩	yúncai	灾荒	zāihuāng	糟蹋	zāo•tà
元气	yuánqì	源流	yuánliú	云层	yúncéng	灾祸	zāihuò	凿	záo
元首	yuánshǒu	源头	yuántóu	云端	yúnduān	灾民	zāimín	早春	zǎochūn
元帅	yuánshuài	远程	yuǎnchéng	云朵	yúnduǒ	灾情	zāiqíng	早稻	zǎodào
元宵	yuánxiāo	远大	yuǎndà	云海	yúnhǎi	哉	zāi	早点	zǎodiǎn
元音	yuányīn	远古	yuǎngǔ	云集	yúnjí	栽植	zāizhí	早饭	zǎofàn
元月	yuányuè	远航	yuǎnháng	云雾	yúnwù	栽种	zāizhòng	早婚	zǎohūn
园地	yuándì	远见	yuǎnjiàn	云游	yúnyóu	宰	zǎi	早年	zǎonián
园丁	yuándīng	远近	yuǎnjìn	匀称	yún•chèn	宰割	zǎigē	早熟	zǎoshú
园林	yuánlín	远景	yuǎnjǐng	允	yǔn	宰相	zǎixiàng	早晚	zǎowǎn
园艺	yuányì	远洋	yuǎnyáng	陨石	yǔnshí	崽	zǎi	早先	zǎoxiān
员工	yuángōng	远征	yuǎnzhēng	孕	yùn	再度	zàidù	枣	zǎo
垣	yuán	苑	yuàn	孕妇	yùnfù	再会	zàihuì	澡	zǎo
原本	yuánběn	怨恨	yuànhèn	孕育	yùnyù	再婚	zàihūn	造反	zàofǎn
原稿	yuángǎo	怨气	yuànqì	运筹	yùnchóu	再造	zàizào	造福	zàofú
原告	yuángào	怨言	yuànyán	运费	yùnfèi	在行	zàiháng	造价	zàojià
原籍	yuánjí	院落	yuànluò	运河	yùnhé	在乎	zàihu	造句	zàojù
原价	yuánjià	院士	yuànshì	运气	yùnqi	在世	zàishì	造谣	zàoyáo
原煤	yuánméi	约定	yuēdìng	运送	yùnsòng	在望	zàiwàng	造诣	zàoyì
原文	yuánwén	约法	yuēfǎ	运销	yùnxiāo	在位	zàiwèi	噪	zào
原形	yuánxíng	约会	yuēhuì	运载	yùnzài	在意	zàiyì	噪声	zàoshēng
原型	yuánxíng	月饼	yuèbing	运作	yùnzuò	在职	zàizhí	噪音	zàoyīn
原样	yuányàng	月季	yuè•jì	晕	yùn	在座	zàizuò	燥	zào
原野	yuányě	月刊	yuèkān	酝酿	yùnniàng	载体	zàitǐ	躁	zào
原意	yuányì	月色	yuèsè	韵律	yùnlǜ	载重	zàizhòng	责备	zébèi
原油	yuányóu	月食	yuèshí	韵味	yùnwèi	攒	zǎn	责成	zéchéng
原著	yuánzhù	月夜	yuèyè	蕴	yùn	暂且	zànqiě	责怪	zéguài
原状	yuánzhuàng	月谱	yuèpǔ	蕴含	yùnhán	暂行	zànxíng	责令	zélìng
原作	yuánzuò	乐师	yuèshī	蕴涵	yùnhán	赞	zàn	责骂	zémà
圆场	yuánchǎng	乐团	yuètuán			赞歌	zàngē	责难	zénàn
圆满	yuánmǎn	乐音	yuèyīn	**Z**		赞赏	zànshǎng	责问	zéwèn
圆圈	yuánquān	乐章	yuèzhāng			赞颂	zànsòng	择	zé
圆润	yuánrùn	岳	yuè	咂	zā	赞同	zàntóng	择优	zéyōu
圆舞曲	yuánwǔqǔ	岳父	yuèfù	杂费	záfèi	赞许	zànxǔ	泽	zé
圆周	yuánzhōu	岳母	yuèmǔ	杂技	zájì	赞誉	zànyù	啧啧	zézé
				杂居	zájū				

仄	zè	斩	zhǎn	账房	zhàngfáng	遮挡	zhēdǎng	斟	zhēn
增补	zēngbǔ	展翅	zhǎnchì	账目	zhàngmù	遮盖	zhēgài	斟酌	zhēnzhuó
增设	zēngshè	展望	zhǎnwàng	障	zhàng	遮掩	zhēyǎn	臻	zhēn
增生	zēngshēng	展销	zhǎnxiāo	招标	zhāobiāo	折叠	zhédié	诊	zhěn
增收	zēngshōu	辗转	zhǎnzhuǎn	招考	zhāokǎo	折光	zhéguāng	诊所	zhěnsuǒ
增援	zēngyuán	战败	zhànbài	招徕	zhāolái	折合	zhéhé	诊治	zhěnzhì
增值	zēngzhí	战备	zhànbèi	招募	zhāomù	折旧	zhéjiù	枕	zhěn
憎	zēng	战地	zhàndì	招牌	zhāopai	折扣	zhékòu	阵容	zhènróng
憎恨	zēnghèn	战犯	zhànfàn	招聘	zhāopìn	折算	zhésuàn	阵势	zhèn·shì
憎恶	zēngwù	战俘	zhànfú	招收	zhāoshōu	折中	zhézhōng	阵亡	zhènwáng
赠	zèng	战功	zhàngōng	招手	zhāoshǒu	哲	zhé	阵线	zhènxiàn
赠送	zèngsòng	战壕	zhànháo	招致	zhāozhì	哲理	zhélǐ	阵营	zhènyíng
扎根	zhāgēn	战火	zhànhuǒ	昭	zhāo	哲人	zhérén	振作	zhènzuò
扎实	zhāshi	战绩	zhànjì	朝气	zhāoqì	辙	zhé	朕	zhèn
渣滓	zhā·zǐ	战局	zhànjú	朝夕	zhāoxī	褶	zhě	震颤	zhènchàn
轧	zhá	战栗	zhànlì	朝霞	zhāoxiá	褶皱	zhězhòu	震荡	zhèndàng
闸	zhá	战乱	zhànluàn	朝阳	zhāoyáng	浙	Zhè	震耳欲聋	
闸门	zhámén	战区	zhànqū	着火	zháohuǒ	蔗	zhè	zhèn'ěr-yùlóng	
铡	zhá	战事	zhànshì	着迷	zháomí	蔗糖	zhètáng	震撼	zhènhàn
眨巴	zhǎba	站岗	zhàngǎng	爪	zhǎo	贞	zhēn	镇定	zhèndìng
眨眼	zhǎyǎn	站立	zhànlì	爪牙	zhǎoyá	贞操	zhēncāo	镇静	zhènjìng
乍	zhà	站台	zhàntái	找寻	zhǎoxún	针头	zhēntóu	镇守	zhènshǒu
诈	zhà	蘸	zhàn	沼气	zhǎoqì	侦破	zhēnpò	正月	zhēngyuè
诈骗	zhàpiàn	张罗	zhāngluo	沼泽	zhǎozé	侦探	zhēntàn	争辩	zhēngbiàn
栅栏	zhàlan	张贴	zhāngtiē	召	zhào	珍	zhēn	争吵	zhēngchǎo
炸药	zhàyào	张望	zhāngwàng	召唤	zhàohuàn	珍宝	zhēnbǎo	争斗	zhēngdòu
蚱蜢	zhàměng	章法	zhāngfǎ	召见	zhàojiàn	珍藏	zhēncáng	争端	zhēngduān
榨	zhà	章节	zhāngjié	兆	zhào	珍品	zhēnpǐn	争光	zhēngguāng
榨取	zhàqǔ	樟脑	zhāngnǎo	诏	zhào	珍视	zhēnshì	争鸣	zhēngmíng
斋	zhāi	长辈	zhǎngbèi	诏书	zhàoshū	珍惜	zhēnxī	争气	zhēngqì
摘除	zhāichú	长老	zhǎnglǎo	照搬	zhàobān	珍稀	zhēnxī	争议	zhēngyì
宅	zhái	长相	zhǎngxiàng	照办	zhàobàn	珍重	zhēnzhòng	争执	zhēngzhí
宅子	zháizi	长者	zhǎngzhě	照常	zhàocháng	真迹	zhēnjì	征购	zhēnggòu
择菜	zhái cài	涨潮	zhǎngcháo	照管	zhàoguǎn	真菌	zhēnjūn	征集	zhēngjí
债权	zhàiquán	掌舵	zhǎngduò	照会	zhàohuì	真皮	zhēnpí	征途	zhēngtú
债券	zhàiquàn	掌管	zhǎngguǎn	照旧	zhàojiù	真切	zhēnqiè	征文	zhēngwén
寨子	zhàizi	掌权	zhǎngquán	照看	zhàokàn	真情	zhēnqíng	征询	zhēngxún
占卜	zhānbǔ	掌心	zhǎngxīn	照料	zhàoliào	真丝	zhēnsī	征兆	zhēngzhào
沾染	zhānrǎn	丈量	zhàngliáng	照应	zhào·yìng	真相	zhēnxiàng	症结	zhēngjié
毡	zhān	丈人	zhàngren	罩	zhào	真心	zhēnxīn	蒸馏	zhēngliú
粘连	zhānlián	杖	zhàng	肇事	zhàoshì	真知	zhēnzhī	蒸馏水	zhēngliúshuǐ
瞻	zhān	帐子	zhàngzi	折腾	zhēteng	真挚	zhēnzhì	蒸汽	zhēngqì
瞻仰	zhānyǎng	账本	zhàngběn	遮蔽	zhēbì	砧	zhēn	蒸腾	zhēngténg

拯救	zhěngjiù	只身	zhīshēn	址	zhǐ	致死	zhìsǐ	钟表	zhōngbiǎo
整编	zhěngbiān	汁液	zhīyè	纸板	zhǐbǎn	致意	zhìyì	钟点	zhōngdiǎn
整风	zhěngfēng	芝麻	zhīma	纸币	zhǐbì	桎梏	zhìgù	衷心	zhōngxīn
整洁	zhěngjié	知己	zhījǐ	纸浆	zhǐjiāng	掷	zhì	肿胀	zhǒngzhàng
整数	zhěngshù	知了	zhīliǎo	纸烟	zhǐyān	窒息	zhìxī	种姓	zhǒngxìng
整形	zhěngxíng	知名	zhīmíng	纸张	zhǐzhāng	智育	zhìyù	冢	zhǒng
整修	zhěngxiū	知情	zhīqíng	指点	zhǐdiǎn	滞留	zhìliú	中风	zhòngfēng
整治	zhěngzhì	知晓	zhīxiǎo	指甲	zhǐjia(zhījia)	滞销	zhìxiāo	中肯	zhòngkěn
正比	zhèngbǐ	知心	zhīxīn	指控	zhǐkòng	置换	zhìhuàn	中意	zhòngyì
正比例	zhèngbǐlì	知音	zhīyīn	指南	zhǐnán	置身	zhìshēn	仲	zhòng
正步	zhèngbù	肢体	zhītǐ	指南针	zhǐnánzhēn	稚	zhì	仲裁	zhòngcái
正道	zhèngdào	织物	zhīwù	指派	zhǐpài	稚嫩	zhìnèn	众生	zhòngshēng
正轨	zhèngguǐ	脂	zhī	指使	zhǐshǐ	稚气	zhìqì	种地	zhòngdì
正极	zhèngjí	脂粉	zhīfěn	指头	zhǐ·tou(zhí·tou)	中层	zhōngcéng	种田	zhòngtián
正门	zhèngmén	执	zhí			中级	zhōngjí	重兵	zhòngbīng
正派	zhèngpài	执笔	zhíbǐ	指望	zhǐwàng	中间人	zhōngjiānrén	重担	zhòngdàn
正气	zhèngqì	执法	zhífǎ	指纹	zhǐwén	中介	zhōngjiè	重金	zhòngjīn
正巧	zhèngqiǎo	执教	zhíjiào	指引	zhǐyǐn	中立	zhōnglì	重任	zhòngrèn
正视	zhèngshì	执拗	zhíniù	指摘	zhǐzhāi	中秋	zhōngqiū	重伤	zhòngshāng
正统	zhèngtǒng	执勤	zhíqín	指针	zhǐzhēn	中途	zhōngtú	重心	zhòngxīn
正文	zhèngwén	执意	zhíyì	趾	zhǐ	中文	zhōngwén	重型	zhòngxíng
正午	zhèngwǔ	执照	zhízhào	至多	zhìduō	中西	zhōngxī	重音	zhòngyīn
正直	zhèngzhí	执政	zhízhèng	至上	zhìshàng	中线	zhōngxiàn	重用	zhòngyòng
正中	zhèngzhōng	执着	zhízhuó	志气	zhì·qì	中药	zhōngyào	舟	zhōu
正宗	zhèngzōng	直播	zhíbō	志趣	zhìqù	中庸	zhōngyōng	周报	zhōubào
证件	zhèngjiàn	直肠	zhícháng	志向	zhìxiàng	中用	zhōngyòng	周到	zhōu·dào
证券	zhèngquàn	直达	zhídá	志愿	zhìyuàn	中游	zhōngyóu	周而复始	zhōu'érfùshǐ
证人	zhèng·rén	直属	zhíshǔ	志愿军	zhìyuànjūn	中止	zhōngzhǐ	周刊	zhōukān
郑重	zhèngzhòng	直率	zhíshuài	帜	zhì	中转	zhōngzhuǎn	周末	zhōumò
政变	zhèngbiàn	直爽	zhíshuǎng	制备	zhìbèi	忠	zhōng	周身	zhōushēn
政法	zhèngfǎ	侄	zhí	制裁	zhìcái	忠厚	zhōnghòu	周岁	zhōusuì
政界	zhèngjiè	侄女	zhí·nǚ	制服	zhìfú	忠于	zhōngyú	周旋	zhōuxuán
政局	zhèngjú	侄子	zhízi	制剂	zhìjì	忠贞	zhōngzhēn	周延	zhōuyán
政客	zhèngkè	值勤	zhíqín	制图	zhìtú	终点	zhōngdiǎn	周折	zhōuzhé
政论	zhènglùn	值日	zhírì	质地	zhìdì	终端	zhōngduān	洲	zhōu
政事	zhèngshì	职称	zhíchēng	质朴	zhìpǔ	终归	zhōngguī	粥	zhōu
政体	zhèngtǐ	职位	zhíwèi	质问	zhìwèn	终极	zhōngjí	轴线	zhóuxiàn
政务	zhèngwù	植被	zhíbèi	炙	zhì	终结	zhōngjié	肘	zhǒu
支架	zhījià	止步	zhǐbù	治水	zhìshuǐ	终了	zhōngliǎo	咒	zhòu
支流	zhīliú	只管	zhǐguǎn	治学	zhìxué	终日	zhōngrì	咒骂	zhòumà
支票	zhīpiào	只消	zhǐxiāo	致敬	zhìjìng	终生	zhōngshēng	昼	zhòu
支取	zhīqǔ	旨	zhǐ	致密	zhìmì	终止	zhōngzhǐ	皱纹	zhòuwén
支柱	zhīzhù	旨意	zhǐyì	致命	zhìmìng	盅	zhōng	骤	zhòu

骤然	zhòurán	住户	zhùhù	专区	zhuānqū	装束	zhuāngshù	灼	zhuó
诛	zhū	住家	zhùjiā	专人	zhuānrén	装卸	zhuāngxiè	灼热	zhuórè
珠宝	zhūbǎo	住宿	zhùsù	专心	zhuānxīn	装修	zhuāngxiū	茁壮	zhuózhuàng
珠子	zhūzi	住所	zhùsuǒ	专一	zhuānyī	装运	zhuāngyùn	卓	zhuó
株连	zhūlián	住院	zhùyuàn	专员	zhuānyuán	装载	zhuāngzài	卓著	zhuózhù
诸侯	zhūhóu	住址	zhùzhǐ	专职	zhuānzhí	壮丁	zhuàngdīng	浊	zhuó
诸如此类	zhūrúcǐlèi	贮	zhù	专注	zhuānzhù	壮观	zhuàngguān	酌	zhuó
诸位	zhūwèi	贮备	zhùbèi	专著	zhuānzhù	壮举	zhuàngjǔ	啄	zhuó
蛛网	zhūwǎng	注册	zhùcè	砖头	zhuāntóu	壮丽	zhuànglì	着力	zhuólì
竹竿	zhúgān	注定	zhùdìng	转播	zhuǎnbō	壮烈	zhuàngliè	着陆	zhuólù
竹笋	zhúsǔn	注解	zhùjiě	转产	zhuǎnchǎn	壮年	zhuàngnián	着落	zhuóluò
竹子	zhúzi	注目	zhùmù	转达	zhuǎndá	壮实	zhuàngshi	着实	zhuóshí
烛	zhú	注射器	zhùshèqì	转告	zhuǎngào	壮士	zhuàngshì	着想	zhuóxiǎng
主办	zhǔbàn	注释	zhùshì	转机	zhuǎnjī	壮志	zhuàngzhì	着眼	zhuóyǎn
主次	zhǔcì	注销	zhùxiāo	转嫁	zhuǎnjià	状语	zhuàngyǔ	着意	zhuóyì
主峰	zhǔfēng	注音	zhùyīn	转交	zhuǎnjiāo	状元	zhuàngyuan	姿	zī
主干	zhǔgàn	驻地	zhùdì	转脸	zhuǎnliǎn	撞击	zhuàngjī	兹	zī
主根	zhǔgēn	驻防	zhùfáng	转念	zhuǎnniàn	追捕	zhuībǔ	资财	zīcái
主攻	zhǔgōng	驻军	zhùjūn	转让	zhuǎnràng	追查	zhuīchá	资方	zīfāng
主顾	zhǔgù	驻守	zhùshǒu	转手	zhuǎnshǒu	追悼	zhuīdào	资历	zīlì
主机	zhǔjī	驻扎	zhùzhā	转瞬	zhuǎnshùn	追肥	zhuīféi	资助	zīzhù
主见	zhǔjiàn	柱子	zhùzi	转弯	zhuǎnwān	追赶	zhuīgǎn	滋	zī
主将	zhǔjiàng	祝福	zhùfú	转眼	zhuǎnyǎn	追击	zhuījī	滋补	zībǔ
主角	zhǔjué	祝愿	zhùyuàn	转业	zhuǎnyè	追加	zhuījiā	滋润	zīrùn
主考	zhǔkǎo	著称	zhùchēng	转运	zhuǎnyùn	追溯	zhuīsù	滋生	zīshēng
主流	zhǔliú	著述	zhùshù	转战	zhuǎnzhàn	追随	zhuīsuí	滋养	zīyǎng
主人翁	zhǔrénwēng	著者	zhùzhě	转折	zhuǎnzhé	追问	zhuīwèn	滋长	zīzhǎng
主食	zhǔshí	蛀	zhù	传记	zhuànjì	追寻	zhuīxún	籽	zǐ
主事	zhǔshì	铸	zhù	转速	zhuànsù	追忆	zhuīyì	紫菜	zǐcài
主线	zhǔxiàn	铸造	zhùzào	转悠	zhuànyou	追踪	zhuīzōng	紫外线	zǐwàixiàn
主演	zhǔyǎn	抓获	zhuāhuò	转轴	zhuànzhóu	椎	zhuī	自卑	zìbēi
主宰	zhǔzǎi	爪	zhuǎ	撰	zhuàn	锥	zhuī	自大	zìdà
主旨	zhǔzhǐ	爪子	zhuǎzi	撰写	zhuànxiě	锥子	zhuīzi	自得	zìdé
主子	zhǔzi	拽	zhuài	篆	zhuàn	坠	zhuì	自费	zìfèi
拄	zhǔ	专长	zhuāncháng	篆刻	zhuànkè	坠落	zhuìluò	自封	zìfēng
嘱	zhǔ	专车	zhuānchē	妆	zhuāng	缀	zhuì	自负	zìfù
嘱托	zhǔtuō	专程	zhuānchéng	庄园	zhuāngyuán	赘	zhuì	自给	zìjǐ
瞩目	zhǔmù	专断	zhuānduàn	庄重	zhuāngzhòng	赘述	zhuìshù	自家	zìjiā
伫立	zhùlì	专横	zhuānhèng	庄子	zhuāngzi	准绳	zhǔnshéng	自尽	zìjìn
助教	zhùjiào	专科	zhuānkē	装扮	zhuāngbàn	准时	zhǔnshí	自救	zìjiù
助理	zhùlǐ	专款	zhuānkuǎn	装点	zhuāngdiǎn	准许	zhǔnxǔ	自居	zìjū
助长	zhùzhǎng	专栏	zhuānlán	装潢	zhuānghuáng	拙	zhuō	自来水	zìláishuǐ
住处	zhù·chù	专卖	zhuānmài	装配	zhuāngpèi	捉拿	zhuōná	自理	zìlǐ

自立	zìlì	字形	zìxíng	纵身	zòngshēn	阻塞	zǔsè	左翼	zuǒyì
自流	zìliú	字义	zìyì	纵深	zòngshēn	组建	zǔjiàn	佐	zuǒ
自律	zìlǜ	字音	zìyīn	纵使	zòngshǐ	组装	zǔzhuāng	撮	zuǒ
自满	zìmǎn	渍	zì	纵向	zòngxiàng	祖传	zǔchuán	作案	zuò'àn
自强	zìqiáng	宗法	zōngfǎ	粽子	zòngzi	钻探	zuāntàn	作对	zuòduì
自如	zìrú	宗派	zōngpài	走动	zǒudòng	钻石	zuànshí	作恶	zuò'è
自始至终	zìshǐ-zhìzhōng	宗室	zōngshì	走访	zǒufǎng	钻头	zuàntóu	作怪	zuòguài
自首	zìshǒu	棕	zōng	走私	zǒusī	攥	zuàn	作价	zuòjià
自述	zìshù	棕榈	zōnglǘ	奏鸣曲	zòumíngqǔ	嘴脸	zuǐliǎn	作客	zuòkè
自私	zìsī	棕色	zōngsè	奏效	zòuxiào	罪过	zuìguò	作祟	zuòsuì
自修	zìxiū	踪	zōng	奏章	zòuzhāng	罪名	zuìmíng	作文	zuòwén
自学	zìxué	踪迹	zōngjì	揍	zòu	罪孽	zuìniè	坐落	zuòluò
自以为是	zìyǐwéishì	踪影	zōngyǐng	租借	zūjiè	罪人	zuìrén	坐镇	zuòzhèn
自制	zìzhì	鬃	zōng	租金	zūjīn	罪证	zuìzhèng	座舱	zuòcāng
自重	zìzhòng	总称	zǒngchēng	租赁	zūlìn	罪状	zuìzhuàng	座谈	zuòtán
自传	zìzhuàn	总得	zǒngděi	租用	zūyòng	醉人	zuìrén	做工	zuògōng
自尊	zìzūn	总队	zǒngduì	足迹	zújì	醉心	zuìxīn	做功	zuògōng
字典	zìdiǎn	总共	zǒnggòng	足见	zújiàn	尊称	zūnchēng	做人	zuòrén
字号	zìhào	总管	zǒngguǎn	卒	zú	尊贵	zūnguì	做声	zuòshēng
字画	zìhuà	总归	zǒngguī	诅咒	zǔzhòu	遵	zūn	做戏	zuòxì
字迹	zìjì	总计	zǒngjì	阻挡	zǔdǎng	遵从	zūncóng	做主	zuòzhǔ
字句	zìjù	总务	zǒngwù	阻隔	zǔgé	遵照	zūnzhào		
字体	zìtǐ	纵横	zònghéng	阻击	zǔjī	作坊	zuōfang		
字条	zìtiáo	纵然	zòngrán	阻拦	zǔlán	左面	zuǒ·miàn		
		纵容	zòngróng	阻挠	zǔnáo	左倾	zuǒqīng		

附录四

国家法律、法规关于推广普通话和普通话水平测试的规定

国家推广全国通用的普通话。

《中华人民共和国宪法》第十九条

学校及其他教育机构进行教学,应当推广使用全国通用的普通话和规范字。

《中华人民共和国教育法》第十二条

凡以普通话作为工作语言的岗位,其工作人员应当具备说普通话的能力。

以普通话作为工作语言的播音员、节目主持人和影视话剧演员、教师、国家机关工作人员的普通话水平,应当分别达到国家规定的等级标准,对尚未达到国家规定的普通话等级标准的,分别情况进行培训。

《中华人民共和国国家通用语言文字法》第十九条

(申请认定教师资格者的)普通话水平应当达到国家语言文字工作委员会颁布的《普通话水平测试等级标准》二级乙等以上标准。

少数方言复杂地区的普通话水平应当达到三级甲等以上标准;使用汉语和当地民族语言教学的少数民族自治地区的普通话水平,由省级人民政府教育行政部门规定标准。

《〈教师资格条例〉实施办法》第八条第二款

教育行政部门公务员和学校管理人员的普通话水平不低于三级甲等,新录用公务员和学校管理人员的普通话水平亦应达到上述标准。

教师应达到《教师资格条例实施办法》规定的普通话等级标准:各级各类学校和幼儿园以及其他教育机构的教师应不低于二级乙等,其中语文教师和对外汉语教师不低于二级甲等,语音教师不低于一级乙等。

1954年1月1日以后出生的教师和教育行政部门公务员,师范专业和其他与口语表达关系密切的专业的学生,均应参加普通话培训和测试……师范专业和其他与口语表达关系密切的专业的学生,普通话达不到合格标准者应缓发毕业证书。

摘自教育部 国家语言文字工作委员会《关于进一步加强学校普及普通话和用字规范化工作的通知》(教语用〔2000〕1号)

各地各部门要采取措施,加强对公务员普通话的培训……通过培训,原则要求 1954 年 1 月 1 日以后出生的公务员达到三级甲等以上水平;对 1954 年 1 月 1 日以前出生的公务员不作达标的硬性要求,但鼓励努力提高普通话水平。

摘自人事部　教育部　国家语言文字工作委员会《关于开
展国家公务员普通话培训的通知》(人发〔1999〕46 号)

除需要使用方言、少数民族语言和外语的场合外,邮政系统所有员工在工作中均需使用普通话。营业员、投递员、邮储业务员、报刊发行员以及工作在呼叫中心、信息查询等直接面向用户服务的职工,普通话水平不低于国家语言文字工作委员会颁布的《普通话水平测试等级标准》规定的三级甲等;邮运指挥调度人员、检查监督人员也应达到相应水平。

摘自国家邮政局　教育部　国家语言文字工作委员会《关于加强
邮政系统语言文字规范化工作的通知》(国邮联〔2000〕304 号)

铁路系统员工应以普通话为工作语言,除确需使用方言、少数民族语言和外国语言的场合外,铁路系统所有职工在工作中均应使用普通话。直接面向旅客、货主服务的职工的普通话水平一般应不低于国家语言文字工作委员会颁布的《普通话水平测试等级标准》规定的三级甲等;站、车广播员的普通话水平应不低于二级甲等。

摘自铁道部　教育部　国家语言文字工作委员会《关于进一步加强
铁路系统语言文字规范化工作的通知》(铁科教〔2000〕72 号)

附录五

国家语委、国家教委、广播电影电视部《关于开展普通话水平测试工作的决定》

(一九九四年十月三十日)

《中华人民共和国宪法》规定:"国家推广全国通用的普通话。"推广普通话是社会主义精神文明建设的重要内容;社会主义市场经济的迅速发展和语言文字信息处理技术的不断革新,使推广普通话的紧迫性日益突出。国务院在批转国家语委关于当前语言文字工作请示的通知(国发〔1992〕63号文件)中强调指出,推广普通话对于改革开放和社会主义现代化建设具有重要意义,必须给予高度重视。为加快普及进程,不断提高全社会普通话水平,国家语言文字工作委员会、国家教育委员会和广播电影电视部决定:

一、普通话是以汉语文授课和各级各类学校的教学语言;是以汉语传送的各级广播电台、电视台的规范语言,是汉语电影、电视剧、话剧必须使用的规范语言;是全国党政机关、团体、企事业单位干部在公务活动中必须使用的工作语言;是不同方言区及国内不同民族之间的通用语言。掌握并使用一定水平的普通话是社会各行各业人员,特别是教师、播音员、节目主持人、演员等专业人员必备的职业素质。因此,有必要在一定范围内对某些岗位的人员进行普通话水平测试,并逐步实行普通话等级证书制度。

二、现阶段的主要测试对象和他们应达到的普通话等级要求是:

中小学教师、师范院校的教师和毕业生应达到二级或一级水平,专门教授普通话语音的教师应达到一级水平。

县级以上(含县级)广播电台和电视台的播音员、节目主持人应达到一级水平(此要求列入广播电影电视部部颁岗位规范,逐步实行持普通话等级合格证书上岗)。

电影、电视剧演员和配音演员,以及相关专业的院校毕业生应达到一级水平。

三、测试对象经测试达到规定的等级要求时,颁发普通话等级证书。对播音员、节目主持人、教师等岗位人员,从1995年起逐步实行持普通话等级证书上岗制度。

四、成立国家普通话水平测试委员会,负责领导全国普通话水平测试工作。委员会由国家语言文字工作委员会、国家教育委员会、广播电影电视部有关负责同志和专家学者若干人组成。委员会下设秘书长一人,副秘书长若干人处理日常工作,办公室设在国家语委普通话培训测试中心。各省、自治区、直辖市也应相应地成立测试委员会和培训测试中心,负责本地区的普通话培训测试工作。

普通话培训测试中心为事业单位,测试工作要合理收费,开展工作初期,应有一定的启动经费,培训和测试工作要逐步做到自收自支。

五、普通话水平测试工作按照《普通话水平测试实施办法(试行)》和《普通话水平测试等级标准(试行)》的规定进行。

六、普通话水平测试是推广普通话工作的重要组成部分,是使推广普通话工作逐步走向科学化、规范化、制度化的重要举措。各省、自治区、直辖市语委、教委、高教、教育厅(局)、广播电视厅(局)要密切配合,互相协作,加强宣传,不断总结经验,切实把这项工作做好。

参考文献

[1]国家语言文字工作委员会普通话培训测试中心.普通话水平测试实施纲要[M].北京:商务印书馆,2004.

[2]中国大百科全书出版社编辑部.中国大百科全书·语言文字卷[M].北京:中国大百科全书出版社,2004.

[3]中国社会科学院语言研究所词典编辑室.现代汉语词典[M].第 6 版.北京:商务印书馆,2012.

[4]中国社会科学院语言研究所.新华字典[M].北京:商务印书馆,2011.

[5]周殿福,吴宗济.普通话发音图谱[M].北京:商务印书馆,1963.

[6]邢捍国.实用普通话水平测试与口才提高[M].第三版.广州:暨南大学出版社,2005.

[7]王克瑞,杜丽华.播音员主持人训练手册[M].北京:中国传媒大学出版社,2001.

[8]江苏省语言文字工作委员会办公室.普通话水平测试指定用书[M].北京:商务印书馆,2004.

[9]罗洪.普通话规范发音[M].广州:花城出版社,2008.

[10]张庆庆.普通话水平测试应试指南[M].广州:暨南大学出版社,2010.

[11]吴洁敏.新编普通话教程[M].杭州:浙江大学出版社,2003.

[12]高廉平.普通话测试辅导与训练[M].北京:北京大学出版社,2006.

[13]路英.播音发声与普通话语音[M].长沙:湖南师范大学出版社,2005.

[14]张慧.绕口令[M].北京:中国广播电视出版社,2005.

[15]唐余俊.普通话水平测试(PSC)应试指导[M].广州:暨南大学出版社,2010.

[16]陈超美.普通话口语表达与水平测试[M].北京:清华大学出版社,2011.

[17]李永斌.普通话实用教程[M].北京:北京师范大学出版社,2009.

[18]宋欣桥.普通话水平测试员实用手册[M].北京:商务印书馆,2004.

[19]金晓达,刘广徽.汉语普通话语音图解课本[M].北京:语言大学出版社,2011.